北方工业大学经济管理学院文库

本书系北方工业大学经济管理学院经费资助
（项目编号：203051330016）

技术经济学 第二版

TECHNOLOGICAL ECONOMICS

吴 丹 / 主编

河海大学出版社
HOHAI UNIVERSITY PRESS
·南京·

内容简介

技术经济学是经济管理人员、工程技术人员知识结构中必备的组成部分，是经济管理人员和工程技术人员必修的课程。本书全面系统地介绍了技术经济学的基本理论和方法及其在项目投资决策中的应用。主要内容包括技术经济学概述及原理、技术预测与技术评价、技术经济分析的资金等值法、技术经济分析的决策方法、项目可行性研究方法、设备更新的技术经济分析方法和价值工程等内容。

本书可作为高等院校经济、管理、工程等专业本科生和研究生的教材及相关专业学生的参考书，也可作为从事技术经济领域工作的人员及其他有意了解技术经济方面知识人士的学习用书。

图书在版编目(CIP)数据

技术经济学 / 吴丹主编. -- 2版. -- 南京 ：河海大学出版社，2022.1（2023.4 重印）

ISBN 978-7-5630-7436-5

Ⅰ. ①技… Ⅱ. ①吴… Ⅲ. ①技术经济学 Ⅳ. ①F062.4

中国版本图书馆 CIP 数据核字(2022)第 011018 号

书　　名 / 技术经济学(第二版)
　　　　　JISHU JINGJIXUE
书　　号 / ISBN 978-7-5630-7436-5
责任编辑 / 成　微
特约校对 / 徐梅芝
封面设计 / 徐娟娟
出版发行 / 河海大学出版社
地　　址 / 南京市西康路1号(邮编:210098)
网　　址 / http://www.hhup.com
电　　话 / (025)83737852(总编室)
　　　　　(025)83787769(编辑室)
　　　　　(025)83722833(营销部)
经　　销 / 江苏省新华发行集团有限公司
排　　版 / 南京布克文化发展有限公司
印　　刷 / 广东虎彩云印刷有限公司
开　　本 / 787毫米×1092毫米　1/16
印　　张 / 18.75
字　　数 / 450千字
版　　次 / 2022年1月第1版
印　　次 / 2023年4月第2次印刷
定　　价 / 98.00元

前言

技术经济学是研究技术领域经济问题和经济规律、技术进步与经济发展之间相互关系的科学，是根据现代科学技术的发展和社会经济发展的需要，在众多学科发展基础上相互交叉综合逐步形成的。技术经济学是一门技术科学与经济科学相结合的边缘性学科，同时也是现代管理科学中一门新兴的综合性学科。技术经济学已形成其自身的学科体系，有科学的理论依据、坚实的实践基础和方法基础。

中国特色社会主义市场经济的持续发展，推动着技术经济学的理论发展和实践应用普及。技术经济学的相关知识现已成为我国经济管理人员、工程技术人员知识结构中必备的、重要的组成部分。技术经济学不仅是经济管理专业的必修课程，也成为高等院校众多专业的必修或选修课程。技术经济学这门课程的开设，对于提高各专业学生的综合素质、改善学生的知识结构、提升学生的竞争能力，具有非常重要的推动作用。学生通过学习能够了解、掌握技术经济分析的基本原理以及论证、科学决策的基本理论与经济效益的评价方法，用系统的观点去研究宏微观技术经济问题，以市场为前提、以经济为目标、以技术为手段，对技术实践方案进行经济效益评价、比较和优选，做出合理判断，获得满意方案，为决策提供科学依据。最终，提高对实际问题的经济分析、判断和决策能力。

本书以技术为主体，以技术经济分析为核心，研究技术领域的经济问题和经济规律，注重定量分析与定性分析相结合，具有较强的实践性和理论性。本书在参考大量国内外专家学者著作的基础上，结合教学研讨和教学实践，阐述了技术经济学的理论、方法与应用，强调其实用性与可操作性。本书共 8 章，内容具有重点突出、体系严谨、应用性强的特点。其中，第一章为技术经济学概述，第二章为技术经济学原理，第三章为技术预测与技术评价，第四章为技术经济分析的资金等值法，第五章为技术经济分析的决策方法，第六章为项目可行性研究方法，第七章为设备更新的技术经济分析方法，第八章为价值工程。

本书是对《技术经济学》(2018 年第一版)的修订。本版沿用了第一版的知识结构，通过深入专题研究，对不同对象进行技术经济分析，揭示了技术经济原理的基本共性，体现了这些原理用于具体对象时的灵活性，实现理论与实践相统一。本书体系完整，内容全面，深入浅出，例题和思考题丰富，方便学生学习。本书可作为高等院校经管类、工程技术类专业本科生和研究生技术经济学课程的教材，也可供经济管理类专业的 MBA、项目管理硕士学员作为参考书，对工程技术人员、建筑规划人员、企业管理人员也有很大参考意义。本书在撰写过程中，参考引用了国内外众多专家和学者的大量著作，吸取了国内外最新的技术经济学理论与研究成果，在此向这些专家和学者们表示深切的敬意和谢意！

编者

2021 年 9 月

目录

第一章

技术经济学概述

学习要求与目标

1. 理解技术与经济的含义及相互关系；
2. 掌握技术经济学的含义、研究对象及特点；
3. 了解技术经济学的产生与发展、技术经济学所承担的任务；
4. 了解技术经济学的研究内容与方法、技术经济学的学科性质与关联性。

技术的发展与应用实践必然消耗人力、物力和财力，如何力求以较少的劳动消耗获得较多的符合社会所需要的劳动成果，是技术经济学研究的关键问题。正是这种社会需求，决定了技术经济学研究的是与其他学科有所区别的特定的研究对象和研究内容。本章首先重点阐述了技术经济学的学科界定，总结技术经济学的产生与发展过程，并探讨了技术经济学发展趋势；然后着重介绍技术经济学学科体系的研究对象，并以它为根基，阐述该学科体系的研究任务，系统梳理该学科体系的研究内容与研究方法；最后总结了技术经济学的学科特性，包括学科的特点、性质与相关学科的关联性。

第一节　技术经济学的学科界定

一、技术经济学的概念

(一) 技术与经济的含义

1. 技术的含义

根据《大不列颠百科全书》的解释，技术(Technology)一词最早由希腊词 techne(艺术、手工艺品)和 logos(词、言语)组成，意味着既是好的又是可用的。Technology 一词最早出现在英文中是 17 世纪，仅被用来讨论艺术应用，到 20 世纪含义迅速发展。归纳起来，关于技术含义的描述大致有如下几种：

(a) 18 世纪，法国《百科全书》首先将技术列为专门条目，认为技术是“未来达到某一目的所采用的工具与规则的体系”。

(b) 国际工业产权组织(AIPO)对技术的定义为：技术是指制造一种产品或提供一项服

务的系统和知识。这种知识可能是一项产品或工艺发明、一项外形设计、一种实用形式，也可能是一种设计管理等的专门技能。

(c) 美国国家科学基金会(NSF)在1983年的技术创新文集评论中引用斯科恩(Schon)的定义，认为技术是指扩展人类能力的任何工具或技能，包括有形的装备或无形的工作方法。

(d) 费里拉(J. Friar)等人在1986年对技术的定义为：技术是指一种创造出可再现性方法或手段的能力，这些方法或手段能导致产品、工艺过程和服务的改进。

(e) 近年来，由于信息技术的发展，技术市场的出现及技术的商品化，人们又进一步把技术分为硬技术和软技术。硬技术是指劳动资料，软技术包括设计、制造方法与技术信息等。技术的含义强调两个特点：一是理论方面的系统性；二是方法方面的体系性。它所含的内容，其一是劳动工具部分，其二是工艺与规则部分。

技术是人们利用自然和改造自然的各种手段的总和，是劳动工具和装备、劳动对象、劳动者劳动技能的总称。从表现形态上看，技术可分成体现为机器、设备、基础设施等生产条件和工作条件的物质技术(硬技术)与体现为工艺、方法、程序、信息、经验、技巧和管理能力的非物质技术(软技术)。不论硬技术还是软技术，它们都是以科学知识为基础形成的，并且遵循一定的科学规律互相结合在生产活动中共同发挥作用。

在技术经济学中："技术"一词应从更广义的角度来理解，它应从研究生产应用技术出发，包括发明及发明的完善化和实现工业生产三个程序，并以自己特定的专业内容组成"工程"的基础，从而成为"工程"的基本素质。

总之，技术经济学中的技术含义是广义的，它是指人类在自身生存和社会发展所进行的实践活动中，为达到预期目的而根据客观规律对自然、社会进行协调、控制、改造的知识、技能、手段、方法和规则的复杂系统。通过把科学知识、技术能力和物质手段等要素有机结合起来，形成一个能够改造自然的运动系统。技术作为一个系统，既不是知识、能力或物质手段三者中任何一个孤立的部分，也不是三者简单的机械组合，而是在解决特定问题中体现的有机整体。

2. 经济的含义

"经济"一词，在古汉语中具有"经邦济世""经国济民"的含义，是治理国家、拯救庶民的意思。我国现沿用的"经济"一词，是在19世纪后半期，由日本学者从Economy一词翻译为汉字"经济"的，其含义与上述不同。

现在通用的"经济"一词，是个多义词，大体有四方面含义：一是指人类历史发展到一定阶段的社会经济制度，是政治和思想等上层建筑赖以存在的基础。二是指物质资料的生产，以及与之相适应的交换、分配、消费等活动。三是指一个国家国民经济的组成，如工业经济、农业经济、运输经济等名词中的经济概念。四是指节约或节省，如从有限的资源中获得最大的经济效果。

综上所述，"经济"一词既可以理解为生产过程的总和，如经济基础；又可以理解为社会生产和再生产的整个过程，如国民经济；也可以理解为节约的同义语，如"是否经济"等等。

在技术经济学中，"经济"一词的含义，一方面是指人们在物质资料生产中的劳动消耗(包括物化劳动与活劳动消耗)与劳动成果的比例关系中的节约问题，即经济效果问题；另一方面是指重大的技术项目、技术开发、技术政策对国民经济乃至经济基础所产生的一切重大影响。因此,"经济"一词也是多义的。

以上就"技术"与"经济"的含义所作的说明,和它们在一切生产活动中所存在的广泛联系与所做的初步分析,也仅仅是技术经济活动中所反映的最一般而又最普遍的现象。为了进一步弄清二者存在的必然联系,还必须从根本上研究技术与经济之间的辩证关系。

(二) 技术经济学的含义

《技术经济和管理现代化理论和方法的研究规划(1978—1985)》提出,技术经济学是应用经济学的一个分支,是一门自然科学与社会科学的交叉科学。技术经济学用经济的观点,对为达到某种预定目的而可能被采用的各项不同技术政策、技术方案、技术措施的经济效果进行计算、分析、比较和评价,从而选择技术上先进、经济上合理的最优方案的科学。

技术经济学作为一门工程技术科学与经济学、管理学相互交叉渗透的学科,是研究工程技术领域经济问题和经济规律、研究技术进步与经济增长之间相互关系的科学。技术经济学分析的核心关键是研究工程技术领域中资源的最佳配置,寻找工程项目、技术方案和技术政策与经济的最佳结合,以求可持续发展。

综上所述,一门学科的定义,最基本的内容应包含它所承担的基本任务及完成这些任务而必须运用的基本方法。通常还包括该学科的研究对象及其所遵循的基本理论。为此,技术经济学可定义为:技术经济学是一门为实现某一特定的经济目标,根据技术与经济之间的特定规律,对有关备选方案进行技术可行性与经济合理性的分析与评价,以便为决策提供优化方案的边缘性学科。

二、技术经济学的产生与发展

(一) 国外产生及发展

技术经济学在西方称为"工程经济""经济性分析",在日本称"经济工程学",苏联和东欧国家称"技术经济计算"或"技术经济论证"。技术经济学是根据现代科学技术和社会经济发展的需要,在自然科学和社会科学的发展过程中,互相渗透,互相促进,逐渐形成和发展起来的。19 世纪以前,技术相当落后,其推动经济发展的速度极为缓慢,人们看不到技术对经济的积极促进作用,只能就技术论技术。

19 世纪以后,科学技术迅猛发展(蒸汽机、发电机、计算机等的兴起和普及),带来了经济繁荣。马克思在《资本论》中以很大篇幅总结了资本主义发展过程中技术进步对经济所起的作用,指出科学技术创造一种生产力,会生产较大量的使用价值,减少一定量效果上的必要劳动时间。1887 年,美国土木工程师惠灵顿(A. M. Wellington)在《The Economic Theory of Railway Location》(《铁路布局的经济理论》)一书中,针对铁路路线的计算,首次应用了资本费用分析法,提出工程利息的概念,从而开创了工程领域经济评价的先河。这便是西方工程经济产生的原始思想。

1915 年,斯坦福大学教授 J. C. Fish 在《技术经济学》一书中,提出技术经济学的分析内容包括:投资、利率、初始费用与运行费用、估价与预测、工程报告等。1920 年,戈尔德曼(O. B. Goldman)在其著作《财务工程学》一书中研究了工程投资问题,第一次使用复利法比较工程方案。最早将技术经济学作为一个独立学科的是美国,1930 年《技术经济学原理》教科书的出版是一个标志，书中对短期评价和长期评价进行了比较，首创了技术经济评价理论和原则，奠定了经典技术经济学的基础。这本书的作者格兰特(E. L. Grant)教授以复利为基础讨论了投资决策的理论和方法。这本书作为教材被广为引用，他的贡献也得到了社会的承认，被誉为“工程经济学之父”。

二战后，各国都很重视技术进步对经济增长的促进作用，据测算，50—70年代发达国家中技术进步对国民收入增长速度的贡献为50%～70%。在此之后，随着数学和计算技术的发展，特别是运筹学、概率论、数理统计等方法的应用，以及系统工程、计量经济学、最优化技术的飞跃发展，技术经济学得到了长足的发展。1978年，布西(L. E. Bussey)出版了《工业投资项目的经济分析》，全面系统地总结了工程项目的资金筹集、经济评价、优化决策以及项目的风险和不确定性分析等。1982年，里格斯(J. L. Riggs)出版了《工程经济学》，系统阐明了货币的时间价值、货币管理、经济决策和风险与不确定性分析等。

除了美国以外，日本、西欧和苏联也相继开始了技术经济研究和应用。在日本，该学科被称为“经济性工学”或“经济性分析”，日本企业非常重视该学科，在五六十年代时期，各个企业、公司都需要这方面的人才。英国的“业绩分析”和法国的“经济计算”，内容相当于美国的工程经济学。这一时期苏联也开始将技术经济分析和论证推广到规划、设计和工程建设项目中，后又被广泛用于企业生产经营的各项活动中，逐渐形成了较为完整的技术经济论证程序和分析评价方法，称为“技术经济分析”或“技术经济论证”。

近几十年来，技术经济学的发展侧重于用概率统计方法进行风险性、不确定性的新方法研究，以及对非经济因素的研究。技术经济学出现了宏观化研究的新趋势，技术经济中的微观部门效果分析正逐渐同宏观的社会效益研究、环境效益分析结合起来，国家的经济制度和政策等宏观问题成为技术经济学研究的新内容。

(二) 国内发展阶段

技术经济学是新中国成立后由我国学者创立的一门新兴科学，是中国经济学家和广大技术经济工作者在广泛借鉴、吸收国内外经济理论、科技成果和相关学科有益成分的基础上，在密切联系与总结我国经济建设实践经验的基础上逐渐形成的交叉学科。国外很少使用这个术语，但相近学科较多，如日本的经济工学，欧美各国流行的工程经济学、可行性研究、费用效益分析及价值工程等。这些内容与研究方法与我国的技术经济学比较接近或者有所交叉，有的已经被吸收到我国的技术经济学中。大致归纳起来，我国的技术经济学学科建立与发展经历了三个阶段(图1-1)。

1. 萌芽阶段

我国的技术经济学是在20世纪50年代初期，学习和借鉴苏联的技术经济分析或称技术经济论证建立起来的。并且在第一个五年计划期间曾提出各个重点建设项目上马时都要进行技术经济论证，特别是在规划、设计156项重点工程建设项目时，都进行了不同程度的技术经济分析、论证。正是由于重视了技术经济分析论证，“一五”期间建设的工程项目大多具有较好的经济效益。可以说，重视技术经济分析是“一五”计划的重要特征。尽管技术经济分析的论证方法是比较粗糙和简单的，但对于实现当时的投资效果和“一五”计划的顺利完成，对于新中国工业基础的建立，起到了非常重要的作用。由于历史和内外部条件的限制，20世纪50年代还没有形成具有系统理论和方法的技术经济学科，但其重要性已为当时

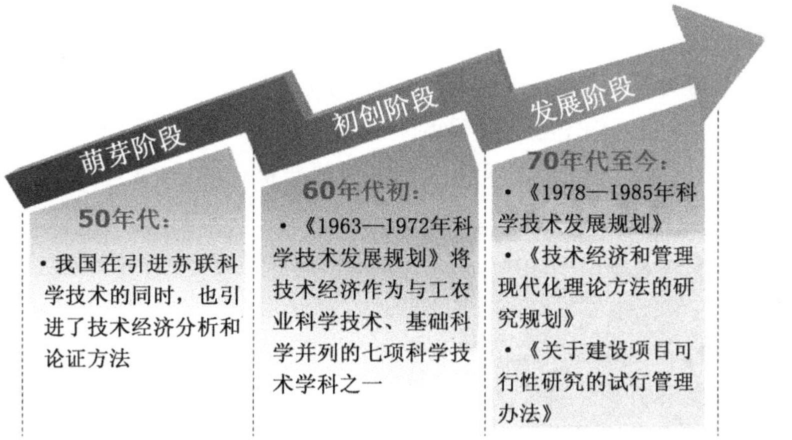

图 1-1　我国技术经济学学科的发展

的高层决策者、工程技术人员和管理人员广泛重视。

此阶段，我国投资建设的工程项目，总体上的经济效果远远没有达到“一五”时期的水平。这一时期该学科发展的局限性是技术经济分析和论证多应用在工程建设上，国内的一些经济学家和技术经济工作者认为技术经济学只是一门方法学，而并非一门科学，这是技术经济学的雏形阶段。

2. 初创阶段

20 世纪 60 年代初，党中央提出“调整、整顿、充实、提高”八字方针，开始纠正不讲经济效果的错误倾向。通过总结 20 世纪 50 年代在经济建设中正反两个方面的经验教训，大家进一步认识到技术与经济结合的必要性与重要性。党中央制定的《1963—1972 年科学技术发展规划》中把技术经济作为与工农业科学技术、基础科学并列的七项科学技术学科之一，规定了在这十年里要特别重视技术经济问题，并把技术与经济必须紧密结合列入了规划。明确提出，任何科技工作，必须既有技术上的优越性，又有经济上的合理性。要求在科学技术工作中结合各项技术的具体内容，对技术方案的经济效果进行计算和分析比较。这使得技术经济分析在工程项目建设以外的其他技术领域也得到了一定程度的应用，取得了较好的效果。

随着国民经济调整工作的进行，在经济理论界开展了对社会主义经济效果问题的广泛讨论，截至“文革”时期，在各种报刊上发表了近百篇文章，对经济效果的一般概念、实质、范围、评价标准、指标体系及具体的计量方法等问题进行了认真的探讨。其中，著名的经济学家孙冶方、于光远等发表了极为重要的观点。于光远先生提出要建立研究技术发展中的经济效果的学科，得到了人们的普遍肯定和响应，很多研究单位开始根据本部门的技术特点，研究具有针对性的技术经济分析方法，使技术经济分析方法在工程建设等领域得到广泛的应用。也有不少研究单位开始研究技术经济学的有关理论和体系问题。通过实践，这门学科的基本理论、方法和学科体系在这个时期已经基本形成。

此时的技术经济学初步形成了它的研究对象，总结了较为系统的分析方法和方法论基础，但仍是一门方法学，还缺乏坚实的理论基础和较完备的理论体系。由于它着重于研究技术的经济效果，故称它为经济效果学。此时的技术经济学是在高度集中的计划经济体制下产生的，对技术项目进行经济评价时，将项目看成国家项目，着重计算社会总投入和总产出，不甚考虑市场与利益分配问题。而且，当时资料配置是以国家计划为手段，配置的原则是社会经济效益最大化，所以它首先考虑项目的宏观经济效果，而不关心企业的微观效果。

20 世纪 70 年代“文革”时期，技术经济工作遭到严重破坏，技术经济工作被迫停顿。

3. 成长与发展阶段

20 世纪 80 年代以来是技术经济学茁壮成长阶段。党的十一届三中全会以后，国家制定的《1978—1985 年科学技术发展规划》中，将“技术经济和管理现代化理论和方法的研究”列入了 108 项重大研究课题之一。改革开放以来，中断十余年的技术经济学研究有了新的发展。在过去的技术经济分析的基础上又引进了西方的投资项目可行性研究的内容。1983 年，国家计委颁发了《关于建设项目可行性研究的试行管理办法》，把可行性研究列为基本建设中一项不可缺少的重要程序。并规定：今后工业投资项目必须进行可行性研究和编制可行性研究报告，否则一律不予审批。可行性研究的引入，使技术经济分析提高了一个新的水平。1987 年由国家计委颁布的《建设项目经济评价方法与参数》，是中国技术经济工作者结合国情，吸收国际项目评价理论的重大成果，实现了项目评价的科学化和规范化。《建设项目经济评价方法和参数》对经济评价的程序、方法、指标做了明确规定。

20 世纪 90 年代，以技术经济学为基础理论的咨询业，诸如项目评估、估价咨询等面向市场的智力型公司应运而生，并成为我国现代服务业的重要组成部分。技术经济学学科在继续完善微观层次的技术经济分析、评价理论的同时，对宏观领域的开拓也取得了丰硕成果。技术进步、生产率分析、技术创新等理论有力地推进了技术经济学的发展。

在这一时期，许多大专院校设置了技术经济专业，后来部分院校和研究机构经国务院学位委员会的批准成立了硕士点和博士点，开始培养技术经济专业高层次人才。由于政府的宏观指导与政策规定，技术经济学的原理与方法不仅系统地在经济建设宏观与微观的相应项目评价中得到了广泛的应用（如技术政策评估、投资决策、产品开发、技术选择等），而且对技术经济学学科的体系、理论与方法、性质与对象的研究都十分活跃，从而推动了技术经济学的发展。当前，技术经济正处于蓬勃发展、方兴未艾的时期。

（三）技术经济学发展趋势

技术经济学将伴随中国经济建设的实践需要而不断发展。随着市场经济的发展，技术经济学方法的应用范围将不断扩大，广泛应用于各种技术政策、产业政策的论证与评价；生产力布局、转移的论证与评价；经济规模的论证与评价；资源开发利用与有效配置的论证与评价；企业技术改造的论证与评价；技术转移与技术扩散的经济分析与技术引进的论证与评价；企业技术创新、新技术开发、新产品研制的论证与项目评价；企业技术经济潜力的分析、论证与评价；技术发展战略的研究、论证与评价等。

技术经济理论方法广泛应用于环境研究领域，如环境污染与生态破坏的经济损失估算、绿色 GDP 核算体系、环境政策与管理的经济分析。同时，技术经济理论方法广泛应用于资源技术经济领域，如节能技术的经济评价、替代能源及新能源技术开发的经济分析、重大能源项目的经济分析等。此外，技术经济理论方法广泛应用于信息经济领域，如技术进步与信息化战略、企业信息化技术经济评价理论与方法等。知识经济研究也将把技术与经济互动关系的研究带入到一个新的天地，如知识经济与高技术产业的关系、知识经济与工业化现代化的关系、国家技术创新体系等。

技术经济学方法还广泛应用于以下方面：企业绩效评估，证券投资基金绩效评估，资产评估，资源、生态与环境的价值评估，资本效率与经济增长分析，人力资源开发，政府公共工程项目评价理论与方法，大型区域开发项目经济分析与社会分析，技术产权交易和金融挤兑的博弈分析等。

第二节　技术经济学的学科体系

一、技术经济学的研究对象与任务

(一) 研究对象

作为一门独立的学科，技术经济学必须有自己特有的研究对象和独立于其他学科的理论方法体系，学者们关于技术经济学研究对象的主要论点归纳为：

1. 传统观点

① 效果论。技术经济学是研究技术政策、技术规划、技术措施、技术方案等的经济效果的科学，通过经济效果的计算以求找到经济效果最好的技术方案。

该观点的主要代表之一——徐寿波教授在国内最早的一部技术经济学专著《技术经济学概论》中提出技术经济学主要是研究各种技术方案（包括技术措施、技术设计和技术路线）的经济评价理论和方法。但该观点涉及研究的问题仅限于微观领域（即技术方案经济效果评价）。

该观点的主要代表之二——沈景明教授主编的《机械工业技术经济学》（1981 年版）是国内第二部技术经济学专著，该书提出技术经济学是研究技术发展中的经济效果问题，也就是如何把技术方面和经济方面结合起来，以取得最佳的经济效果。这种说明虽有点笼统，但较观点一的范围要宽一些，即研究对象不仅仅限于微观领域，而且还包含着宏观领域（如工业生产力布局和专业协作等）的技术与经济问题。

② 关系论。技术经济学研究的是技术和经济的关系，以寻求技术与经济的最佳结合。

③ 问题论。技术经济学是研究生产、建设中各种技术经济问题的科学。

④ 因素论。技术经济学研究技术因素与经济因素的最佳结合。

⑤ 评价论。技术经济学主要是研究各种技术方案的经济评价理论和方法。

⑥ （经济）变量论。技术经济学是研究技术与经济的变量的科学。

⑦ 发展论。技术经济学通过研究技术创新推动技术进步，进而获得经济增长。

综合以上观点，傅家骥教授将技术经济学的研究对象较为系统地总结为：a. 技术经济学是研究技术实践的经济效果，寻求提高经济效果的途径与方法的科学；b. 技术经济学是研究技术和经济的相互关系及相互促进、协调发展途径的科学；c. 技术经济学是研究如何通过技术创新推动技术进步，进而获得经济增长的科学。这种观点把宏观、微观都考虑到了，深入分析可以看出 a 和 c 包含在 b 之中，因为 a 和 c 只是技术与经济相互关系中的一个重要侧面。

李京文教授认为:a. 技术经济学研究的是技术与经济的关系,而不是技术本身;b. 技术经济学研究采用技术对经济发展的影响;c. 技术经济学是研究为了达到预定目标而采用某项技术的经济效果的科学;d. 技术经济学是研究技术进步的规律和发展趋势的科学。这种观点不是从纯技术的角度来研究,而是把它放在经济社会发展的大系统中去研究。

2. 新时代背景下产生的观点

① 以技术为主线阐述研究对象,认为技术经济学的研究对象是技术的产生、流通和消费。

② 从新学科认识角度和方法论的角度阐述研究对象,认为技术经济学的研究对象是技术经济问题中的技术与经济最佳结合的条件、规律(技术规律)及其效果理论方法。

③ 以社会的技术经济活动为技术经济学的研究对象。

④ 以技术商品作为微观技术经济学的研究对象,以技术与经济的关系作为宏观技术经济学的研究对象。

⑤ 从综合论的角度论述,认为技术经济学的研究对象是技术经济系统(由技术、经济、社会、生态、文化五个子系统组成)。

⑥ 从三个领域、四个层次和三大方面阐述研究对象。其中,

(a) 三个领域:技术发展的内在规律、技术领域中的经济活动规律、经济领域中的技术发展规律。

(b) 四个层次:本学科应研究四个层次的技术经济问题,包括项目层面的技术经济问题、企业层面的技术经济问题、产业层面的技术经济问题、国家层面的技术经济问题。

(c) 三大方面:在上述三个领域、四个层次之中,应研究三个方面的技术经济问题,包括技术经济学科的基础理论、技术经济学科的基本方法、技术经济学科的基础理论和基本方法在现实技术经济活动中的应用问题。例如,项目财务评价、技术创新、技术整合等理论与方法在现实中的应用。

这里,可将前述三个领域、四个层面、三大方面之间的关系描述为如图 1-2 所示。

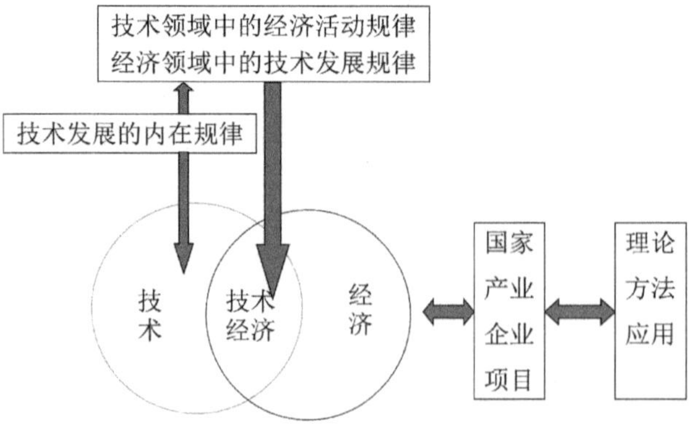

图 1-2　三个领域、四个层面、三大方面之间的关系

整个 20 世纪 80—90 年代,在项目层面,技术经济学主要关注的是项目的技术选择,项目的财务及国民经济评价。在企业层面,技术经济学主要关注的是价值工程,设备更新与技术改造,技术创新与技术扩散。在产业层面,技术经济学主要关注的是产业的技术经济预

测，产业技术创新与技术扩散，高新技术创新与科学园区的发展，产业技术政策(包括技术创新政策)，以技术创新为核心的技术进步对于行业增长的贡献。在国家层面，技术经济学主要关注的是国家技术政策(包括技术创新政策)，以技术创新为核心的技术进步对于国民经济增长的贡献，国家技术创新系统等问题。

这些研究对于推动项目实施单位科学地进行技术选择和项目的财务及国民经济评价，对于企业实施以经济效益为目标的价值工程和设备更新与技术改造，对于企业和产业部门活跃技术创新与技术扩散，对于政府制定积极的产业技术政策和高新技术科学园区政策，重视以技术创新为核心的技术进步的作用，都起到了重要作用。特别是，在国家推动“技术创新工程”和“技术创新示范工程”、推动高新技术科学园区发展和国家创新系统建设过程中，技术经济学同仁的努力留下了历史性的一笔。

整个 20 世纪 90 年代末期至今，在继续关注 90 年代所研究问题的基础上，在项目层面，技术经济学主要关注的是技术型项目管理和项目的技术管理等；在企业层面，技术经济学主要关注的是企业技术创新管理、技术过程管理、知识产权管理、创新产权的有效配置等；在产业层面，技术经济学主要关注的是竞争前技术预测与选择，行业共性关键技术，产业技术创新与技术扩散，产业技术标准战略，产业技术升级的路径与战略，高新技术产业管理等；在国家层面，技术经济学主要关注的是“跨越式发展”的国家技术战略和技术创新战略，国家技术创新体系的机制与建设，基于国家经济安全的科技安全、信息安全等问题；在方法论方面，不少学者对于技术经济评价的方法论给予了新的关注。这些研究对于项目实施单位科学地进行项目管理，对于企业有效地实施技术创新管理、技术过程管理及企业内部的知识产权配置，对于推动产业技术创新与技术扩散及高新技术创业管理，对于政府重视基于国家经济安全的科技安全、信息安全等问题，都产生了实际的效果。

综上所述，技术经济学主要把技术与经济之间所存在的关系作为研究对象。技术经济学的研究对象可表述为：立足于用经济发展方法研究技术，利用技术发展经济，根据技术与经济协调发展的有关规律，寻找两者的最佳结合点与转化点。技术经济学是一门技术学与经济学交叉的学科，是具有中国特色的应用经济学的一个分支，它是当代技术发展与社会经济发展密切结合的产物，是 20 世纪 50 年代技术经济分析进一步演化的结果。

二、技术经济学的研究内容与方法

(一) 研究内容

技术经济学的研究内容，可以分为宏观技术经济问题和微观技术经济问题。其中，宏观技术经济问题，属于国民经济和社会发展的全局性和战略性问题，主要研究技术进步对国民经济发展速度、比例、效果、结构的影响，以及它们之间的最佳关系。具体内容包括：(a) 经济效益与经济发展速度、比例、结构的关系；(b) 生产力的合理布局、合理转移及其论证分析；(c) 投资方向、投资选择问题；(d) 能源的开发与供应、生产运输、节约与替代问题；(e) 技术引进方案的论证问题；(f) 利用外资的可行性研究和效果评价；(g) 技术政策的论证，物流流通方式与渠道选择性问题。微观技术经济问题，属于企业发展的局部性问题，具体内容包括：(a) 企业发展需求分析与规模确定问题；(b) 厂址选择与论证；(c) 产品方向的确定与论证；(d) 技术设备的选择、使用和更新的分析论证；(e) 原材料路线的选择；(f) 新技术、新工艺的经济效果分析;(g) 新产品开发的论证与评价。

综上所述,技术经济学既研究技术方案的经济效果,寻求具有最佳经济效果的技术方案,也研究技术和经济的相互促进与协调发展关系,同时还研究技术创新,推动技术发展,促进企业发展和国民经济发展。技术经济学作为改变技术与经济相脱离、实现投资决策科学化的重要手段,同时作为定性与定量相结合的分析方法,其主要内容包括技术经济学概述(本学科的研究对象与任务、研究内容与方法)、技术经济学原理、技术预测与技术评价、技术经济分析的资金等值法、技术经济分析的决策方法、项目可行性研究方法、设备更新的技术经济分析方法、价值工程(见图 1-3)。

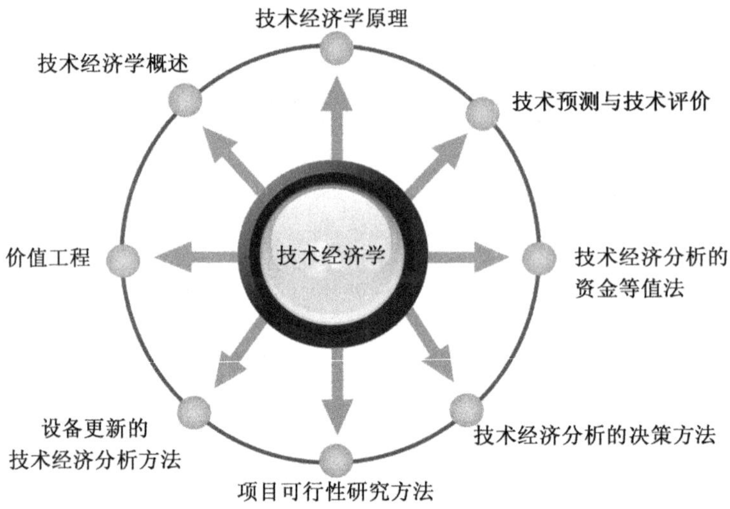

图 1-3　技术经济学的研究内容

根据图 1-3,本书将学习内容划分为三大篇:理论篇、方法篇、应用篇。

1. 理论篇

这一部分主要介绍技术经济学的概述与原理两方面内容,统称为"理论篇",并作为研究技术经济问题和从事技术经济实践活动所必备的基本理论与基础知识。

理论篇是以技术经济学的研究对象为中心,通过对技术与经济相互关系所存在的有关规律性问题的揭示与分析,着重阐明技术经济学的基本原理与一般性理论,并以此作为完善学科体系的理论依据。这也是学习全书的基础部分,其重点是在理论与实践相结合的基础上,对技术经济学的主要概念与一些基本理论进行深入理解。

2. 方法篇

这一部分主要介绍技术经济分析普遍采用的一些基本方法,简称为"方法篇"。

本篇涉及内容广泛,需要介绍的具体概念与方法也很多。尤其是定量分析与评价方法已成为全篇内容的主体部分。方法篇分别由三章具体内容组成。其中"技术预测与技术评价"一章可认为是方法篇的"开头篇",就其在方法篇中所处的地位与所起的作用而言,其与技术经济分析方法(资金等值法与决策方法)并驾齐驱。

技术经济分析方法在国内外已有数十年的发展历史,从微观分析到宏观评价,从静态分析到动态评价形成了一套比较完整的方法体系。这也是本课程所要介绍的重点内容。方法篇既是从理论篇到应用篇的过渡，也是把理论推向应用的基本手段。其特点是方法的类别较多。因此，需要严格区分，牢固掌握。

3. 应用篇

这一部分主要是对前两篇所学理论与方法在各类新建项目、技改项目、技术引进项目，以及新产品开发项目方面进行可行性研究的具体应用，也称为“应用篇”。

技术经济学的特点之一是应用性，研究这一学科的主要目的是应用。因此这一部分的特点是实践性强，应用时可结合具体情况选用其中更为切合实际的方法，以便取得更好的技术经济效果。

技术经济学表现为以研究目的为起点，以研究对象为核心，以原理为基础，以技术可行性与经济合理性的研究方法为手段，已经形成了一个比较完整的系统学科。

（二）研究方法

20 世纪 50 年代，我国曾从国外（主要是苏联和东欧）引进了技术经济论证方法、投资计算方法。20 世纪 70 年代末期，从西方引进了可行性研究方法、价值分析法、系统分析法等。改革开放以来，技术经济学学科在方法与方法论的研究方面有很大进展并日趋完善。技术经济学的研究方法主要以逻辑推理、案例研究和数据分析为主，分析的指标也多以静态分析指标为主。目前我国在吸收国外各种研究方法的同时，建立了适合我国国情的一套方法体系。技术经济学的理论研究更多合理地采用模型化的数学方法，已将系统分析、工程经济学、可行性研究、最优化理论，运筹学、经济计量学等数量方法融合在一起，逐渐与国际接轨。

技术经济学作为以技术经济分析方法为主体的应用学科，其方法体系主要有三个层次：第一个层次是哲学意义上的方法论；第二个层次分为基本方法和专门方法；第三个层次是具体的分析方法。目前，在我国技术经济分析中采用的定量分析方法主要包括以下 9 种：

1. 可行性分析法

可行性分析法是对拟建项目在投资决策前进行全面技术经济研究的一项综合性分析方法，它是综合多种科学成果和手段，对拟建项目技术、经济和财务进行综合分析研究的科学方法，通过对拟建项目有关因素的调查研究、分析，论证项目和各种方案的技术、经济可行性，选择最优技术方案，为项目的决策提供科学依据。

2. 系统分析法

系统分析法是将研究对象置于一个系统内，采用系统分析、因素分析、因果分析、需求分析等方法进行研究，用概率、统筹、模拟等办法，经过分析、推理、判断、综合，建立系统分析模型，进而以整体最优为原则对系统进行整体分析和优化，求得系统的最佳结果。该方法常用于宏观的技术经济问题的分析研究中，如社会或地区发展战略、发展规划等。

3. 效益分析法

效益分析法是分析、评价经济效益的方法，其实质是针对完成同一任务、实现同一经济活动目标的多个备选技术方案，通过对技术经济指标及指标体系的选择与比较，评选各技术方案的成本费用和效益价值，并加以比较，选择出最佳或较满意的技术方案。这种分析方法包括历史考察法、差额法、方案比较法、比率法、费用效益法、专家评分法、利润率法、投资回收期法、增量法及综合法等。

4. 优化规划法

优化规划法是将资源按某种方式分配给各项活动，使其以某种数量表示的效果为最优。例如在一组线性约束条件下，效果是几个变量的某一线性函数，则优化规划归类为线性规划；涉及多级决策过程的优化规划则属动态规划，包括非线性规划、几何规划、整数规划、大系统优化等。

5. 决策法

决策法是研究理性的人类和非理性的自然之间的一种理性活动，是人类为达到某一目标而选择自己行动方案的过程。对理性者之间的决策是对策论（博弈论），如自然以不同概率可能出现多种状态，而理性的人有多种可采取的行动策略，其中可能存在一个较满意的技术方案。寻找这个满意技术方案就要用决策方法，它包括技术经济分析的确定性决策方法、不确定性决策方法等。

6. 投入产出法

投入产出法是在一定的经济理论指导下，应用数学和电子计算机，研究经济系统中投入与产出关系的理论和方法。它广泛地应用于国民经济战略规划、计划、产业分析、生产函数，测定资本与能源、原材料、劳动需求量，测定生产率等。

7. 预测法

预测法是探索重大问题的未来趋向，提供决策者所需信息的一种手段。根据问题的不同，使用不同的预测方法，而有不同层次的预测，目前常用的方法有直观型预测法、因果型预测法、趋势外推法和综合预测法。

8. 模拟法

模拟法是用计算机对经济活动、经济政策进行模拟，并根据模拟的经济结果调整政策与行为。

9. 统筹法

统筹法是研究工程项目或科研活动中关键路线和计划评审技术等有关问题的科学方法。例如关键路线分析对于一项工程的施工和组织管理是十分有益的。这项分析需要首先确定各项活动的顺序，将实施的成本和时间降到最低限度；其次，要鉴别哪些时间安排对实施每一阶段是关键性的活动，然后采取必要的步骤以保证这些工作能及时完成。

第三节　技术经济学的学科特性

一、技术经济学的学科特点与作用

（一）学科特点

技术经济学已形成其自身的学科体系，具备科学的理论依据、坚实的实践基础和方法基础。根据技术经济学的研究对象与研究任务，作为一门独立的学科，它与其他学科相比，具备以下六个显著特点：

1. 综合性

技术经济学是由技术科学、经济科学和管理科学互相交叉结合而形成的综合性学科，它不同程度地涉及上述各学科的对象范围和研究内容。技术经济学既要研究社会科学、又要研究自然科学；既要研究技术科学、也要研究经济科学。但是，它研究的不是纯技术，也不是纯经济，而是技术和经济的共同领域，是两者之间的关系。属于边缘学科的技术经济学，所研究的对象和内容的范围决定了这门学科的理论和方法是在综合了多学科的基本理论和方法的基础上形成的。因此，其在学科的构成方面具有明显的综合性。在实际问题的研究中，不仅要分析技术和经济的影响因素，还要分析论证内部条件和外部环境的影响因素；不仅要分析宏观和微观的经济效益，还要分析有关政治效益、社会效益、技术效益以及生态和环境效益等各个方面。

2. 应用性

技术经济学是一门实践性很强的应用性科学，它分析、论证、评价的技术方案来源于实践，并且都是经济建设中亟待解决的实际工程技术问题，如国民经济发展、生产建设、产品开发等一系列技术经济的实际问题。它是以社会的技术经济活动为依据，以实际的技术与经济问题为对象，寻求与总结它们之间所存在的内在规律，研究如何选择最好的技术方案，获得最大的经济效果，以便更好地为生产建设和经济发展服务。因此，技术经济学要密切结合国家和各地区的自然资源特点、物质技术条件和社会经济状况，并结合具体情况进行具体分析。技术经济学研究所需的各种数据和资料必须源于实践，也都应用于生产实践或社会实践。

3. 系统性

技术经济学所研究的任何技术经济问题都是由若干影响因素组成的有机整体，都受到社会、政治、经济、资源等客观条件和自然生态环境的影响。当进行技术方案决策时，需要从整个系统的技术经济效果出发，寻求技术方案的整体最优化。因此，系统观点和系统分析方法是技术经济研究中极为重要的观点和方法。任何一个技术经济问题都应处于一个系统中对其进行经济评价，必须运用系统理论、系统思想和系统方法。考察和分析它们同系统其他各个部分之间的关系以及影响因素，最终得出科学合理的结论。

4. 未来性

技术经济学的研究，基本上是对未来要实现的各种技术政策、技术措施和技术方案的发展前景进行事前的分析、比较、计算、评价和优选。因此，技术经济研究带有明显的预测性。为此，技术经济学必须根据过去的经验和实际资料，结合现在的实际情况，对未来的状况和趋势进行定性和定量地预测和判断。这就要求在制定和评价技术方案时，采取的各种技术经济参数的预测值或估计值必须保证较高的精确度，同时，根据它们的波动变化对未来效果的影响做出概率性和敏感性分析，以提高技术方案的可靠性。

5. 比较性

达到任何技术经济目的，一般都可以采用不同的技术方案。因此，解决任何一个技术经济问题都应设计两个以上的方案进行比较。而各种不同方案存在不同的差异和利弊，必须通过全面综合的分析比较才能选出最优方案。技术经济学的基本任务就是通过正确地反映技术方案对达到预定目标的可靠性程度以及预期产生的经济效果，通过技术与经济的综合评价达到最终选优的目的。因此，技术经济学是一门比较性科学。技术经济学研究要求对任何一个方案都必须进行技术比较、经济分析、经济评价，从而选择经济效益最好的方案。

6. 定量性

技术经济学是一门定性分析与定量分析相结合、以定量分析为主的科学，帮助人们在社会实践中计算经济效益。因此，技术经济学要引用量的概念，要有量的规定。技术经济分析常采用数学方法、数学模型等，在采用定性与定量结合的方法判断方案优劣时，还尽量将定性指标定量化，以便运用现代定量方法得出比较科学的结论。对于数据量大、模型复杂的大型工程建设项目，还需采用电子计算机进行模拟和计算。

(二) 学科作用

1. 为制定技术、经济路线、方针、政策提供科学依据

要加快推进中国特色社会主义现代化建设的进程，首先必须具备发展技术与经济的正确决策能力，需要以客观规律为根据，以中国的国情为基础。特别是有关方针政策的制定必须符合实际，要把政策制定建立在科学决策的基础上。因此，技术经济学就是要为制定技术、经济路线、方针、政策提供科学依据。

2. 为重大建设项目的决策提供具体方案

我国社会主义现代化建设对于这些重大项目的选择与决策，必须通过技术经济分析、评价与论证，以便保证被选项目在技术上的可行性与经济上的合理性，从而使项目获得较好的经济效益。因此，在对一切重大项目决策之前，必须通过有关的技术经济分析论证，以便为最终决策提供具体的优化方案。

3. 为产品开发提供有效措施，为提高经济效益寻求有效的途径

工业企业的基本建设完成以后，企业在生产过程中的技术经济分析任务将转为对产品开发和新技术、新材料、新能源的利用，以及相应的技术研究、分析与论证工作，以便从技术上的可行性与经济上的合理性提供有效措施。同时，企业投产之后要继续与企业管理工作一起，从产品开发、技术改造等不同的角度，承担进一步寻求提高经济效益的途径。

二、技术经济学的学科性质与关联性

(一) 学科性质

技术经济学属于经济类科学，但它是一门介于技术科学与经济科学之间、寻求较好经济效益、应用性和交叉性很强的边缘科学。技术经济学从经济的角度，充分考察技术方案的实用性、可行性、先进性和合理性，目的是使生产技术更好地、更有效地适应国民经济和社会发展。技术经济学是技术与经济相结合、相渗透的学科，是以特定的技术科学为基础、研究经济问题的学科，是软科学的重要组成部分之一。

技术经济学的学科性质，应充分反映该学科在研究内容上所具有的特性。显然，这也是一个带有根本性的问题。目前，对此存在以下几种不同的争议：部门学者认为技术经济学的性质是属于边缘性学科；部分学者认为是一种交叉性学科，其中又分为全方位交叉与部分交叉两种不同的认识。总体来看，技术经济学是一门技术科学与经济科学相互交叉的科学，是自然科学与社会科学的共同领域，是横跨技术和经济两大学科的边缘性科学。

任何一门学科所要研究的核心问题必将决定该学科的特性。技术经济学的性质是由其研究对象所决定的。技术经济学已经明确是研究技术与经济两者之间的关系，这就决定了

它的性质既不是研究技术本身，也不是研究经济本身，而是借助于两者的有关内容，将两者联系起来，对各类生产建设和经济发展项目中的具体的技术与经济特定关系进行研究和处理，以此建立自己特有的理论与方法，以适应国民经济和社会发展的需要。因此，技术经济学是一门在技术科学与经济学科之间筑起的、具有特定的研究任务与特定的研究对象的边缘性学科。

技术经济学通过用经济学的理论研究技术领域的经济问题，又利用技术学中的有关知识去研究经济发展中的技术问题——技术创新。所谓“技术中的经济问题”，既包含着由于发展经济的特定(时空)条件而必须对技术进行合理选择，又包含着特定技术对发展经济将产生特殊作用。也就是既从技术的角度去研究实现经济目标的有效手段，又从经济的角度去分析与选择最满意的技术方案。因此，技术经济学既有技术学的性质又有经济学的性质，但不是两者的简单结合，而是研究它们相互依存、相互推进、相互发展的辩证关系，并从理论到方法形成一门具有自己独特性质的新兴学科。技术经济学表现为边缘性的特性，在技术与经济两者相互关系的研究中形成技术科学与经济科学的局部交叉。

(二) 学科关联性

1. 技术与科学的关系

技术与科学既相互区别、又相互联系(见表 1-1)。技术既是人类有目的地改造自然的手段，又是改造自然的产物，在本质上反映着人对自然的能动关系。科学是关于自然、社会和思维的知识体系，其任务是认识客观世界，技术的任务是改造客观世界；科学回答的是“是什么”，“为什么”，技术回答的是“做什么”，“怎样做”；科学提供物化的可能，技术提供物化的现实；科学是发现，技术是发明；科学是创造知识的研究，技术是综合应用知识与需要的研究。

表 1-1 技术与科学的关系

项目		科学	技术
目的任务		认识客观世界	改造客观世界
形态		纯知识形态	物质形态或知识形态
与生产的关系		间接，属于潜在生产力	直接，属于直接生产力
对经济的作用		不能完全确定，较长远	确定明确
研究特征	选题	自由探索	目标明确
	方法	归纳分析、逻辑推理、想象力、数学工具较为重要	实验、演绎推理与综合较为重要
	完成课题期限	较长或很长，无法严格规定	有明确规定
	社会监督	弱	强

2. 学科关联性

技术经济学作为一门新兴学科，由于它的边缘性特点，决定了它在内容上与其他许多相关学科的交叉，使其相互之间产生了必然的联系。

(1) 与数理统计、经济统计、经济活动分析的关系

技术经济活动需要利用有关的统计资料与各种技术经济指标，作为分析、制定与评价各种技术方案的依据。这些学科不仅为技术经济活动提供所需要的资料，而且也为技术经济学的发展提供必要的分析问题的方法。

(2) 与运筹学、系统工程的关系

运筹学与系统工程均属于现代管理方法的学科，并广泛应用于国民经济和社会发展的规划与管理。技术经济学则要应用这些学科的思想、观点和方法进行有关技术方案的创造、分析与评价。尤其是对一些关系国民经济和社会发展全局的重大项目和措施，更是需要应用运筹学与系统工程的思想和方法，从全局与整体的观点去分析和研究问题。

(3) 与决策科学的关系

决策科学关系到整个技术经济活动过程，成为人类从事生产建设管理的重要工具。技术经济分析与评价本身不是目的，而是为最终决策提供科学依据。因此，技术经济学与决策科学具有不可分割的联系。

(4) 与产业经济学的关系

产业经济学主要是从部门经济的角度研究工业内部生产力、生产关系和上层建筑的最佳结合，但其中主要是把生产关系作为自己研究的对象。而技术经济学虽然主要是从企业的角度就技术与经济的关系研究生产力当中的经济问题，但在许多问题上要受部门经济乃至整个国民经济当中的生产关系的制约与影响。这是技术经济分析与评价中必须要考虑的因素。所以技术经济学与工业经济学、甚至国民经济学具有密切关系。

(5) 与企业管理学的关系

首先，技术经济学是以实现预定的经济效益为目标，对企业投产前的建设时期所涉及的技术方案和技术措施，从技术与经济相结合的关系中去评价与选择方案；而企业管理学则主要是研究建设项目投产后，企业在生产运行中的经营与管理问题。其次，企业在投产以后，随着技术与经济的发展，以及社会需求的变化，企业技术改造与设备更新前的方案评价和选择，就属于技术经济学研究的范围，而改造、更新后的运行管理则属于企业管理学的研究内容。

思考题

1. 技术经济学的含义是什么？
2. 技术经济学在我国是怎样发展起来的？
3. 技术经济学的研究对象有哪些？
4. 技术经济学的主要研究内容有哪些？
5. 技术经济学的主要研究方法有哪些？
6. 技术经济学的学科特点是什么？

第二章

技术经济学原理

学习要求与目标

1. 掌握技术经济分析的作用规律；
2. 掌握技术经济分析的原则；
3. 掌握技术经济分析的程序；
4. 理解技术经济效果的含义；
5. 了解技术经济效果指标。

技术经济学原理反映了该学科研究领域与其他学科相区别的本质性的规律。作为技术经济学学科体系发展的理论基础，技术经济学原理是完善技术经济分析方法的主要依据。本章首先阐述了技术经济分析的作用规律，即技术对经济的作用规律、经济对技术的作用规律；其次，总结了技术经济分析的原则，并系统梳理了技术经济分析的程序；最后，重点阐述了技术经济分析的经济效果。

第一节　技术经济分析的作用规律

一、技术与经济的发展规律

(一) 技术发展的有关规律

1. 技术效果及其发展的规律

技术效果指方案实施后除经济效果以外而在技术方面所反映的全部后果的总称。例如，一项新技术的应用，不仅要考虑能否适时、适质、适量地达到预定经济目标的要求，而且还必须同时考虑对生态、环境等所产生的影响。即不仅要考虑技术实施后的正作用，还要考虑技术实施产生的负作用。技术效果及其发展的规律内容可用公式表示为

$$技术效果=f(正作用，负作用)$$

其中，技术效果的正、负作用所包含的主要内容可分别用公式表示为

$$正作用=f(适时，适量，适质)$$

负作用＝直观的不良后果＋潜在的不良后果

2. 技术发展及其转移的规律

(1) 技术发展的指数曲线规律

科学与技术的发展呈现“科学技术化、技术科学化”的发展趋势，从而使技术在科学的推动下，出现了前所未有的发展速度。同时，技术与经济从整体上存在并行发展的趋势。中国经济发展已从高速发展转变为高质量发展，因此，对技术发展提出了愈来愈高的要求。技术在科学与经济的双向推动与综合作用下，其发展速度呈现出按指数曲线发展的规律。

(2) 技术转移的加速规律

技术转移是人类的一项重要社会实践活动。按其转移方向，一般可分为地理空间位置上的双向传播和不同实践领域的单向扩散两大类；按转移方式，可分为有偿转移和无偿转移；按转移的范围，可分为国际转移和国内转移。16 世纪以前，由于交通条件的落后，技术转移十分缓慢，数量很少，周期极长，主要靠人员的陆路流动以“言传身教”的方式进行，其中最负盛名的是中国古代四大发明(造纸、印刷术、火药、指南针)向中亚地区和欧洲的转移。17—19 世纪下半叶，随着大机器工业出现，技术转移的数量明显增多、速度加快，以物体(新机器和设备)移动和图书报刊资料流传而完成的技术转移大量增加。进入 21 世纪，随着技术与经济竞争的加速，以及技术转移载体与转移方式的变化，技术转移的速度在以叠加的形态向前发展，这已成为技术转移的一条规律，即加速律。加速律首先表现在从科研成果转化为应用技术、从应用技术转化为产品开发的时间间隔在急剧缩短，尔后是技术在地区之间转移速度的加快上。

(a) 技术的纵向转移。纵向转移是从时间的角度去观察问题，主要表现为两种情况。一是渐进型的技术革新，即在原有基础上产生某些局部性的改变，也称为非全新型的发展。二是突变型的技术革新，即劳动手段或工艺过程的根本性变革，也称为全新型的发展。如第一次工业革命所开创的“蒸汽时代”(1760—1840 年)，标志着农耕文明向工业文明的过渡，是人类发展史上的一个伟大奇迹；第二次工业革命进入了“电气时代”(1840—1950 年)，使得电力、钢铁、铁路、化工、汽车等重工业兴起，石油成为新能源，并促使交通的迅速发展，世界各国的交流更为频繁，并逐渐形成一个全球化的国际政治、经济体系；第三次工业革命，开创了“信息时代”(1950—)，全球信息和资源交流变得更为迅速，大多数国家和地区都被卷入全球化进程之中，世界政治经济格局进一步确立，人类文明的发达程度也达到空前的高度。就在第三次工业革命方兴未艾之际，我们悄然迎来了第四次工业革命——以人工智能、物联网、机器人技术、量子信息技术、虚拟现实以及生物技术等为主的全新技术革命，包括但不限于工业 4.0 侧重的制造业革新。第四次工业革命的核心是网络化、信息化与智能化的深度融合。它在提高生产力水平、丰富物质供给的同时，也会重塑人力与机器力结合的劳动形式和要求，在教育及产业政策方面增添新内容和新方法。

(b) 技术的横向转移。横向转移是从空间的角度去观察问题，即某一技术从它的发明地向其他地区、部门、行业的转移。横向转移是技术创新成果在不同组织之间的转移。如大学向企业转让技术、一个企业向另一个企业转让技术。从现代的技术结构来说，有电子计算机技术、激光技术、光导技术、空间技术、遗传工程技术，也有传统医学和农业技术等。现代科学技术的特点表明，各类技术之间不是孤立的。无论从历史上考察，还是从现代的相互关系考察，我们都可以清楚地看到各种技术之间纵横交错、互相渗透、互相移植和相向运动，这使得技术的横向转移成为现代技术发展的主要形式之一。

(3) 技术转移的基本模式

① 从技术内容的完整性上看，可以把技术转移区分为“移植型”和“嫁接型”两种模式。

(a)“移植型”技术转移，是指转移技术的全部内容。跨国企业的海外扩张多是通过这种模式实现其技术转移的。这种模式对技术吸纳主体原有技术系统依赖性极小，而成功率较高，是“追赶型”国家或地区实现技术经济跨越式发展的捷径。但转移的支付成本较高。

(b)“嫁接型”技术转移，是指转移技术的部分内容，如某一单元技术，或关键工艺设备等流动而实现的技术转移。它以技术需求方原有技术体系为母本，与外部先进技术嫁接融合，从而引起原有技术系统功能和效率的更新。显然，这种技术转移模式对技术受体原有技术水平的依赖性较强，要求匹配的条件较为苛刻。虽然技术转移的支付成本较低，但嫁接环节上发生风险的频率较大。一般为技术实力较为均衡的国家、地区、企业之间所采用。

② 从技术载体的差异性上，可以将技术转移区分为“实物型”、“智能型”和“人力型”技术转移三种模式。

(a)“实物型”技术转移，是指由实物流转而引起的技术转移。从技术角度看，以生产手段和劳动产品形态出现的实物，都是特定技术的物化和对象化，都能从中反观某种技术的存在。因此，当实物发生空间上的流动或转让时，某种技术就随之发生了转移，这是所谓“硬技术”转移的基本形式。

(b)“智能型”技术转移模式，是指由一定的专门的科学理论、技能、经验和方法等精神范畴的知识传播和流动所引发的技术转移。它不依赖实物的转移而进行。通常把这种技术转移称为“软技术”转移。市场上的专利技术、技术诀窍、工艺配方、信息情报等知识形态的商品交易，都是这种技术转移借以实现的基本形式。

(c)“人力型”技术转移，是人类社会较为古老的一种技术转移模式，它是由人的流动而引起的技术转移。如随着人员的迁徙、调动、招聘、交流往来、异地培养等各种流动形式，皆可引发技术的转移。这是因为，技术无论呈现何种具体形态，都是以人为核心而存在，为人所理解、掌握和应用的。所以人力资源的流动必然伴随着技术转移。“二战”期间，为躲避战乱及法西斯迫害，欧洲(特别是德国)大批科学家逃往美国，就曾使这些国家许多领先技术特别是核技术转移到美国开花结果。

③ 从技术功能上看，又可把技术转移区分为工艺技术转移和产品技术转移两种基本模式。

一般来说，在产业技术系统内部，并存着工艺技术形态和产品技术形态两大系统，而每种技术形态又包含若干相关性极强的单元技术，它们共同构成社会生产活动的技术基础。从具体生产过程看，工艺技术是产品技术形成的技术前提和物质手段，直接决定着产品的技术性能和生产能力。而从社会生产总过程看，产品技术往往又构成工艺技术的单元技术(广义上说，工艺技术的实体本身就是特定的产品)，它又影响着工艺技术的总体水平和效率。事实上，任何产业技术就其功能而言，都不是万能的，而是有其不同的侧重点。当技术侧重于影响生产流程，具有提高效率和扩张产量作用时，把这种技术的转移称为工艺技术转移；而当技术侧重于影响生产过程的结果，有助于提升产品的技术含量及功能拓展时，把这种技术的转移称为产品技术转移。一般来说，农业、采掘业领域的技术转移多属前者，而制造业、信息产业、建筑业等领域的技术转移多属后者。同时，工艺技术和产品技术在功能上又具有极强的相关性。因此，技术转移过程，又往往通过工艺技术的转移来达到产品技术的升级，或通过产品技术的转移来实现工艺技术的改造。

（二）经济发展的有关规律

任何技术都必须以直接或间接地转化为一定的经济效果作为自己存在与发展的前提，而任何经济效果都必须以一定的技术效果为基础并进行有效的转化。因此，经济效果应看成是人们在从事一切经济活动时所必须遵循的规律。

1. 经济效果及其发展的规律

（1）正值最大规律

正值最大规律就是以最少的劳动投入而获得最大的产出效果。即使投入与产出之差值保持正值最大。这是衡量经济效果大小的直接标志。可用公式表示为

$$\text{经济效果}=\text{产出效果的价值}-\text{投入资源的价值}$$

这是反映正值最大规律的基本公式，是以绝对值的形式表示经济效果的大小。同时，也可以以相对值的形式表示经济效果的大小。如所取得的劳动成果与劳动消耗之比，或者是所取得的经济成果与消耗的资源总量之比，可用公式表示为

$$\text{经济成果}=\frac{\text{劳动成果}}{\text{劳动消耗}},\text{经济效果}=\frac{\text{所取得的经济成果}}{\text{消耗的资源总量}}$$

（2）效果必须转化为效益的规律

对任何一项技术方案的选择与评价，从经济的角度，不仅要考虑反映它投入（劳动占用和劳动消耗量）与产出（劳动成果）之比的经济效果这一指标，而且还必须依据“社会主义社会不是简单地关心单位生产资源消耗所增加的国民收入的实物量，更重要的是生产的国民收入在实物结构上，应该符合社会的需求结构”。也就是说，对产出的效果或使用价值从适时、适质、适量的角度，看其对社会需求的满足程度。因此，对技术进行经济评价，必须在经济效果的基础上看其与社会需求相结合的紧密程度。而适时、适质、适量的程度也可综合称为满足经济需求目标的有效程度，简称为“效度”。经济效益可用公式表示为

$$\text{经济效益}=f(\text{经济效果},\text{效度})$$

2. 提高经济效益与发展经济的规律

提高经济效益是实现经济发展的前提。总体来看，一个国家或一个地区的经济能否得以持续稳定发展，关键在于能否不断稳定提高经济效益，并使其高于经济发展速度，高于基本建设投资增长的速度，以便使社会生产的发展与人民物质、文化生活水平的不断提高保持协调的比例关系，使经济发展速度与所获得的经济效益保持应有的比例关系。

（1）经济增长与人民生活水平相应提高的规律

邓小平同志 1992 年在南方谈话中提出：“不坚持社会主义，不改革开放，不发展经济，不改善人民生活，只能是死路一条。”经济发展是硬道理，人民生活水平提高是硬指标。发展经济最终体现于人民生活的改善，而人民生活的改善又进一步促进经济的发展。改善生活与

发展经济的这一辩证关系，是一切经济发展所必须遵循的规律。社会主义的生产目的就是要不断地满足人民日益增长的物质与文化生活的需要，因此必须从生产的不断发展中使人民得到相应的实惠。经济增长的快慢，意味着人民生活水平提高所需的时间长短。社会主义的基本经济规律要求，必须保证经济增长与生活发展的综合平衡。

(2) 提高经济效益与妥善处理比例、速度、效果的规律

经济增长的速度必须以应有的效益、适当的比例为前提，而良好的效益又必须以合适的速度、协调的比例、最佳的效果为基础，只有这样才能达到效益、比例、速度、效果的高度协调与统一，保持经济持续、稳定、高速的发展。在制订经济发展规划时，应按照“经济效益—比例—速度—效果”的程序进行，即把提高经济效益放在整个工作的首位，改变过去把发展速度作为制订国民经济发展规划主要依据的做法。因为只有经济效益才能全面反映经济发展与社会主义生产目的相符合的程度，经济效益的好坏也就自然成为决定一切方案取舍的根本依据。但要使经济效益能够保持长期而稳定的增长，关键是使经济整体与各有关局部形成并保持一个和谐而统一的比例关系。在上述基础上，经济的增长又取决于速度选择，经济效果不仅是比例是否得当、速度是否适宜的必然反映，同时也是检验与修订经济效益目标的根据。以上关系如图 2-1 所示。

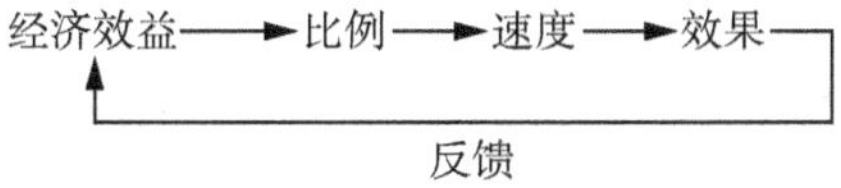

图 2-1　经济发展规划程序循环图

二、技术与经济的相互作用规律

(一) 技术对经济的作用规律

纵观全球各国经济发展的历史，劳动生产率的提高是技术革新、技术进步直接作用的结果。因此，实践中，技术的先进性与经济效果的最佳性之间必然存在某种联系。技术对经济的作用规律可概括为三个主要方面：(a) 先进技术对经济发展的杠杆性作用规律；(b) 适宜技术对经济发展的有效性作用规律；(c) 不同技术对实现同一经济目标的替代性作用规律。

(1) 先进技术对经济发展的杠杆性作用规律

先进技术对经济发展的杠杆性作用规律，具体可概括为两个方面：

第一，随着技术的不断进步，生产一定的实物量，投入生产过程的劳动量必然降低。因此，技术进步直接表现为劳动消耗的降低与劳动生产率的提高。

第二，由于技术进步而伴随劳动消耗的降低，必然间接地体现为生产费用的减少与经济效果的扩大。因此，先进技术是促进经济发展最有力的手段。

技术是推动工业发展的直接动力，而科学必须通过技术转化为现实的生产力。因此，技术对社会生产力产生直接的作用，是推动国民经济和社会发展的基本手段。据国外统计，苏联 1976 年工业总产值为 1950 年的 10 倍，经济增长的 80%～90%归结于劳动生产率的提高，而劳动生产率的提高有 70%～75%是采用新技术的结果。1950—1975 年，美国工业生

产增长了205%，主要是靠新技术提高劳动生产率。第二次世界大战后日本的技术进步对经济发展的作用高达60%～70%。中国1952—1982年的全民所有制工业中，技术进步诸因素的平均增长率为1.4%，技术进步对工业产值的贡献份额为11.6%；1979—2000年的国内生产总值按不变价格计算的年均增长率为9.63%，平均技术进步率为2.78%，技术进步对经济增长的平均贡献份额为28.57%。

(2) 适宜技术对经济发展的有效性作用规律

适宜技术是指适合当时、当地技术—经济—社会的结构条件的、最有利于解决科技-经济-社会-生态协调发展的应用技术，或是指为实现国民经济和社会发展目标而采用的最小社会成本的技术。为了实现某一确定的经济目标，可选择采用多样的技术手段，但先进技术不一定获得最佳的经济效果。实践中，一切先进技术均具有转化为最佳经济效果的潜在性与可能性，但必须具备实现这一转化的必要条件，如人力资源与物力资源等相应条件。因此，为了实现某一确定的经济目的，不应盲目地追求技术上的先进性，而应因时因地制宜地选择适宜技术。

1975年，印度学者A.K.雷迪把适宜技术归结为三个目标：第一，环境目标——节约能源，减少污染，生态平衡；第二，社会目标——最大限度地满足人民的最基本需求，促进社会和谐；第三，经济目标——消除经济发展的不均衡，把经济引向分散经营。适宜技术对经济发展的有效性作用规律，具体可概括为两个方面：

第一，适宜技术不仅表明技术水平对经济效果产生影响，而且也反映经济条件制约技术水平的选择；

第二，就一定条件而言，总是相对地、必然地存在着某一适宜技术，这种适宜技术是表现效果最佳的技术方案。

(3) 不同技术对实现同一经济目标的替代性作用规律

为实现某一确定的经济目标，可通过多种技术途径，而同一途径由不同的技术因素构成。因此，各技术途径与其构成的技术因素之间具有不同的相互替代性。不同技术对实现经济目标的替代性作用规律，具体可概括为两个方面：

第一，在实现同一目标的多种技术组合方案中，必然存在一种费用最低的方案。

第二，随着时间、地点、条件的变化以及技术的发展，费用最低的方案处于动态变化。

综上所述，从技术对经济的作用规律中可看出，发展经济不仅要采用先进技术，而且更应采用适宜技术，即使是适宜技术，还应寻找费用最低的替代技术。“杠杆性规律”是从宏观角度说明先进技术对经济发展起杠杆性的推动作用；“有效性规律”是从微观角度说明适宜技术能有效地促进经济发展；“替代性规律”是针对具体方案设计说明即使适宜技术仍有各种不同的技术组合方案与其相应的多种费用，应寻找费用最低的替代技术。技术对经济的作用规律从逻辑上形成了一个完整的“技术对经济作用规律”的体系，即从“宏观→微观→具体”三个层次说明为发展经济在进行技术选择时应遵循的基本规律。

(二) 经济对技术的作用规律

经济对技术的作用规律可概括为三个主要方面：(a) 经济需求对技术发展的拉动性作用规律；(b) 经济实力对技术发展的限制性作用规律；(c) 经济效益对技术发展的选择性作用规律。

(1) 经济需求对技术发展的拉动性作用规律

科学发明是技术发展的基础性条件，经济需求是技术发展的前提条件，对技术发展起拉动性作用。经济需求通过市场对技术具有明确的选择性，只有合乎市场经济需求的技术供给，才可能被市场所接纳，并得到预期的发展。因此，技术发展依赖于经济需求。任何一项技术能否得到顺利发展，首先取决于它对经济需求的满足程度。经济需求对技术发展的拉动性作用规律，具体可概括为两个方面：

第一，技术快速发展必须依赖于经济需求及时发展。技术发展取决于经济发展对其需要的程度，为了使技术得到预期的发展，就必须明确与其相对应的经济需求。

第二，市场需求的目标与水平决定了技术发展的方向与进程。市场是经济需求牵动技术发展的载体，技术发展的方向与水平依赖于市场需求的目标与水平，即可从市场产品需求中确定技术发展方向。

(2) 经济实力对技术发展的限制性作用规律

经济需求是技术发展的前提和必要条件，而经济实力是发展技术的物质条件与可能条件。技术发展必须以一定的资金投入为基础，尤其是现代高精尖技术的发展，不仅要投入巨额资金，而且还要求具备与其相配套的其他经济条件相支撑。因此，经济实力是技术能否得到预期发展的限制性因素。经济实力对技术发展的限制性作用规律，主要可概括为两个方面：

第一，技术开发需要投入巨额费用，其在企业经费支出中所占比例日趋增大，研发经费不足已经成为技术发展的限制性因素。

第二，企业保持技术优势，保障在长期竞争中立于不败之地，关键是能否给予足量的技术开发、研究与应用所需费用支出。

20 世纪 90 年代，由于美国经济衰退，企业实力下降，绝大多数企业无力拿出足够的经费用于新技术和新产品的研发。现阶段，为了保持长期的竞争优势，众多企业已从销售总额中提取 10%～15%的经费用于技术研发，以提高自己在国际市场竞争中与其他有关国家相抗衡的能力。

(3) 经济效益对技术发展的选择性作用规律

提高经济效益是技术发展的根本目的，技术发展是提高经济效益的重要手段。实现技术发展与经济效益的统一是选择和发展技术的根本方向。经济效益的提高，主要是通过把技术作为生产过程中的转换手段，来衡量其转换效果。具体体现为两层含义：一是指转换结果与社会需求相吻合，即表现为转换“有用性”；二是指新技术与原有技术相比有较好的转换效果，即表现为转换“高效性”。但转换“有用性”仅是作为高效性的一个前提条件，而研究的重点与本质是转换“高效性”，具体表现为两点：

第一，经济效益的高效性表现为相对性。即新技术与原有技术转换后的产出物，其功能与质量完全等同，仅转换方式与方法有所区别，但新技术有着更高的投入产出比。因此，新技术比原有技术能创造出更好的经济效益。

第二，经济效益的高效性表现为绝对性。即新技术与原有技术相比较，能够转换成前所未有的新功能与新质量，新技术能够向社会提供前所未有的社会所需要的新产品，其转换效率的高低并无可比性。

总体来看，只有经济效益较好的方案，才能给国家或企业带来经济实力的增长，为技术发展奠定雄厚的基础。因此，经济效益成为衡量技术发展的基本指标，经济效益的大小是比较方案优劣的重要依据。

综上所述，从经济对技术的作用规律中可看出，经济从三个不同方面依次对技术发展产生重要影响。经济需求是影响技术发展的决定性因素，称为技术发展的必要条件；经济实力是决定技术是否有条件发展的直接因素，称为技术发展的可能条件；经济效益是判定技术是否应该发展的最终因素，称为发展技术的充分条件。

第二节　技术经济分析的原则与程序

一、技术经济分析的原则

（一）基本原则

技术经济问题存在于国民经济和社会发展的各个领域，既包括生产领域中的技术经济问题，又包括非生产领域中的技术经济问题；既包括国民经济各部门如农业、工业、交通运输和邮电业、建筑业、商业、服务业等的技术经济问题，又包括企业生产建设各个阶段如试验研究、勘测考察、规划设计、建设施工和生产运行等的技术经济问题。宏观技术经济问题着眼于整个国民经济的技术经济活动，微观技术经济问题着眼于单个经济主体的技术经济活动。技术经济分析的基本原则可表述为：

1. 整体化原则

为确保可靠实现技术经济系统整体目标，对组成大系统的一切子系统的“内在”构成进行“空间”分析，既要最大限度地减少由于技术上某些多余设计而产生的经济损失，又要避免由于个别技术环节在数量与质量上存在缺陷而导致的全局性后果，即局部必须对整体给予充分的支持与可靠的保证。为此，技术经济分析的整体化原则可概括为：一是技术经济系统的目标是建立技术经济系统的根据；二是一切子系统的分析与建立，都必须始终指向技术经济系统的整体，保证对整体的充分支持与协调；三是各个子系统都要对自身存在的功能目标进行准确无误的抽象，并对其实现目标的途径，按照技术与经济相结合的最佳化方向进行新的方案创造。

2. 动态化原则

为了充分延长技术经济系统的使用寿命，对组成大系统的各个子系统的外在条件要进行“时间”分析，为了使其适应未来环境的发展变化，必须使技术经济系统具有一定的可塑性。技术经济系统的使用寿命愈长，单位投资所创造的效果愈大。为了最大限度地延续技术经济系统的使用寿命，必须根据外界有关条件的变化对其进行相应的改造。为此，技术经济分析的动态化原则可归纳为：一是技术经济系统不仅要适应现时的环境，而且要适应未来发展变化的环境，技术经济系统对外界环境适应能力的程度，决定着技术经济系统的使用寿命；二是对技术经济系统未来环境变化的预测，是建立与评价技术经济系统的前提条件，是影响技术经济系统使用寿命的基本信息，是技术经济分析的重要内容；三是增强技术经济系统使用寿命，不仅靠一次性设计的有效性程度，同时靠对外界环境变化所进行的多次性与适时性调整和改造。

3. 定量化原则

技术经济系统是由多功能、多层次、多目标、多形式与多因素构成的组合体。技术经济系统优化必须对其各个环节及其所从属的环境因素全面地进行"定量"研究，即对技术经济系统进行综合定量分析。针对各个不同层次的系统，既要有明确的"量化"目标，又要对实现目标的结果进行"量化"描述。只有根据一系列相应的数量化模型所显示的结果，才能从不同的角度对技术方案的优劣进行综合描述。为此，技术经济分析的定量化原则可概括为：一是技术经济系统的优化，实质上是对一系列有关的静态指标、动态指标、现时目标与长远目标等技术经济指标体系的优化；二是反映技术经济系统内部结构与外部环境相关因素运动变化的定量化模型，是技术经济系统优化的重要工具；三是技术方案评价的量化程度，是技术经济分析科学化程度的重要标志。

（二）经济性原则

为决策者提供可靠而优化的技术经济方案，必须在技术经济系统分析基础上，对备选方案从技术与经济两个方面进行全面分析评价。分析评价的科学性与有效性直接影响决策的正确性。技术经济分析涉及范围广、内容复杂，具有较强的政策性。因此，为了做好这一工作，既要以基本原理为指导，又要切实遵循相应的经济性原则。技术经济分析的经济性原则具体可表述为：

1. 经济效益与生产目的相结合的原则

技术经济工作应遵循的首要经济原则，就是"生产目的与经济效益相结合"。经济效益是技术经济评价中的一个重要指标，经济发展的目的之一就是要提高生产、建设、流通等各个领域的经济效益，以尽量少的活劳动消耗和物质消耗生产出更多符合社会所需要的产品。实践中，有些项目不能仅单纯评价其经济收益，若这个项目满足国民生活的迫切需要，经济收益虽然稍差，但在国家财力、物力可能的情况下，项目也可取。因此，当经济效益与生产目的一旦处于矛盾的情况下，经济效益应注意服从生产目的的需要。

2. 微观与宏观相结合的原则

技术经济分析的第二个经济性原则，就是"微观与宏观相结合的原则"。不仅要从微观角度衡量企业的微观经济效果，而且还必须从宏观的角度考核对国民经济整体所带来的宏观经济效果。社会主义现代化建设的各个部门与各个企业，虽然都有各自不同的利益，但一切企业的生产经营活动都不能偏离满足社会需要这一根本目的。针对一个项目，企业本身的经济效益也许并不显著，但从国民经济和社会发展的综合效益来看却很显著。因此，在对建设项目评价时，局部利益必须以不损害全局利益为前提。必须首先考虑国家经济建设的战略目标、战略重点、战略步骤和一系列有关的方针政策，并从宏观上对其国民经济和社会发展的综合效益进行评价。

3. 当前与长远相结合的原则

技术经济分析的第三个经济性原则，就是"当前与长远相结合的原则"。技术经济分析具有未来性特点，进一步决定了对一切投资方案的评价，只有把当前与未来结合在一起进行研究，才能使企业的现时效益与长远效益得到有效统一，使企业既能适应现时环境的发展变化，又能适应未来环境的发展变化，在现时环境和未来环境的发展变化中得到稳定发展。因此，当前与长远相结合的原则，是把企业的当前目标与战略目标在评价中有机地结合起来评价方案。技术经济分析要立足于现时，着眼于未来，妥善的处理当前与未来的关系。

（三）可比性原则

技术经济分析常常是对一个技术项目同时拟定多个技术方案，而这多个技术方案中又只能选取一个，因此除了要对各个技术方案本身的有用效果和劳动耗费进行比较，确定其经济效果大小以外，还需要对不同技术方案进行对比和选择，确定出最佳技术方案。因此，技术方案比较就成为技术经济分析中十分重要的内容。实践中，由于目的、条件等不同，不同投资方案的指标往往不能进行直接比较，为了确保不同方案具有可比条件，通常，技术经济方案具有四个可比性原则：满足需要的可比；消耗费用的可比；评价指标的可比；时间因素的可比。

1. 满足需要的可比

一个技术方案若与另一个技术方案进行比较时，必须具备特定的条件。满足需要的可比原则是指相比较的各个技术方案满足同样的社会实际需要——生产产品或提供服务。通常，技术方案是以其产品的数量、品种、质量、功能等指标来满足国民经济和社会发展的需要，不同技术方案若要满足需要上的可比条件，必须保证在产量、品种、质量、功能等指标上的可比性。

（1）产量的可比条件

产量可比是指各技术方案实际满足社会需要的产品产量相等。对比两个技术方案，如果其产量相同，则其他指标才有可比基础。这里的产量是指不同方案的净产量，即以可供社会需要的产量为标准，而不应以额定产量为标准。因为各种技术方案具有不同的技术特点和条件，这些技术方案所利用的额定产量与满足实际需要所必需的产量是不相等的，它们之间相差一个数量，所以尽管两个技术方案毛产量相等，但由于在生产流通和消耗过程中损失不同，即真正达到满足社会需要的数量不等，则不可比。

（2）质量的可比条件

为了满足国民生活和社会发展的需要，要根据满足需要的使用效果大小（质量指标）进行定量对比分析。满足质量方面的可比条件包括五个方面：

（a）方案使用价值不同。例如，有两个建厂方案，A 为建一黑白电视机厂，B 为建一彩色电视机厂。两个方案的产品的使用价值不同，不能直接相比较。假定一台彩电的使用价值相当于三台黑白电视机的使用价值，则应与三台黑白电视机比较。

（b）方案生产规模不同。例如，两个汽车厂，A 年产 20 万辆，B 年产 10 万辆。两个方案的产量不同，不能直接相比较。一个年产 20 万辆的方案与两个年产 10 万辆的方案相比较才具备可比性。

（c）方案满足需求不同。例如，水电站同时满足电能、农田灌溉、航海、防洪等的需要，满足多方面需要的水电站方案与只能满足单一方面需要的火电站方案不同，不能直接相比较。必须把综合利用方案和能够满足相同需要的联合方案进行比较；或者把综合利用方案分成若干个单独方案，然后按单一方案进行比较。

（d）方案综合效益不同。例如，利用农田建厂，除了未来生产产品外，还会带来农业减产。该方案与不会带来农业减产的方案不同，不能直接相比较，必须使对比方案各方面产量都相等，才能相比较。

(e) 方案生产能力不同。例如，A 方案是对原有设备进行现代化改装，B 方案是对原有方案进行常规修理。由于 A 方案提高了设备的生产能力，两方案生产能力不同，不能直接相比较，必须把 B 方案的产量调整到相同的数量上，才能相比较。

2. 消耗费用的可比

消耗费用的可比原则是在计算和比较费用指标时，不能只对方案的个别部门、个别环节的消耗进行比较，必须从整个国民经济和社会发展的角度出发，从总的消耗出发进行综合考虑。不仅要计算比较方案本身的各种费用，同时要考虑相关费用，并且应采用统一的计算原则和方法进行计算。相关费用是指实现本方案而引起生产上相关的环节(或部门)所增加(或节约)的费用。例如，建设某钢铁厂，除考虑钢铁总厂工程投资外，还必须考虑其冶金配套工程，如冶金备件制造厂工程、耐火材料厂工程、水泥厂工程、辅助材料矿山工程等的相关投资，以及外部配套工程，如洗煤厂工程、铁路工程、煤炭码头工程等的相关费用。

对于消耗费用的计算必须采用同一原则和方法，即在计算技术方案的消耗费用时，各方案的费用构成项目和计算范围必须一致。例如，两个方案的生产量不同时，消耗费用指标的绝对值没有直接可比的基础。

(1) 费用范围

关于消耗费用的可比性问题，首先要求对比方案所采用的费用指标处于同一范围下。消耗费用的可比包括四个方面：

(a) 从社会总体范围考虑消耗费用。每个技术方案的特性和经济特性不同，它们在各个方面所消耗的劳动或费用也不相同。为了使各个技术方案能够进行经济效果比较，各个技术方案的消耗费用必须从整个社会或整个国民经济观点出发，考虑技术方案的社会全部消耗费用。

(b) 从部门间横向关系的范围考虑消耗费用。在社会主义现代化建设过程中，国民经济各部门生产之间的关系也愈来愈密切。各部门的生产往往互相依赖，彼此协作。因此，在考虑某方案的消耗费用时，不但要考虑技术方案本部门的各种耗费，而且要考虑和技术方案有密切横向关系的邻近部门的各种消耗费用。

(c) 从直接费用和间接费用的范围考虑消耗费用。一个技术方案的实施，除了自身消耗费用以外，还会带来一些间接费用，如技术方案对劳动力、自然资源和物资的消耗所引起的国民经济损失费用、其他部门治理污染的费用等。这些间接费用也要加以考虑。

(d) 消耗费用的范围应统一。对于对比方案来说，与其有关的费用考虑越全面越好，但实际工作中不可能将所有相关的费用都考虑在内。因此，两个技术方案比较时，常常是比较其一部分费用，而对于基本相同的部分可以略去。即被比较的费用发生的范围必须一致，否则就不能相比。

(2) 消耗费用指标的选取应具有可比性

消耗费用指标的量和质都应具有可比性。如果两个技术方案的年产量有所不同，则应采用单位产量的费用才能相比；如果两个技术方案的产品质量有差异，其费用也应等同化后才能相比。

(a) 产量不同时,投资和经营成本的比较。当两个对比方案的产量相同时,则可以直接比较其投资及经营成本指标;当两个对比方案的产量不同时,则将投资和经营成本的绝对值换算为相对值,即将总投资和总经营成本转变为单位产品的投资额及单位产品的经营成本,使之具有可比基础。

假设两个技术方案的年产量分别为 Q_1 和 Q_2,两个技术方案的总投资及年经营成本分别为 K_1 和 K_2 及 C_1 和 C_2,则两项费用可做如下调整计算:

Ⅰ方案单位产品投资额为:$K_{1q}=\dfrac{K_1(\text{元})}{Q_1(\text{件/年})}=\dfrac{K_1}{Q_1}[\text{元/(件/年)}]$

Ⅱ方案单位产品投资额为:$K_{2q}=\dfrac{K_2(\text{元})}{Q_2(\text{件/年})}=\dfrac{K_2}{Q_2}[\text{元/(件/年)}]$

Ⅰ方案单位产品经营成本为:$C_{1q}=\dfrac{C_1(\text{元/年})}{Q_1(\text{件/年})}=\dfrac{C_1}{Q_1}(\text{元/件})$

Ⅱ方案单位产品经营成本为:$C_{2q}=\dfrac{C_2(\text{元/年})}{Q_2(\text{件/年})}=\dfrac{C_2}{Q_2}(\text{元/件})$

将两技术方案的投资与经营成本指标转化为单位产量指标后,就可以比较两个技术方案的优劣。

当 $K_{1q}<K_{2q}$,$C_{1q}<C_{2q}$;或 $K_{1q}<K_{2q}$,$C_{1q}=C_{2q}$;或 $K_{1q}=K_{2q}$,$C_{1q}<C_{2q}$时,则Ⅰ方案较优,否则Ⅱ方案较优。

当 $K_{1q}>K_{2q}$,$C_{1q}<C_{2q}$时,则需采用其他方法进行比较。

(b) 质量不同时,投资和经营成本的比较。如果两个技术方案的产品质量不同,必须对两技术方案的投资及经营成本进行调整,然后再进行比较。调整时采用“使用效果系数 k”进行修正,k 的计算方法为:$k=\dfrac{E_{k1}}{E_{k2}}(k>1)$。

式中:k 为使用效果系数;E_{k1} 为较高产品质量方案的产品使用效果;E_{k2} 为较低产品质量方案的产品使用效果。

使用效果系数的含义是:较低产量的产品经过使用效果系数调整,可以相当于较高质量的产品。使用效果系数可用产品的使用寿命、可靠性等来表示。

从产量上看,即 $Q_1=kQ_2$,其中 Q_1、Q_2 分别为高质量和较低质量方案的产品产量。当两个技术方案的产量相同,但产品质量不同时,则需利用“使用效果系数 k”对较高产品质量方案的投资及经营成本进行调整。

假定较高产品质量方案的投资和经营成本为 K_1 和 C_1,则可调整为

$$K'_1=K_1\,\frac{1}{k}C'_1=C_1\,\frac{1}{k}$$

式中:K'_1为较高产品质量方案调整后的投资;C'_1为较高产品质量方案调整后的经营成本。

调整后的投资和经营成本,就可以和较低产品质量方案的投资和费用进行比较了。

例题 2.1 有两个建厂方案，生产两种不同可靠性的产品，其各项数据见表 2-1，试比较两方案的优劣。

表 2-1 两个建厂方案的各项数据

指标	单位	方案 1	方案 2
产量 Q	万台/年	30	30
投资 K	万元	1 800	2 000
经营成本 C	万元/年	450	500
可靠性 E_k		0.80	0.99

解：从表 2-1 中数据可以看出，方案 2 的投资和经营成本均大于方案 1，但由于可靠性不同，因此也不能简单得出方案 1 优于方案 2 的结论，必须对两方案的投资及经营成本进行调整。调整方法为：

计算使用效果系数 k：$k=\frac{0.99}{0.80}=1.24$

调整投资：$K_2'=K_2\cdot\frac{1}{k}=2\ 000\times\frac{1}{1.24}=1\ 613$(万元)

调整经营成本：$C_2'=C_2\cdot\frac{1}{k}=500\times\frac{1}{1.24}=403$(万元)

调整后，两方案的投资和经营成本可以相比较。

由于 $K_2'<K_1$，且 $C_2'<C_1$，所以方案 2 优于方案 1。

3. 价格指标的可比

社会主义市场经济条件下，比较技术方案的经济效果必须用到价格指标。随着科学技术的进步、劳动生产率的不断提高、产品成本的不断下降，各种技术方案的消耗费用也随之逐渐减少，产品价格也发生变化，故要求在对不同技术方案进行比较和评价时，必须采用相应时期的价格，使两技术方案在价格上可比，这就是价格指标的可比问题。价格从两方面影响分析的正确性：一是价格水平本身是否合理，即是否真实反映商品的价值。我国现行价格体系存在很多不合理的方面，如工农业产品比价不合理、资源型产品与加工型产品比价不合理，这些不合理使不同技术方案缺乏可比性，其评价结果往往带有片面性；二是选用的价格是否恰当，即选用国内市场价格还是选用国际市场价格或其他合理价格。

4. 时间因素的可比

各种技术方案由于受到技术、经济和社会等多种条件的限制，不仅消耗的资源不同，而且建设投产和服务的时间也不完全相同。对经济寿命不同的技术方案作经济效益比较时，必须采用相同的计算期作为比较的基础。必须在同一时间段内考察各技术方案的经济效益。当相比较的各技术方案的经济寿命周期有倍数关系时，应采用它们的最小公倍数作为各技术方案的共同计算期。如果相互比较的各技术方案，由于投入期、运营期不一致，而使它们的寿命周期有所不同，应采用约定的计算期作为共同基础，进行相应的计算和比较。

不同技术方案进行比较时，应考虑以下几个时间因素：

(a) 项目的计算期应该合理一致。计算期合理一致首先是计算期相同,但在相同的计算期下,仍然存在问题:不同规模的技术方案会有不同的经济效果,建设期短、规模小的技术方案投资回收期短、投产后很快见效,而规模大的技术方案,建设期长、投资回收期长,投产后可能要 3～5 年才能见效。如果用相同的计算期(较短)比较,可能会得出小规模的方案经济效果好的评价,但从长远来看其技术方案总的经济效果并不一定好。因此,选择一个合理一致的计算期是多方案比较的一个基础。

(b) 应考虑不同技术方案劳动投入和产出发生的时间先后对技术经济效果的影响。两个技术方案即使计算期相同,所消耗及占用的劳动和产出的有用效果的数量也相同,但如果这些投入与产出发生的时间不同,其技术经济效果也不同。因此,对不同技术方案进行比较时,不能只考虑技术方案所生产的社会产品数量和产值的大小以及所消耗和占用的劳动的大小,还必须考虑到这些劳动是在什么时间占用和消耗的,占用和消耗了多少时间;必须考虑有效劳动成果是什么时间创造出来的,生产了多长时间等。

(c) 方案的时间因素要从整体上考虑。有些技术方案往往带有配套工程技术方案,在考虑其时间因素时不仅要考虑主工程项目,而且要考虑配套工程。因此,对技术方案的时间因素可比性要求,是指对整个项目技术经济系统的完整技术方案的时间因素可比性要求,而不是指技术方案的一部分。

二、技术经济分析的程序

技术经济分析是技术经济学的主要研究过程,它通过对各种可行的技术方案进行综合分析、比较和评价,在全面评价技术方案经济效果的基础上,进行选择和决策。技术经济分析是一项多环节、多方位、顺序性强的工作。技术经济分析的程序可表述为:(a) 提出问题与确定目标;(b) 收集资料与调查研究;(c) 建立各种可行的备选方案;(d) 分析各种备选方案的优缺点;(e) 技术经济综合评价;(f) 选择最优方案;(g) 决策与实施。技术经济分析的程序见图 2-1。

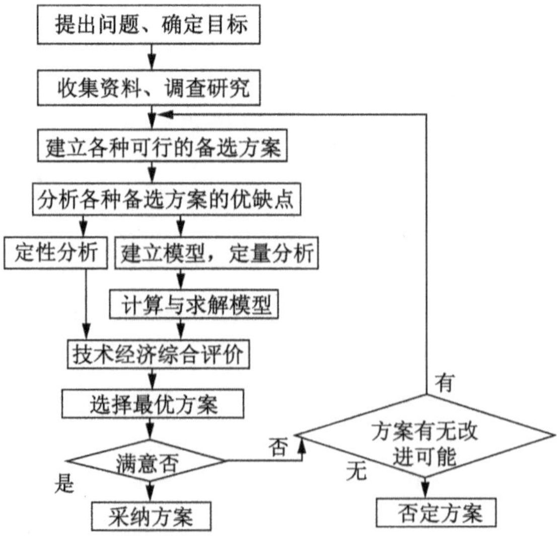

图 2-1　技术经济分析的程序

（一）提出问题与确定目标

提出问题与确定目标是技术经济分析的首要步骤。所有的技术方案、措施、政策都不是孤立存在的，是整个社会经济系统的有机组成部分，技术方案经济决策追求的是系统整体的目标。这种目标大致分为社会目标和具体目标两部分，社会目标是从宏观角度来把握的，而具体目标则是从部门、地区和企业等中微观角度确定的，这一目标应服从社会的总体目标。确定目标是建立方案的基础，其目的只有一个：取得较好的回报率，提出一系列投资方案，最终的回报率要达到或超过预期回报率。

（二）收集资料与调查研究

根据所确定的目标进行有针对性的调查研究，广泛搜集相关问题大量的历史资料，要重点搜集有关技术、经济、市场、政策法规等方面的信息、资料和数据，为拟订方案和方案评价做准备。

（三）建立备选方案

在调查研究的基础上，结合实际情况设计备选方案。备选方案设计过程中应尽可能多地考虑各种因素的影响和各种不确定性的风险，且方案要尽可能多，但经过粗选后正式列出的备选方案要少而精。通常，备选方案的确定主要遵循四大原则：(a)选全方案。为了选择出能够满足目标的最好方案，必须保证不能漏掉一个可行的备选方案。(b)不多选方案。不将无实际意义或明显不可行的方案作为备选方案，防止增加方案比较的工作量。(c)选准方案。依靠专家的认真调查研究，选择能够满足目标要求的备选方案。(d)设定完整方案。确定备选方案时，不能是部分方案，方案要完整，必须注意有些比较复杂的工程项目方案隐含着一些附带方案。

（四）方案评价

列出的方案要经过系统地评价。评价的依据是国家的政策法规与反映决策者意愿的指标体系。评价指标是选择实施方案的依据，应从市场需求、技术选择、经济分析、效益评价等方面来设计项目方案可行性的评价指标，并使之符合项目的具体目标。在符合基本条件后，最重要的是要有较好的经济效益和社会效益。利用评价指标对备选方案进行评估，以选出最优的实施方案。评价过程中仍可利用头脑风暴法产生的智力积聚效应，对影响备选方案的成本、风险和效益考虑周全，尽可能使选出的方案汇聚各方案的优点。

（五）选择最优方案

决策的核心问题就是通过对不同备选方案经济效果的衡量和比较，从中选择效果最好的最优方案。通过备选方案综合评价，对备选方案的成本、收益和风险等因素进行综合分析，最终确定符合项目目标的实施方案。由于方案是在对未来不确定的情况进行假定的前提下设计的，所以实施方案应有一定的可变性，以适应未来情况的变化。

（六）方案决策与实施

在方案的实施过程中，应根据实际情况的变化对实施方案进行适当的改动和调整，同时还应注意对项目实施的控制和管理，尽可能保证按预期目标完成项目。

所有的技术方案，包括技术路线、技术政策、技术措施等都不是孤立存在的，它们是整个社会的技术经济系统中的一个有机组成部分。在作技术方案经济决策时，追求的不仅是子系统、小系统的目标，而是整个大系统的目标。系统方法与动态方法要求决策者具有较广博的知识和较丰富的经验,同时也要求评价组织要由各方面的专家组成,包括市场营销专家、技术专家、财务专家、法律专家等。只有发挥集体的智慧才能作出正确的评价。

第三节　技术经济分析的经济效果

一、技术经济效果的概念

(一) 投资、成本与收入的界定

1. 投资

投资是为了保证项目投产和生产经营活动的正常进行而投入的活劳动和物化劳动价值的总和。投资分为广义投资和狭义投资。广义投资分为生产性投资和非生产性投资,是指人们的一种有目的的经济行为,即以一定的资源投入某项目,以获取所期望的报酬,投入的资源可以是资金,也可以是人力、技术或其他资源。本章所讨论的投资是狭义的投资,是指人们在社会经济活动中为实现某种预定的生产、经营目标而预先垫支的资金。

针对一般的工业投资项目,总投资包括固定资产投资和流动资金。

(1) 固定资产投资

固定资产投资是指使用期限较长(一般在1年以上)的房屋、建筑物及其机械、运输工具以及其他与生产经营有关的设备、工具、器具等,单位价值在规定标准以上,在生产过程中为多个生产周期服务,在使用过程中保持原来物质形态的资产。固定资产投资就是用于建造与购置固定资产的投资。固定资产投资由工程费用、其他费用和预备费用等组成。针对机械设备工具等固定资产,工程费用是指固定资产的购置费用;针对房屋等固定资产,工程费用还包括建筑工程费用和安装工程费用。如果投资资金包括借款,则建设期的借款利息属于其他费用,针对某些投资项目,国家还要征收固定资产投资方向调节税,这也属于其它费用。预备费用指一些不可预见的费用,如差价和其他补充支出。

(2) 流动资金

流动资金是指在工业项目投产前预先垫付,在投产后生产经营过程中用于购买原材料、燃料动力、备品备件、支付工资和其他费用以及被产品、半成品、产成品和其他存货占用的周转资金。在生产经营活动中,流动资金以现金及各种存款、存货、应收和预付款项等流动资产的形态出现。在整个项目寿命期内,流动资金始终被占用并且周而复始地流动。到项目寿命期结束时,全部流动资金才能退出生产与流通,以货币资金的形式被收回。

2. 成本

成本通常是指为获得商品或服务所需支付的费用。在财务会计中,成本是对生产经营活动中实际发生费用的记录,主要着眼于过去所发生的事实,其成本数据是唯一确定的。技术经济学中成本的概念不完全等同于财务会计成本,它是对技术项目未来实施过程中费用的预测和估算,其数据是不完全确定的。此外,技术经济分析中还必须引入一些财务会计中所没有的成本概念,如沉没成本和机会成本的概念。

(1) 经营成本

技术经济分析中常常使用经营成本这一概念。经营成本是为经济分析方便从总成本费

用中分离出来的一部分费用。即

经营成本＝总成本费用－固定资产折旧－计入成本的贷款利息

技术经济分析过程中，主要考察技术方案的现金流出与现金流入。由于固定资产折旧是对固定资产磨损的价值的补偿，但它并没有真正发生，并不是真正发生的现金流出。同时，固定资产投资已计入现金流出，如果再将折旧随成本计入现金流出，显然会造成现金流出的重复计算。

贷款利息是使用借贷资金所要付出的代价，对于企业来说是实际的现金流出。但在评价工业项目投资的经济效果时，并不考虑资金来源问题，所以不将贷款利息计入现金流出。为了计算和分析方便，技术经济分析中通常将经营成本作为一个单独的现金流出项。如果技术经济分析中需要考虑贷款利息支出，则另列一个现金流出项。

（2）沉没成本

沉没成本是指以往发生的与当前决策无关的费用，即过去已经支出而现在已无法得到补偿的成本。经济活动在时间上是具有连续性的，但从决策的角度来看，以往发生的费用只是造成当前状态的一个因素，当前状态是决策的出发点，当前决策所要考虑的是未来可能发生的费用及所能带来的收益，不考虑以往发生的费用。例如，某设备 3 年前购买费为 15 万元，现对该设备进行继续使用或出让的决策，原购置费 15 万元即为沉没成本，决策时不能受此影响。

（3）机会成本

机会成本是指将一种具有多种用途的有限资源置于特定用途时所放弃的机会中最佳的机会可能带来的收益。当一种有限的资源具有多种用途时，可能有许多个投入这种资源获取相应收益的机会，如果将这种资源置于某种特定用途，必然要放弃其他的资源投入机会，同时也放弃了相应的收益，在所放弃的机会中最佳的机会可能带来的收益，就是将这种资源置于特定用途的机会成本。例如，某设备企业自用可以有 6 000 元的年净收益；出租可以获得 7 000 元的年净收益。若企业采取自用的方案，则机会成本为 7 000 元，利益为－1 000 元；若企业采取出租的方案，则机会成本为 6 000 元，利益为 1 000 元。

3. 销售收入、利润和税金

（1）销售收入

销售收入是指向社会出售商品或提供劳务的货币收入。即

销售收入＝商品销售量×商品单价

（2）利润

利润是企业经济目标的集中表现。工业投资项目投产后所得的利润可分为销售利润和税后利润。即

销售利润＝销售收入－总成本－销售税金及附加

（3）税金

税金是指国家依据法律对有纳税义务的单位和个人征收的财务资金。国家采用的这种筹集财政资金的手段叫税收。税收是国家凭借政治权利参与国民收入分配和再分配的一种方式，具有强制性、无偿性和固定性的特点。税收不仅是国家取得财政收入的主要渠道，也是国家对各项经济活动进行宏观调控的杠杆。

我国工业企业应交纳的税种较多，主要分为五大类：

(a) 流转税类。流转税类是指以商品生产、商品流通和劳务服务的流转额为征收税对象的各种税，包括增值税、消费税。

(b) 资源税类。资源税类是指以被开发或占用的资源为征收对象的各种税，包括资源税、土地使用税等。

(c) 所得税类。所得税类是指以单位(法人)或个人(自然人)在一定时期内的纯所得额为征税对象的各个税种，包括企业所得税、外商投资企业和外国企业所得税以及个人所得税。

(d) 财产税类。财产税类是指以法人和自然人拥有及转移的财产的价值或增值额为征收对象的各种税，主要包括车船税、房地产税和土地增值税等。

(e) 特定目的税。特定目的税是指国家为达到某种目的而设立的各种税，主要有固定资产投资方向调节税、城乡维护建设税等。

对于工业企业来说，以上各种税中，房产税、车船税和土地使用税可以计入成本费用。增值税属价外税，不含在销售收入中。销售收入中应缴纳的税主要包括消费税和城市维护建设税。计算企业销售利润时，销售收入中应扣除这几种税。此外，固定资产投资方向调节税应计入建设项目总投资，最终计入固定资产原值(自 2000 年 1 月 1 日起新发生的投资额，暂停征收固定资产投资方向调节税)。企业所得税应从销售利润中缴纳。

(二) 技术经济效果的含义

经济效果就是人们在经济实践中取得的劳动成果与劳动耗费的比较，或产出的经济成果与投入的资源总量(包括人力资源、物力资源、财力资源)的比较。技术经济效果是指人们在经济实践活动中所采用的技术方案取得的劳动成果与劳动耗费的比较。进行技术经济分析的目的就是为了实现使技术方案使用尽可能少的劳动耗费取得尽可能多的经济成果。

经济效益是指在合理利用资源和保护生态环境的前提下，以尽量少的劳动消耗和物质消耗生产出更多更好符合社会需要的产品。经济效果好意味着以较少的投入获得较大的产出，但并不意味着经济效益好，只有当产出的经济成果符合社会的需求程度，经济效益才好。

(三) 技术经济效果的表示方法

根据技术经济效果的定义，技术经济效果体现为劳动成果和劳动耗费的比较。可以用三种方式来表示。

1. 比值表示法

比值表示法是最常见的一种表示方法，即经济效果＝产出/投入＝劳动成果/劳动消耗。其一般表达式为

$$E = \frac{V}{C} \qquad (2\text{-}1)$$

式(2-1)中，V 与 C 的单位可以用价值单位表示，也可以用实物单位表示，这样可以形成“价值对价值”、“价值对实物”、“实物对价值”和“实物对实物”四种双计量单位组合。这种双计量单位表示法是技术经济指标区别于一般经济指标的显著特征。

2. 差额表示法

差额表示法是以绝对量形式表示技术经济效果的一种方法，即经济效果＝产出－投入＝劳动成果－劳动消耗，其一般表达式为

$$E=V-C \tag{2-2}$$

式中：E 为技术经济效果；V 为技术方案的劳动成果；C 为技术方案的劳动消耗。

式(2-2)中，V 与 C 的量纲必须都以价值形式表示，否则无法相减。

上述两种表示法各有其优缺点，比值表示法在一定程度上反映了所得和所费的相比关系，但不反映技术方案的绝对效果。差额表示法简单、易算，但它反映不出不同生产规模与不同技术装备水平情况下，技术经济效果的真实水平。技术经济分析常把两者结合起来来表示技术经济效果的大小。

3. 差额-比值表示法

差额-比值表示法是一种用差额表示法与比值表示法相结合来表示经济效果大小的方法，经济效果＝(产出－投入)/投入＝(劳动成果－劳动消耗)/ 劳动消耗，其一般表达式为

$$E=\frac{V-C}{C} \tag{2-3}$$

(四) 提高技术经济效果的途径

从技术经济效果的概念和表示方法中可以看出，技术经济效果随着人们在经济实践活动中所取得的劳动成果的增加而增加，随劳动消耗的增加而减少。因此，在技术方案实施过程中讲究经济效益，就是要用尽可能少的投资及生产费用，生产尽可能多的社会需要的产品，其中包含了劳动消耗的节约及有用成果的增加两方面内容，由此可以归纳出提高经济效果的五种基本途径。

1. $V\rightarrow, C\downarrow$

劳动成果保持不变，劳动耗费减少，从而经济效果提高。减少投资和生产经营过程中的各种耗费，这个途径的实质就是提倡节约，降低消耗。

2. $V\uparrow, C\rightarrow$

劳动耗费保持不变，劳动成果增加，从而经济效果提高。这就要求在项目耗费的各种资源不增加的情况下，通过改善产品质量、调整结构、改善管理来提高技术经济效果。一方面提高资源利用率，使在资源消耗不增加的情况下生产更多的符合社会需要的产品；另一方面改善品种结构，提高质量，即在资源消耗总量不变的情况下提高附加价值。

3. $V\uparrow\uparrow, C\uparrow$

劳动成果与劳动耗费同时增加，但是劳动成果增加的幅度大于劳动耗费增加的幅度，因此经济效果得以提高。对这种途径，应要求不断提高工作质量、管理水平，提高劳动生产率，提高各种物资资源的利用效率，使劳动成果的增加远大于劳动耗费的增加。

4. $V\downarrow, C\downarrow\downarrow$

劳动成果与劳动耗费虽然同时减少，但劳动耗费减少的幅度大于劳动成果减少的幅度，经济效果得到了提高。对这种途径，应采取措施有效利用和节约使用各种资源，大幅度降低劳动耗费，使经济效果在劳动成果有所减少的条件下仍得到提高。虽然使用价值略有降低，

但能满足人们的需要，却使生产耗费大幅度降低，从而提高技术经济效果。

5. $V\uparrow, C\downarrow$

这是提高经济效果的最理想途径，即以尽可能少的劳动耗费取得尽可能多的劳动成果。技术改进和管理改善，既能增加使用价值，又可降低劳动耗费。为此，应不断提高劳动生产率，不断改善产品质量和扩大产品品种，并不断提高资源利用效率，不断降低生产和建设中的劳动耗费，显著提高经济效益。

二、技术经济效果指标

技术经济效果是技术方案的劳动成果和劳动消耗的比较，是一个总指标，但它很难定量计算，为了定量计算出技术经济效果的大小，必须采用一定的具体指标。这些具体的指标构成了技术经济效果指标体系。

反映技术方案的劳动成果的具体指标有 4 组，即数量指标（实物量指标和价值量指标）、品种指标、质量指标和时间因素指标（反映技术方案使用价值形成及得以实现的时间长短，如产品的设计时间、制造时间、项目的建设工期、投产时间、出产时间等）。

反映技术方案的劳动消耗可分解为三个方面：

$$\text{劳动耗费}\begin{cases}\text{活劳动消耗}\\ \text{物化劳动}\begin{cases}\text{物化劳动消耗}\\ \text{物化劳动占用}\end{cases}\end{cases}$$

活劳动是指物质资料生产过程中发挥作用的能动的劳动力，是劳动者加进生产过程的新的、流动状态的劳动。物化劳动又称过去劳动或对象化劳动，是指保存在一个产品或有用物中凝固状态的劳动，是劳动的静止形式。例如，技术产品的生产需要消耗一定的原材料及燃料、动力和占用一定的设备、厂房等，这些材料、设备等属物化劳动。同时要消耗人的脑力和体力，这些属于活劳动消耗。

（一）局部技术经济效果指标

根据劳动耗费的类别，可将技术经济效果指标分为活劳动消耗技术经济效果指标和物化劳动耗费技术经济效果指标，这些指标仅反映技术方案某一方面的技术经济效果，因此均属于局部技术经济效果指标。

1. 物化劳动消耗的技术经济效果指标

（1）单位产品消耗的原材料、动力及燃料

$$\text{单位产品消耗的原材料、动力及燃料}=\frac{\text{原材料等消耗总量}}{\text{产品产量}}$$

（2）原材料利用率

$$\text{原材料利用率}=\frac{\text{合格产品中所含的原材料数量}}{\text{生产该产品的原材料消耗总量}}$$

（3）单位产品固定资产消耗量

$$\text{单位产品固定资产消耗量}=\frac{\text{设备折旧额}}{\text{产品产量}}$$

2. 物化劳动占用的技术经济效果指标

(1) 单位固定资产产值

$$单位固定资产产值=\frac{年度固定资产产值}{年固定资产平均总值}$$

单位固定资产产值反映了固定资产的利用程度。

(2) 流动资金周转次数

$$流动资金周转次数=\frac{产品销售收入}{流动资金平均占用额}$$

流动资金周转次数反映了企业一年内流动资金周转次数多少。

(3) 百元产值占用流动资金

$$百元产值占用流动资金=\frac{年流动资金平均占用额(元)}{年工业总产值(百元)}$$

百元产值占用流动资金反映了企业一定时期内流动资金利用效果的好坏。

3. 活劳动消耗的技术经济效果指标

$$劳动生产率=\frac{产品产量}{劳动时间消耗量}$$

(二) 综合技术经济效果指标

综合技术经济效果指标综合反映了劳动消耗和物化劳动占用两方面的技术经济效果情况,根据评价的角度不同,可以分为财务评价指标、国民经济评价指标、社会评价指标。

1. 财务评价指标

财务评价主要用于评价项目的盈利能力。财务评价指标包括静态评价指标和动态评价指标,如图 2-2 所示。

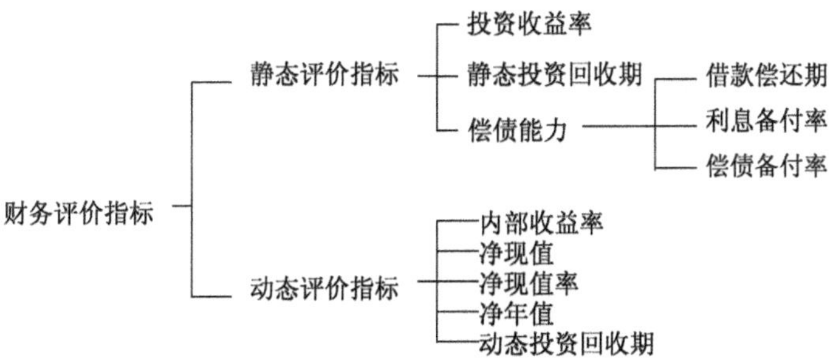

图 2-2 财务评价指标体系

(1) 静态评价指标

静态评价指标主要包括静态投资回收期、总投资收益率、投资利润率、投资利税率、资本金利润率、资产负债率、借款偿还期、流动比率、速动比率、借款偿还期、偿债备付率等。

(2) 动态评价指标

动态评价指标主要包括动态投资回收期、财务净现值、财务净现值率、财务内部收益率、财务外汇净现值、财务换汇成本、财务节汇成本等。

2. 国民经济评价指标

国民经济评价主要是从国家的角度来评价项目的技术经济效果，包括静态评价指标和动态评价指标。

(1) 静态评价指标

静态评价指标主要包括创汇率、换汇率。

(2) 动态评价指标

动态评价指标主要包括经济内部收益率、经济净现值、经济效益费用比、经济外汇净现值、经济换汇成本、经济节汇成本。

3. 社会评价指标

社会评价指标主要包括就业效益指标、分配效益指标、节约自然资源指标、环境质量指标。

思考题

1. 技术经济分析的基本原则是什么？
2. 技术经济分析的经济性原则是什么？
3. 技术经济分析的可比性原则是什么？
4. 技术经济分析的阶段有哪些？
5. 技术经济分析的具体程序是什么？
6. 投资的基本概念和构成是什么？
7. 什么是经营成本、沉没成本、机会成本？
8. 什么是经济效果，它与经济效益有什么区别？
9. 技术经济效果表达式和提高途径是什么？
10. 技术经济效果指标有哪些？

第三章

技术预测与技术评价

学习要求与目标

1. 掌握技术预测的概念与类型；
2. 了解技术预测的程序与方法；
3. 掌握技术评价的概念；
4. 理解技术评价的内容；
5. 了解技术评价的程序与方法。

2020年7月21日，习近平总书记在企业家座谈会上的讲话中指出，希望大家勇于创新，做创新发展的探索者、组织者、引领者，勇于推动生产组织创新、技术创新、市场创新，重视技术研发和人力资本投入，有效调动员工创造力，努力把企业打造成为强大的创新主体。2020年9月11日，习近平总书记主持召开科学家座谈会指出，我国经济社会发展和民生改善比过去任何时候都需要科学技术解决方案，都更加需要增强创新这个第一动力。要把原始创新能力提升摆在更加突出的位置，努力实现更多“从0到1”的突破。坚持面向世界科技前沿、面向经济主战场、面向国家重大需求、面向人民生命健康，不断向科学技术广度和深度进军。遵循科学发展规律，持续提升科技自主创新能力，推动科技创新成果不断涌现，并转化为现实生产力。2020年11月1日出版的第21期《求是》杂志发表的习近平总书记的《国家中长期经济社会发展战略若干重大问题》一文指出，科技发展要坚持问题导向、目标导向。要优化科技资源布局，调整优化科技投入和产出结构，提升科技创新能力，走出一条符合我国国情的科技研发道路。国家发展“十四五”规划纲要明确提出：制定科技强国行动纲要，健全社会主义市场经济体制下新型举国体制，打好关键核心技术攻坚战。对于企业来说，企业是创新的主体，是推动创新创造的生力军，也是创新成果的使用者和受益者。企业的创新是一项系统工程，关键是加强企业技术预测和技术评价，提高企业技术创新管理决策能力，达到企业的技术创新效果。本章着重介绍技术预测与技术评价的基本概念、程序和方法，总结技术预测与技术评价的原理方法，其目的在于充分认识技术预测与技术评价在技术方案设计中的重要意义，正确地分析与处理具体方案中技术与经济的关系。本章首先阐述技术预测的概念与类型、程序与方法；其次，重点介绍三大类型的技术预测方法，包括直观型预测法、因果型预测法、趋势型预测法。最后，重点阐述技术评价的概念，详细介绍技术评价的步骤与方法。

第一节 技术预测概述

一、技术预测的概念与类型

所谓预测，就是在调查研究的基础上，依据已知的数据、资料，采用一定的方法，去寻找事物运动、发展的规律，然后用此规律去推测未知或未来事物的运动发展趋势和程度。预测之所以得到迅速发展，归结为经济竞争的要求、技术竞争的要求。由于技术经济学的最终任务是为决策提供依据，而正确的决策首先要依赖正确的预测。因此，根据决策项目的要求，首先，预测有关技术未来发展的方向、速度及其产生的主要效果，与可能伴随而生的负作用及可控程度；其次，从经济上研究、预测未来需求的发展方向、速度及其稳定性，以便将技术可行性与经济合理性相结合，为正确决策提供依据。因此，技术经济预测可分为技术预测与经济预测两个部分，本节重点介绍技术预测。

（一）技术预测的概念

技术预测与经济预测一样，是最为常见、且应用最广泛的预测活动之一，是技术经济学不应缺少的一个重要组成部分。部分学者认为，人类对未来技术的预测，将从第一代发展到第四代。其中，第一代“技术预测”只考虑硬技术在未来的发展趋势；第二代“技术预测”则充分考虑了未来技术的市场需求；第三代“技术预测”不仅仅关注市场，而且将整个社会纳入了考察范围，是对技术在社会、经济、环境等多层次上的预测；第四代“技术预测”则是对硬技术、软技术同时进行展望。

技术预测是指人们对某些学科的发展可能导致的某些技术发明、技术应用及其对社会、经济、环境等方面的发展产生的影响，事先提出的一种有根据的估计。技术预测的概念主要包含两层含义：一方面，技术预测是对技术发展趋势进行预见；另一方面，技术预测对技术的应用以及可能导致的社会、经济、环境等方面的影响进行最有根据、最符合客观发展规律的推测和估计。

美国于1990年成立了国家关键技术委员会，开始进行美国国家关键技术研究。这项研究以未来5～10年竞争的技术为研究对象，从技术供给能力和产业需求出发，由关键技术委员会的12～25位专家选出在未来5～10年期间可行并可能实现的对经济繁荣和国家安全重要的关键技术。日本从1971年开始，利用大规模德尔菲法(Delphi)每5年进行一次技术预测调查。这项研究的宗旨是从长远观点出发，对未来30年的技术发展进行预测，从众多有希望的技术发展成长点中比较科学地捕捉重点。预测目标已从早期预测优先发展的科学技术领域转到以满足社会经济发展需求、改善国民生活质量、解决环境保护等问题上来。

我国在1992—1995年，原国家科委综合计划司和政策体改司共同组织了国家关键技术选择研究，该项研究界定了我国国家关键技术的定义、原则、准则，确定了4个关键技术领域：信息技术、先进制造、先进材料和生物技术，并通过德尔菲法和专家会议法选择出24个关键技术和124个技术项目。1997—1999年，我国对农业、信息和先进制造3个重点领域未来10年的技术发展进行了调查，在原国家科委综合计划司的领导下，组织1 200名社会各方面的专家，对上述3个领域的技术发展进行咨询调查。通过两轮预测、分析评价以及反复论证，对308项(农业100项、信息112项、先进制造96项)技术进行了预测分析，并选择出128项国家关键技术，其中农业34项、信息55项、先进制造39项。这些研究对我国科技规划的制定、科技计划调整、重点项目选择等方面发挥了重要作用，同时也带动了部门和地方此项工作的开展，并形成了一批专门从事技术预测研究的人才队伍和专家网络。

(二) 技术预测的类型

到目前为止，国外提出的各种技术预测方法已有200余种，其中绝大部分仍处于试验研究阶段。实践中，真正得到广泛应用的预测方法仅20余种。鉴于技术预测方法种类繁多且内涵各不相同，对技术预测方法本身的研究就构成了技术预测研究的重要内容之一。目前，技术预测的分类方法及其特点具体可表述为：

1. E.捷恩茨分类法

(a) 直观型预测法。直观型预测法主要依靠人的经验、知识和综合能力对事物进行预测。直观型预测法主要有前景方案法、头脑风暴法、德尔菲法等，可归为定性预测理论与方法。

(b) 探索型预测法。探索型预测法是对未来环境不做具体规定，假定事物的未来仍然按照事物过去的发展趋势发展，从而可以在现有知识的基础上探索事物未来发展的可能性。探索型预测法有历史对比法、趋势外推法、分析模型法等。

(c) 规范型预测法。规范型预测法又称定标型预测法，它是将社会需要或预想的目标作为约束条件进行预测，预测出达到目标的时间、途径及达到目标的最佳方案。规范型预测法主要有关联树法、网络分析法、形态模型法以及各种模拟法等。

(d) 反馈型预测法。反馈型预测法是探索型与规范型预测法的综合运用。它将两者结合起来互相补充，从现在出发推向未来，又从未来需要出发回溯到现在，使现实和未来处于一个不断相互反馈的统一的系统之中。

2. 按对象与内容进行分类

按其对象与内容的不同，可以分为基础研究预测、应用研究预测和开发研究预测。其中

(a) 基础研究预测。预测基础理论和新的学科原理的未来发展状况。

(b) 应用研究预测。预测工业技术应用的发展情况。

(c) 开发研究预测。直接对新产品、新技术发展进行预测。

3. 按时间期限进行分类

按预测的时间期限不同，可以分为长期预测、中期预测和短期预测。其中

(a) 长期预测。一般在15～30年，主要用于基础研究预测；

(b) 中期预测。一般为5～15年，与一项新技术的研究、开发到生产中应用的期限相一致；

(c) 短期预测。一般是1～5年，与某些产品的寿命周期一致，主要用于开发研究预测。

4. 按范围进行分类

按预测的范围不同，可以分为国际范围预测、全国范围预测、部门范围预测和企业范围预测。其中

(a) 国际范围预测。人工智能技术的预测。

(b) 全国范围预测。国家具有战略性意义的关键技术的预测。

(c) 部门范围预测。农业、工业部门关键技术的预测。

(d) 企业范围预测。新产品生命周期的预测。

二、技术预测的程序与方法

(一) 技术预测的程序

技术预测的一般程序见图 3-1。

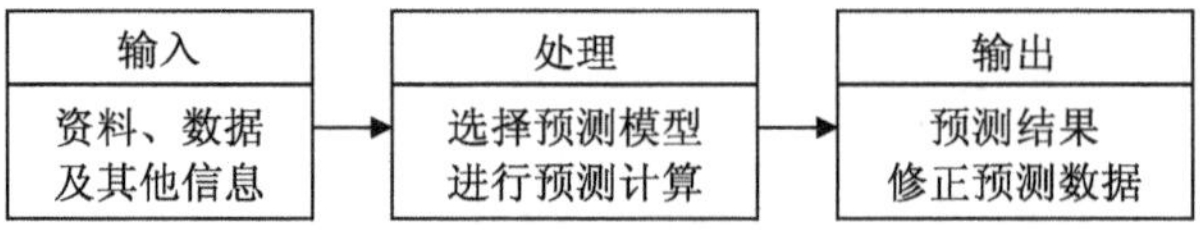

图 3-1　技术预测的程序

1. 资料收集和整理

在明确提出的预测问题和确定目标后，首先必须有一定的资料和数据作为依据，资料是否准确充分是决定预测结果正确与否的重要条件。预测资料主要有三个方面：历史统计资料、调查统计资料、情报资料。其中，调查统计资料是为达到预测要求，采用一定科学方法进行实地调查所得到的系统数据；情报资料是按一定专题收集、整理、贮存的资料，用以向预测者揭示环境、条件的变化以及方针、政策和法令等情况。

2. 预测方法选择和计算

在资料的收集和整理基础上，必须按照不同预测对象和不同要求，选择适用的预测方法，通过建立数学模型，进行预测计算，使之得到预期的预测结论。预测方法的选择是否适当，严重影响预测的准确性。

3. 预测结果分析和修正

在计算预测结果的基础上，还必须综合分析研究事物的内在规律、条件与环境变化，对预测结果进行分析和修正，从而得出更为切实有效的预测值。

技术预测的程序根据需要可反复进行，直至确定出最终预测值。

(二) 技术预测的方法

从原则上来讲，技术预测的对象和期限不同，所用的预测方法也不同。技术预测的方法大体上可分为四大类：

1. 直观型预测法

直观型预测法主要是根据市场调查研究，依靠专家的经验和综合分析能力来预测，包括市场调查预测法、专家个人预测法、德尔菲法等。

2. 因果型预测法

因果型预测法是研究变量之间因果关系的一种定量方法。变量之间的因果关系通常有两类：一类是确定性关系，也称函数关系；另一类是不确定性关系，也称相关关系。因果型预测法就是要找到变量之间的因果关系，据此预测未来。

回归分析法就是从事物变化的因果关系出发来进行预测的一种方法。这种方法不仅剔除了不相关的因素，并且对相关的紧密程度加以综合考虑，因而其预测的可靠性较高。回归分析法的步骤是：首先进行定性分析，确定有哪些可能的相关因素，然后收集这些因素的统计资料，应用最小二乘法，求出各因素(各变量)之间的相关系数和回归方程。根据回归方程便可预测未来。在技术预测中，多元回归分析具有显著的应用价值。

利用回归分析法解决实际问题的具体流程为：

(a) 明确具体问题，设置指标变量。即明确预测的具体目标，也就确定了因变量。如预测具体目标是下一年度的销售量，那么销售量就是因变量。通过市场调查和查阅资料，寻找与预测目标相关的影响因素，即自变量，并从中选出主要的影响因素。

(b) 收集整理数据，建立回归分析预测模型。即依据自变量和因变量的历史统计资料进行计算，在此基础上建立回归分析方程，并根据回归分析预测模型，估计预测模型的参数。

(c) 回归预测模型检验。即回归分析是对具有因果关系的影响因素(自变量)和预测对象(因变量)所进行的数理统计分析。只有当自变量与因变量之间确实存在某种关系时，建立的回归分析方程才有意义。因此，作为自变量的因素与作为因变量的预测对象是否有关，相关程度如何，以及判断这种相关程度的把握性多大，就成为进行回归分析必须要解决的问题。进行相关分析，一般要求出相关关系，以相关系数的大小来判断自变量和因变量的相关程度。

(d) 回归预测结果分析与误差计算。即回归预测模型是否可用于实际预测，取决于对回归预测模型的检验和对预测误差的计算。回归方程只有通过各种检验，且预测误差较小，才作为预测模型进行预测。模型检验若不合格，则修正预测模型。

(e) 计算并确定预测值。即利用回归预测模型计算预测值，并对预测值进行综合分析，确定最终的预测值。

3. 趋势型预测法

趋势型预测法是目前最为常用的、重要的技术预测方法，它是在大量历史和现实的随机现象中，寻求系统运动变化的规律，并据此规律推测系统未来的状况。它是基于这样的认识：承认事物发展的延续性，同时考虑到事物发展中随机因素的影响和干扰。

应用趋势外推法有两个前提假设：一是决定技术发展的内外因素没有改变，它们不但决定了过去的技术发展，而且在很大程度上也决定着该技术的未来发展；二是技术的发展属于渐进的变化而不是跳跃式的变化。

趋势外推法的最大优点是简单易行，只要有有关过去情况的可靠资料就可对未来做出预测，可以揭示技术发展的未来趋势，并能定量地估计其发展水平。其缺点是它撇开了从因果关系上去分析过去与未来之间的联系，因而长期预测的可靠性不高。

趋势外推法在短期和近期预测中用得较多，据统计，约有 80%的技术预测使用这种方法。其中常用的一种方法是时间序列法。时间序列法是按时间将过去统计得到的数据排列起来，看它的发展趋势。时间序列最重要的特征是它的数据具有不规则性。为了尽可能减少偶然因素的影响，一般采用移动算术平均法和指数滑动平均法。此外，还有生长曲线法、替代曲线法及包络曲线法等。

4. 综合预测法

由于技术预测方法较多，预测者将面临使用何种方法、如何使用、何时使用、在哪种情况下使用等问题。虽然学者们归纳整理了许多案例来解释在特定的情况下使用某种方法，但很难遇到与其完全相同的情况。基于以上原因，哈里·琼尼和卜里安·特惠斯提出了综合预测法，即对至少包含有四个要素的未来技术现象的估计。

(1) 定性要素预测

定性要素纯粹是对一个事件、一件产品或一项工艺进行叙述性和非定量的描写。相关树法、突破预测法等能使人们发现新的技术萌芽及产生新的技术概念，常被用作定性要素预测。

(2) 定量要素预测

定量要素即是用确定的术语或单位来度量概念的活动水平，或度量增强的程度。它是对第一阶段提出的某种已知活动的预测。趋势外推法常用作对定量要素的预测，当缺乏历史数据时，可用德尔菲法；为了达到某一总体目标时，可用相关树法。

(3) 定时要素预测

定时要素是事件在将来发生的确切时间的数字表示，说明事件将在什么时候发生。某一预测的定量要素与定时要素之间必然有一种密切的联系，若这种联系已被确定，则可以此为基础，把这些过去的趋势外推至未来。

(4) 概率要素预测

概率要素是对机会或可能性的某种陈述，可用0～1.0或一个百分数表示。德尔菲法仍然是估计概率要素最有效的方法。

第二节　三大类型的技术预测方法

一、直观型预测法

直观型预测法主要是通过市场调查研究，收集专家意见，依靠专家经验、主观判断和逻辑推理的一种预测技术。直观型预测法包括市场调查预测法、专家个人预测法、德尔菲法等。

(一) 市场调查预测法

市场调查预测作为一种社会实践活动，是指在技术市场经济中，通过大量占有由诸多随机因素影响所形成的数据，采用统计、数学及定性分析等科学方法，对未来将要发生的或目前已经发生了但尚不明确的技术市场现象，给予带有一定可靠程度和准确程度的估计量。市场调查预测法是通过技术市场调查进行资料收集，对大量的诸多随机因素影响的数据进行归纳推理或模拟延伸，估计技术市场未来的变化趋势的方法。

1. 市场调查预测的内容与类型

(1) 市场调查预测的内容

市场调查预测的内容主要包括以下几方面：

① 预测技术企业生产经营产品的购买力发展趋势

预测某些大中型技术企业旺季市场和节日市场的购买力发展趋势。由于社会技术产品购买力预测内容较为广泛，技术企业一般利用经济管理部门的有关购买力预测资料，不直接进行预测。

② 预测技术企业生产经营产品的需求趋向

预测技术企业生产经营产品的需求趋向，是技术企业制定产品生产、经营计划的主要依据，包括对一定时期内技术市场产品需求量及品种、规格、款式、质量等变动趋势进行预测。

③ 预测技术企业生产经营的产品投入市场的成功率

预测技术企业新产品投入技术市场的成功率对企业发展至关重要。技术企业新产品的研制要花费大量资金，但新产品投入技术市场得到认可所需的时间较长，必须合理预期产品投入技术市场的成功率。

(2) 市场调查预测的类型

市场调查预测可按不同的标准进行分类，具体可表述为：

① 基于地域划分的市场调查预测

按市场调查的地域划分，可分为国际市场需求调查预测和国内市场需求调查预测。

(a) 国际市场需求调查预测，是技术企业对国际市场的某种技术商品的供求状况、价格趋势、经济政策、税收条件等进行的需求调查预测。国际市场包括国际统一市场、个别国家的国内市场。其中，国际统一市场主要涉及欧洲市场、北美市场等；个别国家的国内市场主要涉及美国市场、英国市场等。

(b) 国内市场需求调查预测，是技术企业对国内市场的某种技术商品的供求状况、价格趋势、经济政策、税收条件等进行的调查预测。国内市场包括国内统一市场、地域性市场、地方性市场。其中，地域性市场主要涉及东北市场、西北市场、西南市场、京津冀市场、长三角市场、珠三角市场等；地方性市场主要涉及北京市场、天津市场等。

② 基于产品层次划分的市场需求调查预测

按市场调查的产品层次划分，可分为单项技术产品预测、同类技术产品预测和对象性技术产品预测。

(a) 单项技术产品预测，是技术企业对某种技术产品的品牌、规格、价格、质量等市场需求进行调查预测。

(b) 同类技术产品预测，是技术企业对某类技术产品按照质量、原料等不同特征的需求进行技术市场调查预测。其中按档次划分，包括高档产品、中档产品、低档产品等；按用途划分，包括日用品、家电产品等。

(c) 对象性技术产品预测，是技术企业对某类技术产品按照日常性基本消费、奢侈性高级消费等市场需求进行市场调查预测。

2. 市场调查预测的方法与程序

(1) 市场调查预测的方法

市场调查预测的方法主要包括市场占有率预测法、市场需求预测法、市场组合预测法等内容。市场调查预测方法具体可表述为：

① 市场占有率预测法

市场占有率是指一定时期、一定市场范围内，某技术企业生产经营的技术产品销售量(额)占当地市场同种产品销售总量(额)的比例。市场占有率预测的公式可表示为

$$S_i = \frac{m_i}{\sum_{i=1}^{n} m_i} \times 100\% \tag{3-1}$$

式中：S_i 为第 i 个技术企业的市场占有率；m_i 为第 i 个企业的产品销售量(额)；$\sum_{i=1}^{n} m_i$ 为某区域该产品的销售总量(额)。

由于市场需求受宏观经济波动、价格、收入、行为喜好等多种因素的影响，市场占有率会

随着因素的变化处于波动之中。因此，市场占有率可采用动态公式进行预测，动态公式可表示为

$$S_i^t = \frac{m_i(1+p_i)^t}{\sum_{i=1}^{n} m_i(1+p)^t} \times 100\% \tag{3-2}$$

式中：S_i^t 为 t 年后第 i 个技术企业的市场占有率预测值；m_i 为第 i 个技术企业的产品销售量（额）；$\sum_{i=1}^{n} m_i$ 为某区域该产品的销售总量（额）；p_i 为第 i 个企业的产品销售量（额）的年均增长率；p 为某区域该产品的销售总量（额）的年均增长率；t 为预测的未来时期数。

② 市场需求预测法

市场需求预测涉及技术企业的市场总潜力、地区市场潜力和市场占有情况等方面的预测。其中：

市场总潜力预测是指预测一定时期内技术企业所能获得的最大销售额。即一定时期内购买者人数、产品价格、平均购买数量三者的乘积。

地区市场潜力预测是指预测地区购买力占全国总购买力的比例。即一定时期内地区可支配的个人收入占全国可支配收入的比例、地区零售额占全国零售额的比例、地区人口占全国人口的比例三者的叠加。

市场占有情况预测包括市场占有率、市场扩大率、市场覆盖率的预测，其中市场占有率预测是预测企业竞争能力和企业信誉高低；市场扩大率预测是预测市场地位的升降，即本年度市场占有率与上年度市场占有率的比值；市场覆盖率预测是预测市场知名度，即企业产品投放点数与全国销售点数的比值。

③ 市场组合预测法

市场组合预测主要涉及市场占有率、市场需求、市场价格、市场销售渠道等方面的预测，是对技术企业产品市场进行全面的评估分析，进一步预测未来的市场占有率和市场需求，并采取有力措施和策略提高市场占有率和市场需求。

由于受到供给能力与需求结构、收入与价格水平、经济政策等因素变化的影响，市场调查预测值与市场实际结果在数量上存在一定的偏离，即市场调查预测的误差。市场调查预测结果的准确性是相对的，存在误差是绝对的。影响市场预测结果、产生预测误差的原因较多，主要包括以下几方面：(a)参加预测人员的数量、业务素质、实际经验等直接影响预测结果的准确性；(b)预测对象的复杂程度、结构变化与市场因素波动（如突发事件、消费者心理变化）等原因，也影响预测结果的准确性；(c)国家和地方的方针、政策和法规的变化，经济体制改革等也会造成预测的误差；(d)预测模型的确定、变量的选取、样本容量的大小、统计资料的真实性和准确性、预测方法的选择、计算过程中的误差等，也是造成市场调查预测误差的重要原因。

市场调查预测误差的修正，首先必须核实已有的市场信息，并及时掌握近期有关的市场信息资料，建立市场信息档案，从各种所需资料对比中，分析其特性和成因；其次，根据资料的具体情况选择预测方法，在符合预测要求的前提下，力求省时、省力、简便；然后，在真实准确的市场信息与合理预测方法基础上，进行实事求是的预见和推断，保障预测值的真实可靠程度。查明较大市场调查预测误差的成因后，对误差加以修正。纠正预测误差的重点是修

正预测模型。

(2) 市场调查预测的程序

市场调查预测的主要程序是:

(a) 确定预测目标;

(b) 整理分析资料;

(c) 选择预测方法;

(d) 建立预测模型;

(e) 评价、修正预测结果;

(f) 编写预测报告。

(二) 专家个人预测法

专家个人预测法是专家调查预测法最早出现的一种形式,其实质是企业遇到问题时向其所聘请的个别专家、顾问征求解决问题的意见,或向个别专家进行咨询的方法。

1. 专家个人预测法的特点

(1) 定性的主观推断

专家个人预测法是定性直观判断预测法中的一种,其对事物未来发展状况的预测完全凭预测者主观判断能力,而不借用或很少借用数学模型。这就使得预测结果带有浓重的个人主观色彩。

(2) 预测结果取决于预测者的知识经验

因为专家个人预测法是一种主观判断的预测方法,故预测结果的取得与预测者的判断推测能力有极大关系,而预测者的判断推测能力又取决于预测者对事物的认识能力、分析能力、逻辑推理水平、工作经验等,甚至与气质、性格等人的基本素质也有很大关联。不同的预测者,由于知识经验的不同,其预测结果差异较大。因此,为了取得较佳的预测结果,就要重视和尊重经验丰富、知识水平较高的专家的推测。

(3) 预测过程简便

专家个人预测法是以预测者的个人判断推测为主的,由于预测者对所需要预测的目标及相关情况掌握比较透彻,不需专门去进行调查摸底,同时其分析判断也主要是依靠自己的思维,而不是数学模型等,故其预测过程较其他方法简便,其预测所需时间也相对较短。

鉴于专家个人预测法有上述三个方面的特点,故它仅仅适用于近期或短期的市场预测,尤其适用于那些急需对市场某一方面情况做出大致估计的预测分析。

2. 专家个人预测法的种类

(1) 相关推断法

相关推断法是以事件的因果关系原理为依据,从已知相关事件的发展趋势,来推测目标事件的未来变化趋势。应用相关推断法,首先要依据理论分析或实践经验,找出同预测目标事件相关的各种因素。特别要抓住同预测目标事件有直接关系的主要因素。然后,再依据事件相关的内在因果关系进行推断。通常,推断的方法包括以下几种:

① 根据时间上先行、后行关系和平行关系进行推断

某些社会经济现象在其他另一些社会经济现象出现变化之后,相隔若干时间才会随之发生相应的变化。这种相关的变化关系称为时间上先行与后行的关系,它反映的因果关系

有时间顺序性，原因在先，结果在后。先行的经济指标为领先指标，后行的经济指标称为滞后指标，两者相隔的时间称为滞后时间。例如，原料价格的上涨，先于制成品价格的上涨；石油价格的提高，先于化工材料价格的提高。原材料价格与制成品价格、石油价格与化工材料价格之间存在着先行与后行的关系。

某些社会现象之间的原因与结果，先后相继出现的时间间隔很短，几乎可看成是同时出现，就称这两者具有时间的平行关系。例如，婴儿用品销售量的大小直接与婴儿出生人数的多少有关，随着婴儿出生高峰的到来，及婴儿用品向高档化、系列化、现代化方向发展，工商企业调整原先的生产经营策略，以适应新形势的需要。这是一种平行关系推断的应用。

分析市场经济变量与某些经济指标之间的平行关系，也是运用相关推断的重要方面。这种平行关系的推断，往往同变动方向的推断结合起来运用。

② 根据相关变动方向的顺相与逆相关系进行推断

社会经济现象之间的相关变动还有顺相与逆相的关系。两个经济指标相关，有的是同增同减。例如，录像机的销售量增加，录像带的销售量也会增加；反之，录像机的销量减少，录像带的销售量也会减少。许多有相互配套和连带关系的商品（也即互补品），在需求上往往有同增同减的关系。有些经济指标存在此长彼消的相关关系。例如，圆珠笔的销售量增加，钢笔的销售量就会减少；反之，钢笔的销售量增加，圆珠笔的销售量就会减少。许多有相互代替关系的商品（也即替补品），在需求上往往有此长彼消的关系。

凡是两个经济现象之间的相关变动方向，同增同减的称为顺相关系；此长彼消的称为逆相关系。根据经济现象之间的顺相或逆相关系，可以从一个已知相关的经济现象的变化方向来推断另一经济现象市场行情的变化趋势。

在进行预测时，还要考虑两个相关指标之间的数量变化关系。这种数量变化关系，主要存在以下三种情况：一是两者同步增减，也就是两者增减的量大体相近；二是两者不同步增减，但增减的比率保持一定差距，也就是预测目标的变量增减比率总是高于或低于同预测目标相关的另一变量的增减比率，并保持大体相近的变动比率；三是两者的增减变化不规则，即有时同步增减，有时不同步增减。而且，变化的差距也不一样。这表明，两者的变化关系在数量上没有规律可循。

对于前两种情况。在预测时，可通过近几年的历史统计资料分析，找出相关经济现象之间数量关系的变化规律，从而凭借预测者对今后市场形势的分析，做出预测与估计。对于第三种情况，预测者就需要经过长期的观察，运用大量的统计资料进行分析，并考虑预测期市场形势可能发生的变化状况来做出判断。

（2）对比类推法

对比类推法是根据市场及其环境因素之间的类似性，从一个市场发展变化的情况推测另一个市场未来趋势的判断预测方法。对比类推法根据预测目标市场范围的不同，至少可分为产品对比类推法、行业对比类推法、地区对比类推法和国际对比类推法等四种方法。

① 产品对比类推法

产品对比类推法的依据是：由于产品之间在功能、构造、原材料、档次等方面的相似性、产品市场的发展可能出现某种相似性。例如，彩色电视机和黑色电视机的基本功能是相似的，因此，可以根据黑白电视机的市场发展规律大致地判断彩色电视机市场的发展趋势。又如，同一种布料做成的不同服装市场之间可能有某种相似性，这在个人判断法中常为预测者重视。再如，档次相近的产品市场之间，如高级化妆品(或高级音响设备等)的市场之间可能存在相似的营销规律。总之，在市场预测中，可以根据产品市场之间的相似性，对产品的发展趋势进行判断预测。

② 行业对比类推法

有不少产品的发展是从某一个行业市场开始，逐步向其他行业推广；而且每进入一个新的行业市场，往往要对原来的产品作一些改进或创新，以便适合新的行业市场的需要。根据这一点，可以运用行业对比类推法对产品的行业市场加以判断预测。例如，预测者可以根据军工产品市场的发展预测民用产品的市场。军工产品一般都是技术上领先的产品，军工行业市场的现在基本上就是民用产品市场的未来。所以，预测者应密切注视军工产品的发展动向，推测军工产品或技术在民用市场上发展的可能性。除了军工行业外，航天工业也是技术领先的行业之一。有些今天仅用于宇航的产品，可能在将来的民用市场上得到普及，羽绒服、浓缩速溶饮品就是范例。总之，预测者可以根据先行的行业市场类推滞后的行业市场，这就是行业类推法。

③ 地区对比类推法

同类产品的市场不仅在不同行业之间存在领先滞后的时差，而且，在不同的地区之间也存在这种时差。因而，预测者可以根据领先地区的市场情况类推滞后的市场。例如，就服装而言，上海、广州、大连、温州、石狮等城市市场可能是领先的，这些地区服装市场的发展情况，可以作为估计与推测其他地区和城市服装市场的发展依据。当然，在进行地区对比类推时，要考虑到不同地区消费者的消费行为、消费心理、消费水平、消费结构、消费习俗等方面的异同及程度。同时应注意同一产品在不同的地区，其产品生命周期也可能有差异，这是与其他对比类推法相比有所不同的。

④ 国际对比类推法

国际对比类推法的基本原理与地区对比类推法相似，就是根据市场发展领先国家的情况类推滞后国家的市场发展。显然，国际对比类推法较地区对比类推法更为复杂，它不仅要考虑不同国家之间消费心理、人口、风俗习惯、文化传统等因素，而且还要考虑不同国家之间在经济增长、经济结构、经济体制、国家政策和法规等方面的异同。例如，预测我国国内汽车市场时，可以参考国外工业发达国家汽车市场发展情况，并加以类推。但是，如果不注意我国的具体国情，如现时的道路交通水平、国家汽车市场政策、汽车市场的营销体制及汽车工业发展的基础产业等显然是不行的。

(三) 德尔菲法

1. 德尔菲法的定义

德尔菲法是由美国兰德公司奥拉夫·赫尔默(Olf. Helmer)和诺曼·德尔基(Norman. Dekey)于 20 世纪 40 年代末首创的一种预测技术，20 世纪 60 年代以来在市场预测中得到了广泛运用。1964 年，美国兰德公司发表了“长远预测研究报告”，首次将此法用于技术预测中，以后便迅速地用于美国和其他国家。除了科技领域外，还可以用于任何领域的预测，如军事预测、人口预测、医疗保健预测、经营和需求预测、教育预测等。

德尔菲法本质上是一种反馈匿名函询法。德尔菲法采用匿名通信和反复征求意见的形式，使专家在互不知晓、彼此隔离的情况下交互意见，通过多轮函询征集专家意见，使专家小组预测意见趋于集中，最后做出符合市场未来发展趋势的预测结论。其做法是采用函询调查的形式，向有关领域的专家提出所预测的问题，而后将他们回答的意见，综合、整理、归纳，再匿名反馈给各专家征询意见，然后再整理、综合、归纳……，如此反复多次，直到得出稳定的意见为止。德尔菲法突破了传统的数量分析法的限制，是系统分析方法在意见和价值判断领域内的一种有益延伸。

2. 德尔菲法的流程

德尔菲法预测一般要有三四轮反复，第一轮是组织者提出预测的主题，请专家提供预测的项目，经过综合整理，编制出一份预测项目表，制成调查表寄给专家。第二、三轮是根据专家回函的意见，经过统计处理，进一步就预测问题征询专家们的意见，也可以请专家们就自己的意见阐明理由，或就某一意见做出评价。一般，进行到第四轮时专家们的意见就比较集中了，预测组织者就可以据此整理出结果，写出预测报告书。德尔菲法的预测流程具体见图 3-1。

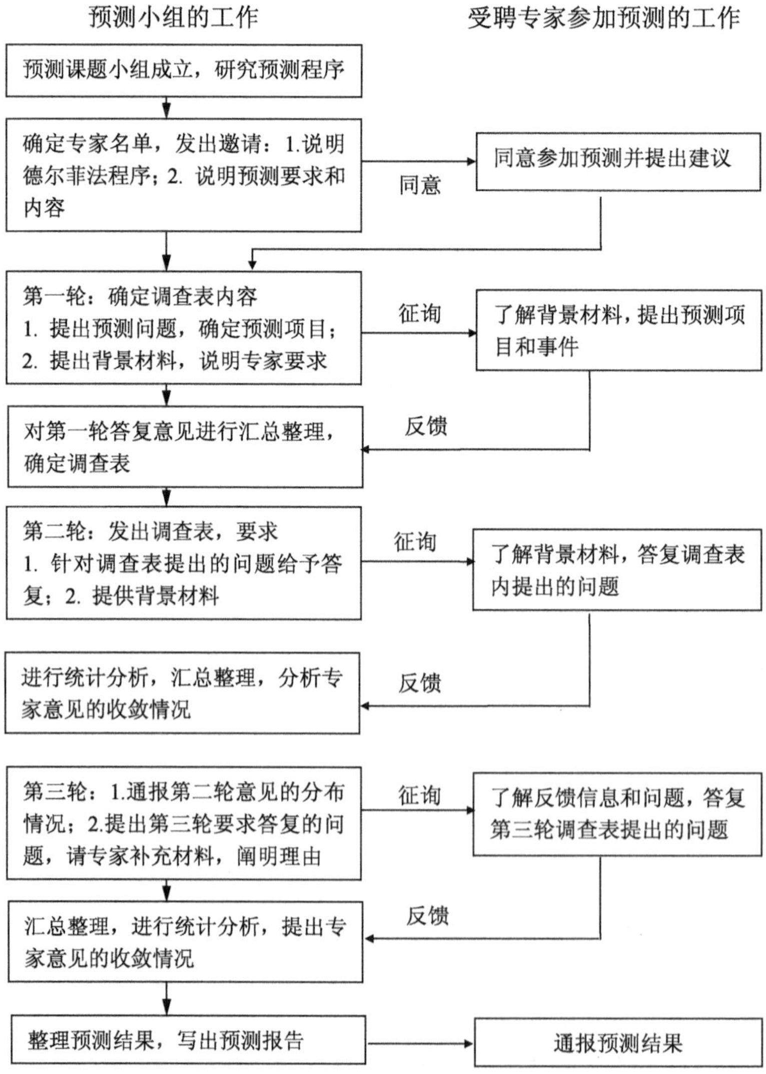

图 3-2　德尔菲法的预测流程

图 3-2 中，左列是预测小组（组织者）的工作，右列是受聘专家参加预测的工作。在采用德尔菲法预测的过程中，始终有两方面的人在活动：一是预测的组织者；二是被选出的专家。德尔菲法的程序是以轮来说明的。函询的每一次调查就叫一"轮"。每轮要求专家小组成员和协调人完成的任务均不相同。在第一轮之前，必须完成：

（1）确定课题

预测的课题，就是预测对象，应是本单位（或本系统）中意见纷纭、决策拿不定主意而又对本单位（或本系统）的发展有重要影响者。

（2）选择专家

图 3-2 中专家的选择是专家调查法的一项关键工作，选择专家是否合适直接决定预测的质量。选择专家应注意的主要问题包括：(a)征求专家本人愿意参加此项预测与否的意见，保障专家能坚持做完各轮的函询；(b)选择的专家所研究或从事的专业应是与预测主题有关的学科，但研究领域应更为广泛，不仅要有与预测主题领域相关的专家，而且要有一定数量其他领域的专家。专家人数通常为 10～50 人，可视预测课题的大小及涉及面宽窄而定，但要比预定人数多一些，以应付意外情况，如出国考察、出差、开会等；(c)选择的专家在各领域中要有一定的知名度，具有一定的代表性。同时，专家在各领域的分布应相对合理，以利于多学科交叉研究，集思广益，进行有效预测；(d)预测小组对选定的专家应具有较为全面的了解，同时保障专家在函询环节独立思考，独立判断。

（3）制定函询表

德尔菲法中的函询表与通常的调查表有所不同，通常的调查表只向被调查者提出问题，要求回答，而德尔菲法的调查表不仅提出问题，还兼有向被调查者提供信息的责任。它是专家们交流思想的工具。函询表应力求简化，所提问题要紧紧围绕预测课题，避免漫无边际，其数目以 20～25 个为宜，太多会使应答者失去兴趣，也加重了专家的负担。所以，预测人员要在制定函询表上下功夫。一般的经验是，经过 3～4 轮的调查，小组估计数值即趋于集中，如果分歧较大，协调人就要了解双方的论点，征求大家的意见，并作出分析。

一般来说，用德尔菲法预测要经过 3～4 轮。每一轮，组织者和专家都有各自不同的任务。

第一轮，由组织者发给专家的第一轮函询表是开放式的，不带任何框框，只提出预测问题。请专家围绕预测主题提出预测事件。如果限制太多，会漏掉一些重要事件。预测组织者要对专家填好的调查表进行汇总整理，归并同类事件，排除次要事件，用准确术语提出一个预测事件一览表，并作为第二轮调查表发给专家。

第二轮，专家对第二轮调查表所列的每个事件做出评价。例如说明事件发生的时间、发生的可能性，对于争论问题提出发生或不发生的理由。预测组织者收到第二轮专家意见后，对专家意见做统计处理，整理出第三张调查表。第三张函询表包括：事件、事件发生的中位数、事件发生的时间。

第三轮，把第三张函询表发下去后，请专家重新争论；对于对立意见做一个评价；给出自己新的评价（尤其是少数未统一意见的专家，要重述自己的理由）；如果修正自己的观点，也请说明理由。组织者收到后，与第二轮相似，进行统计处理，总结专家观点，重点在争论双方的意见。形成第四张函询表。

第四轮，请专家对第四张函询表再次评价和权衡，组织者将返回后的结果再次进行统计处理，归纳出结果。

根据图 3-2 中德尔菲法的预测流程，经过三至四轮，预测小组（组织者）要求各位专家根据提供的全部预测资料提出最后的预测意见，若这些意见收敛或基本一致，即可以此为根据对预测对象的预测值作出判断。

3. 德尔菲法的原则与特点

（1）原则

德尔菲法主要体现了三大原则：匿名性、反馈性、收敛性。其中：(a)匿名性，即通过匿名函询方式征询意见，尽量使预测专家互不知情，避免专家之间对预测问题的意见有交叉影响；(b)反馈性，经过三至四轮多次轮番征求专家意见，在此过程中，预测组织在下一轮发函时，首先将上一轮专家意见进行汇总统计整理，再提出询问函，最终保障专家意见大致统一；(c)收敛性，通过统计分析，逐渐按统计反映的收敛特征明确预测问题。

德尔菲法的优缺点主要表现为：(a)优点：参与预测的专家独立思考，各抒己见，充分表达个人的预测判断，不受权威人士的影响；(b)缺点：轮番征询所需的时间较长，预测主要凭专家主观判断，缺乏专家之间的思想交锋和商讨以及统一的客观标准。

（2）特点

德尔菲法是一种利用函询形式的集体匿名思想交流过程。它有区别于其他专家预测方法的三个明显特点：

(a) 匿名：在用此法预测的过程中，集体成员之间的交往是通过不具名的调查表进行的，这样就可以避免大家了解到某项意见是哪一个具体人的，从而可以大胆修改自己的意见，不随大流，不为某个权威的意见所左右。

(b) 不断重复有控制的反馈：集体之交往是通过对调查表的答复进行的，因此，需要集体协调人（即预测主持人）从调查表中归纳信息并将这些信息提供给集体的每一个成员，这些信息仅与所预测的问题有关，且只是集体意见之现状和每一种观点的赞成和反对意见。这样做的目的在于防止集体成员各行其是，从而确保实现既定目标，虽然任何意见都可以向集体提出，但是不得无休无止地一味要压倒不同意见，不得自行选择方向。

(c) 对整体答复作出统计：一般来说，集体得出的预测只概括了大多数的意见，即它仅代表大多数人同意的观点，对于少数人的观点至多概括地提及一下，但是这并没有表示出小组的不同意见的状况。所以，德尔菲法对某一个问题答复是用统计方法表示的，如列表、直方图或者中位数法。

二、因果型预测法

因果型预测法是在研究经济变量之间因果关系的基础上，拟合一个回归模型，以一个或数个自变量的变化来推测另一个因变量的变化，通过对各自变量做模型或非模型外推预测，再把自变量的预测值代入回归模型，求出因变量的预测值。因果型预测法主要包括线性回归预测法、非线性回归预测法、虚拟变量回归预测法，其中线性回归预测法可分为一元线性回归预测法和多元线性回归预测法。

(一) 一元线性回归预测法

一元线性回归预测法是含有一个自变量的回归分析方法，是处理一个因变量和一个自变量的变化呈直线性状态的预测技术。

1. 一元线性回归预测模型

一元线性回归预测模型可表示为

$$y_i = b_0 + b_1 x_i + u_i \quad (i = 1,2,\cdots,n) \tag{3-3}$$

式中：y_i 为因变量第 i 个样本的值；x_i 为自变量第 i 个样本的值；n 为样本容量，即数据点的个数；b_0，b_1 为回归参数；u_i 为回归剩余项，即不能由 x，y 的线性关系来解释的那部分剩余量。

在运用一元线性回归预测法时，要求满足一定的假定条件，其中最重要的是关于剩余项 u_i 必须具有以下 5 个特性，即，(a)u_i 是一个随机变量；(b)u_i 的平均值为零，即 u_i 在回归线上方为正，下方为负，而 $E(u_i)=0$；(c)每个 u_i 的分布差相同；(d)每个 u_i 之间相互独立；(e)u_i 与自变量 x_i 无关。

以上关于 u_i 性能的假定，可概括为下述表达式，即

$$u_i \sim N(0,\sigma^2) \tag{3-4}$$

式中：u_i 为服从均值为 0、方差为 σ^2 的正态分布的随机变量。

2. 参数估计

利用一元线性回归预测模型进行预测，需要估计出式中参数 b_0、b_1。建立一元线性回归预测模型，即

$$\hat{y}_i = b_0 + b_1 x_i \quad (i = 1,2,\cdots,n) \tag{3-5}$$

式中：$\hat{y}_i$ 为式(3-3)中实际值 y_i 的估计值或预测值。

线性回归模型参数的估计方法通常有两种，即普通最小二乘法和极大似然估计法。其中最常用的是普通最小二乘法。普通最小二乘法的中心思想是：通过数学模型，配合一条较为理想的趋势线。这条线必须满足下列两个要求：(a)原数列的观察值与模型的估计值的离差平方和为最小；(b)原数列的观察值与模型的估计值的离差总和为零。

即令

$$\begin{cases} \sum_{i=1}^{n} u_i^2 = \sum_{i=1}^{n} (y_i - \hat{y}_i)^2 = \sum_{i=1}^{n} (y_i - b_0 - b_1 x_i)^2 = \text{最小值} \\ \sum_{i=1}^{n} (y_i - \hat{y}_i) = 0 \end{cases} \tag{3-6}$$

设

$$Q = \sum_{i=1}^{n} (y_i - \hat{y}_i)^2 = \sum_{i=1}^{n} (y_i - b_0 - b_1 x_i)^2 \tag{3-7}$$

根据微积分学中的求极值原理，对式(3-7)的 b_0、b_1 求偏导，可得到方程组

$$\begin{cases} \dfrac{\partial Q}{\partial b_0} = -2\sum_{i=1}^{n}(y_i - b_0 - b_1 x_i) = 0 \\ \dfrac{\partial Q}{\partial b_1} = -2\sum_{i=1}^{n}(y_i - b_0 - b_1 x_i)x_i = 0 \end{cases} \tag{3-8}$$

简化成标准方程组为

$$\begin{cases} \sum_{i=1}^{n} y_i = nb_0 + b_1 \sum_{i=1}^{n} x_i \\ \sum_{i=1}^{n} x_i y_i = b_0 \sum_{i=1}^{n} x_i + b_1 \sum_{i=1}^{n} x_i^2 \end{cases} \tag{3-9}$$

求解得到

$$\begin{cases} b_1 = \dfrac{n\sum_{i=1}^{n} x_i y_i - \sum_{i=1}^{n} x_i \sum_{i=1}^{n} y_i}{n\sum_{i=1}^{n} x_i^2 - \left(\sum_{i=1}^{n} x_i\right)^2} \\ b_0 = \dfrac{\sum_{i=1}^{n} y_i}{n} - b_1 \dfrac{\sum_{i=1}^{n} x_i}{n} \end{cases} \tag{3-10}$$

将式(3-10)代入式(3-5),得到一元线性回归预测模型。

3. 模型检验

建立一元线性回归预测模型时,必须对模型的可信度进行检验。

(1) 相关系数 r 的检验

相关系数 r 的检验,即检验变量 x 和 y 是否有线性关系。

步骤 1,计算相关系数 r。

$$r = \frac{\sum_{i=1}^{n}(x_i - \overline{x})(y_i - \overline{y})}{\sqrt{\sum_{i=1}^{n}(x_i - \overline{x})^2 \sum_{i=1}^{n}(y_i - \overline{y})^2}}$$

$$\begin{cases} \overline{x} = \sum_{i=1}^{n} x_i \\ \overline{y} = \sum_{i=1}^{n} y_i \end{cases} \tag{3-11}$$

步骤 2,根据回归模型的自由度($n-2$)和给定的显著性水平 ∂,在相关系数表临界表中查出临界值 $r_{\partial}(n-2)$。

步骤 3,判别。

若$|r| > r_{\partial}(n-2)$,两变量之间线性关系显著,检验通过,则建立的模型可用于预测。

若$|r| < r_{\partial}(n-2)$，两变量之间线性关系不显著，检验不通过，所建立的模型不能用于预测，应进一步分析原因，对模型进行修正。

(2) 拟合优度 r^2 检验

拟合优度 r^2 检验，即检验样本数据拟合回归直线的优劣程度。拟合优度表示由自变量 x 的变化引起的因变量 y 的变差占总变差的比例。

r^2 越大，表明回归方程拟合得越好；

r^2 越小，引入的变量不能很好地解释所需预测的变量。

(3) 回归方程的显著性检验

检验回归方程是否有意义，即回归方程的一次项系数 b_1 是否为零。回归方程的显著性检验的具体步骤为：

步骤 1，计算统计量 F 的值。

$$F=\frac{\sum_{i=1}^{n}(\hat{y}_i-\overline{y})^2}{(y_i-\overline{y})/(n-2)} \quad 或 \quad F=\frac{r^2(n-2)}{1-r^2} \tag{3-12}$$

步骤 2，根据给出的置信度 ∂，查 F 分布表，得到临界值 $F_{\partial}(1,n-2)$。

步骤 3，将统计量 F 与临界值 F_{∂} 比较。

若 $F > F_{\partial}(1,n-2)$，则认为回归方程显著，线性假设成立；

若 $F < F_{\partial}(1,n-2)$，回归方程不显著，没有意义。

4. 预测区间

一元线性回归预测模型有一个最特殊的优点，就是能计算以回归预测式所得点预测值为中心的预测区间，也就是置信区间，并给出一定的概率度。其计算过程可表述为：

步骤 1，计算估计标准误差。

$$s_y=\sqrt{\frac{\sum_{i=1}^{n}(y_i-\hat{y}_i)^2}{(n-2)}}=\sqrt{\frac{\sum_{i=1}^{n}y_i^2-b_0\sum_{i=1}^{n}y_i-b_1\sum_{i=1}^{n}x_iy_i}{(n-2)}} \tag{3-13}$$

步骤 2，根据显著性水平 ∂ 和自由度$(n-2)$，查 t 分布表得 $t_{\frac{\partial}{2}}(n-2)$的值。

步骤 3，确定预测区间。将 x_0 的值代入一元线性回归预测模型中，得到 y 的点估计值为 $\hat{y}_0$，则预测区间可确定为

$$\hat{y}_0 \pm t_{\frac{\partial}{2}}(n-2)s_y\sqrt{1+\frac{1}{n}+\frac{(x_0-\overline{x})^2}{\sum_{i=1}^{n}(x_i-\overline{x})^2}} \tag{3-14}$$

式中：预测区间的下限为 $\hat{y}_0-t_{\frac{\partial}{2}}(n-2)s_y\sqrt{1+\frac{1}{n}+\frac{n(x_0-\overline{x})^2}{n\sum_{i=1}^{n}x_i^2-\left(\sum_{i=1}^{n}x_i\right)^2}}$；预测区间的上限为 $\hat{y}_0+t_{\frac{\partial}{2}}(n-2)s_y\sqrt{1+\frac{1}{n}+\frac{n(x_0-\overline{x})^2}{n\sum_{i=1}^{n}x_i^2-\left(\sum_{i=1}^{n}x_i\right)^2}}$。

（二）多元线性回归预测法

一元回归是将一个主要影响因素作为自变量来解释因变量变化的回归分析，多元回归是含有两个或两个以上自变量的回归分析。在现实问题研究中，因变量的变化往往受几个重要因素的影响，此时就需要用两个或两个以上的影响因素作为自变量来解释因变量的变化。多元回归预测法，是指通过对两个或两个以上的自变量与一个因变量的相关分析，建立预测模型进行预测的方法。当多个自变量与因变量之间存在线性关系时，则预测方法称为多元线性回归预测法。

1. 多元线性回归预测模型

设 y 为因变量，$x_1, x_2, \cdots, x_p$ 为自变量，并且自变量与因变量之间为线性关系时，则多元线性回归预测模型可表示为

$$y_i = \beta_0 + \beta_1 x_{i1} + \beta_2 x_{i2} + \cdots + \beta_p x_{ip} + \varepsilon_i \tag{3-15}$$

式中：$\beta_0, \beta_1, \beta_2, \cdots, \beta_p$ 是 $p+1$ 个未知参数，β_0 称为回归常数，$\beta_1, \beta_2, \cdots, \beta_p$ 称为回归系数；y 称为因变量；$x_1, x_2, \cdots, x_p$ 是 p 个可以精确测量并可控制的一般变量，称为自变量；ε_i 是随机误差。

对随机误差项 ε_i 假定

$$\begin{cases} D(\varepsilon_i) = \sigma^2 \\ E(\varepsilon_i) = 0 \\ \operatorname{cov}(\varepsilon_i, \varepsilon_j) = \begin{cases} \sigma^2 & (i = j) \\ 0 & (i \neq j) \end{cases} \\ i, j = 1, 2, \cdots, n \end{cases} \tag{3-16}$$

对一个实际问题，如果获得 n 组观测数据 $(x_{i1}, x_{i2}, \cdots, x_{ip}; y_i)$，则多元线性回归预测模型式(3-15)可表示为

$$\begin{cases} y_1 = \beta_0 + \beta_1 x_{11} + \beta_2 x_{12} + \cdots + \beta_p x_{1p} + \varepsilon_1 \\ y_2 = \beta_0 + \beta_1 x_{21} + \beta_2 x_{22} + \cdots + \beta_p x_{2p} + \varepsilon_2 \\ \qquad \vdots \\ y_n = \beta_0 + \beta_1 x_{n1} + \beta_2 x_{n2} + \cdots + \beta_p x_{np} + \varepsilon_n \end{cases} \tag{3-17}$$

写成矩阵形式为

$$\boldsymbol{Y} = \boldsymbol{XB} + \boldsymbol{\varepsilon}$$

$$\begin{cases} \boldsymbol{Y} = \begin{bmatrix} y_1 \\ y_2 \\ \vdots \\ y_n \end{bmatrix}, \boldsymbol{X} = \begin{bmatrix} 1 & x_{11} & x_{12} & \cdots & x_{1p} \\ 1 & x_{21} & x_{22} & \cdots & x_{2p} \\ \vdots & \vdots & \vdots & & \vdots \\ 1 & x_{n1} & x_{n2} & \cdots & x_{np} \end{bmatrix} \\ \boldsymbol{B} = \begin{bmatrix} \beta_0 \\ \beta_1 \\ \vdots \\ \beta_p \end{bmatrix}, \boldsymbol{\varepsilon} = \begin{bmatrix} \varepsilon_1 \\ \varepsilon_2 \\ \vdots \\ \varepsilon_n \end{bmatrix} \end{cases} \tag{3-18}$$

2. 参数估计

采用最小二乘法估计，设观察值与模型估计值的残差为 $\boldsymbol{E}$，则

$$\begin{aligned}\boldsymbol{E} &= \boldsymbol{Y}-\hat{\boldsymbol{Y}} \\ \hat{\boldsymbol{Y}} &= \boldsymbol{XB}\end{aligned} \tag{3-19}$$

根据最小平方法要求，应有

$$\boldsymbol{E}'\boldsymbol{E} = (\boldsymbol{Y}-\hat{\boldsymbol{Y}})'(\boldsymbol{Y}-\hat{\boldsymbol{Y}}) = \text{最小值} \tag{3-20}$$

即

$$\boldsymbol{E}'\boldsymbol{E} = (\boldsymbol{Y}-\boldsymbol{XB})'(\boldsymbol{Y}-\boldsymbol{XB}) = \text{最小值} \tag{3-21}$$

由极值原理，根据矩阵求导法则，对 $\boldsymbol{B}$ 求导，并令其等于零，则得

$$\begin{aligned}\frac{\partial \boldsymbol{E}'\boldsymbol{E}}{\partial \boldsymbol{B}} &= \frac{\partial(\boldsymbol{Y}-\boldsymbol{XB})'(\boldsymbol{Y}-\boldsymbol{XB})}{\partial \boldsymbol{B}} \\ &= \frac{\partial(\boldsymbol{Y}'\boldsymbol{Y}-2\boldsymbol{Y}'\boldsymbol{XB}+\boldsymbol{B}'\boldsymbol{X}'\boldsymbol{XB})}{\partial \boldsymbol{B}} \\ &= -2(\boldsymbol{Y}'\boldsymbol{X})'+2(\boldsymbol{X}'\boldsymbol{X})\boldsymbol{B} = 0\end{aligned} \tag{3-22}$$

整理得回归系数向量 $\boldsymbol{B}$ 的估计值为

$$\hat{\boldsymbol{B}} = (\boldsymbol{X}'\boldsymbol{X})^{-1}\boldsymbol{X}'\boldsymbol{Y} \tag{3-23}$$

3. 模型检验

(1) 复相关系数检验

检验线性关系密切程度的指标称为相关系数。在多元线性回归预测模型中，由于自变量为两个以上，所以称为复相关系数。

复相关系数检验的步骤为：

第一步，计算复相关系数。

样本复相关系数的计算公式为

$$R = \sqrt{1-\frac{\sum (y_i-\hat{y}_i)^2}{\sum (y_i-\overline{y}_i)^2}} = \sqrt{\frac{\sum (\hat{y}_i-\overline{y})^2}{\sum (y_i-\overline{y})^2}} \tag{3-24}$$

其中，二元线性回归方程复相关系数的计算常用其简捷公式

$$R = \sqrt{1-\frac{\sum y_i^2-\hat{\beta}_1\sum y_i-\hat{\beta}_2\sum x_{i1}y_i-\hat{\beta}_3\sum x_{i2}y_i}{\sum y_i^2-n\,\overline{y}^2}} \tag{3-25}$$

三元线性回归方程复相关系数计算常用其简捷公式

$$R = \sqrt{1-\frac{\sum y_i^2-\hat{\beta}_1\sum y_i-\hat{\beta}_2\sum x_{i1}y_i-\hat{\beta}_3\sum x_{i2}y_i-\hat{\beta}_4\sum x_{i3}y_i}{\sum y_i^2-n\,\overline{y}^2}} \tag{3-26}$$

第二步，根据回归模型的自由度 $n-p$ 和给定的显著性水平值 ∂，查相关系数临界表，得 $R_{\partial}(n-p)$。

第三步，判断。

若 $|R|>R_{\partial}(n-P)$，表明变量之间线性相关显著，检验通过，这时回归模型可用来进行预测。

若 $|R|<R_{\partial}(n-P)$，表明变量之间线性相关关系不显著，检验通不过，这时的回归模型不能用来预测，应分析原因，对回归模型重新加以处理。

(2) 拟合优度检验

拟合优度用于检验回归方程对样本观测值的拟合程度。

定义复可决系数

$$R^2=1-\frac{\sum(y_i-\hat{y}_i)^2}{\sum(y_i-\overline{y})^2}=\frac{\sum(\hat{y}_i-\overline{y})^2}{\sum(y_i-\overline{y})^2} \tag{3-27}$$

复可决系数 R^2 是检验多元线性回归模型拟合优度的度量指标。R^2 越接近 1，表示拟合得越好；反之，则拟合得不好。

定义一个校正 R^2，记为 $\overline{R}^2$

$$\overline{R}^2=1-\frac{\sum(y_i-\hat{y}_i)^2/(n-p)}{\sum(y_i-\overline{y})^2/(n-1)} \tag{3-28}$$

式中：$n-p$ 是残差平方和 $\sum(y_i-\overline{y}_i)^2$ 的自由度；$n-1$ 是总离差平方和 $\sum(y_i-\overline{y})^2$ 的自由度。

结合式(3-27)和式(3-28)，可得 $\overline{R}^2$ 与 R^2 之间关系为

$$\overline{R}^2=1-(1-R^2)\frac{n-1}{n-p} \tag{3-29}$$

当 $p>1$ 时，$\overline{R}^2<R^2$，说明 $\overline{R}^2$ 中包含了自变量个数的影响，随着自变量个数的增加，$\overline{R}^2$ 总小于 R^2。

尽管 R^2 总是非负的，但 $\overline{R}^2$ 都可能为负。若 $\overline{R}^2$ 为负，R^2 取值为 0。

(3) 回归方程的显著性检验——F 检验

原假设

$$H_0:\beta_1=\beta_2=\cdots=\beta_p=0 \tag{3-30}$$

如果 H_0 被接受，则表明随机变量 y 与 $x_1,x_2,\cdots,x_p$ 之间的关系由线性回归模型表示不合适。

F 检验程序为：

第一步，计算统计量 F 的值。

$$\begin{aligned}F&=\frac{U/p}{Q/(n-p-1)}\\U&=\sum(\hat{y}_i-\overline{y})^2\\Q&=\sum(y_i-\hat{y}_i)^2\end{aligned} \tag{3-31}$$

第二步，对给定的显著性水平 ∂，查 F 分布表，得临界值 $F_{\partial}(p,n-p-1)$。

第三步，判断，将统计量 F 与临界值 F_{∂} 比较。

若 $F>F_{\partial}(p,n-p-1)$，则认为回归方程显著，线性假设成立；

若 $F<F_{\partial}(p,n-p-1)$，则回归方程不显著，没有意义。

F 统计量与复可决系数、相关系数有以下关系：

$$F=\frac{R^2}{1-R^2}\cdot\frac{n-p}{p-1}$$
$$R=\sqrt{\frac{(p-1)F}{(n-p)+(p-1)F}} \tag{3-32}$$

(4) 回归方程的显著性检验——t 检验

检验假设

$$H_0:\beta_j=0,j=1,2,\cdots,p \tag{3-33}$$

如果接受原假设 H_{0j}，则 x_j 不显著；如果拒绝原假设 H_{0j}，则 x_j 是显著的。

t 检验的具体步骤为：

第一步，计算估计标准误差。

$$S_y=\sqrt{\frac{\sum(y_i-\hat{y}_i)^2}{n-p-1}} \tag{3-34}$$

其中二元和三元估计标准误差的简捷公式分别为

$$S_y=\sqrt{\frac{\sum y_i^2-\hat{\beta}_1\sum y_i-\hat{\beta}_2\sum x_{i1}y_i-\hat{\beta}_3\sum x_{i2}y_i}{n-3}}$$
$$S_y=\sqrt{\frac{\sum y_i^2-\hat{\beta}_1\sum y_i-\hat{\beta}_2\sum x_{i1}y_i-\hat{\beta}_3\sum x_{i2}y_i-\hat{\beta}_4\sum x_{i3}y_i}{n-4}} \tag{3-35}$$

第二步，计算样本标准差。

$$S_{\hat{\beta}_j}=\sqrt{c_{jj}}\cdot S_y \tag{3-36}$$

式中：c_{jj} 为矩阵 $(\boldsymbol{X}'\boldsymbol{X})^{-1}$ 对角线上第 j 个元素。

第三步，计算 t 统计量。

$$t_j=\frac{\hat{\beta}_j}{S_{\hat{\beta}_j}}\quad(j=1,2,\cdots,p) \tag{3-37}$$

第四步，对给定的显著水平 ∂，查 t 分布表，得临界值 $t_{\frac{\partial}{2}}(n-p)$。

第五步，判断。若 $|t_j|>t_{\frac{\partial}{2}}(n-p)$，则回归系数 $\hat{\beta}_j$ 与零有显著差异，必须保留 x_j 在原回归方程中，否则应去掉 x_j，重新建立回归方程。

(5) 自相关检验——DW 检验

① DW 检验

$$DW=\frac{\sum_{i=1}^{n}(e_i-e_{i-1})^2}{\sum_{i=1}^{n}e_i^2} \tag{3-38}$$

式中：$e_i=y_i-\hat{y}_i$，是 ε_i 的估计值。

因 e_{i-1} 的最初序号也必须是 1，所以分子求和公式必须从 2 开始。将式(3-38)展开，得

$$DW=\frac{\sum_{i=2}^{n}e_i^2-2\sum_{i=2}^{n}e_ie_{i-1}+\sum_{i=2}^{n}e_{i-1}^2}{\sum_{i=1}^{n}e_i^2} \tag{3-39}$$

在大样本情况下，即 $n>30$，可以认为 $\sum_{i=2}^{n}e_i^2\approx\sum_{i=2}^{n}e_{i-1}^2$，式(3-39)可写成

$$DW=2\left(1-\frac{\sum_{i=2}^{n}e_ie_{i-1}}{\sum_{i=2}^{n}e_i^2}\right)\approx 2(1-R_1) \tag{3-40}$$

R_1 是 ε_i 与 ε_{i-1} 的相关系数 ρ_1 的估计量。当 ε_i 与 ε_{i-1} 正自相关时，$R_1\to 1$，$DW\to 0$；当 ε_i 与 ε_{i-1} 负自相关时，$R_1\to -1$，$DW\to 4$；若不存在自相关或相关程度很小时，$R_1\to 0$，$DW\to 2$；从式(3-40)可以看出，DW 的值在 0～4 之间。

根据 DW 统计量，检验模型是否存在自相关，其步骤为：

第一步，利用最小平方法求回归模型及残差 e_i；

第二步，利用式(3-38)、式(3-39)或式(3-40)，可以计算 DW 统计量；

第三步，确立假设 $H_0:\rho_1=0$，即假定回归模型不存在自相关；

第四步，根据给定的检验水平及自变量个数 p 从 DW 检验表中查得相应临界值 d_L，d_U；

第五步，判断。DW 的取值域在 0～4 之间。

(a) 当 $DW\leqslant 2$ 时，DW 检验法则规定：

若 $DW<d_L$，认为 ε_i 存在自相关；

若 $DW>d_U$，认为 ε_i 无自相关；

若 $d_L<DW<d_U$，不能确定 ε_i 是否存有自相关。

(b) 当 $DW>2$ 时，DW 检验法则规定：

若 $4-d_L<DW<4$，认为 ε_i 存在负自相关；

若 $4-d_U>DW$，认为 ε_i 无自相关；

若 $d_L<4-DW<d_U$，不能确定 ε_i 是否存有自相关。

由图 3-3 可以看出，DW 的值等于 2 时为最好。根据经验，DW 统计量在 1.5～2.5 之间时表示没有显著自相关问题。

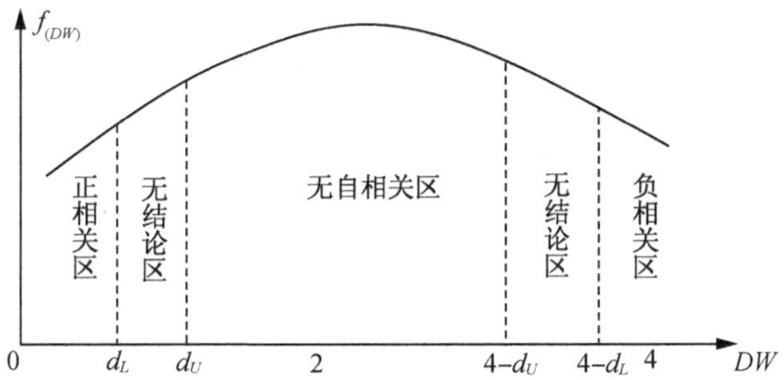

图 3-3　DW 统计量的范围与有无序列相关的范围关系图

从图 3-3 可看出，DW 检验的最大弊端是存在着无结论区域。无结论区域的大小与样本容量 n 和自变量个数 p 有关。当 n 一定时，p 愈大，无结论区域也愈大；当 p 一定时，n 愈大，无结论区域就愈小。如果计算的 DW 统计量落到了无结论区域，那么，决策者就不能做出回归模型是否存在自相关现象的结论。

② 产生自相关的原因及补救办法

当检验结果出现 $0<DW<d_L$ 和 $4-d_L<DW<4$ 的情况时，说明随机误差项相互独立的假设不能成立，回归模型存在相关。

在实际预测中，产生自相关的原因可能是：(a)忽略了某些重要的影响要素。(b)错误地选用了回归模型的数学形式。(c)随机误差项 ε_i 本身的确是相关的。

合适的补救办法是：(a)把略去的重要影响因素引入回归模型中来。(b)重新选择合适的回归模型形式。(c)增加样本容量，改变数据的准确性。

(6) 多重共线性检验

多重共线性检验的步骤：

第一步，计算任何两个自变量之间的相关系数为

$$r_{x_ix_j}=\frac{\sum(x_i-\overline{x})(x_j-\overline{x}_j)}{\sqrt{\sum(x_i-\overline{x}_i)^2}\sqrt{\sum(x_j-\overline{x}_j)^2}} \tag{3-41}$$

第二步，对自变量作中心标准化，则 $\boldsymbol{X}'\boldsymbol{X}=(r_{ij})$ 为自变量的相关阵。记

$$\boldsymbol{C}=(c_{ij})=(\boldsymbol{X}'\boldsymbol{X})^{-1} \tag{3-42}$$

称其主对角线元素 $VIF_j=c_{jj}$ 为自变量 x_j 的方差扩大因子(VIF)。

经验表明，当 $VIF_j\geqslant 10$ 时，就说明自变量 x_j 与其余自变量之间有严重的多重共线性，且这种多重共线性可能会过度地影响最小二乘估计值。

4. 预测区间

多元线性回归预测模型的预测值和预测区间计算步骤：

第一，计算估计标准误差。

$$S_y=\sqrt{\frac{\sum(y_i-\hat{y}_i)^2}{n-p}} \tag{3-43}$$

第二，记预测点为 $\boldsymbol{X}_0=(\boldsymbol{X}_{01},\boldsymbol{X}_{02},\cdots,\boldsymbol{X}_{0P})$，则预测值为

$$\hat{y}_0 = \boldsymbol{X}_0 \hat{\boldsymbol{B}} \tag{3-44}$$

预测误差 $e_0 = y_0 - \hat{y}_0$ 的样本方差为

$$S_0^2 = S_y^2 [1 + \boldsymbol{X}_0 (\boldsymbol{X}'\boldsymbol{X})^{-1} \boldsymbol{X}_0'] \tag{3-45}$$

第三，当预测值$\hat{y}_0$ 的显著性水平为 ∂，多元线性回归预测模型的预测区间为

$$\begin{cases} \hat{y}_0 \mp t_{\alpha/2}(n-p)S_0 & (n < 30) \\ \hat{y}_0 \mp Z_{\alpha/2} \cdot S_0 & (n \geqslant 30) \end{cases} \tag{3-46}$$

由于这里 $\boldsymbol{X}_0$ 是一个影响因素数据向量，按公式(3-46)计算 S_0 较复杂，故在实际预测中，一般运用 S_y 代替 S_0 近似地估计预测区间。

(三) 非线性回归预测法

非线性回归分析是线性回归分析的扩展，也是传统计量经济学的结构模型分析方法。非线性回归预测法是指自变量与因变量之间的关系不是线性的，而是某种非线性关系时的回归预测法。在社会现实经济生活中，很多现象之间的关系并不是线性关系，对这种类型现象的分析预测一般要应用非线性回归预测，通过变量代换，可以将很多的非线性回归转化为线性回归。因而，可以用线性回归预测方法解决非线性回归预测问题。

非线性回归预测法的回归模型常见的有以下几种：二次曲线模型、双曲线模型、指数模型、幂函数模型、罗吉斯曲线模型、对数模型、抛物线函数模型等。其中，非线性回归二次曲线模型可表示为

$$y_i = \beta_1 + \beta_2 x_i + \beta_3 x_i^2 + \varepsilon_i \tag{3-47}$$

令 $x_i^2 = x_i'$，则模型变化为

$$y_i = \beta_1 + \beta_2 x_i + \beta_3 x_i' + \varepsilon_i \tag{3-48}$$

上式的矩阵形式为

$$\boldsymbol{Y} = \boldsymbol{XB} + \boldsymbol{\varepsilon} \tag{3-49}$$

用最小二乘法作参数估计，可设观察值与模型估计值的残差为 $\boldsymbol{E}$，则

$$\boldsymbol{E} = \boldsymbol{Y} - \hat{\boldsymbol{Y}},\ \hat{\boldsymbol{Y}} = \boldsymbol{XB} \tag{3-50}$$

根据最小二乘法，要求有

$$\boldsymbol{E}'\boldsymbol{E} = (\boldsymbol{Y} - \hat{\boldsymbol{Y}})'(\boldsymbol{Y} - \hat{\boldsymbol{Y}}) = \text{最小值} \tag{3-51}$$

即

$$\boldsymbol{E}'\boldsymbol{E} = (\boldsymbol{Y} - \boldsymbol{XB})'(\boldsymbol{Y} - \boldsymbol{XB}) = \text{最小值} \tag{3-52}$$

由极值原理，根据矩阵求导法，对 $\boldsymbol{B}$ 求导，并令其等于零，得

$$\begin{aligned} \frac{\partial \boldsymbol{E}'\boldsymbol{E}}{\partial \boldsymbol{B}} &= \frac{\partial (\boldsymbol{Y} - \boldsymbol{XB})'(\boldsymbol{Y} - \boldsymbol{XB})}{\partial \boldsymbol{B}} = \frac{\partial (\boldsymbol{Y}'\boldsymbol{Y} - 2\boldsymbol{Y}'\boldsymbol{XB} + \boldsymbol{B}'\boldsymbol{X}'\boldsymbol{XB})}{\partial \boldsymbol{B}} \\ &= -2(\boldsymbol{Y}'\boldsymbol{X})' + 2(\boldsymbol{X}'\boldsymbol{X})B = 0 \end{aligned} \tag{3-53}$$

整理得回归系数向量 $\boldsymbol{B}$ 的估计值为

$$\hat{\boldsymbol{B}}=(\boldsymbol{X}'\boldsymbol{X})^{-1}(\boldsymbol{X}'\boldsymbol{Y}) \tag{3-54}$$

二次曲线回归中最常用的检验是 R 检验和 F 检验，公式为

$$R=\sqrt{1-\frac{\sum(y_i-\hat{y})^2}{\sum(y_i-\overline{y})^2}} \tag{3-55}$$

$$F=\frac{R^2}{1-R^2}(n-3)/2 \tag{3-56}$$

在实际工作中，R 的计算可用以下简捷公式：

$$R=\sqrt{1-\frac{\sum y_i^2-\hat{\beta}_1\sum y_i-\hat{\beta}_2\sum x_iy_i-\hat{\beta}_3\sum x'_iy_i}{\sum y_i^2-n\overline{y}^2}} \tag{3-57}$$

估计标准误差为

$$S=\sqrt{\frac{\sum(y_i-\hat{y}_i)^2}{n-3}} \tag{3-58}$$

预测区间为

$$\begin{cases}\hat{y}_i\mp t_{\alpha/2}(n-3)S & (n<30)\\ \hat{y}_i\mp Z_{\alpha/2}\cdot S & (n\geqslant 30)\end{cases} \tag{3-59}$$

（四）虚拟变量回归预测法

在采用回归分析预测模型分析时，有时还要考虑诸如性别、文化程度、宗教、战争、灾难、季节以及政府经济政策变化等品质变量的影响。这时，可在建立回归预测模型时将品质变量引入线性回归预测模型中，这种回归预测法就是虚拟变量回归预测法。

常见的带虚拟变量的回归模型有以下三种形式：(a)反映政府政策变化或某种因素发生重大变异的跳跃、间断式模型；(b)具有转折点的系统趋势变化模型；(c)含有多个虚拟变量的线性回归预测模型。

具有转折点的系统趋势变化模型为

$$y_i=\beta_1+\beta_2x_i+\beta_3(x_i-x_0)D_i+\varepsilon_i \tag{3-60}$$

式中，D_i 为虚拟变量，D_i 的取值为 $D_i=\begin{cases}0 & (i<i_0)\\ 1 & (i\geqslant i_0)\end{cases}$。$i_0$ 为发生转折点的时间，x_0 为 i_0 时间 x_i 的观察值。式(3-60)可变形为

$$y_i=\begin{cases}\beta_1+\beta_2x_i+\varepsilon_i & (i<i_0)\\ (\beta_1-\beta_3x_0)+(\beta_2+\beta_3)x_i+\varepsilon_i & (i\geqslant i_0)\end{cases} \tag{3-61}$$

根据式(3-61)，可令 $(x_i-x_0)D_i=x'_i$，则该虚拟变量回归转化为二元线性回归，可用二元线性回归预测模型的计算方法计算。

三、趋势型预测法

(一) 指数曲线法

指数曲线法的应用条件是:时间序列反映预测目标的发展趋势变动基本上表现为大体稳定的按一定比例增长的趋势。用算数尺度图示法显示,将不是直线,而为一条曲线。大量事实表明,技术发展的大量功能特性参数表现为随时间按指数规律或接近指数规律增长。如图 3-4 所示。

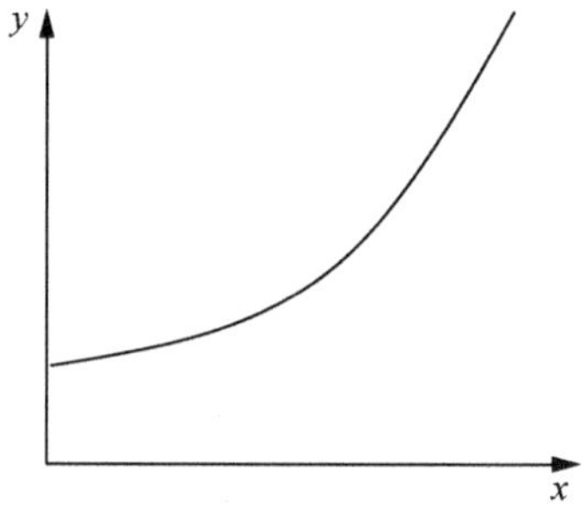

图 3-4　指数曲线

指数曲线法预测模型为

$$\hat{Y}_t = ab^t \quad (a,b>0,b\neq 1) \tag{3-62}$$

式中:$\hat{Y}_t$ 为 t 时期模型预测值;a 为时间序列初期水平;b 为时间序列的平均发展速度;t 为时间序列时间周期顺序量。

指数曲线的图形是一条指数函数曲线,$b>1$ 时上升;$b<1$ 时下降。它反映了 y_t 按指数规律变化,或者说时间序列每过一个时期按一定的百分率增长或衰减。

对指数曲线模型两边取对数,得

$$\lg \hat{Y}_t = \lg a + t\lg b \tag{3-63}$$

令 $Y'_t=\lg \hat{Y}_t$,$A=\lg a$,$B=\lg b$,则式(3-63)可表示为

$$Y'_t = A + Bt \tag{3-64}$$

利用最小二乘法求参数 A 和 B,得到

$$\begin{cases} \sum Y'_t = nA + B\sum t \\ \sum tY'_t = A\sum t + B\sum t^2 \end{cases} \tag{3-65}$$

求解可得到

$$\begin{cases} B = \dfrac{n\sum tY'_t - \sum t\sum Y'_t}{n\sum t^2 - \left(\sum t\right)^2} \\ A = \dfrac{\sum Y'_t}{n} - B\dfrac{\sum t}{n} \end{cases} \tag{3-66}$$

将式(3-66)代入式(3-64)，求解得到Y_t'。将Y_t',A,B代入式(3-62)，得到指数曲线模型。

(二) 生长曲线法

生长曲线法，是对预测对象的发展有极限所提出的一种模型。其时间序列的变化趋势是初期变化缓慢，随后是急剧的增长阶段，达到一定程度后，增长水平逐渐降低，最后达到饱和状态。这种预测对象的变化过程类似于生物生长过程，经历发生、发展、成熟的三个阶段，每个阶段的发展速度是不相同的，故名生长曲线，几何学上这条曲线形如"S"，又称S曲线。如图3-5所示。

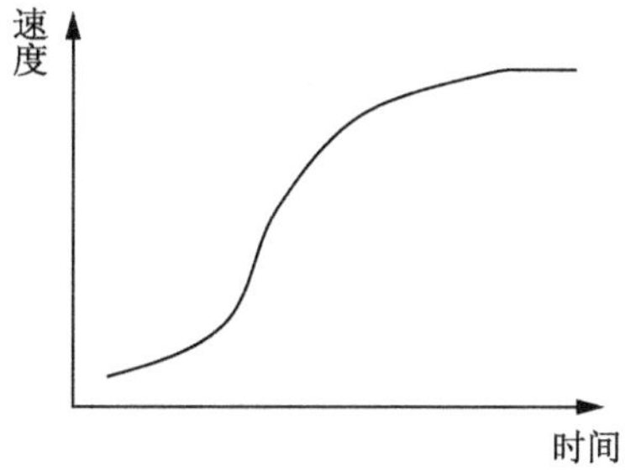

图3-5　生长曲线

技术预测者发现，科学技术的发展过程同生长曲线有类似的规律性。即在技术发展的初始阶段，由于人们认识和掌握程度较低，技术的发展是缓慢的，S曲线的上升是缓慢的。经过一段时间，随着人们的认识和掌握程度的提高，技术发展很快，曲线呈接近直线的斜率上升。发展到一定阶段后，由于事物发展达到极限或陈旧、饱和等，技术发展变得缓慢甚至停滞，曲线也表现出上升缓慢并接近平坦的特征。因此，生长曲线法可以用来进行技术预测，也可以用来表现产品的生命周期。

生长曲线模型为

$$\hat{Y}_t = \frac{1}{K + ab^t} \quad (a,b,K > 0; b \neq 1) \tag{3-67}$$

式(3-67)两边取倒数，模型可表示为

$$\frac{1}{\hat{Y}_t} = K + ab^t \quad (a,b,K > 0; b \neq 1) \tag{3-68}$$

模型转化为修正指数曲线，可用三和值法或三点法估计参数，即

$$\begin{cases} b = \sqrt[n]{\dfrac{\sum_3 \frac{1}{Y_t} - \sum_2 \frac{1}{Y_t}}{\sum_2 \frac{1}{Y_t} - \sum_1 \frac{1}{Y_t}}} \\ a = \left(\sum_2 \frac{1}{Y_t} - \sum_1 \frac{1}{Y_t}\right)\dfrac{b-1}{(b^n-1)^2} \\ K = \dfrac{1}{n}\left(\sum_1 \frac{1}{Y_t} - a\dfrac{b^n-1}{b-1}\right) \end{cases} \tag{3-69}$$

将式(3-69)代入式(3-67)，得到生长曲线模型。

生长曲线的特点为：(a)当 T 趋近于无穷大，Y 趋近于 $1/k$ 时，$1/k$ 为曲线的极限值；(b)点 $\left(\frac{\ln K-\ln a}{\ln b},\frac{1}{2K}\right)$ 为生长曲线的拐点；(c)此曲线为以拐点为中心的对称曲线。

(三) 替代曲线法

一项新技术取代一项旧技术，这是技术发展的必然趋势，在现代化科学技术飞速发展的时期，这一问题显得更为突出。因此，对新旧技术交替速度的预测，便具有重要的意义。旧技术为新技术所代替，旧技术衰退、新技术发展这个过程可用图 3-5 表示。

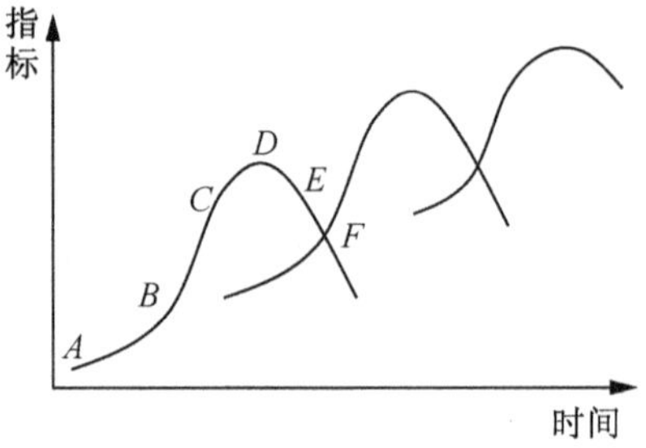

图 3-6　替代过程分析曲线

图 3-6 中，AB 段为缓慢发展阶段(投入期)；BC 段为迅速增长阶段(成长期)；CD 段为增长率下降的增长期(饱和期)；DE 段为缓慢下降阶段(衰退期)；EF 段为迅速下降阶段(衰退期)。F 点为临界点，超过 F 点就是淘汰阶段，因为有更新更先进的技术代替了它。AF 段对应的时期为经济寿命，进入 F 点后，在经济上就没有生命力了，它要被新一代技术(产品)所替代。

但是，如何判断预测对象在经济寿命中处于什么阶段呢？根据经验，增长率在投入期是不稳定的，成长期则为 10%以上，成熟期为 0.1%～10%，衰退期则是负数。当然行业不同，其经验数值不一定相同。同一技术(或产品)的几代生命周期曲线画在一起，即构成“替代过程分析曲线”，它表明了旧技术被新技术替代的全过程。如果把替代发展过程分析曲线的一部分拿来研究，则可构成“新旧技术替代分析曲线”，如图 3-7 所示。

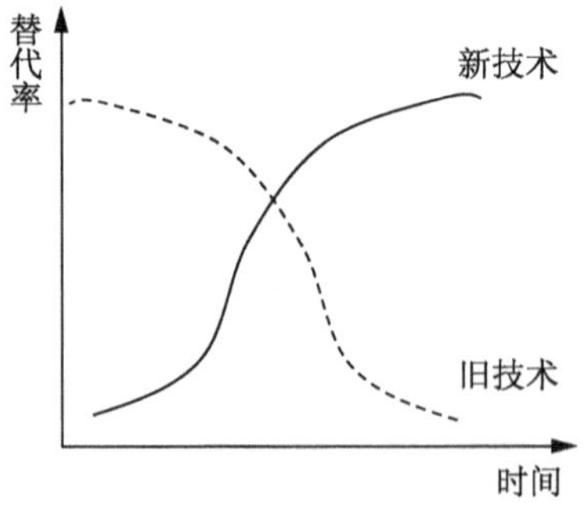

图 3-7　新旧技术替代分析曲线

为了建立替代曲线的数学模型，有以下两个假设条件：(a)如果一项新技术替代旧技术的过程已经开始，而且证明了新技术比旧技术先进，那么，替代将进行到底，即完全替代。(b)替代的速率($\Delta y/y$) 正比于上一代技术尚未被替代的部分($1-y$)。

根据以上假设，可建立以下微分方程：

$$\frac{\mathrm{d}y/\mathrm{d}t}{y}=c(1-y) \tag{3-70}$$

解此微分方程，可得

$$\ln\frac{y}{1-y}=ct+k \tag{3-71}$$

将此关系表示在半对数坐标上是一条直线，根据这条直线既可用来预测某一年的置换率，也可预测达到某一置换率的年代。此模型的假设条件，如百分之百地替代，一般说这不符合实际。另外，新技术也有可能扩大原来老技术占据的市场。所以，要注意对预测结果进行分析与修正。

（四）包络曲线法

包络曲线法又称趋势外延法，这是用以预测某些技术发展趋势的方法。它的原理同生长曲线类似。该曲线用以预测一种常见的发展趋势，这种趋势表现为初期的增长速度较慢，然后增长速度逐渐加快，达到一定程度后，增长量虽然还有，但增长率逐次降低，终至平复。其历史资料反映的发展趋势变动呈现为不对称的“S”形增长曲线，该曲线一般分为 4 个阶段，即萌芽期、成长期、成熟期和衰退期，考虑了发展过程的极限值。如图 3-8 所示。

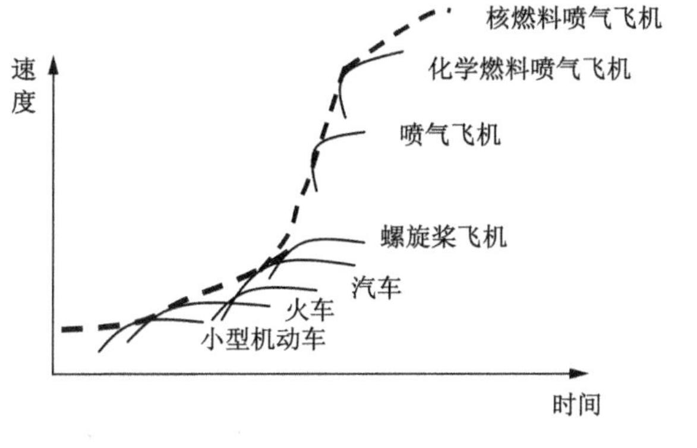

图 3-8　包络曲线

某一项特定的技术性能不可能无限制地发展，终究会出现极限。但在整个技术系统中，技术的发展是无限制的。由于人们的认识和实践不断深化，必然又出现新的技术突破点。当一项技术性能（参数）趋向极限，通常会出现另一项新技术，突破旧的技术性能，直到新的极限。这样永无止境发展下去，较低功能被高功能技术代替。包络曲线就是把同一用途的不同技术参数的变化曲线绘于同一坐标下，然后作与各曲线相切所得到的形似“S”的曲线。包络曲线可以用来预测专业技术发展趋势，对制定长远科技发展规划起到一定参考作用。其优点为精度较高、可靠性好；缺点是计算复杂。

包络曲线模型为

$$\hat{Y}_t=ka^{b^t}\quad(k>0,0<a<1,0<b<1) \tag{3-72}$$

式(3-72)两边取对数，模型可表示为

$$\lg \hat{Y}_t = \lg k + b^t \lg a \tag{3-73}$$

模型转化为修正指数曲线，可用三和值法或三点法估计参数，即

$$\begin{cases} b = \sqrt[n]{\dfrac{\sum_3 \ln Y_t - \sum_2 \ln Y_t}{\sum_2 \ln Y_t - \sum_1 \ln Y_t}} \\ \ln a = (\sum_2 \ln Y_t - \sum_1 \ln Y_t) \dfrac{b-1}{(b^n-1)^2} \\ \ln k = \dfrac{1}{n}\left[\sum_1 \ln Y_t - \dfrac{(b^n-1)}{b-1}\ln a\right] \end{cases} \tag{3-74}$$

将式(3-74)代入式(3-72)，得到包络曲线模型。

包络曲线的特点为：(a)当 T 趋近于无穷大，Y 趋近于 k 时，k 为曲线的极限值；(b)包络曲线的一阶差分的环比近似为一常数 $\Delta \ln y_t / \Delta \ln y_{t-1}$；(c)此曲线为非对称曲线。

第三节　技术评价概述

一、技术评价的概念与内容

技术是一把“双刃剑”，它在给人类带来许多经济效益的同时，也给人类带来了生态失衡、资源枯竭等问题。但不能因为技术表现出负面影响而拒绝用它来为人类发展服务。诸如信息安全、生物安全性以及环境问题不可能也不应该用停止发展的方式来应对。而应该在大力发展和应用技术的同时，细致分析技术的正面作用与负面效应，采取切实有效的措施管理技术风险，让技术更好地服务人类，而不是危害人类。这就是技术评价工作。技术评价已经跨越国界，成为一个国际问题，建立完善的技术评价系统已成为发展工业的必然选择。

(一) 技术评价的概念

1. 技术评价的定义

技术评价起源于美国，在技术评价出现之前，发展科学技术通常是从经济利益出发，忽略了它给人类、社会和自然界带来的危害。然而，随着工业与科学技术的不断进步，交通、自然生态环境破坏等问题的出现，使人们逐渐看到了现代工业盲目发展所带来的严重后果。基于此，美国众议员 E. 达达利奥(E. Daddareo)于 1967 年在美国国会正式提出了“科学技术评价法案”，经过酝酿、讨论，补充与修改，该法案于 1972 年正式通过。这项法案的精神是将技术评价定义为“在引入和发展一项新的科学技术时，预先就可能对人类、自然界和社会经济体系造成的不良影响进行预测性评价，建立‘早期警报系统’，使不良影响极小化，并全面掌握利害得失，使科学技术的发展和应用真正符合人类的利益”。美国的这一系列动向，引起了日本及欧洲各国的极大反响，它们相继开展了对技术评价的讨论和研究，建立了相应的体制和专门机构，负责技术评价的推进及研究活动。

技术评价是对可能实施的方案所使用或开发的技术，从其对社会发展和经济建设有利的方面，也从其对人类赖以生存的自然、人类社会及人类自身健康所产生的不利影响进行全面、综合的分析与评价，对技术方案在技术方面的必要性、可行性进行论证和分析。技术评

价的对象主要是事关国计民生的重大研究项目及重要的应用技术。技术评价的内容侧重于技术开发带来的影响和这些影响的变化与发展。技术评价重点分析技术开发的迫切性和重要性、技术的先进性、技术的适用性、技术的可靠性、技术的经济效果和经济效益、技术的危害性、与国家政策法律法规的一致性。

2. 技术评价的目的

技术开发或使用过程中，按影响程度划分，技术产生的影响可以分成三种类型：

第一，完全接受型。主要指开发或使用的技术几乎没有不利影响，或即使有一点不利影响，也可通过较小的努力来消除或减小。

第二，非完全接受型。主要指开发或使用的技术产生一定的不利影响，但是这种影响或是通过一定程度的努力可消除或减少，或是开发使用的技术所带来的有利结果与其不利影响相比，人类可以接受。

第三，不可容忍型。主要指技术产生的不利影响十分严重，其影响或是需要人们付出沉重的代价才能消除或减小，或是其后果根本无法消除或减小。

技术产生不利影响的原因一是由于技术本身存在不足，有待进一步改进。二是由于技术不合理而贸然使用。技术观的扭曲导致技术发展走上了歧途——以牺牲环境利益和社会利益为代价的道路，功利主义的观念助长了技术发展的盲动。由于技术的负面影响往往要在技术应用很长时间后才能显露处理，而高速发展的科学技术本身又极其复杂，使人们越来越难以对技术本身及其后果有直观明确的认识和把握。因此，技术评价具有预测性，是对技术本身以及在研发过程中可能出现的各种问题进行预测，寻找对人类的影响，并设法采取相应的对策措施，开发防止或解决公害的技术，防止其对社会、环境等可能产生的消极影响。

综上所述，技术评价的微观目的是准确地衡量一个技术方案在技术上具有的可行性、可靠性、适用性及先进性，也是技术方案能否成功实现的重要条件。技术评价的宏观目的是准确地评价这些技术对于产业发展和企业运营战略的长期影响。通过综合评价技术的正负效应和潜在影响，将技术控制在社会的有利发展方向。

(二) 技术评价的原则与内容

1. 技术评价的原则

(1) 三种性相结合

三种性相结合主要指技术先进性、经济合理性与生产可行性相结合。其中，技术先进性就是技术创新性，只有创新才能保证所开发的技术成果具有先进水平。创新是技术开发中选题与成果评价的重要依据。

经济合理性包括保证用户在使用技术成果过程中的经济合理性；能够为生产企业带来生产经营的经济效益。

生产可行性是指能够预计到推广应用的可能性。例如，对机电产品要考虑到使用部门、地区对新产品、新技术的吸引、消化能力，操作使用习惯等。

(2) 两种需要相结合

两种需要相结合主要指当前需要和长远需要相结合。对技术开发的课题选择与成果评价时，不仅要考虑到当前本企业发展生产、提高技术水平、提高经济效益的作用，还要有长远观点，考虑到今后对本企业较长时间的影响。

(3) 两种利益相结合

两种利益相结合主要指局部利益与整体利益相结合。一是指新技术成果的效益分析，不仅要求能为本企业带来效益，而且能为本行业，本地区乃至整个国民经济的发展带来效益。在处理局部效益同整体的关系时，原则上局部效益要服从整体效益。二是指规模较大的技术开发项目于其中的若干较小课题，则前者与后者同样是整体与局部的关系。因此，要求局部与整体之间实现最佳配合。

2. 技术评价的内容

(1) 技术价值的评价

技术价值的评价主要是从技术角度做出评价，包括两项内容：一是技术的先进性，如技术的指标、参数、结构、方法、特征，以及对科学技术发展的意义等；二是技术等适用性，如技术的扩散效应、相关技术的匹配、实用程度、形成的技术优势等。

(2) 经济价值的评价

经济价值的评价主要是对技术的经济性做出评价。其评价是多方面的，可以从市场角度进行评价，如市场竞争能力、需要程度、销路等；也可以从效益上进行评价，如新技术的投资、成本、利润、价格、回收期等。

(3) 社会价值的评价

社会价值的评价主要是对技术从社会角度上做出评价。如新技术的采用和推广应符合国家的方针、政策和法令，要有利于保护环境和生态平衡，有利于社会发展、劳动就业、社会福利以及人们生活、健康和文化技术水平的提高、合理利用资源等。

二、技术评价的程序与方法

(一) 技术评价的程序

技术评价在于充分认识其在技术方案设计中的重要意义，正确地分析与处理具体技术方案中技术与经济的关系，为技术方案选优并使之在较长的时间内取得良好的经济效益奠定基础。技术评价既要评价正面影响，也要评价负面影响。因此，可通过评价的准备工作、评价预定目标的实现程度(即正作用)和产生的各种危害(即负作用)以及综合评价四个部分来建立技术评价的工作程序。

1. 技术评价的准备工作

技术评价前，必须以该技术为对象作充分调查，从而掌握技术概要、掌握对比技术、掌握评价目的。

(1) 掌握技术概要

① 掌握技术开发目的。技术开发是多目标的，有时目标之间相互矛盾。为此，在允许范围内，可以牺牲一个目标的效果，提高另一个目标的效果。同时，设立定量的目的更为必要。

② 掌握技术内容。技术内容主要包括 5 个方面：(a)产品：工作原理、结构、使用方法等；(b)制造过程：生产工艺原理和设备、资源消耗、输入、输出等；(c)工作方式：使用装置、操作方法等；(d)厂房设施：建设方法、周围环境、结构和功能等；(e)其他：开发方法、开发人员、费用负担、试验方法等。

③ 掌握技术性质。技术性质主要从 3 个方面进行分析：(a)技术的形态：物质和方法的

区别,生产过程的差异;(b)技术的相关领域:主要影响是什么(消费部门、生产部门、流通部门)?(c)涉及的基础学科领域:电气、化学、生物学、工程学等。

(2) 掌握对比技术

通过与有关类同技术的比较,研究与评价新技术的进步程度,确定其开发和应用的价值与必要性。在许多新技术产生之前,往往存在有与它们相似的技术,进行技术评价时,应将这些现有技术作为对比对象。在没有对比技术时,应尽量找到与新技术相差不远的技术作为比较对象。

(3) 掌握评价目的

进行技术评价前,应当预先明确技术评价目的,即明确对项目进行技术评价的直接目的。由于所处的立场不同,对同一项目会有不同的观点,所以在技术评价之前如不预先确定技术评价目的,就可能对同一项目产生多种结论。技术评价时应多方听取意见,尽可能全面考虑问题,进行确切评价。明确对项目进行技术评价的直接目的,有利于缩小评价工作的范围。如果技术开发是多目标的,这时重点目标更应明确。

2. 评价预定目标的实现程度

技术开发的预定目标是评价技术开发效果的核心标准。因此,对技术开发正作用的评价应以预定目标为依据,从技术的内部构成到外部条件,系统地衡量各个环节与各个因素对实现预定目的的有效程度,以便发现问题并采取补救措施,提高实现目标的可靠性与合理性程度。评价预定目标实现程度的具体步骤可用图 3-9 示意。

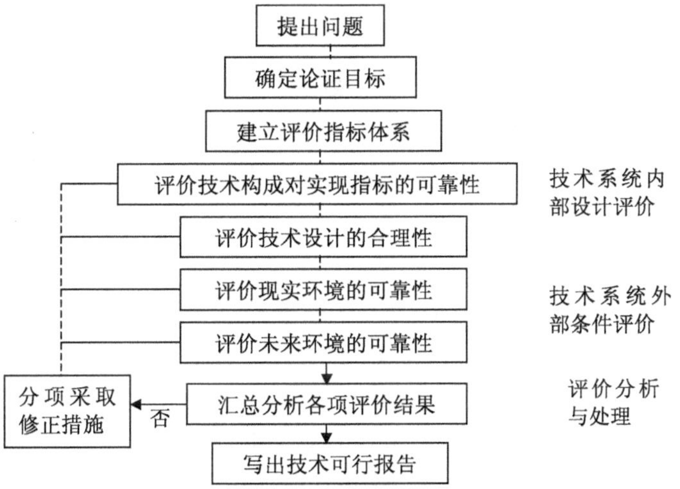

图 3-9 评价预定目标实现程度的具体步骤

3. 评价危害性影响

对正作用评价工作完成后,即应对负作用所产生的各种危害性影响进行评价,并采取有效措施加以消除。这一评价过程包括寻找影响、影响的整理和分析、查明非容忍影响以及确定采取的改良措施。评价危害性影响的具体过程如图 3-10 所示。

4. 综合评价

综合评价是将以上评价结果进行归纳整理,在对正作用与负作用分别进行初次综合的基础上,再将两者进行最后综合,得出结论,确定应采取的措施。

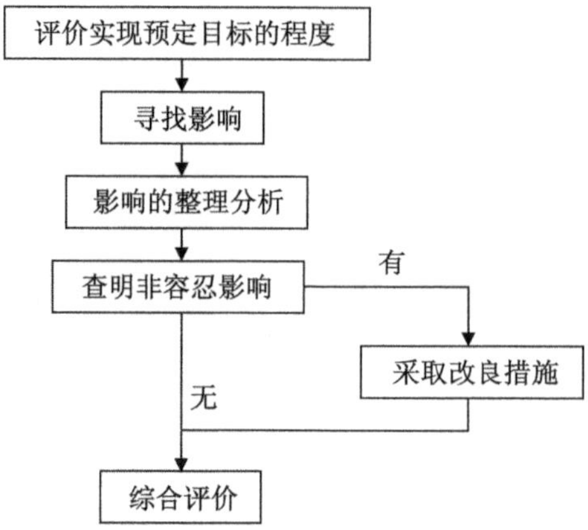

图 3-10　评价危害性影响的过程

(1) 综合正作用评价结果

综合正作用评价结果时，可以用专家评分法对各正作用的评价结果进行综合，最后根据总分决定取舍。首先，根据评价对象的具体情况，定出评价项目，对每个评价项目均定出评价等级，每个等级的标准用分值表示；其次，以此为准，对评价对象进行分析和评价，决定对应各个评价项目的评分值；然后，将各个项目的评价值经过一定的运算，求出各方案的总分值，决定取舍。

(2) 综合负作用评价结果

综合负作用评价结果时，与综合正作用评价结果同样是采用评分的方法，对各负作用的评价结果进行综合，但不同之处包括三点：(a)综合之前必须确认，所有非容忍性危害已通过可靠措施加以消除；(b)所有得分均以负值表示，而得分愈多者危害性愈大，其方案也愈应该被首先否定；(c)评价的具体内容可参照"影响"检查表与加法评分法实例，建立综合负作用评价表。

(3) 综合正负作用的综合结果

从正作用与负作用的综合影响去评价方案的优劣，作为判别技术方案取舍的最终依据。由于综合结果可能出现负值，因此在具体工作中应注意两点：第一，由于负作用的得分是负值，因此正作用综合得分与负作用综合得分的相加，最终结果可能是负值，可能是正值。第二，假如综合结果为负值，其数值愈大表明该方案在所有替代方案中的综合效果愈差，但负值仅仅是方案优劣程度的排序，而并非不可行的直接标志。最终结果的正负，关键取决于评价内容的列项以及对标志正负影响因素重要性的"权数"确定的比例。

(二) 技术评价的方法

技术评价并非单纯的方法学，而是一门政策科学，它体现了对科学技术进行客观评价的态度和思考方法，将定量分析与定性分析相结合，为制定政策和计划，为新技术的研究和开发及其应用提供决策依据。按照鲁宾斯坦(A. H. Rubenstein)的分类，技术评价方法主要分为四类：专家评价法、经济性评价法、运筹学评价法、综合评价法。其中，专家评价法以评估人员的主观判断为基础，根据他们的知识、经验对各个技术方案进行判断，常用的是专家评分法。经济性评价法以经济指标作尺度，定量地表示技术的经济效益，对技术影响进行评价。常用的有净现值法和投资效果系数法。运筹学评价法通过对各种影响的数学描述，建立数学模型，然后用电子计算机求解。常用的是相关数法、目标规划法等。综合评价法是三类方法的组合运用。

1. 专家评分法

专家评分法是以评价者的主观判断为基础，以一定的评价标准为依据，对评价对象的各种技术性能和客观效果进行定量评估的一种方法，通常以“分数”为衡量尺度。专家评分法根据评价项目的评分等级划分的计算方法不同，可分为四种：

（1）加法评分法

加法评分法是将评价对象在各个项目上的分值累加，然后以总分决定各个方案的优先顺序，加法评分法的公式为

$$S=\sum_{i=1}^{n}S_i \tag{3-75}$$

式中：S 为评价对象所得总分；S_i 为评价对象第 i 个项目得分；n 为评价项目个数。

（2）连乘评分法

连乘评分法是将评价对象在各个项目上得分值连乘，然后以总分决定各个方案的优先顺序，连乘评分法的公式为

$$S=\prod_{i=1}^{n}S_i \tag{3-76}$$

由于评价分值采用连乘法，各项总评价值的差距加大，从而看起来更加一目了然，所以此法具有灵敏度好的特点。

（3）加乘评分法

加乘评分法是将评分项目分成若干组，每组有一个或若干个评价项目，先将每组的评价项目相加，然后将各组得分连乘，结果为总分。此法是加法方式与乘法方式的组合，具有二者的优点。加乘评分法的公式为：

$$S=\prod_{i=1}^{m}\sum_{j=1}^{n_i}S_{ij} \tag{3-77}$$

式中：m 为评价项目组数；n_i 为第 i 组中评价项目个数；S_{ij} 为第 i 组中第 j 个评价项目得分

（4）加权评分法

加权评分法是设定各个评价项目具有相同的最高评分，先按各个评价项目的重要程度分配适当的数值（称为权数），再将各个项目的权数与该项目得分相乘进行累加，作为评价对象的总分。此法考虑了不同项目对于评价对象的重要程度，评价结果较为可靠。加权评分法的公式为

$$S=\sum_{i=1}^{n}a_iS_i \tag{3-78}$$

式中：a_i 为第 i 个评价项目的权重，$0 \leqslant a_i \leqslant 1 (i=1,2,\cdots,n)$；$\sum_{i=1}^{n} a_i = 1$。

权数主要通过对评价人员征询，或由专门评价人员协商予以决定。

例题 3.1 对于某产品技术采用的打分情况如表 3-2 所示。(1)采用加法评分法计算综合评分；(2)采用乘法评分法计算综合评分；(3)设必要性和先进性一组，可能性一组，适用性、经济性、可靠性一组，采用加乘评分法计算综合评分；(4)假设权数自上而下为 0.3，0.2，0.1，0.2，0.1，0.1，采用加权评分法计算综合评分。

表 3-2 某产品技术采用的打分情况

评价项目	等级标准	标准得分	评价对象得分
必要性	十分必要	10	7
	必要	7	
	一般	3	
先进性	国际先进	10	2
	国内先进	6	
	行业先进	2	
成功可能性	很可能	10	5
	可能	5	
适用性	很适用	10	5
	适用	5	
	一般	1	
经济性	很好	10	8
	好	8	
	一般	5	
可靠性	很可靠	10	10
	可靠	5	
	一般	2	

解：(1) 若用加法评分法计算：$S=37$

(2) 若用乘法评分法计算：$S=28\ 000$

(3) 若用加乘评分法计算：

$$S=(7+2)\times 5\times(5+8+10)=1\ 035$$

(4) 若用加权评分法计算：

$$S=0.3\times 7+0.2\times 2+0.1\times 5+0.2\times 5+0.1\times 8+0.1\times 10=5.8$$

2. 实验法

实验法是根据一定的研究目的和计划，利用科学仪器、设备等物质和手段，在人为控制、变革或模拟自然现象的条件下，获取科学事实的一种技术评价方法。实验法包括直接实验法和模拟实验法。

3. 相关数法

相关数法是用决策理论的观点，评价未来目标的客观需要，并选择为达到未来目标而需要发展的技术领域，它能系统评价具有连锁关系的技术整体。

4. 组合评价法

技术评价中的组合评价法，是将实验法、专家评价法、经济分析法、运筹学法等进行不同方式的组合而形成的评价方法。

三、技术资产评估

中国正式加入世界贸易组织(WTO)以来，中国汽车企业走上了全球一体化发展道路，逐步进行了“联合开发”“海外技术收购”“海外品牌收购”等，已成为提升自身研发实力的重要途径。其中，“联合开发”以长城(长城汽车股份有限公司)、奇瑞(奇瑞汽车股份有限公司)、华晨(华晨汽车集团控股有限公司)等为代表，吉利(浙江吉利控股集团)则通过收购沃尔沃，实现了技术与国际发展的同步，而“技术收购”则以北汽(北京汽车股份有限公司)收购萨博最为典型，其策略是以收购国际成熟的技术体系为基础平台，并结合自身的技术积累，通过二次创新高起点发展自主品牌。通过对国际先进技术的收购，企业直接获得与国际同步的研发能力，从而使自主品牌在技术发展上迅速与国际接轨。北汽集团以 2 亿美元收购萨博核心技术资产，获得了比肩世界的汽车研发技术，特别是对“Know－How”的掌握，成为中国自主品牌里真正掌握核心技术的车企。萨博的核心技术是未来能给北汽集团带来可观市场价值的资产，包括整车平台和发动机的全套产品技术，还有产品的研发体系、生产的制造体系、供应商体系、产品的质量保障体系等组建的文件和方法。有了这些体系文件，就相当于有一帮智囊团辅佐着北汽，北汽的自主研发体系的建立时间就可大幅缩短，整车研发技术管理体系的搭建也会少走很多弯路。

(一) 技术资产评估方法

1. 技术资产评估的基本概念

技术是把科学知识、技术能力和物质手段等要素结合起来所形成的一个能够改造自然的运动系统。技术分为硬技术和软技术。

资产指能以货币计量并能为企业未来带来经济利益的经济资源。资产分为有形资产和无形资产。资产包含经济属性和法律属性。其中，资产的经济属性体现为能够为经济主体提供经济利益，这也是资产的本质所在。也就是说，不管是有形的还是无形的，要成为资产，必须具备能产生经济利益的能力。资产的法律属性体现为资产必须为经济主体所控制，也就是说，资产所产生的经济利益能可靠地流入该经济主体，为该经济主体提供服务能力，而不论该经济主体是否对它拥有所有权。

技术资产是指本身不具有独立实体、有赖于一定的技术载体，并且能带来经济利益的技术类无形资产。技术资产包括系统化的用文字、图形记录并可以传授的技术，物化在机器、设备和材料等产品中的技术，尚未系统化和物化的技术。技术资产体现为三大特点：劳动成果的创造性和风险性、生产的一次性和使用的多重性、保护的法律性和利益的垄断性。

技术资产评估是对技术资产某一时点的价格进行估算。技术资产评估的原则，除一般资产评估所应遵循的公平性、客观性、独立性、系统性和替代性原则外，还应该遵循激励性原则、安全保密原则、专业服务原则和系统性原则。

技术资产评估步骤为：(a)明确评估目的；(b)确定评估对象；(c)收集评估所需的资料；(d)鉴定技术资产；(e)确定评估标准和方法；(f)评定估算及分析；(g)编写评估报告。

2. 技术资产评估方法

技术资产评估的常用方法包括收益法和成本法。

(1) 收益法

收益法是指以技术资产的收益现值为计价标准对技术资产进行价值评估的方法。适用于以转让、投资或本企业股票上市为主要目的技术资产评估。

① 适用条件

(a) 被评估的技术资产的未来预期收益可以预测并可用货币来衡量。

(b) 技术资产使用者获得预期收益所承担的风险可以预测并可用货币衡量。

(c) 被评估资产预期获利年限可以预测。

② 基本公式

采用收益法进行技术资产评估的公式为

$$P=\sum_{t=1}^{n}\frac{K\times R_t}{(1+i)^t} \tag{3-79}$$

式中：t 为实现收益的具体年份；n 为取得收益的有效期(计算期)；R_t 为 t 年度的预期收益值；i 为折现率。

③ 参数确定

(a) 技术资产分成率的确定。

技术资产收益额＝利润×利润分成率

(b) 折现率的确定。

折现率通常包括无风险报酬率和风险报酬率

(c) 收益期限的确定。

第一，法律或合同、企业申请书分别规定有法定有效期限和收益年限的，按照法定有效期限与收益年限取短的原则确定。

第二，法律未规定有效期，企业合同或企业申请书中规定有收益年限的，可按照规定的收益年限确定。

第三，法律和企业合同或申请书均未规定有效期限和收益年限的，按预计收益期限确定。预计收益期限可以采用统计分析或与同类资产比较得出。

例题 3.2 某科技发展公司于 2007 年自行开发了一项新型的大功率电热转换体及其处理技术。2010 年该公司欲将此项技术进行转让，现需对其进行评估。该项技术已在该科技发展公司使用了 3 年，且根据同类技术更新周期，确定该项技术的剩余使用期限为 4 年。预计未来 4 年的销售利润分别为 3 000 万元，4 500 万元，5 000 万元和 5 200 万元。根据对该类技术的交易实例分析，以及该技术对产品的生产的贡献性分析，采用的利润分成率为 4%。综合考虑该技术应用行业的投资风险及技术本身特性，确定该技术评估中采用的折现率为 15%。试用收益法评估该项技术价值。

解：该项技术的评估值为

$$p=\sum_{t=1}^{n}\frac{K\times R_t}{(1+i)^t}=\frac{K\times R_1}{(1+i)^1}+\frac{K\times R_2}{(1+i)^2}+\frac{K\times R_3}{(1+i)^3}+\frac{K\times R_4}{(1+i)^4}$$

$$=\frac{4\%\times 3\,000}{(1+15\%)}+\frac{4\%\times 4\,500}{(1+15\%)^2}+\frac{4\%\times 5\,000}{(1+15\%)^3}+\frac{4\%\times 5\,200}{(1+15\%)^4}$$

$=490.88$（万元）

（2）成本法

成本法是指按被评估技术资产的重置成本减去该技术资产已经发生的功能性和经济性贬值后，以其差额作为被评估技术资产的评估价值的方法。适用于以成本摊销为目的的技术资产评估。

① 适用条件

（a）被评估技术资产处于继续使用状态或被假定处于继续使用状态。

（b）被评估技术资产的预期收益能够支持其重置及其投入价值。

② 基本公式

$$\text{技术资产评估值}=\text{技术资产重置成本}\times(1-\text{贬值率}) \tag{3-80}$$

③ 参数确定

（a）自创技术资产重置成本的估算。

第一，核算法。即

$$\text{技术资产重置成本}=\text{成本}+\text{期间费用}+\text{合理利润} \tag{3-81}$$

第二，倍加系数法。即

$$P_0=\frac{C+\beta_1 V}{1-\beta_2}\times(1+L) \tag{3-82}$$

式中：P_0 为技术资产的重置成本；β_1 为科研人员创造性劳动倍加系数；C 为技术资产研制开发中的实物消耗；β_2 为科研的平均风险系数；V 为技术资产研制开发中的智力消耗；L 为技术资产投资报酬率。

（b）外购技术资产重置成本估算。

第一，市场类比法。

第二，物价指数法。即

$$\text{技术资产重置}=\text{技术资产账面成本}\times\frac{\text{评估时物价指数}}{\text{购置时物价指数}} \tag{3-83}$$

（c）技术资产贬值率的估算。

第一，专家鉴定法。

第二，剩余经济寿命预测法。

$$\text{贬值率}=\frac{\text{已使用年限}}{\text{已使用年限}+\text{剩余使用年限}}\times 100\% \tag{3-84}$$

例题 3.3 西安某高新技术企业自创一项新的技术，其研制开发中的物化劳动消耗为 120 万元，研制开发中的智力劳动消耗为 35 万元，科研人员创造性劳动倍加系数为 1.5，科研的平均风险系数为0.2，技术资产投资报酬率为 24%，已知该技术已使用 3 年，尚可使用的年限为 9 年。试评估该技术的价值。

解：技术资产重置成本：

$$
\begin{aligned}
&= \frac{C+\beta_1 V}{1-\beta_2} \times (1+L) \\
&= (120+1.5\times 35)/(1-0.2)\times(1+24\%) \\
&= 267.375(\text{万元})
\end{aligned}
$$

用剩余经济寿命法估算贬值率为

$$
\begin{aligned}
\text{贬值率} &= \frac{\text{已使用年限}}{\text{已使用年限}+\text{剩余使用年限}} \times 100\% \\
&= 3/(3+9)\times 100\% = 25\%
\end{aligned}
$$

则

$$
\begin{aligned}
\text{技术资产评估值} &= \text{技术资产重置成本}\times(1-\text{贬值率}) \\
&= 267.375\times 75\% = 200.53(\text{万元})
\end{aligned}
$$

因此，这项新技术的评价价值为 200.53 万元。

（二）专利权评估方法

1. 专利权评估的基本概念

专利一般是由政府机关或者代表若干国家的区域性组织根据申请而颁发的一种文件，即专利证书，这种文件记载了发明创造的内容，并且在一定时期内产生这样一种法律状态，即获得专利的发明创造在一般情况下他人只有经专利权人许可才能予以实施，即获得专利权。专利权的特征包括独占性、地域性、实践性和可转让性。

专利权的转让情形包括两种：一是全新专利技术，专利权人尚未投入使用；二是转让专利已经过一段时间的生产，是行之有效的成熟技术。

专利权的转让类型包括全权转让和使用权转让。其中使用权转让的使用权限包括：独占使用权、排他使用权、普通使用权和回馈转让权。

专利权的评估程序为：(a)证明和鉴定专利权的存在；(b)确定评估方法，搜集相关资料；(c)完成评估报告，并加以详尽说明。

2. 专利权评估方法

(1) 收益法

收益法遵循技术资产评估收益法的基本公式，以销售收入分成率代替利润分成率。适用于技术已进入应用生产阶段，有了市场化的历史，以揭示专利创造的收益。

例题 3.4 西安某高新技术开发公司于 2008 年 12 月自行开发了一套大功率石油制烯烃高新设备，并获得发明专利证书，专利保护期为 20 年。2013 年 12 月，该公司准备将这项专利技术出售给山西煤化工集团，现需要对该项专利技术价值进行评估。

解:该专利权的评估分析和计算过程如下:

(1) 评估对象和评估目的。由于该高新技术开发公司出售了该项专利。因此,转让的是专利技术的所有权。

(2) 专利技术鉴定。该项技术已申请专利,该技术所具备的基本功能可以从专利说明书中得到。此外,该项技术已经在这家高新技术开发公司使用了5年(2008.12—2013.12),产品已进入市场,并深受消费者欢迎,市场潜力较大。因此,该项专利技术的有效功能较好。

(3) 评估方法选择。该项专利技术具有较强的获利能力,而且同类型技术在市场上被授权使用情况较多,分成率容易获得,从而为测算收益额提供了保证。因此,决定采用收益法进行评估。

(4) 判断确定评估参数。根据对该类专利的更新周期的分析,确定该专利技术的剩余使用期限为4年。根据该类技术的交易实例的分析,以及该技术对产品生产的贡献性分析,采用的销售收入分成率为5%。

根据过去经营绩效以及对未来市场需求的分析,评估人员对未来4年的销售收入进行了预测,预测结果见下表:

年末	2014	2015	2016	2017
销售收入(万元)	700	750	800	900

根据当期的市场投资收益率,确定该专利技术评估中采用的折现率为15%。

(5) 计算评估值。得出结论见下表,其中企业所得税税率为25%。

年末	销售收入(万元)	分成额(万元)	税后净额(万元)	复利现值系数(万元)	收益现值总额(万元)
2014	700	35	26.25	0.8696	22.83
2015	750	37.5	28.13	0.7561	21.27
2016	800	40	30	0.6575	19.73
2017	900	45	33.75	0.5718	19.30
合计					83.13

该项技术的评估值为83.13万元。

(2) 成本法

成本法用于专利技术的评估,重点在于分析计算重置完全成本构成、数额以及相应的成新率。对于仅获得专利权,但尚未投入生产的情况,应多考虑采用成本法。

自创专利技术成本的构成如图3-11所示。

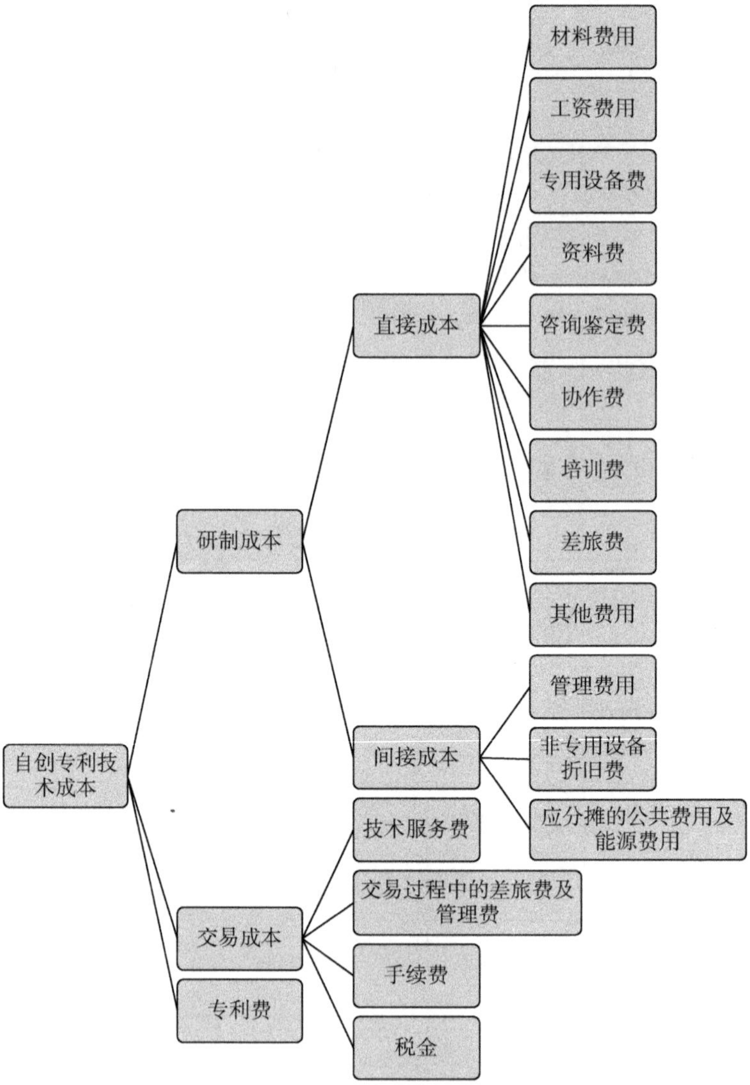

图 3-11　自创专利技术成本的构成

例题 3.5　某高新技术公司由于经营不善，企业经济效益欠佳，亏损严重，将要被同行业的 A 公司兼并，因此需要对该高新技术公司的全部资产进行评估，评价基准日为 2012 年 12 月 31 日。该高新技术公司现有一项新型实用的专利技术，2010 年 12 月自行研制开发并获得专利证书。

解：该专利权的评估分析和计算过程如下：

(1) 评估对象确定

该项专利技术是此高新技术公司自行研制开发的，并已申请了专利权，故该公司对其拥有所有权。被兼并企业资产中包括该项专利技术。因此，确定的评估对象是专利技术的完全产权。

(2) 技术功能鉴定

该专利技术的专利权证书、技术检验报告书均齐全。根据专家鉴定和现场勘查，该项专利技术的应用对于提高产品质量，降低产品成本均有很大作用，效果良好，与同行业同类技术相比较，处于领先水平。

(3) 评估方法选择

由于该公司经济效益欠佳，很难确切地预计该项专利技术的超额收益；同类技术在市场上尚未发现有交易案例。因此，决定选用成本法进行评估。

(4) 各项评估参数的估算

首先，分析测算其重置完全成本。该项专利技术是自创形成，其开发形成过程中的成本资料可从企业中获得。具体见下表：

项目	费用金额(元)	项目	费用金额(元)
材料费	43 000	专利申请费	4 000
工资	10 000	培训费	3 000
专用设备费	6 000	差旅费	3 000
资料费	1 000	管理费分摊	2 500
咨询鉴定费	3 000	非专用设备折旧费	7 500
合计			83 000

由于专利技术难以模仿，各类消耗仍按过去实际发生定额计算，对其价格可按现行价格计算。根据考察、分析和测算，2011 年和 2012 年的生产资料价格上涨指数分别为 5%和 6%。因生活资料物价指数资料难以获得，该专利技术开发中工资费用所占份额很少，因此，可以将全部成本按生产资料价格指数调整，即可估算出重置完全成本。

重置完全成本＝83 000×(1＋5%)×(1＋6%)＝92 379(万元)

其次，确定该项专利技术的成新率。该项新型实用的专利技术，法律保护期限为 10 年，尽管还有 8 年保护期，但根据专家鉴定分析和预期，该项专利技术的剩余使用期限仅为 6 年。

由此可以计算：成新率＝6/(2＋6)＝75%

评估值计算：评估值＝92 379×75%＝69 284.25(元)

(三) 非专利技术评估方法

1. 非专利技术评估的基本概念

非专利技术是指那些未经公开，处于保密状态，但未申请专利的具有一定价值的知识和技巧。非专利技术的特征包括：实用性、新颖性、价值性、保密性。

非专利技术与专利技术的区别主要表现在四个方面：

第一，非专利技术具有保密性，专利技术则是在专利法规定范围内公开的；

第二，非专利技术的内容范围很广，包括设计资料、技术规范、工艺流程、材料配方、经营诀窍和图纸等；

第三，专利技术有明确的法律保护期限，非专利技术没有法律保护期限；

第四，专利技术受《中华人民共和国专利法》的保护，非专利技术受《中华人民共和国合同法》和《中华人民共和国反不正当竞争法》的保护。

2. 非专利技术评估的影响因素

影响非专利技术评估值的因素包括：非专利技术的使用期限、非专利技术的预期获利能力、非专利技术的市场情况、非专利技术的开发成本、保密措施。

例题 3.6 华南公司欲将自身拥有的一项非专利技术作价入股某上市产品开发公司，现需要评估该非专利技术的价值。根据双方协议，确定该非专利技术收益期限为 5 年，试根据有关资料确定该非专利技术的评估值。

解：评估过程如下：

(1) 预测并计算未来 5 年的收益(假定评估基准日为 2012 年 12 月 31 日)

有关未来 5 年的收益预测结果见下表：

序号	项目	2013	2014	2015	2016	2017	合计
1	销售量(件)	30	30	40	40	50	190
2	销售单价(万元)	2.5	2.5	2.5	2.5	2.5	—
3	销售收入(1×2)(万元)	75	75	75	100	125	475
4	成本费用(万元)	25	25	25	34	59	152
5	利润总额(3－4)(万元)	50	50	50	66	66	298
6	所得税(25%)(万元)	12.5	12.5	12.5	16.5	16.5	74.5
7	税后利润(5－6)(万元)	37.5	37.5	37.5	49.5	49.5	223.5
8	非专利技术分成率(万元)	40	40	40	40	40	—
9	非专利技术收益(万元)	15	15	15	19.8	19.8	89.4

(2) 确定折现率

根据银行利率确定无风险利率为 6%，根据技术所属行业及市场情况确定风险率为 14%，由此确定折现率为 20%(即 6%＋14%)。

(3) 计算确定评估值

$$\text{非专利技术评估值} = \frac{\sum \text{各年的非专利技术收益}}{(1+r)^t}$$

$$= 15\times 0.8333 + 15\times 0.6944 + 19.8\times 0.578 + 19.8\times 0.4823 + 19.8\times 0.4019$$

$$= 51.88(\text{万元})$$

例题 3.7 某设计公司由于资金链断裂申请破产，现需对其非专利技术价值进行评估。该公司现有 8.8 万张设计工艺图纸需要评估，已确定该设计工图纸的价值。

解：估算过程如下：

(1) 分析鉴定图纸的使用状况。评估人员根据这些图纸的尺寸和所设计产品的种类、产品的周期进行分析整理。根据分析，将这些图纸分成以下四种类型(符合一般用于确定图纸类型的标准)。

第一类，活跃/当前型：5.6 万张。是指现在正在生产，可随时接受订货的产品零件、部件、组合件的工程图纸及其他工艺文件。

第二类，半活越/当前型：1.2 万张。是指目前已不再成批生产但仍可接受订货的产品零部件、组合件的工程图纸及其他工艺文件。

第三类，不活跃/陈旧性：1.5 万张。是指计划停止生产但目前仍可销售的产品的零部件、组合件的工程图纸及其他工艺文件。

第四类，停止生产而且不再销售的产品的零部件、组合件的工程图纸及其他工艺文件，即 0.5 万张。

根据分析确定，继续有效使用的图纸计 6.8 万张。

(2) 估算图纸的重置完全成本。根据图纸设计、制作耗费及其现行价格分析确定，这批图纸每张的重置完全成本为 200 元。由此计算出这批图纸的重置完全成本：

图纸的重置完全成本为=6.8×200=1 360(万张)

(3) 估算图纸的贬值。对图纸价值估算还需根据其产品的剩余使用年限与总使用年限的比较百分比(也称条件百分比)进行调整，即：

$$条件百分比 = \frac{剩余使用年限}{总使用年限} \times 100\%$$

假如由活跃/当前型图纸控制产品的使用年限，若剩余使用年限为 6 年，总使用年限为 13 年，则其条件百分比为：条件百分比=6/13×100%=46.15%

按照这种做法，可以分别计算每种类型图纸的条件百分比。为了简化估算，假定估算出综合条件百分比为 45%。

(4) 估算这些图纸的价值

非专利技术的评估值=1 360×45%=612(万元)

思考题

1. 技术预测的定义是什么？
2. 技术预测的方法有哪些？各种方法的基本内容是什么？
3. 德尔菲法的特点和预测程序？
4. 技术评价的定义是什么？
5. 技术评价的步骤有哪些？
6. 技术评价的方法有哪些？
7. 什么是技术资产？技术资产具备哪些特点？
8. 技术资产评估的程序包括哪些？
9. 什么是专利权？专利的评估目的具体有哪些？
10. 非专利技术与专利技术的区别是什么？

第四章

技术经济分析的资金等值法

学习要求与目标

1. 掌握资金的时间价值、利息、利率、资金等值的概念；
2. 理解资金时间价值的衡量、资金等值公式的倒数关系和乘数关系变换；
3. 掌握单利和复利、名义利率和实际利率的计算方法；
4. 掌握现金流量图的画法；
5. 掌握三大类型资金等值法的计算公式。

技术经济活动的目的，是通过投入资本、劳务、技术等要素，向社会提供有用的物品或服务。它用市场价格量化建设项目的投入和产出，并使之在不同的方案之间具有时间上的可比性，是技术经济分析最重要的基础工作，也是正确计算项目技术经济效果指标的前提。本章主要学习技术经济分析的资金等值法，首先阐述了资金的时间价值、利息与利率的概念；其次，重点介绍了现金流量图和资金等值的概念；最后，重点阐述了三大类型的资金等值法，即一次支付类型、等额支付类型、等差分付类型的资金等值法，为深入学习掌握技术经济分析的决策方法奠定基础。

第一节　资金时间价值概述

一、资金时间价值的界定

(一) 含义

在正常条件下，作为资金的货币投入经济活动，通过劳动者的劳动，其价值随着时间的推移不断增值，今天一定量的资金将来能获得较大数量的资金，这一资金在经济活动中不断增值的客观规律，称为资金的时间价值原理。

不同时间发生的等额资金在价值上的差别称为资金的时间价值，其实质是资金在生产流通过程中随时间推移而产生的增值。例如，今天向生产投入 1 元钱，通过一系列经济活动，一定时间后大于 1 元。说明经过一定时间后，原来的资金增值了。这个增值的过程，即使考虑通货膨胀因素仍然存在。因为当前可用的资金，能够立即用来投资并在工程投产后可立即获得更多的资金。而将来取得的资金(如用当前资金取得的利润),不能在今天投资,也就是不能及时获得更多的资金,因此,当前的资金和未来同样数量的资金是不等价的。

对于资金的时间价值,可以从两个方面理解:

一方面,资金投入流通,与劳动力结合,其价值发生增值,增值的实质是劳动力在生产过程中创造了剩余价值。因此,从投资者的角度来看,资金的增值性使资金具有时间价值。

另一方面,从消费者的角度看,资金一旦用于投资,就不能用于现期消费,牺牲现期消费是为了能在将来得到更多的消费。因此,资金的时间价值体现为对放弃现期消费的损失所应给予的必要补偿。

(二) 衡量尺度与影响因素

1. 衡量尺度

资金的衡量尺度包括两种:绝对尺度和相对尺度。

第一,绝对尺度是指资金运动过程中产生的利润和利息。实际上,利息也来自利润,因为存入银行的资金最终要投入生产领域,通过劳动者的劳动使这部分资金增值。因此,利息和利润的本源相同。

第二,相对尺度是指资金运用过程中单位时间创造的利润和投资额的比值,也就是投资获得的利润与本金的比值,即利率。

2. 影响因素

资金时间价值的大小取决于多方面因素,从投资角度看主要有三大因素:

第一,投资收益率,即单位投资所能取得的收益。

第二,通货膨胀率,即对因货币贬值造成的损失所应做的补偿。通货膨胀率会造成货币的贬值,现在的 1 元钱,价值量就可能相当于一年后的 2 元钱,此时若不考虑投资活动,资金的时间价值应当是 1 元钱。

第三,风险因素,即对因风险的存在可能带来的损失所应做的补偿。不投资的货币面临贬值的风险,投资面临的风险可能更大,所以越是高风险的投资活动,要求的投资报酬率就越高。

二、资金时间价值的衡量

(一) 绝对衡量——利息

1. 含义

资金的时间价值表现形式为利润或利息。利息是指借款人因占用资金而支付的代价,或贷款人因放弃资金使用而得到的补偿。利息是资金时间价值的重要体现之一,是资金时间价值的绝对衡量。如果将一笔资金存入银行,这笔资金就称为本金。经过一段时间后,储户可在本金之外再得到一笔利息,这一过程可表示为

$$F_n = P + I_n$$

式中:F_n为本利和,即期末应付(应收)的总金额;P 为本金;I_n为利息。下标 n 表示计算利息的周期数。计息周期是指计算利息的时间单位,如“年”“月”等。

2. 单利和复利

利息的计算方法分单利计息和复利计息。

(1) 单利

单利计息指仅用本金计算利息，利息不再生利息。就是所谓的“利不生利”。用这种方法每期计算的利息额相等。n 个计算周期后的利息和本利和为

$$I_n = P \cdot n \cdot i$$

$$F_n = P(1 + i \cdot n)$$

式中：i 为利率；其余符号意义同前。

例题 4.1 某厂需吸收一笔投资，以年利率 6%借 1 000 万元，按单利法计息，若：(1)第 4 年末偿还本利；(2)每年末偿还利息，则第 4 年末需偿还的本利和各为多少？

解：(1) $F_4 = P(1+i \cdot n) = 1\,000(1+4 \cdot 6\%) = 1\,240$(万元)

(2) $I_1 = I_2 = I_3 = I_4 = P \cdot i = 1\,000 \cdot 6\% = 60$(万元)

$F_4 = F + I_1 + I_2 + I_3 + I_4 = 1\,000 + 4 \cdot 60 = 1\,240$(万元)

两种偿还方式，其最终结果一致，这是由于利息不再计息。因此，利息处在不同时点的效果是一样的，无论先偿还还是后偿还，都不影响本利和。然而利息本身也是资金，投入生产领域也可以再带来收益，因此它也有时间价值，单利法的实质是假定利息不再投入生产，没有时间价值，这显然不符合客观实际。

(2) 复利

复利计算是将上期的利息也作为本期的投入资金和本金一起计算本期的利益，也就是不仅本金“生利”，而且利息也“生利”，即所谓的“利滚利”。

复利法的计算出发点就是资金再投入生产后的当年所得效果，作为生产资金重新投入生产领域，按投资收益率为社会提供更多的积累，如此循环，不断扩大再生产，它是以等比级数不断增加资金来扩大再生产的资金循环。而单利计算则是以等差级数增加社会财富的简单再生产循环。仍设 P 为本金；n 为计息周期的个数；i 为利率；I 为利息；F_n 为本利和。则有

$$F_1 = P(1+i),\ F_2 = F_1 + I_2 = P(1+i) + P(1+i)i = P(1+i)^2$$

$$F_3 = F_2 + I_3 = P(1+i)^2 + P(1+i)^2 i = P(1+i)^3$$

……

$$F_n = F_{n-1} + I_n = P(1+i)^{n-1} + P(1+i)^{n-1} i = P(1+i)^n$$

例题 4.2 某厂需吸收一笔投资，以年利率 6%借 1 000 万元，按复利法计息，若：(1)第 4 年末偿还本利；(2)每年末偿还利息，则第 4 年末需偿还的本利和各为多少？

解：如果按复利法计息，两种偿还方式的最终本利和是不一样的。

首先，第(2)种情况的单利法和复利法计算结果相同，这是由于每年末将利息偿还掉，在下一期本金就不再增加，这样这两种计算方法就没有什么差别。

其次，第(1)种情况，复利法计息比单利法计息在期末本利和大，其差别为 1 262−1 240=22 万元，这就是复利计算中，由利息本身又生出的利息。

复利计息有间断复利和连续复利之分。如果计息周期为一定的时间区间(如年、季、月),并按复利计息,称为间断复利;如果计息周期无限缩短,则称为连续复利。从理论上讲,资金每时每刻都通过生产和流通在增值,但是在实际商业活动中,计息周期不可能无限缩短,因而通常采用较为简单的间断复利计息。

(二) 相对衡量——利率

1. 含义

技术经济分析过程中,资金时间价值的计算方法与银行利息计算方法相同。通常,针对投入生产领域的资金,采用利润率指标来计算;针对存入银行的资金,采用银行利率来计算。

利率是资金时间价值的相对衡量,是一定时期利息与本金的比率。利率越大,表明资金增值越快。从理论上讲,利率的概念是从利息的概念中衍生出来的,实际计算中,却要根据利率来计算利息。利率是在一个计息周期内所得的利息额与借贷金额(即本金)之比,一般以百分数表示。用 i 表示利率,其表达式为

$$i = \frac{I_1}{P} \times 100\%$$

式中:I_1为一个计息周期的利息。

实践中,影响利率高低的因素主要包括社会平均利润率、金融市场上借贷资本的供求情况、银行所承担的贷款风险、通货膨胀率、借出资本的期限长短。

2. 名义利率和实际利率

人们到银行去存钱,通常会关心银行的利率。假如按月计算利息,且其月利率为 1%,通常称为"年利率 12%,每月计息一次。"这个年利率 12%称为"名义利率"。也就是说,名义利率等于每一计息周期的利率与每年的计息周期数的乘积。若按单利计息,名义利率和实际利率一致。但若按复利计算,"年利率 12%,每月计息一次"的实际利率则不等于名义利率,而是比 12%略大。

例题 4.3 本金 1 000 元,年利率 12%,若每月计息一次,按复利计算,一年后本利和是多少?

解: $F=1\,000\times(1+0.12/12)^{12}=1\,126.8$(元)

实际利率 i 为

$$i=[(1\,126.8-1\,000)/1\,000]\cdot 100\%=12.68\%$$

设名义利率是 r,一年计息 m 次,本金为 P,则一个计息周期利率应为 r/m,一年后的本利和为 $F=P\,(1+r/m)^m$。

利息为 $I=F-P=P\,(1+r/m)^m-P$

按利率定义的实际利率为

$$i = \frac{I}{P} = \frac{P\,(1+r/m)^m - P}{P} = (1+r/m)^m - 1$$

所以,实际利率的换算公式为

$$i = (1+r/m)^m - 1$$

当 $m=1$,$i=r$,实际利率与名义利率相等;

当 $m>1$，$i>r$，实际利率大于名义利率。

在名义利率固定的情况下，一年内复利计息的次数越频繁，则实际利率与名义利率之间的差额就越大。因此在技术方案比较时，也要考虑两个对比技术方案是否具有相同的实际利率。

当一年内无限次计息，也就是令 m 趋于无限大时，即按连续复利计算时，实际利率可用公式表示为

$$i_{连} = \lim_{m\to\infty}\left(1+\frac{r}{m}\right)^{m}-1 = \lim_{m\to\infty}\left[1+\frac{1}{\frac{m}{r}}\right]^{\frac{m}{r}\times r}-1 = \mathrm{e}^{r}-1$$

在例题 4.3 中，若按连续复利计算时，实际利率为：$i=\mathrm{e}^{0.12}-1=12.75\%$。

由此可见，在连续计息的情况下，实际利率并不是无限地增加，它收敛于 $\mathrm{e}^{r}-1$。

技术经济分析过程中，主要应用间断复利，计息一般以年为单位，连续复利法和单利法都很少应用。因此，一般提到的复利计算均是指间断复利计算。

第二节　现金流量与资金等值

一、现金流量与现金流量图

（一）现金流量

1. 定义

现金流量是指资金在运动过程中的流出量与流入量的总和。企业在所考虑的计息周期内实际支出的资金（现金流出）和收入的资金（现金流入）均称为现金流量，它们反映了企业实际发生的资金运动。现金流入为正现金流量，现金流出为负现金流量。一个计息周期内，正、负现金流量的代数和，称为净现金流量；正的净现金流量表示在考虑的计息周期内是净收入，负的净现金流量表示在这个利息周期内是净支出；利息周期通常为年，否则要说明。

2. 现金流量的表示方法

现金流量表是以表格形式来反映项目现金流入与流出情况。该表是项目经济评价不可缺少的工具，在净现值、内部收益率和回收期等指标的计算过程中，都离不开现金流量表（现金流量表的形式和内容在后面章节进行讲解）。

现金流量图是描述现金流量作为时间函数的图形，它能表示资金在不同时间点流入与流出的情况，是资金时间价值计算中常用的工具。现金流量图将现金流入与现金流出表示在一个时间坐标轴上。现金流量图包括三大要素：大小、方向、时点。其中：(a)大小指现金数额；(b)方向指项目的现金流入或流出；(c)时点指现金流入或流出所发生的时间。

（二）现金流量图

现金流量图在时间轴上用箭头来形象表示资金的流入(＋)与资金的流出(－)。现金流量图如图 4-1 所示。

图 4-1 中，现金流量图的作图方法可表述为：

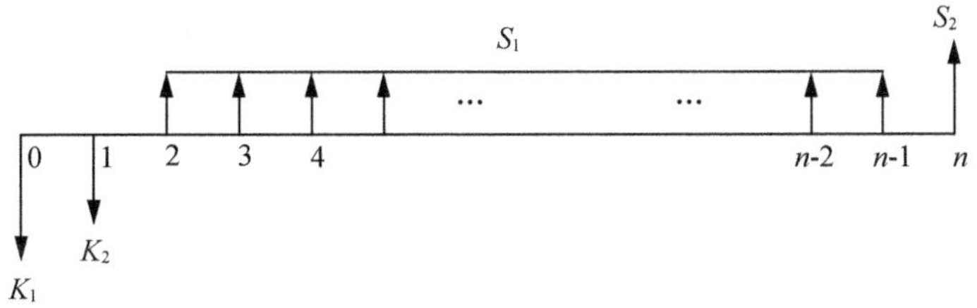

图 4-1　现金流量图示例

(a) 横轴为时间轴,向右延伸,每一刻度表示一时间单位,通常是“年”(在特殊情况下可以是季度或半年等)。整个横轴又可看成是所考察的经济系统的寿命周期。

(b) 垂直于时间轴的箭线表示不同时点的现金流量的大小和方向。一般规定横轴上方为现金流入,下方为现金流出。箭线上方(下方)标注每一笔现金流量的金额。

(c) 箭线与时间轴的交点为现金流量发生的时点。时点指现金流入或流出所发生的时间。时点通常表示的是该年的年末,同时也是下一年的年初。如 0 代表第一年的年初,1 代表第一年的年末和第二年的年初,依此类推。

标注现金流量的具体规则为:

第一,箭线的大小与现金流量的大小成比例画出,但不必太严格。

第二,为便于计算,现金流入与现金流出均假定发生在年末或年初,一般假定投资发生在年初,经营成本和收益等均发生在年末。

第三,所谓现金流量的观点是指从什么角度来看待现金流量,同一现金流量,站在一个角度去看是现金流入,而站在另一个角度则为流出。

例如,企业在第 1 年年初借款 1 000 元,第 5 年年末还款 1 338.2 元,分别从借款人的角度和贷款人的角度画出现金流量图(见图 4-2)。这两个图所表示的是同时发生的同一笔现金流量,图 4-2(a)是从借款人的角度来看,第 1 年年初借入 1 000 元钱,属于现金流入,第 5 年年末偿还本利 1 338.2 元为现金流出。图 4-2(b)是从贷款人的角度来看,第 1 年年初贷出1 000 元钱,属于现金流出,第 5 年年末收到借款人偿还的本利为现金流入。

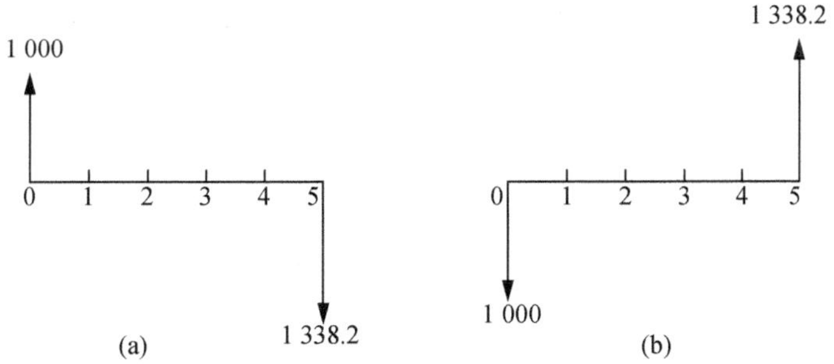

图 4-2　借款人和贷款人的现金流量图

若无特别说明,现金流量的时间单位均为年,并假设投资均发生在年初,销售收入、经营成本及残值等均发生在年末。

例题 4.4 某一技术项目拟在第一、第二及第三年初,分别投入固定资产 800 万元、1 000 万元及 1 000 万元,第三年投产并达到设计生产能力。年销售收入 600 万元,税金 150 万元,经营成本 250 万元,项目使用寿命 18 年,年需流动资金 200 万元,期末固定资产残值 80 万元。试作出现金流量图。

解:站在项目使用者的角度,年销售收入、固定资产残值回收、流动资金回收均为现金流入;固定资产投资、流动资金投资、经营成本和税金均为现金流出。现金流量图是根据净现金流量做出的(见图 4-3)。图 4-3 中现金流量:

1~3 年初:800,1 000,1 000+200=1 200

3~19 年末:600−250−150=200

20 年末:600+80+200−250−150=480

200 万元的年流动资金在第三年初投入,在 20 年末收回,其间则不需投入。

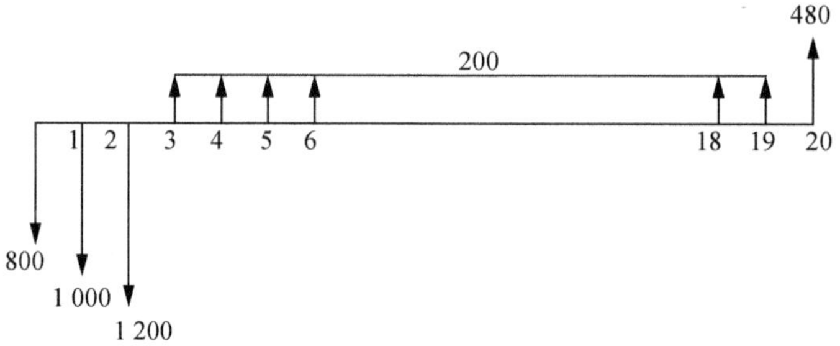

图 4-3 技术项目的现金流量图

例题 4.4 是站在项目本身或企业角度来进行分析的,因此将税金作为流出项目,如果站在国家的角度来分析,则税金不应看作流出。

二、资金等值

(一) 资金等值的定义

资金等值是指在考虑时间因素的情况下,不同时点发生的数额不等的资金,在一定的利率条件下,具有相等的价值。根据资金时间价值的概念,如果今年将 100 元存入银行,利率是 10%,今年的 100 元钱和明年的 110 元钱则相等。若利率是 12%,就应和明年的112 元相等。因此,两个时间节点的资金是否等值,应考虑以下三个因素:(a)资金金额的大小;(b)资金发生的时间;(c)计算时采用的利率。

例题 4.5 某人现借款 10 万元,这 10 万元将在 5 年内全部还清本金和利息,利率为 6%。还款方式可以有几种方案?

解:还款方式有 3 种方案,见表 4-1。

方案 1:在 5 年中,每年末偿还当年利息 0.6 万元,第 5 年末在付息同时将本金一并归还;

方案 2:在 5 年中对本金、利息均不作任何偿还,在第 5 年末一次性偿还本利和;

方案 3:将所借本金做分期均匀摊还,每年末偿还 2 万元本金,同时偿还到期利息。由于所欠本金逐年递减,故利息也随之递减,至第 5 年末还清全部债务。

表 4-1　三种典型的等值形式

单位：万元

还款方案	年限 (1)	年初欠款 (2)	年利息 (3)＝(2)×0.6	年终欠款 (4)＝(2)＋(3)	偿还本金 (5)	年终付款总额 (6)＝(3)＋(5)
第 1	1	10	0.6	10.6	0	0.6
	2	10	0.6	10.6	0	0.6
	3	10	0.6	10.6	0	0.6
	4	10	0.6	10.6	0	0.6
	5	10	0.6	10.6	10	10.6
	合计		3.0			13
第 2	1	10	0.6	10.6	0	0
	2	10.6	0.636	11.236	0	0
	3	11.236	0.674	11.910	0	0
	4	11.910	0.715	12.625	0	0
	5	12.635	0.757	13.382	10	13.382
	合计		3.382			13.382
第 3	1	10	0.6	10.6	2	2.6
	2	8	0.48	8.48	2	2.48
	3	6	0.36	6.36	2	2.36
	4	4	0.24	4.24	2	2.24
	5	2	0.12	2.12	2	2.12
	合计		1.80			11.80

从以上三个方案中可以看出，不同还款方案所付出的总金额数是不同的，但从资金时间价值的角度看，它们都与原来的 10 万元是等值的。

从贷款人立场看，今后以三种方案中任何一种都可以抵偿现在所贷出的 10 万元，因此愿意提供 10 万元贷款。

从借款人立场看，如果同意今后以三种方案中任何一种来偿付借款，就可以得到这 10 万元的使用权。

这三个不同还款方案的等价性，说明了在不同时点发生的不同数量的金额，在一定条件下(利率 6%)可以是等值的。但是哪个方案是最佳的还款方案呢？上述三种方案是常见的偿还债务的方式，作为借款人要考虑在所有还款方式中寻找一种对借款人最有利的方式。对于企业来讲，借款是为了生产，而再生产过程中的收益率并不一定和银行的贷款利率相等。如果企业收益率比银行高，那么同样的资金放在自己手里比过早的还给银行合算。此时，企业就会选择到期一次性偿付本利和的还款方式，使企业利用在手中滞留的资金获取更多的收益。

(二) 常用符号

利用资金等值的概念，可以把在一个时点发生的资金金额换算成另一时点的等值金额，这一过程叫资金等值计算。

1. 现值

现值(Present Worth)，通常用 P 来表示，是指资金“现在”的价值，即在所考虑问题起点时的现实价值；通常它是发生在期初的现金流量。它可以是一次性支付(收入)性质的现金流，也可以是其他时点的现金换算到现在时刻的值。现值是一个相对的概念。一般地说,将 $t+k$ 个时点上发生的资金折现到第 t 个时点,所得的等值金额就是第 $t+k$ 个时点上资金金额的现值。

2. 未来值

未来值(Future Sum),也称“终值”,通常用 F(或 S)来表示,是指发生在未来时点的现金流,通常它是发生在期末的现金流。未来值可以是一次性支付(收入)性质的现金流,也可以是其他时点的现金换算到未来时刻的值。

3. 年值

年值(Annuity),通常用 A(或 R)来表示,是指每年发生的现金流,通常是等值的,一般假定发生在年末。在年值中,还有一种特殊的情形,即递增(减)年值,它也是分期发生的现金流,其特点是各年现金流逐年递增(递减),它包括两个部分,一部分是等额年值,另一部分是差额 G。

4. 折现率

折现率通常用 i 来表示,是指进行资金等值计算中使用的反映资金时间价值的参数。折现率可以为银行利率、企业平均利润率。

5. 利息周期

利息周期的期数通常用 n 来表示。在技术经济分析中,利率的利息周期若为年,可以省略,否则一定要说明。另外,除非有特别的说明,否则它适用于 n 个利息周期之中。

以上几种典型现金流计算方法是资金时间价值换算的基础,在技术经济分析中,为了考察投资项目的经济效果,必须对项目寿命期内不同时间发生的全部费用和全部收益进行计算和分析。在考虑资金时间价值的情况下,不同时点发生的收入或支出,其数值不能直接相加或相减,只能通过资金等值计算将它们换算到同一时间点上进行分析。资金等值计算公式和复利计算公式的形式相同。

第三节　三大类型的资金等值法

一、一次支付类型的资金等值法

一次支付类型是指分析的现金流量,无论是现金流入还是现金流出,均发生在一个时点上,其典型现金流量图如图 4-4 所示。

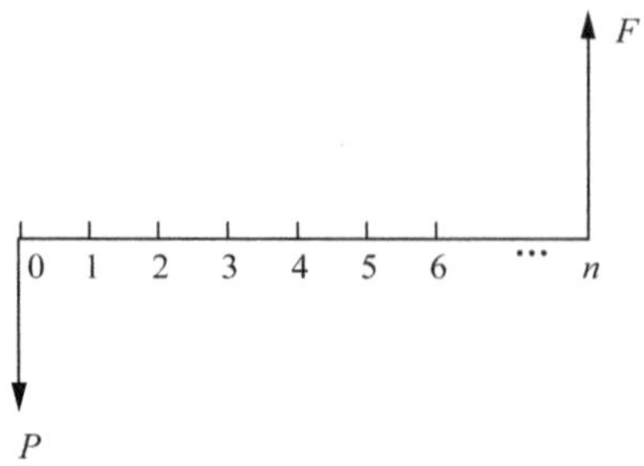

图 4-4　一次支付现金流量图

如果在考虑资金时间价值情况下，现金流入能补偿现金流出，则 F 与 P 等值。它表明现值与未来值之间的换算关系。

(一) 一次支付终值公式

一次支付终值公式是采用复利计算本利和，可用公式表示为

$$F = P(1+i)^n \tag{4-1}$$

式中：F 为终值；P 为现值；i 为折现率；n 为时间周期数。此式表示在折现率为 i，周期数为 n 的条件下，终值 F 和现值 P 之间的资金等值关系。$(1+i)^n$ 为一次支付终值系数，亦可记为 $(F/P,i,n)$。符号 $(F/P,i,n)$ 中，斜线右边字母表示已知的数据和参数，左边表示求解的等值现金流量。一次支付终值系数可以在复利系数表中查到。因此，该公式亦可记为 $F=P(F/P,i,n)$。

例题 4.6 某企业为开发新产品，向银行借款 100 万元，年利率 10%，借期 5 年，问 5 年后一次归还银行的本利和是多少？

解：

$$F=P(1+i)^n=100(1+0.1)^5=100\times 1.611=161.1(\text{万元})$$

或 $F=P(F/P,i,n)=100(F/P,10\%,5)$

$=100\times 1.611=161.1(\text{万元})$

因此，到期归还银行的本利和是 161.1 万元。

(二) 一次支付现值公式

一次支付现值公式是一次支付终值公式的逆运算，即已知 F，求现值 P，可用公式表示为

$$P = F\left[\frac{1}{(1+i)^n}\right] \tag{4-2}$$

式中：$1/(1+i)^n$ 为一次支付现值系数，亦可记为 $(P/F,i,n)$，因此，该公式亦可记为 $P=F(P/F,i,n)$。

例题 4.7 如果某项目报酬率为 12%，为了在 5 年后获得 10 000 元款项，现应投入多少？

解：

$$P=\frac{F}{(1+i)^n}=1\,000/(1+0.12)^5=567.4(\text{元})$$

或 $P=F(P/F,i,n)$

$=1\,000(P/F,0.12,5)=567.4(\text{元})$

故现在应当存入银行 567.4 元。

二、等额分付类型的资金等值法

等额分付是指现金流入、现金流出发生在多个时点上，而不是集中在某个时点上，但现金流序列连续，且现金流量的大小相等。等额分付的 4 个等值计算公式分别为等额分付终值公式、等额分付偿债基金公式、等额分付现值公式、等额分付资金回收公式。

(一) 等额分付终值公式

假定从第 1 年末至第 n 年末有一等额的现金流序列，每年的金额均为 A，称为等额年值。如果在考虑资金时间价值的条件下，n 年内的总现金流出等于总现金流入，则第 n 年末

的现金流入 F 应与等额现金流出序列等值。如图 4-5 所示。

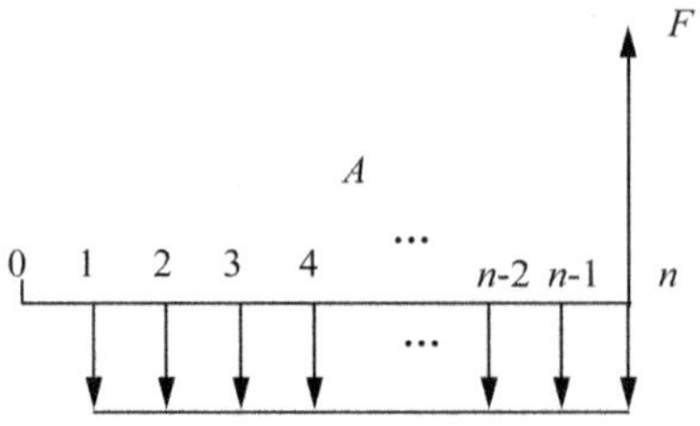

图 4-5　等额序列现金流之一

图 4-5 中，已知等额年值 A，利率 i，在考虑资金时间价值的情况下，求 n 年末的本利和是多少，即求 F。根据图 4-5，可将等额序列看成 n 个一次支付的组合。因此，可利用一次支付终值公式推导出等额分付终值公式，即

$$\begin{aligned} F &= A(1+i)^{n-1} + A(1+i)^{n-2} + \cdots + A(1+i)^2 + A(1+i) + A \\ &= A[(1+i)^{n-1} + (1+i)^{n-2} + \cdots + (1+i)^2 + (1+i) + 1] \end{aligned}$$

利用等比级数求和公式，得到

$$F = A\left[\frac{(1+i)^n - 1}{i}\right] \tag{4-3}$$

式(4-3)为等额分付终值公式。$\frac{(1+i)^n-1}{i}$为等额分付终值系数，亦可记为$(F/A,i,n)$。

> **例题 4.8**　某人从 30 岁起每年末向银行存入 8 000 元，连续 10 年，若银行利率为 8%，10 年后本利和是多少？（假定按复利计）
>
> **解：**
> $$F=A\frac{(1+i)^n-1}{i}=8\ 000\frac{(1+0.08)^{10}-1}{0.08}=115\ 892(\text{元})$$
> 或
> $$F=A(F/A,i,n)=8\ 000(F/A,0.08,10)=115\ 892(\text{元})$$
> 因此，10 年后本利和是 115 892 元。

（二）等额分付偿债基金公式

等额分付偿债基金公式是等额分付终值公式的逆运算，即已知未来值 F，利率 i，求每期应等额支付的年值 A。等额分付偿债基金公式可表示为

$$A = F\left[\frac{i}{(1+i)^n - 1}\right] \tag{4-4}$$

式(4-4)为等额分付偿债基金公式。$\frac{i}{(1+i)^n-1}$为等额分付偿债基金系数，亦可记为$(A/F,i,\text{n})$。

> **例题 4.9**　某厂欲积累一笔福利基金用于 3 年后建造职工俱乐部，此项投资总额为 200 万元，银行利率 12%，问每年年末至少要存款多少？
>
> **解：**
> $$A=F\left[\frac{i}{(1+i)^n-1}\right]=200\times0.296\ 35=59.27(\text{万元})$$
> 故每年年末至少要存款 59.27 万元。

利用公式(4-3)和公式(4-4)进行等值计算时必须注意:这两个公式仅适用于图 4-5 所示的现金流量图。如果现金流量图有所变化,则不能直接套用公式(4-3)和公式(4-4),必须进行一定变换。

例题 4.10 某学生在大学 4 年学习期间,每年年初从银行借款 2 000 元用以支付学费,若按年利率 6%计复利,第 4 年末一次归还全部本息需要多少钱?(画出现金流量图)。

解:本题不能直接套用式(4-3),由于银行每年的借款发生在年初,需要将其折算成年末的等价金额。即第 4 年末银行收到的本息和为

$$F=2\ 000\times(1+0.06)\times(F/A,6\%,4)$$
$$=2\ 000\times1.06\times4.375=9\ 275(\text{元})$$

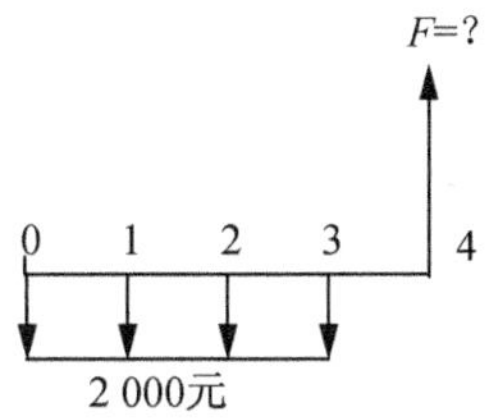

图 4-6 银行借款的现金流量图

因此,第 4 年末应一次归还本息 9 275 元。

(三)等额分付现值公式

假定在考虑资金时间价值条件下,n 年内现金流出等于总现金流入,则第 1 年初的现金流出 P 应与"从第 1 年末到第 n 年末"的等额现金流入序列等值,P 就相当于等额年值序列的现值。如图 4-7 所示。

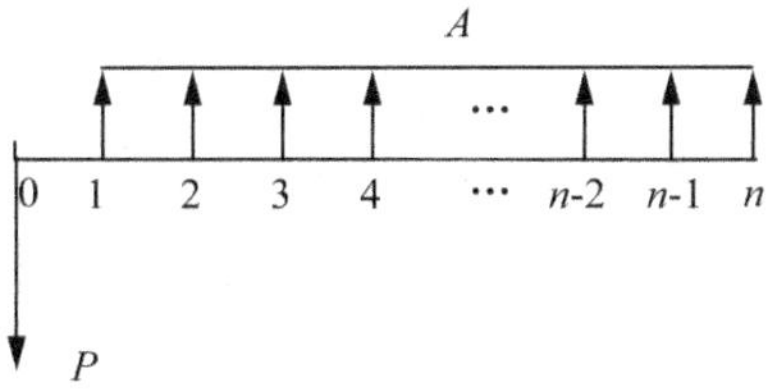

图 4-7 等额序列现金流之二

图 4-7 中,已知每期年值 A,利率 i,在考虑资金时间价值情况下,求各年年值折算为现值时,其总值为多少,即求 P。

将式(4-3)两边各乘以$\frac{1}{(1+i)^n}$,得到

$$P=A\left[\frac{(1+i)^n-1}{i(1+i)^n}\right] \tag{4-5}$$

式(4-5)为等额分付现值公式。$\frac{(1+i)^n-1}{i(1+i)^n}$为等额分付现值系数,亦可记为$(P/A,i,n)$。

例题 4.11 某工程 1 年建成并投产，服务期 5 年，每年净收益为 5 万元，投资收益率为 10%时，恰好能够在寿命期内把期初投资全部收回，问该工程期初所投入的资金是多少？

解：

$$P = A(P/A, 10\%, 5) = 5\times 3.791 = 18.955(\text{万元})$$

因此，该工程期初投资 18.955 万元。

(四) 等额分付资金回收公式

等额分付资金回收公式是等额分付现值公式的逆运算，即已知现值 P，求与之等价的等额年值 A。

由式(4-5)可直接导出：

$$A = P\left[\frac{i(1+i)^n}{(1+i)^n - 1}\right] \tag{4-6}$$

式(4-6)为等额分付资金回收公式。$\frac{i(1+i)^n}{(1+i)^n-1}$为等额分付资金回收系数，亦可记为$(A/P, i, n)$。

对工业项目进行技术经济分析时，式(4-6)表示在考虑资金时间价值的条件下，对应于工业项目的单位投资，在项目寿命期内每年应该收回的金额。如果对应于单位投资的实际回收金额小于这个值，在项目寿命期内就不可能将全部投资收回。

例题 4.12 某人现借款 10 万元，这 10 万元将在 5 年内全部还清本金和利息，利率为 6%。在 5 年期间平均等额分付本金、利息，第 5 年末全部还清。问：每年偿还的本金、利息各多少？

解：每年偿付的本金额不等，但每年偿还的本金加利息总额却相等，即所谓等额分付。则 $A = 10 \times (A/P, 6\%, 5) = 10 \times 0.2374 = 2.374$。

那么，每年偿还的本金、利息见表 4-2。

表 4-2 每年偿还的本金、利息

单位：万元

还款方案	年限 (1)	年初欠款 (2)	年利息 (3)=(2)×0.6	年终欠款 (4)=(2)+(3)	偿还本金 (5)	年终付款总额 (6)=(3)+(5)
等额本利	1	10	0.6	10.6	1.774	2.374
	2	8.226	0.494	8.72	1.880	2.374
	3	6.346	0.381	6.727	1.993	2.374
	4	4.353	0.261	4.614	2.113	2.374
	5	2.240	0.134	2.374	2.240	2.374
	合计		1.87		10	11.87

为了便于理解和掌握一次支付类型和等额分付类型的资金等值法，可将一次支付类型和等额分付类型的六个典型基本公式进行汇总，见表 4-3。

表 4-3　六个常用资金等值公式

类别		已知→未知	公式	系数名称及符号	现金流量图
一次支付	终值公式	$P \to F$	$F=P(1+i)^n$	一次支付终值系数 $(F/P,i,n)$	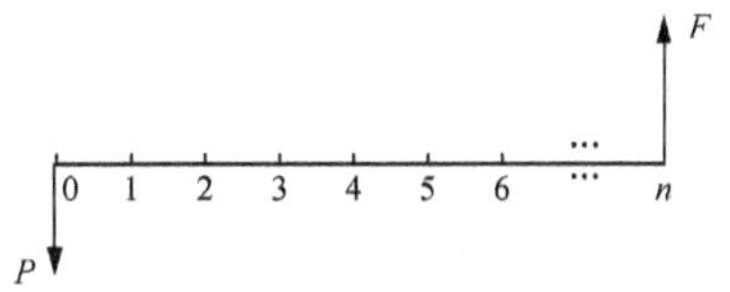
	现值公式	$F \to P$	$P=F\left[\frac{1}{(1+i)^n}\right]$	一次支付现值系数 $(P/F,i,n)$	
等额分付	终值公式	$A \to F$	$F=A\left[\frac{(1+i)^n-1}{i}\right]$	等额分付终值系数 $(F/A,i,n)$	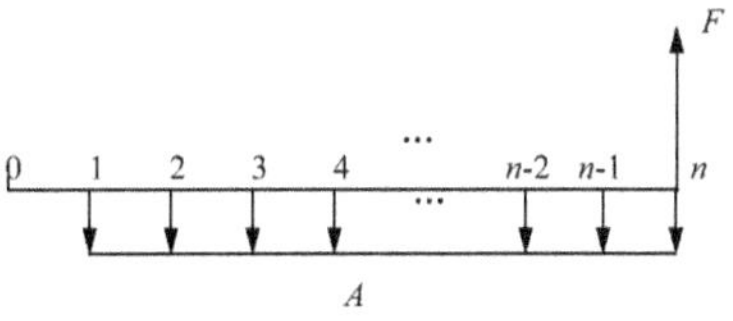
	偿债基金公式	$F \to A$	$A=F\left[\frac{i}{(1+i)^n-1}\right]$	等额分付偿债基金系数 $(A/F,i,n)$	
	现值公式	$A \to P$	$P=A\left[\frac{(1+i)^n-1}{i(1+i)^n}\right]$	等额分付现值系数 $(P/A,i,n)$	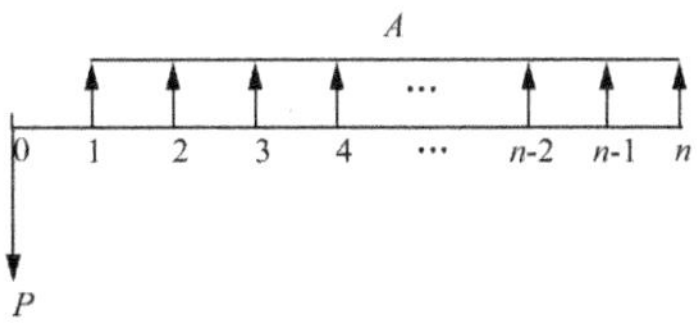
	资本回收公式	$P \to A$	$A=P\left[\frac{i(1+i)^n}{(1+i)^n-1}\right]$	等额分付资金回收系数 $(A/P,i,n)$	

一次支付类型和等额分付类型的六个典型基本公式将现值、年值和未来值这些不同时点上的资金联系起来，在资金时间价值换算中的应用极其广泛。一次支付类型和等额分付类型的六个典型基本公式的内在联系具体可表述为：

第一，倒数关系。

	互为倒数	
$(F/P,i,n)$	⟷	$(P/F,i,n)$
$(F/A,i,n)$	⟷	$(A/F,i,n)$
$(P/A,i,n)$	⟷	$(A/P,i,n)$

倒数关系可用公式表示为

$$(F/P,i,n)=1/(P/F,i,n)$$
$$(F/A,i,n)=1/(A/F,i,n)$$
$$(P/A,i,n)=1/(A/P,i,n)$$

第二，乘数关系。

乘数关系可用公式表示为

$$(P/A,i,n)=(F/A,i,n)(P/F,i,n)$$

第三，资本回收系数与偿债基金系数。

资本回收系数与偿债基金系数的关系可用公式表示为

$$(A/P,i,n)=\frac{i(1+i)^n}{(1+i)^n-1}=\frac{i+i(1+i)^n-i}{(1+i)^n-1}=\frac{i}{(1+i)^n-1}+i=(A/F,i,n)+i$$

三、等差分付类型的资金等值法

在许多技术经济问题中，常常看到现金流入或现金流出每年均有不同金额的增加或减少。例如，一台机械设备的维修费用，每年都倾向于增加，如果每年的增加额都一样，就构成了一个等差数列。由于每年的金额不相等，前面所讲的等额分付类型的各复利因数均不适用，必须推导出新的公式。

（一）等差分付终值公式

这种现金流实际上由两部分组成（如图 4-8 所示），一部分为等额分付类型，其年值为 A，另一部分为差额系列，每年增值为 G，分解后可得到两个现金流。求等差分付现金流终值，就是求图 4-8(a)和图 4-8(b)两个现金流终值的和。图 4-8(a)中现金流的终值，可以用等额分付终值公式求解。问题的关键是求图 4-8(b)中现金流的终值。

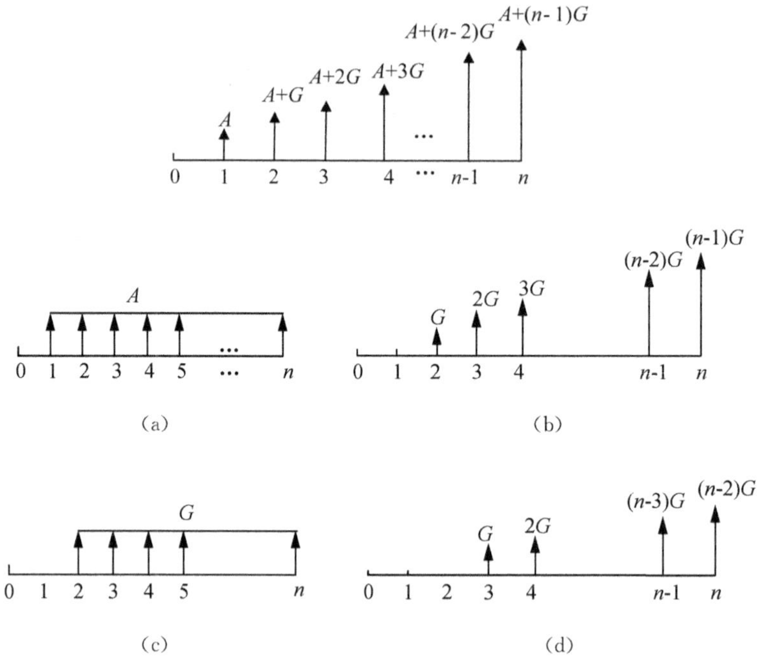

图 4-8　等差分付现金流

图 4-8(b)和最初的等差分付现金流类似，因此仍然可以采取现金流分解的方法，将图 4-8(b)再分解成两部分[见图 4-8(c)、见图 4-8(d)]。

图 4-8(c)仍为等额分付系列，年值为 G，值得注意的是，年限从第二年开始，其终值计算仍可采用等额分付终值公式——$G(F/A,i,n-1)$。

对图 4-8(d)的现金流可依此类推分解下去，最终可分解为 $n-1$ 个等额序列现金流。因此，F 可以看成是 $n-1$ 个等额序列现金流的终值之和，这些等额序列现金流的年值均为 G，年数分别为 $1,2,\cdots,n-1$。即

$$
\begin{aligned}
F &= \sum_{j=1}^{n-1} G \cdot \frac{(1+i)^j-1}{i} \\
&= G\left[\frac{(1+i)-1}{i}+\frac{(1+i)^2-1}{i}+\cdots+\frac{(1+i)^{n-1}-1}{i}\right] \\
&= \frac{G}{i}\left[(1+i)+(1+i)^2+\cdots+(1+i)^{n-1}-(n-1)\right]
\end{aligned}
$$

$$= \frac{G}{i}[1 + (1+i) + (1+i)^2 + \cdots + (1+i)^{n-1}] - \frac{n \cdot G}{i}$$

故
$$F = \frac{G}{i}\left[\frac{(1+i)^n - 1}{i}\right] - \frac{n \cdot G}{i} \tag{4-7}$$

式(4-9)为等差分付终值公式。$\frac{1}{i}\left[\frac{(1+i)^n-1}{i}-n\right]$称为等差分付终值系数,亦可记为$(F/G,i,n)$。

例题 4.13 某项目费用现金流如图所示(单位:元),年利率为 8%,求 4 年全部费用终值。

解:

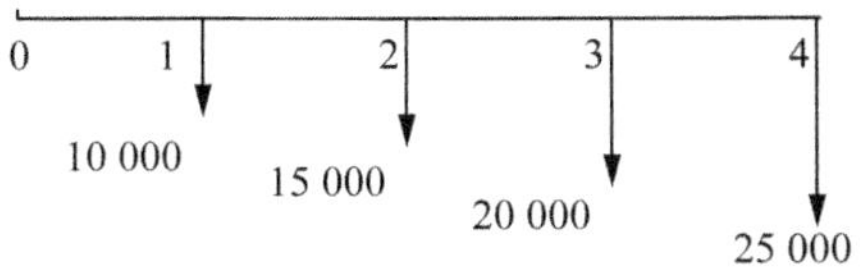

$$F = 10\ 000(F/A,8\%,4) + 5\ 000(F/G,8\%,4)$$
$$= 10\ 000 \times 4.506 + 5\ 000 \times 6.324 = 76\ 692(\text{元})$$

(二) 等差分付现值公式

图 4-9(a)等差分付现金流现值,它是图 4-9(b)和图 4-9(c)两个现金流现值的和。图 4-9(b)中现金流的现值,可以用等额分付终值公式求解。问题的关键是确定图 4-9(c)中现金流的现值。

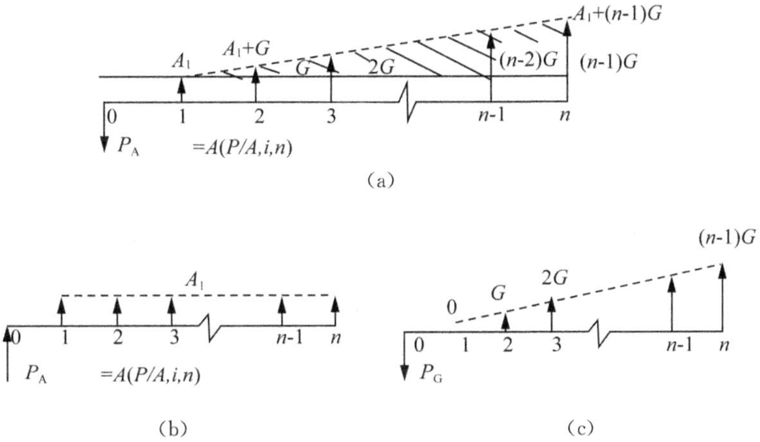

图 4-9 等差分付现金流的现值

根据图 4-9,可以先求出等差分付终值,再求出等差分付终值的现值。

将式(4-7)两端乘以系数$\frac{1}{(1+i)^n}$,则可得

$$F\left[\frac{1}{(1+i)^n}\right] = \frac{G}{i}\left[\frac{(1+i)^n - 1}{i} - n\right] \cdot \frac{1}{(1+i)^n}$$

即

$$P = \frac{G}{i}\left[\frac{(1+i)^n - 1}{i} - n\right] \cdot \frac{1}{(1+i)^n} \tag{4-8}$$

式(4-8)为等差序列现值公式。$\frac{1}{i}\left[\frac{(1+i)^n-1}{i}-n\right]\frac{1}{(1+i)^n}$为等差序列现值系数,亦可记为$(P/G,i,n)$。

例题 4.14 某项目费用现金流如图所示(单位:元),年利率为 8%,求 4 年全部费用现值。

解:

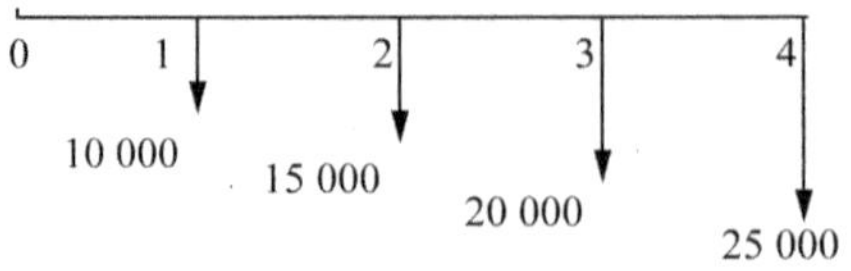

$P=10\ 000(P/A,8\%,4)+5\ 000(P/G,8\%,4)=10\ 000\times3.312+5\ 000\times4.65=56\ 370$(元)

(三) 等差序列等额年值公式

假定将等差序列现金流总和平均分摊到各年,每年应分摊多少?这个问题可以用等差序列等额年值公式计算。计算时可将等差序列现金流的现值先求出来,然后再将此现值折算成等额年值。

由式(4-6)和式(4-8)得

$$\begin{aligned}A&=G(P/G,i,n)(A/P,i,n)\\&=\frac{G}{i}\left[\frac{(1+i)^n-1}{i}-n\right]\cdot\frac{1}{(1+i)^n}\cdot\frac{i(1+i)^n}{(1+i)^n-1}\\&=G\left[\frac{1}{i}-\frac{n}{(1+i)^n-1}\right]\end{aligned}\tag{4-9}$$

式(4-9)为等差序列等额年值公式。$\left[\frac{1}{i}-\frac{n}{(1+i)^n-1}\right]$为等差分付年值系数,亦可记为$(A/G,i,n)$。

例题 4.15 某项目费用现金流如图所示(单位:元),年利率为 8%,求 4 年的等额费用年值。

解:

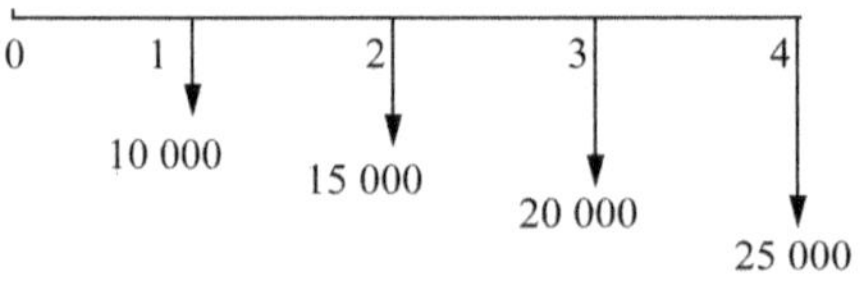

$A=10\ 000+5\ 000(A/G,8\%,4)=10\ 000+5\ 000\times1.404=17\ 020$(元)

(四) 资金等值法的参数确定

1. 利率和周期确定

若所用利率 i 及周期数 n 都不在利息表内,可用插值的方法求得。

应用插值法,首先要建立起已知与未知的数值关系,具体公式可表示为:

i(或 n)	因数值	
b [a [表列 i_1	数值 Ⅰ] c] d	$a=$ 所求 $i-$ 表列 i_1
所求 i	未知	$b=$ 表列 i_2- 表列 i_1
表列 i_2	数值 Ⅱ	$c=\mid$ 所求因数值 $-$ 表列因数值 Ⅰ $\mid$
		$d=\mid$ 表列因数值 Ⅱ $-$ 表列因数值 Ⅰ $\mid$

$$a : b = c : d，即\ c = \frac{a}{b}d \tag{4-10}$$

式中，根据因数是增加或是减少，从数值Ⅰ减去或加上 c 值即为所求。

例题 4.16 某企业从银行贷款 6 000 万元，未来 3 年中每年年末偿还 2 500 万元，问此项贷款的利率是多少？

解：$P=A(P/A,i,3)$，$6\ 000=2\ 500\times(P/A,i,3)$

$(P/A,i,3)=6\ 000/2\ 500=2.400$

可用插值法求之：

$(P/A,12\%,3)=2.402$

$(P/A,13\%,3)=2.361$

$$c = \frac{a}{b}d = \frac{2.402-2.400}{2.402-2.361}\times(13\%-12\%) = 0.049\%$$

$$i = 12\% + 0.049\% = 12.049\%$$

应用插值法时注意，目前所用的插补是线性插值法，但因数值与 i 或 n 不是线性关系，因此，用插值法时必须在两个最接近的因数之间，否则误差会很大。

例题 4.17 现存款 5 000 元，利率为 8%，计划未来每年年末提款 500 元，试问经过多少年才能把存入的款项连本带利全部提完？

解：$P=A(P/A,8\%,n)$

$5\ 000=500(P/A,8\%,n)$

$(P/A,8\%,n)=5\ 000/500=10$

查表 $(P/A,8\%,20)=9.818\ 1$，$(P/A,8\%,21)=10.017$

$$c = \frac{a}{b}d = \frac{10-9.818\ 1}{10.017-9.818\ 1}\times(21-20) = 0.914\ 5$$

$n = 20 + 0.9145 = 20.914\ 5$(年)

2. 因素确定

(1) 利息周期小于付款周期的计算

① 一次支付因数(F/P，P/F)

例题 4.18 某企业现在存入资金 1 000 万元，计划 4 年后存入资金 3 000 万元，6 年后存入资金 1 500 万元，年利率 6%，半年复利计息一次，试问 10 年后企业的存款余额为多少？

解：算法一：修改利率。由于半年复利计息一次，所以年利率 6% 只是名义利率，要换算成实际利率才可利用复利表。

$i = (1+r/t)^t - 1 = (1+0.06/2)^t - 1 = 6.09\%$

$F=1\ 000(F/P,6.09\%,10)+3\ 000(F/P,6.09\%,6)+1\ 500(F/P,6.09\%,4)=7\ 984.60$(万元)

算法二：修改支付周期。即将以年为单位的时间坐标改为以半年为单位。

此时利率为 3%，为实际利率，可直接使用复利表。

$F = 1\ 000(F/P,3\%,20) + 3\ 000(F/P,3\%,12) + 1\ 500(F/P,3\%,8) = 7\ 983.70$(万元)

两种方法都是可用的，但通常第二种方法较容易，因为它不需用插值计算。

② 等额序列因数($F/A,A/F,P/A,A/P$)

例题 4.19 若某企业从现在起每半年存入资金 500 万元，期限 7 年，年利率 8%，每季复利计息一次，试问在最后一次存款时，企业的账户中总共有多少资金？

解：算法一：修改利率。

每季复利计息一次，每半年存入 500 元，需求出半年实际利率。

每季利率为：8%÷4=2%

故半年实际利率为：$(1+0.02)^2-1=4.04\%$

因此，$F=500(F/A,4.04\%,14)=9\ 172.00$(万元)

算法二：修改支付周期。

将半年支付一次变成每季支付一次，现金流量图为：

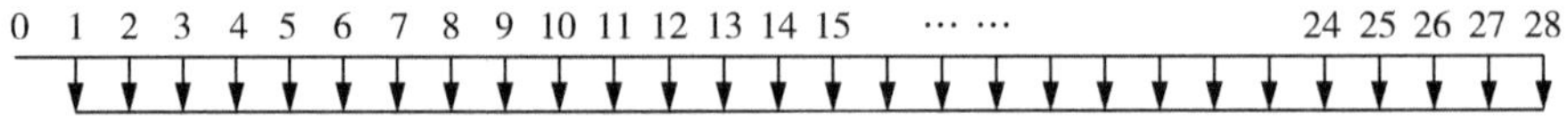

$F=500(A/F,2\%,2)\times(F/A,2\%,28)$

$=500\times0.495\ 07\times37.05=9\ 171.17$(万元)

(2) 利息周期大于付款周期的计算

例题 4.20 某企业每个季度存入 100 万元，期限 8 年，年利率 8%，每半年复利计息一次，间断周期利息以复利计算，试问其现值是多少？

解：本题的关键是求每季的利率，设每季的实际利率为 i。

半年的实际利率为：8%÷2=4%

$(1+i)^t-1=4\%$

$t=2$，所以每季利率为

$i=\sqrt[t]{1+0.04}-1$，即 $i=\sqrt[2]{1+0.04}-1=1.98\%$

$P=A\cdot(P/A,1.98\%,32)=100\times23.539\ 8=2\ 354$(万元)

例题 4.21 某企业的设备除每年发生 5 万元运行费外，每隔 3 年需大修一次，每次费用为 3 万元，若设备的寿命为 15 年，资金利率为 10%，求其在整个寿命期内设备费用现值为多少？(仅列出现金流量图和计算公式)

解：

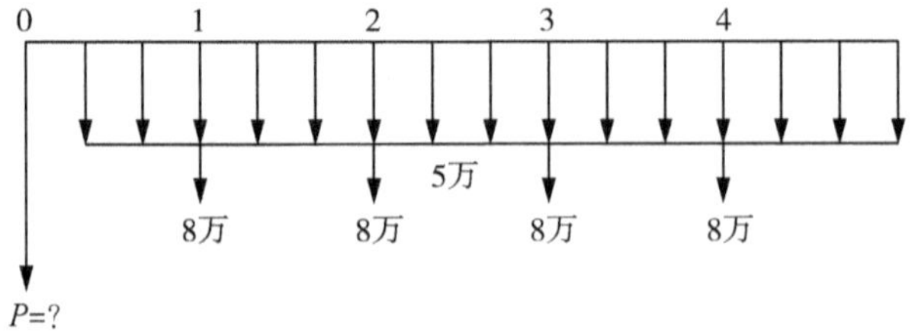

(1) $P=5(P/A,10\%,15)+3(P/F,10\%,3)+3(P/F,10\%,6)+3(P/F,10\%,9)+3(P/F,10\%,12)$

(2) $P=5(P/A,10\%,15)+3(P/A,i_{实际},4)$

$i_{实际}=(1+10\%)^3-1=33.1\%$

例题 4.22 某企业现投资 500 万元，名义利率 10%，按连续复利方式计息，第 10 年末可得多少资金？

解：已知 $P=5\ 000, n=10, i=10\%$，求 F，则

$F=500\times(1+e^{0.1}-1)^{10}=F=500\times e^{0.1\times10}=500\times2.718\ 28=1\ 359.14$(万元)

四、案例研究

(一) 一次支付类型资金换算

例 1. 假设利率为 8%，试求：(1) 某企业现存入银行 10 000 元，第 5 年末应取出多少资金？(2) 某企业现向银行贷款 200 000 元，第 10 年末应一次还回多少资金？

解：(1) 第 5 年末从银行可取出金额为

$$F=10\ 000\times(F/P,8\%,5)=10\ 000\times1.469=14\ 690(\text{元})$$

(2) 第 10 年末一次还回银行金额为

$$F=200\ 000(F/P,8\%,10)=200\ 000\times2.159=431\ 800(\text{元})$$

例 2. 某企业现在存款 600 万元，打算 2 年后存款 300 万元，5 年后再存款 400 万元，问 10 年后企业的账户中有多少资金？设利率为 5%。

解：10 年后企业的账户金额为

$$\begin{aligned}F&=600\times(F/P,5\%,10)+300(F/P,5\%,8)+400(F/P,5\%,5)\\&=600\times1.628\ 9+300\times1.472\ 4+400\times1.276\ 3\\&=1\ 931(\text{万元})\end{aligned}$$

例 3. 东华实业公司计划从现在起的第 10 年末存款达 2 500 万元现款。为达此目的，该公司今天一次存入银行 500 万元，银行利率 15%，求第 3 年末需存入银行多少万元才能满足计划要求？(画出现金流量图)

解：

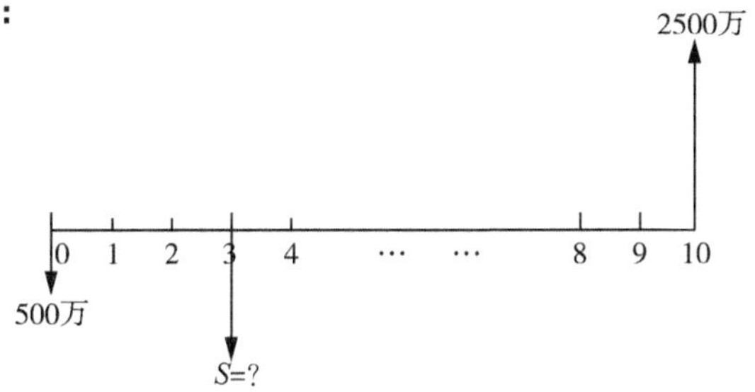

(1) 将各时点现金流量折算成第 10 时点终值

$$500(F/P,15\%,10)+S(F/P,15\%,7)=2\ 500$$

(2) 将各时点现金流量折算成第 0 时点现值

$$500+S(P/F,15\%,3)=2\ 500(P/F,15\%,10)$$

(3) 将各时点现金流量折算至第 3 时点

$$500(F/P,15\%,3)+S=2\ 500(P/F,15\%,7)$$

(二) 等额支付类型资金换算

例 1. 在不同的计息周期条件下，每期期末存入 5 000 元(包括第 10 年年末)，每期利率为 10%，求：(1) 计息周期为半年；(2) 计息周期为 2 年，第 10 年末可得资金额。

解：(1) 计息周期为半年，第 10 年末可得资金额为

$$F = 5\,000(F/A, 10\%, 20) = 5\,000 \times 57.275 = 286\,345(\text{元})$$

(2)计息周期为 2 年，第 10 年末可得资金额为

$$F = 5\,000(F/A, 10\%, 5) = 5\,000 \times 6.105 = 30\,525(\text{元})$$

例 2. 若月利率为 8%，在第 2 年末企业要得到 4 000 万元的款项，那么每月月末(包括第 2 年最后一个月末在内)要存入银行多少资金？

解：企业每月月末存入银行金额为

$$A = 4\,000(A/F, 8\%, 24) = 4\,000 \times 0.014\,98 = 59.92(\text{万元})$$

例 3. 某企业从银行借款 45 万元，答应从 1 年后开始分 10 年等额偿还，若利率为 6%，每年应偿还多少？

解：企业每年偿还银行金额为

$$\begin{aligned} A &= P \times (A/P, 6\%, 10) \\ &= 45 \times 0.135\,87 \\ &= 6.11(\text{万元}) \end{aligned}$$

例 4. 若利率为 7%，从明年开始的 9 年中企业每年需要节约 60 万元，问企业现在必须支付多少资金进行技术改造？

解：企业技术改造的费用为

$$P = A(P/A, 7\%, 9) = 60 \times 6.515\,2 = 390.91(\text{万元})$$

例 5. 拟定购置两台设备，其中第 5 年末购置费 10 000 元，第 10 年末购置费 10 000 元，在年利率 10%的情况下，求：(1) 每年年末需等额存入多少钱才能完成购置计划；(2) 每年年初存入多少钱。

解：(1) 每年年末需等额存入金额为

$$A(F/A, 10\%, 10) = [10\,000(F/P, 10\%, 5) + 10\,000]$$

即

$$\begin{aligned} A &= [10\,000(F/P, 10\%, 5) + 10\,000](A/F, 10\%, 10) \\ &= (10\,000 \times 1.610\,5 + 10\,000) \times 0.062\,7 \\ &= 1\,636.783\,5(\text{元}) \end{aligned}$$

(2) 每年年初存入金额为

$$A(F/A, 10\%, 10)(F/P, 10\%, 1) = 10\,000(F/P, 10\%, 5) + 10\,000$$

即

$$\begin{aligned} A &= [10\,000(F/P, 10\%, 5) + 10\,000](A/F, 10\%, 10)(P/F, 10\%, 1) \\ &= (10\,000 \times 1.610\,5 + 10\,000) \times 0.062\,7 \times 0.909\,1 \end{aligned}$$

$= 1\ 487.999\ 9$(元)

(三) 等差分付类型资金换算

例 1. 设利率 $i=10\%$,现金流量见下图,试计算其现值、终值、年值。

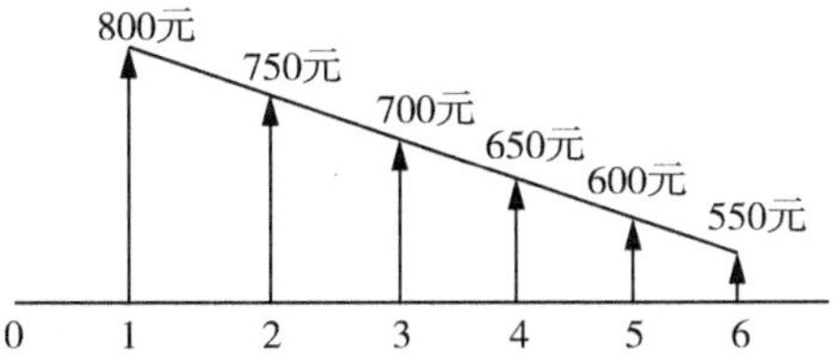

解:根据现金流量图得到 $A = A_1 - A_G$,查复利系数表,$(A/G,10\%,6) = 2.224$

年值 $A = 800 - 50 \times (A/G,10\%,6) = 800 - 50 \times 2.224 = 688.8$(元)

现值 $P = A(P/A,10\%,6) = 688.8 \times 4.355\ 3 = 2\ 999.93$(元)

终值 $F = A(F/A,10\%,6) = 688.8 \times 7.715\ 6 = 5\ 314.51$(元)

例 2. 现有一项目,其现金流量为:第 1 年末支付 1 000 万元,第 2 年末支付 1 500 万元,第 3 年收益 200 万元,第 4 年收益 300 万元,第 5 年收益 400 万元,第 6 年到第 10 年每年收益 500 万元,第 11 年收益 450 万元,第 12 年收益 400 万元,第 13 年收益 350 万元,第 14 年收益 450 万元。设年利率为 12%,求:(1) 现值;(2) 终值;(3) 第 2 年末项目的等值。

解:

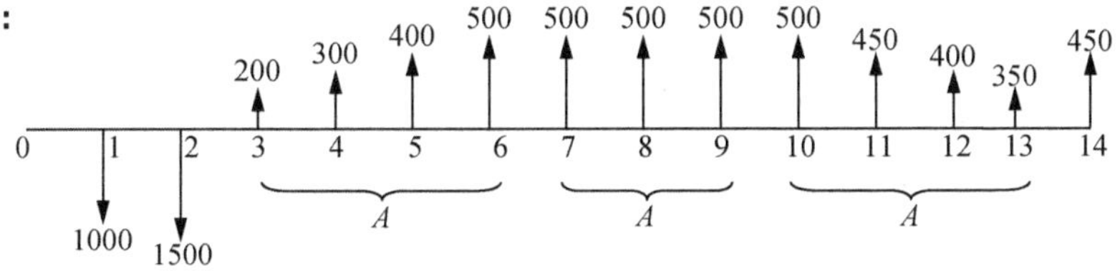

(1) 求现值

解法一:

$P =-1\ 000(P/F,12\%,1) - 1\ 500(P/F,12\%,2) + 200(P/F,12\%,3) + 300(P/F,12\%,4) + \cdots + 450(P/F,12\%,14) =-100.78$(万元)

解法二:

$A_1 = A + A_G = 200 + 100(A/G,12\%,4) = 335.9$

$A_3 = A - A_G = 500 - 50(A/G,12\%,4) = 432.05$

$P =-1\ 000(P/F,12\%,1) - 1\ 500(P/F,12\%,2) + 335.9(P/A,12\%,4)(P/F,12\%,2) + 500(P/A,12\%,3)(P/F,12\%,6) + 432.05(P/A,12\%,4)(P/F,12\%,9) + 450(P/F,12\%,14)$

$=-100.78$(万元)

(2) 求终值

解法一:

$F =-1\ 000(F/P,12\%,13) - 1\ 500(F/P,12\%,12) + 200(F/P,12\%,11) + 300(F/P,12\%,10) + \ldots\ldots + 450(F/P,12\%,0) =-492.5$(万元)

解法二:

$F = P(F/P,12\%,14) =-100.78 \times 4.887\ 1 =-492.5$(万元)

(3)求第 2 年末等值

解法一：已知 P，求 F。

$F_2 = -100.78(F/P, 12\%, 2) = -126.42$(万元)

解法二：已知 F，求 P。

$P_{12} = -492.5(P/F, 12\%, 12) = -126.42$(万元)

思考题

1. 什么是资金的时间价值？它是怎么产生的？
2. 单利计息与复利计息有何区别？
3. 什么是名义利率？什么是实际利率？二者之间有何联系？
4. 什么是资金等值？什么是资金等值换算？
5. 常用的现金流量等值换算公式有哪几个？

计算题

本部分计算题如不特别指明，均按复利计算。

1. 某公司现在从银行贷款若干元，利率为 10%，第 10 年末一次偿清本利和，在下列贷款额下，按单利法和复利法计算本利和。(1)贷款 1 000 万元；(2)贷款 5 000 万元。

2. 某企业现贷款 2 000 万元，利率为 8%，若在第 15 年末一次还清本利和，按单利法和复利法计算本利和各是多少？若在第 20 年末一次还清本利和，按单利法和复利法计算本利和各是多少？

3. 李明现在借款 10 000 元，第 12 年末一次还清本利和，若利率为 8%和 10%时，按单利法和复利法计算本利和各为多少？

4. 张红获得 10 000 元贷款，偿还期为 5 年，利率为 10%。在下列几种还款方式下，按复利法计算还款总额和利息各是多少？

(1) 每年末只偿还 2 000 元本金，所欠利息第 5 年末一次还清；

(2) 每年末偿还 2 000 元本金和所欠利息；

(3) 每年末偿还所欠利息，第 5 年末一次还清本金；

(4) 第 5 年末一次还清本利。

5. 条件同第 4 题，若每年末还款额相同，5 年内还款总额和利息各是多少？

6. 假设利率为 8%，试求：

(1) 现存入银行 10 000 元，第 5 年末应取回多少钱？

(2) 现向银行贷款 200 000 元，第 10 年末应一次还回多少？

(3) 某企业现在向银行贷款 15 万元，第 5 年末一次还清，应还多少？

(4) 现在投资 2 500 元，第 25 年末可得多少资金？

7. 假设利率为 10%，试求：

(1) 第 10 年末得 1 500 元，问现在要存入多少钱才行？

(2) 第 27 年末的 5 000 元现值是多少？

(3) 现投资多少资金才能保证第 18 年末获得 100 000 元？

8. 某人现在向李明借款10 000元，试求在下列条件下，第10年末李明可得多少元钱？(1)每半年利率10%；(2)2年利率30%。

9. 试求第15年末的50万元的资金，在下列条件下的现值。(1)每半年利率4%；(2)每18个月利率15%。

10. 李光准备从今天算起，到第18年末一次提取现金10 000元，若银行利率为8%时，今天应一次存入银行多少元？

11. 王东打算从现在算起，在第5年末从银行一次提取2 000元现金，若银行利率 $i=10\%$，试算今天一次应存入银行多少元？

12. 某人每月末存款100元，期限5年，年利率10%，每半年复利一次。计息周期内存款试分别按单利和复利计算，求第5年末可得本利和多少？

13. 若现在存入银行5 500元，利率8%，问第8年末能一次取出资金多少？若利率为10%，第8年末的本利和又是多少？

14. 以8%的利率计息，现在多少钱相当于第5年末的1 000元？

15. 为在第20年末积蓄20万元，在下列各利率条件下，求20年内每年年末(包括第20年年末)存款额。(1)利率为1%；(2)利率为10%；(3)利率为12%。

16. 为了在15年后得到一笔50万元的资金，在不同的计息周期下，每期利率10%，求每期期末存入的资金。(1)半年计息一次；(2)3年计息一次。

17. 王红的父亲决定在她5～21岁每年生日那天都向银行存入500元(包括5岁和21岁的生日在内)，并准备在她21岁生日时全部取出，在下列利率条件下，能取出多少钱？(1)利率为8%；(2)利率为10%；(3)利率为12%。

18. 在不同的计息周期条件下，每期期末存入5 000元(包括第10年末)，每期利率为10%，求第10年末可得资金额。(1)计息周期为半年；(2)计息周期为2年。

19. 若月利率为8%，在第2年末要得到4 000元的款项，那么每月月末(包括第2年最后一个月的月末在内)要存入银行多少钱？

20. 13年内每年年末将偿付1 000元，在不同的利率下现应借款多少？(1)利率为8%；(2)利率为10%；(3)利率为12%。

21. 现投入50 000元资金，在不同计息周期下，要使每期期末所得资金额相同，每期利率为10%，求15年内每期期末(包括第15年末)所得款额。(1)半年计息；(2)3年计息。

22. 现有投资551万元，在不同的报酬率条件下，求15年内每年年末(包括第15年年末)的净收入。(1) $i=8\%$；(2) $i=10\%$；(3) $i=15\%$。

23. 拟投资2 500万元，在报酬率为8%时，每年可有多少净收入？

24. 一个35岁的青年，想每年都有30 000元的固定收入，现在应存多少钱？以10%的利率计息。

25. 现贷款15 000元，利率10%，在以后5年的每年年末等额偿还，求每次偿还额是多少？

26. 某人第一年末存入500元，以后各年年末都比前一年多存入60元(包括第10年年末)，在以下利率条件下，求此人第10年末取出的资金额。(1) $i=8\%$；(2) $i=10\%$；(3) $i=12\%$。

27. 某人想投入一笔资金，在第1年末可提取600元，第2年末可提取700元，以后每年增加 100 元，直到第 19 年（包括第 19 年末）为止，在不同的利率条件下，此人现在应投资多少？(1)$i=8\%$；(2)$i=10\%$；(3)$i=12\%$。

28. 某人在第 1 年末存入 2 500 元，以后各年都比前一年少存 100 元，连续存 21 年，在下列利率条件下，求第 21 年末应取的资金额。(1)$i=8\%$；(2)$i=10\%$；(3)$i=12\%$。

29. 王洪在第 1 年末取 2 400 元，第 2 年末取 2 300 元，以后每年都比前一年少取 100 元，连续取 20 年，在下列利率条件下，求现在应存入的资金额。(1)$i=8\%$；(2)$i=10\%$。

30. 某工程项目预计需投资人民币 350 亿元（其中：60%自筹，40%从国外贷款，贷款利率为 10%），工程建设期 12 年。试计算：(1)建设期期末时，欠国外贷款利息多少？(2)所欠贷款利息是贷款本金的几倍？(3)建设期期末共欠国外贷款本利和是多少？

31. 求解未知数 S。

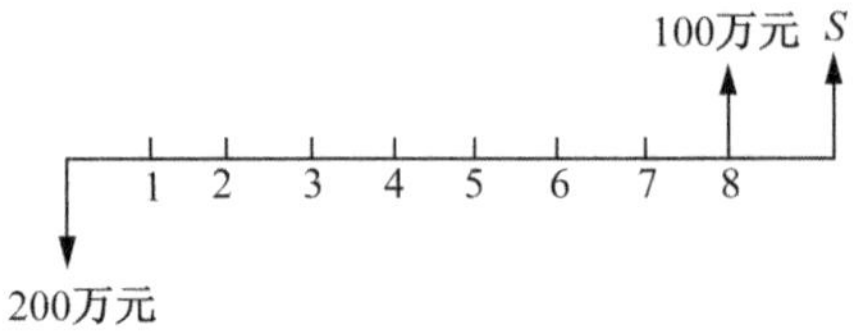

32. 东华实业公司计划从现在起的第 10 年末需 2 500 万元现款。为达此目的，该公司今天一次存入银行 500 万元，银行利率 15%，求第 3 年末需存入银行多少万元才能满足计划要求？

33. 李明计划每年年末存款 500 元，连续存 5 年，若银行利率 $i=10\%$，存款本金和利息将于第 8 年末一次取出。试求：(1)一次取出本利和多少元？(2)净得利息多少元？

34. 刘东计划每年年末存款 600 元，连存 5 年，打算在第 6 年末先取出 2 500 元，其余在第 8 年末一次取出。若银行利率为 8%，试求：(1)最后一次取出的现金额；(2)存款利息额。

35. 某炼铁厂计划从现在算起，第 6 年末和第 10 年末分别从银行取现金 80 万元和 100 万元，若银行利率 $i=8\%$，若从现在起每年年末等额存款，连存 5 年，试求：(1)每年存款多少万元？(2)存款所得利息多少万元？

36. 某机床厂计划从现在算起，在第 8 年年末从银行一次提取 120 万元现金，若银行利率 $i=15\%$，那么从现在开始，每年年末等额存入银行一笔现金，连续存 4 年，试求：(1)每年年末等额存入银行多少钱？(2)存款所得利息为多少？

37. 求解未知数 S。

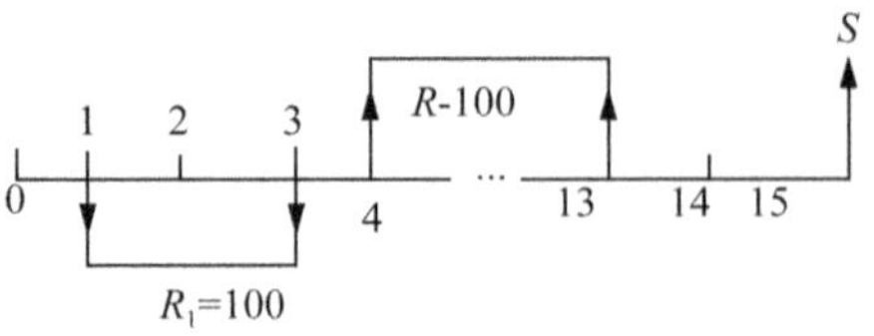

38. 某运输专业户花 10 万元购买了一辆客车，车的寿命为 10 年，若期望收益率为 20%，问每年净收益是多少？

39. 某水果店店主花 15 万元购买一台水果机，机器寿命为 10 年，若期望达到 12%的收益率，问每年平均利润是多少？

40. 某厂准备今天一次存入银行 800 万元，希望从存款的第 3 年末开始，连续 7 年年末等额取完存款本利，若银行利率 $i=10\%$，打算每年等额取出 250 万元现金，问能否实现？

41. 某工程项目第 3 年投产，生产期 10 年，投产后预期每年净收益 150 万元，若期望收益率为 12%，第 2 年投资 300 万元，试求第 1 年该投资多少万元？

42. 某彩电售价为 1 050 元，规定买时先交 1/3，余下的货款在 30 个月内每月月末等额还清，按月计算复利，月利率为 0.5%。试计算每月还款额。

43. 某企业前 5 年每年年末可获利 5 万元，后 5 年每年年末可获利 15 万元，均及时存入银行，年利率为 10%，求第 10 年末的本利和为多少？

44. 一家庭想要购买汽车，销售商提供了两种付款方法：一是一次性付清购车费用 30 万元；二是首付 10 万元，以后的每年年底付清 4 万元，连续支付 7 年. 若银行利率为 7%，请计算哪一种付款方式在总付款金额上更加有利？

45. 某投资工程，第 4 年投产，生产期 10 年，预测投产后年均净收益 180 万元，若期望投资收益率为 12%，如果第 1 年投资 400 万元，第 2 年投资 300 万元，试求第 3 年尚需投资多少万元？

46. 某电站投资工程，第 4 年投产，生产期 12 年，第 1 年投资 800 万元，若期望投资收益率为 8%，试求第 3 年尚需投资多少万元，才能取得投产后的年均净收益为 300 万元？

47. 某石油化学工程，第 4 年投产，生产期 12 年，若第 1 年投资 1 000 万元，期望投资收益率为 10%，试求第 2 年尚需投资多少万元，方能取得投产后的年均净收益为 380 万元？

48. 在 5 年中，每年年初存入 300 元，利率为 8%，试求：(1)第 5 年末的本利和是多少？(2)第 9 年末的本利和是多少？

49. 一个人分别在第 1、2、3 年年初存入银行 500 元、1 200 元、2 000 元，若利率为 8%，求：(1)第 2 年末的本利和是多少？(2)第 3 年末的本利和是多少？

50. 某人每半年末存款 1 000 元，连续存了 4 次，半年利率为 10%，问在最后一次存款的第 2 年末，他积蓄了多少钱？

51. 如果要在第 1 年末提取 700 元，第 3 年末提取 1 500 元，第 7 年末提取 2 000 元，并且存款被提尽，若利率为 10%，求最初应存多少钱？

52. 拟定购置两台设备，其中第 5 年末购置费为 10 000 元，第 10 年末购置费为 10 000 元，在年利率 10%的情况下，求：(1)每年年终需等额存入多少钱才能完成购置计划？(2)每年年初应存入多少钱？

53. 某公司拟购置一台新计算机，价值 100 000 元，可付现款，也可先付 25 000 元现款，其余每年年末付 10 000 元，连付 10 年，如该公司可以用该项投资赚利 8%，哪种方案更合适？

54. 某项投资在第 1 年投入 1 500 万元，第 3 年投入 1 500 万元，第 6 年投入 3 000 万元，在第 15 年收回残值 2 000 万元。问在报酬率 10%的条件下，寿命期内每年的报酬是多少？

55. 某工程计划 3 年建成，各年投资分别为 400 万元、300 万元、300 万元，若贷款利率为 8%，问：(1)相当于最初投资为多少？(2)到建成时的实际投资为多少？

56. 若月利为 1%，在第 5 年末要得 4 000 元，那么每年年末(包括第 5 年年末)要存入银行多少钱?

57. 一项借款在第 1 年初发生,约定在第 4、5、6、7 年末分别偿还 5 000 元、4 000 元、3 000 元、和2 000元,并且年利率为 10%时,借款才予以提供,请用等差序列系数法求该项借款额?

58. 某人贷款 10 000 元,利率 8%,他准备 5 年内还清本利,而还款额第 2 年末比第 1 年末多 500 元,第 3 年末比第 2 年末多 500 元,第 4 年末比第 3 年末多 500 元,第 5 年末比第 4 年末多 500 元,至此借款还清。问第 1 年末应偿还多少?

59. 某人 1970 年 1 月 1 日将 100 元作为一笔基金存入,年利率为 8%,以后每年 1 月 1 日都同样地存入 100 元,直到 1980 年 1 月 1 日(包括 1980 年 1 月 1 日)。这笔基金的目的是从 1985 年 1 月 1 日起每年按等额提取款项,至 1990 年 1 月 1 日最后一次提款时把基金全部提完。请问在 1985—1990 年每年可提取多少?

60. 有一使用年限为 20 年的建筑物,其大修理费,在第 5 年为 1 000 元,第 10 年为2 000 元,第 20 年为 3 500 元,利率为 15%,请问在 20 年期间,其等额年费用是多少?

61. 若利率为 8%,求解:(1)假设在 15 年内每年年初为一笔偿债基金存入 200 元(包括第 15 年初),请问这笔基金在第 15 年年末积累的总金额是多少?(2)用等额存款建立一笔基金,存款的日期分别为 1976 年、1977 年、1978 年和 1979 年的各年的 1 月 1 日,这笔基金的目的是在 1990 年、1991 年和 1992 年各年 1 月 1 日分别提取 1 000 元。请问各年存款额应是多少?

62. 在孩子第 4 个生日时投入一笔钱,以便孩子从第 18 到第 22 个生日(包括这两个生日在内),每个生日都可提取 2 000 元。假设可以获得 8%的利率,请问一次投入的总金额是多少?

63. 假定按第 62 题所述的情况,按计算所得的总金额进行投资是实现不了的。先在第 4 个生日投资 1 500 元,然后这笔基金从第 5 到第 12 个生日(包括这两个生日在内),变成年等额存款。设利率为 8%,请问从第 5 到第 12 个生日每年的存款是多少?

64. 假设开始时即支出 10 000 元,10 年末又支出 10 000 元,20 年末又支出 10 000 元,以及 30 年内每年末支出 2 000 元,请问与之等值的 30 年期限的等额年支出额为多少?假设利率为 10%。

65. 有人想进行投资,拟在第 1 年末回收 500 元,第 2 年末回收 500 元,以后每年增加 100 元,直到第 20 年年末最后一次回收 2400 元。设这笔投资报酬率为 8%,问最初的投资额是多少?

66. 若第 65 题中那笔 2 400 元是在第 1 年年末回收的,然后回收额每年减少 100 元,直到第 20 年年末最后一次回收 500 元,试求最初的投资额。

67. 某人借款 100 000 元,半年计息,名义利率为 16%,要求等额(本金和利息)偿还,25 年内在每 6 个月的期末支付一次。求在第 10 年末,即第 20 次刚支付之后,偿还贷款本金额。

68. 请问从 1981 年 1 月 1 日至 1989 年 7 月 1 日止,每 6 个月存款一次,应存入多少钱才能从 1990 年 1 月 1 日至 1995 年 1 月 1 日每 6 个月提款 1 000 元?半年计息,利率为 8%。

69. 假设利率为 10%,请问 10 年内每年末等额支付多少才相当于下述非等额支付序列：现在 10 000 元，第 1 年末 1 000 元，第 2 年末 1 500 元，然后按年末支付方式，每年增加 500 元，直到第 10 年年末支付 5 500 元。

70. 某企业兴建一工业项目，第 1 年投资 1 000 万元，第 2 年投资 2 000 万元，第 3 年投资 1 500 万元，投资均在年初发生，其中第 2 年和第 3 年的投资由银行贷款，年利率为 10%。该项目从第 3 年起开始获利并偿还贷款，10 年内每年获净收益 1 000 万元，银行贷款从投产后分 5 年等额偿还，问企业是否能用其收益实现还款计划？

71. 一笔基金以 8%的年利率计息，多长时间后本利和可成为自身的 3 倍？

72. 某项投资 1 000 元，在利率为 8%的条件下未来值达到 2 000 元需几年？

73. 王某存入银行 2 000 元，银行利率 10%，期望到期后一次取出 15 000 元，应存多少年？

74. 某企业年初从银行贷款 1 200 万元，并商定从第 2 年开始每年年末偿还 250 万元，若银行按 10%利率计算，那么该企业大约在第几年可还清这笔贷款？

75. 当投资为 100 万元，年回收资金 14 万元，求报酬率为 8%、10%时的资金偿还年限。

76. 王某生于 1967 年 7 月 1 日，他的叔叔于 1968 年 7 月 1 日开始建立一笔基金，用于支助王某。这笔基金是从 1968 年 7 月 1 日存入 1 000 元开始建立；以后每年 7 月 1 日，都存入 1 000 元，直到 1979 年 7 月 1 日(包括 1979 年 7 月 1 日在内)。他的叔叔总共存入 12 000 元。该基金的一个目的是支助王某上大学。为此，从他的第 18 个生日，即 1985 年 7 月 1 日起，在 4 年内每年提取 2 500 元，总共提取 10 000 元。剩下的基金继续储蓄直到 1997 年 7 月 1 日王某 30 岁时，才支付给他作为购买房屋的资金，假设该基金获得利率 8%。请问在王某第 30 个生日时，他可得多少钱？

77. 某项借款的月利率为 1.5%，求每年的名义利率和实际利率。

78. 现有一笔存款，年名义利率为 8%，每月计息一次，求每年及每半年的实际利率。

79. 名义利率 10%，按半年计息、季度计息和月计息的实际年利率各为多少？

80. 按月计息的名义利率 10%，相当于年实际利率多少？

81. 许多使用信贷卡的银行收取月息 0.5%，请问相当于年名义利率和年实际利率各多少？

82. 一家银行向储户提供名义利率为 6%的利息，按日计息，请问储户获得的实际年息是多少？

83. 一个从事低额贷款的人表示愿意借款 409.9 元，条件是在 23 周内每周末支付 20.04 元以偿清债务。求每年的名义利率是多少？每年的实际利率是多少？

84. 在今后 20 年中，每偶数年年末取出 500 元(包括第 20 年年末)，若利率为 10%，现在应存入多少元？

85. 在第 1、3、5、7、9 年每年年末支出 1 000 元，在第 2、4、6、8、10 年每年年末支出 1 500 元。若利率为 8%，现在应存入多少元？

86. 在 30 年中，第 1 年年末存入 2 000 元，以后隔一年的年末存入 2 000 元，直到第 30 年，在利率为 15%时，第 30 年末一次取出多少元？

87. 某人现在投资 5 000 元，名义利率 10%，按连续复利方式计息，第 10 年末可得多少资金？

88. 名义利率 10%，按连续复利方式计息，第 10 年末的 1 500 元现值是多少？

89. 名义利率 10%，按连续复利方式计息，10 年中每年年末（包括第 10 年末）存入 2 000 元，它的现值是多少？

90. 名义利率 10%，按连续复利方式计息，10 年中每年年末（包括第 10 年末）存入 2 000 元，第 10 年末的本利和是多少？

91. 名义利率 10%，按连续复利方式计息，若第 10 年末取出 2 000 元，在 10 年中每年年末（包括第 10 年末）应存入多少元？

92. 名义利率 10%，按连续复利方式计息，现在存入 3 000 元，10 年中每年年末（包括第 10 年末）应取出多少元？

93. 某人现存入 1 000 元，4 年后存入 3 000 元，6 年后存入 1 500 元，名义利率为 6%，当半年计息一次时，问 10 年后他的取款额是多少？

94. 某设备价格为 55 万元，合同签订时付了 10 万元，然后采用分期付款方式。第一年末付款 14 万元，从第二年初起每半年付款 4 万元。设年利率为 12%，每半年复利计息一次。问多少年能付清设备价款？

95. 现有一项目，其现金流量为：第 1 年末支付 1 000 万元，第 2 年末支付 1 500 万元，第 3 年收益 200 万元，第 4 年收益 300 万元，第 5 年收益 400 万元，第 6 年到第 10 年每年收益 500 万元，第 11 年收益 450 万元，第 12 年收益 400 万元，第 13 年收益 350 万元，第 14 年收益 450 万元。设年利率为 12%，求：(1)现值；(2)终值；(3)第 2 年末项目的等值。

96. 某人在美国为买房在第 1 年末、第 2 年末各借贷款 15 万美元，银行要求从第 3 年起，按等额摊还法分 3 年偿还，$i=10\%$。试求：(1)每年偿还金额为多少？(2)由于现行美国法律规定，买房贷款的利息可以从所得税中扣除，故需帮助此人计算出偿还的金额中每年应付的利息各是多少？

97. 若某人现存入 1 000 元，2 年后存入 3 000 元，4 年后存入 1 500 元，年利率 6%，半年复利计息一次，问 5 年后存款金额为多少？

第五章

技术经济分析的决策方法

学习要求与目标

1. 掌握时间型、价值型、效率型三大类型的决策分析方法；
2. 掌握互斥方案的优选方法、互斥方案组合法；
3. 掌握混合方案的经济性比选方法；
4. 理解不确定性与风险决策的概念；
5. 掌握不确定性决策方法之间的区别；
6. 理解不确定性与风险决策方法的适用条件。

技术方案是否可行，需要对该技术方案进行经济评价。本章重点学习技术经济分析的决策方法。在应用技术经济分析的决策方法时，关键是确定经济效果评价指标。本章结合经济效果评价指标，首先重点阐述三大类型的技术经济分析的决策方法，包括时间型、价值型、效率型决策分析方法；其次，重点介绍了多方案决策分析方法，包括独立方案、互斥方案和混合方案的决策分析方法。由于技术经济分析采用的数据主要来自预测和估算，为了提高技术经济分析的科学性，需要进一步研究技术经济因素的变化对技术经济分析结果的影响，即不确定性与风险性决策。因此，最后重点阐述不确定性与风险性决策方法，主要包括盈亏平衡分析法（了解技术方案对各种外部条件变化的承受能力）、敏感性分析法（了解各种外部条件发生变化时对技术方案经济效果的影响程度、风险条件下正确的决策方法）。

第一节　三大类型的决策分析方法

一、时间型决策分析方法

时间型决策分析方法是反映项目投资回收速度的经济效益分析法，主要包括投资回收期法和追加投资回收期法等方法。投资回收期是指用项目每年的净收益回收其全部投资所需要的时间，通常以年来表示。投资回收期是反映项目投资回收速度的重要指标。根据是否考虑资金时间价值，投资回收期分为静态投资回收期和动态投资回收期。投资回收期主要是针对一个技术方案的经济效果进行评价。针对两个技术方案的评价，可以采用追加投资回收期法。追加投资回收期法包括静态追加投资回收期法和动态追加投资回收期法。这里主要介绍静态追加投资回收期法。

(一) 静态投资回收期

静态投资回收期是指在不考虑资金时间价值的情况下,以项目的净收益抵偿全部投资(包括固定资产投资和流动资金)所需要的时间。实际中,项目计算期包括建设期和生产运营期。建设期指项目资金正式投入开始到项目建成投产为止所需要的时间,可按合理工期或预计的建设进度确定。生产运营期分为投产期和达产期两个阶段。投产期指项目投入生产,但生产能力尚未达到设计能力时的过渡阶段;达产期指生产运营达到设计预计水平后的时间。因此,项目投资回收期的计算应包括建设期。

1. 静态投资回收期的计算公式

静态投资回收期的一般表达式为

$$\sum_{t=0}^{T_p}(B-C)_t = P \tag{5-1}$$

式中:T_p为静态投资回收期;P为投资总额;B_t为第t年的收入;C_t为第t年的费用(不包括投资)。

式(5-1)是根据静态投资回收期定义给出的,但一般现金流量的发生以年为时间单位,一个项目恰好在某年的年末或年初收回投资的情况极少。因此,式(5-1)应根据投资及净现金收入的情况进行相应调整。

(1) 净现金收入不变情况下的静态投资回收期

假定每年的净现金收入不变,则静态投资回收期的计算公式为

$$T_p = P/(B-C) \tag{5-2}$$

例题 5.1 某项目的投资为100万元,每年净收益为30万元,试求投资回收期。

解:

P=100(万元)

$B-C$=30(万元)

T_p=100/30≈3.3(年)

(2) 净现金收入可变情况下的静态投资回收期

假定每年的净现金收入不同,实际计算中的投资回收期可用现金流量表累计现金流量计算求得。其计算公式为

$$T_P = (\text{累积净现金流量开始出现正值的年份}) - 1 + \frac{|\text{上年累积净现金流量}|}{\text{当年净现金流量}} \tag{5-3}$$

例题 5.2 某项目技术方案的建设期为2年,投资情况和投产后情况如表5-1所示,试求投资回收期。

表 5-1 项目投资与年净收益

单位:万元

年份	1	2	3	4	5	6	7
投资	1 030						
净收益			87	203	233	350	350
累计净现金流量	−1 030	−1 030	−943	−740	−507	−157	193

解: T_p=7−1+(157/350)≈6.45(年)

2. 静态投资回收期的判别准则

采用静态投资回收期评价投资项目时，需要与标准投资回收期（根据同类项目的历史数据和投资者意愿确定）相比较，设标准投资回收期为 T_b，判别准则为：

(a) 若 $T_p \leqslant T_b$，则技术方案可以接受；

(b) 若 $T_p > T_b$，则技术方案不可以接受。

3. 静态投资回收期的特点

(a) 概念明确，简单易用。

(b) 它不仅在一定程度上反映项目的经济性，而且反映项目的风险大小。项目决策者面临着未来的不确定性因素的挑战，这种不确定性所带来的风险随着时间的延长而增加，因为离现实愈远，人们所能确知的东西愈少。为了减少这种风险，希望投资回收期越短越好。因此，作为能够反映一定经济性和风险性的指标，静态投资回收期在项目评价中具有独特的地位和作用，被广泛作为项目评价的辅助性指标。

(c) 它没有考虑资金的时间价值。

(d) 由于它舍弃了回收期以后的收入与支出数据，故不能全面反映项目在寿命期内的总收益和获利能力，难以对不同技术方案的比较选择做出正确判断。

（二）动态投资回收期

动态投资回收期是指在考虑资金时间价值的情况下，以项目的净收益抵偿全部投资（包括固定资产投资和流动资金）所需要的时间。

1. 动态投资回收期的计算公式

动态投资回收期的一般表达式为

$$\sum_{t=0}^{T_p^*}(CI-CO)_t(1+i_0)^{-t}=0 \tag{5-4}$$

式中：T_p^* 为动态投资回收期；CI_t 为第 t 年的收入；CO_t 为第 t 年的费用（不包括投资）；i_0 为基准折现率。

2. 静态投资回收期的判别准则

设基准动态投资回收期为 T_b^*，动态投资回收期的判别准则为：

(a) 若 $T_p^* \leqslant T_b^*$，则技术方案可以接受；

(b) 若 $T_p^* > T_b^*$，则技术方案不可以接受。

例题 5.3 某项目技术方案有关数据如表 5-2 所示。基准折现率 $i_0=10\%$，基准动态投资回收期为 8 年，试计算动态投资回收期，并判断该技术方案能否被接受。

表 5-2 动态投资回收期计算表

单位：万元

年份	0	1	2	3	4	5
1. 投资支出	20	500	100			
2. 其他支出				300	450	450
3. 收入				450	700	700
4. 净现金流量	−20	−500	−100	150	250	250

续表

年份	0	1	2	3	4	5
5. 折现值	−20	−454.6	−82.6	112.7	170.8	155.2
6. 累积折现值	−20	−474.6	−557.2	−444.5	−273.7	−118.5
年份	6	7	8	9	10	
1. 投资支出						
2. 其他支出	450	450	450	450	450	
3. 收入	700	700	700	700	700	
4. 净现金流量	250	250	250	250	250	
5. 折现值	141.1	128.3	116.6	106.0	96.4	
6. 累积折现值	22.6	150.9	267.5	373.5	469.9	

解:计算各年净现金流量的累积折现值。由于动态投资回收期就是净现金流量累积折现值为零的年限,所以本例不能直接得到动态投资回收期(因为各年的累积折现值均不为零)。

$$T_p^* = 6 - 1 + \frac{118.5}{141.2} = 5.84(\text{年}) < 8(\text{年})$$

按动态投资回收期判别准则检验,该技术方案可以接受。

(三) 静态追加投资回收期法

1. 追加投资回收期的计算公式

静态追加投资回收期是指在不考虑资金时间价值情况下,用投资较大的技术方案的年经营费用节约额,来补偿投资较小的技术方案所追加的投资所需的时间。

假设某拟建项目有两个可行的技术方案,两个技术方案具有相同的收益,其中技术方案1投资为 K_1,年经营成本为 C_1;技术方案2投资为 K_2,年经营成本为 C_2。现比较两个技术方案的优劣。

(a) 当 $K_1 > K_2$ 且 $C_1 > C_2$ 时,显然技术方案2比技术方案1好,因为技术方案2无论投资还是经营成本都低于技术方案1。

(b) 当 $K_1 > K_2$ 且 $C_1 < C_2$ 时,无法直接看出两个技术方案的优劣,因为技术方案1的投资较大,但其年经营成本却较低。这种情况就要用静态追加投资回收期来判断。

静态追加投资回收期的计算公式为

$$T_a = (K_1 - K_2)/(C_2 - C_1) \tag{5-5}$$

式中:T_a 为技术方案1相对技术方案2的静态追加投资回收期;K_1 为投资较大技术方案的投资;K_2 为投资较小技术方案的投资;C_1 为投资较大技术方案的经营成本;C_2 为投资较小技术方案的经营成本。

在应用式(5-5)时,需注意分子和分母都不能出现负值,分母中的经营成本也可用其他费用来代替。

2. 静态追加投资回收期的判别准则

静态追加投资回收期必须与标准静态追加投资回收期相比较,标准静态追加投资回收

期可用 T_{ba} 来表示。则判别准则为：

(a) 当 $T_a < T_{ba}$ 时，投资大的技术方案比投资小的技术方案优，因为这时投资大的技术方案所追加的投资在规定的年限内能由其经营成本节约额回收回来。

(b) 当 $T_a > T_{ba}$ 时，投资小的技术方案比投资大的技术方案优，因为这时投资大的技术方案所追加的投资在规定的年限内不能由其经营成本节约额回收回来，因此追加投资不值得。

(c) 当 $T_a = T_{ba}$ 时，两个技术方案等效。

例题 5.4 某拟建项目有两个可行技术方案，技术方案 1 采用普通技术，需投资 2 500 万元，年经营成本为 1 500 万元；技术方案 2 采用新技术，需投资 4 000 万元，年经营成本为 1 000 万元。若该行业标准静态追加投资回收期为 5 年，试分析采用哪一个技术方案较为合理？

解：由式(5-5)得

$T_a=(4\ 000-2\ 500)/(1\ 500-1\ 000)=3(年)<T_{ba}=5(年)$

因此，技术方案 2 更为合理。

此外，针对多个技术方案进行比较时，可采用环比法。环比法的具体步骤：

第一，把所有技术方案按照投资从小到大的顺序排列。

第二，从投资最小的技术方案开始，计算两个技术方案的追加投资回收期，选出一个较好的技术方案后，再与下一个技术方案进行比较。

第三，不断重复第二步，直到选出最优的技术方案。

例题 5.5 某拟建项目有 4 个可行技术方案，其收益相同，费用情况见表 5-3，试选定最佳的技术方案。(标准静态投资回收期为 6 年)

表 5-3　某拟建项目 4 个可行技术方案的费用情况

方案	1	2	3	4
投资(万元)	24	40	20	30
经营成本(万元/年)	11	7	15	12

解：根据环比法的步骤，首先将 4 个技术方案按投资从小到大的顺序排列，依次为 3、1、4 和 2。

第一，计算技术方案 1 与技术方案 3 的静态追加投资回收期。即

$T_{13}=(K_1-K_3)/(C_3-C_1)=(24-20)/(15-11)=1(年)<T_{ba}=6(年)$

因此，技术方案 1 较好，淘汰技术方案 3。

第二，比较技术方案 4 与技术方案 1 的优劣。

$K_4=30>K_1=24, C_4=12>C_1=11$

因此，技术方案 1 较好，淘汰技术方案 4。

第三，比较技术方案 2 与技术方案 1。即

$T_{21}=(K_2-K_1)/(C_1-C_2)=(40-24)/(11-7)=4(年)<T_{ba}=6(年)$

因此，技术方案 2 更优，淘汰技术方案 1。因此技术方案 2 为最优技术方案。

3. 静态追加投资回收期法的局限性

用静态追加投资回收期法进行项目的经济评价，最大的优点是简单、方便。但这种方法除具有投资回收期法的缺点外，还有一定的局限性，具体表现在：

(a) 它只能衡量两个项目之间的相对经济性,不能决定一个技术方案比另一个技术方案到底好多少。

(b) 当技术方案较多时,用这种方法来选择最优方案很麻烦,且易出错。为了简化对比工作,多采用价值型决策分析方法来选择最优方案。

二、价值型决策分析方法

价值型决策分析方法是通过比较各个项目在整个寿命周期内的价值来选择最优方案的决策分析方法,主要包括净现值法、净年值法、费用现值法与费用年值法等方法。

(一) 净现值法

净现值法是反映项目在计算期内盈利能力的动态评价方法。净现值是指按一定的折现率,将考察项目寿命期内各年现金流量折现到同一时点(通常是期初)的现值累加值。

1. 净现值的计算公式

净现值的表达式为

$$NPV=\sum_{t=0}^{n}(CI-CO)_t(1+i_0)^{-t}=\sum_{t=o}^{n}(CI-K-CO')_t(1+i_0)^{-t} \qquad (5-6)$$

式中:NPV 为净现值;CI_t 为第 t 年现金流入量;CO_t 为第 t 年现金流出量;K_t 为第 t 年的投资支出;CO'_t 为第 t 年除投资支出以外的现金流出,$CO'_t=CO_t-K_t$;i_0 为基准折现率;n 为项目寿命期;t 为年限。

2. 净现值的判别准则

针对单一技术方案,判别准则为:

(a) 若 $NPV\geqslant0$,则项目应予接受;这时,技术方案的收益率水平超过或正好等于预先确定的折现率。

(b) 若 $NPV<0$,则项目应予拒绝;这时,技术方案的收益率水平达不到预先确定的折现率。

针对多个技术方案的比选,判别准则为:

净现值越大的技术方案相对越优——净现值最大原则。

例题 5.6 某拟建项目的各年现金流量如表 5-4 所示,试用净现值指标判断技术方案的经济性(i_0=10%)。

表 5-4 某拟建项目的现金流量表

单位:万元

年份	0	1	2	3	4~10
1. 投资支出	20	500	100		
2. 除投资以外的其他支出				300	450
3. 收入				450	700
4. 净现金流量(3-1-2)	−20	−500	−100	150	250

解：$NPV=-20-500(P/F,10\%,1)-100(P/F,10\%,2)+150(P/F,10\%,3)+\sum_{t=4}^{10}250(P/F,10\%,10)=469.94$（万元）

由于 $NPV>0$，故技术方案在经济效果上是可以接受的。

3. 净现值函数

净现值函数就是净现值 NPV 与折现率 i 之间的函数关系。从净现值的计算公式(5-6)可看出，在收益及各项费用指标不变的情况下，净现值将随 i 的变化而变化。表 5-5 列出了某项目的净现金流量及其净现值随 i 变化而变化的对应关系。

表 5-5　某项目的净现金流量及其净现值函数

单位：万元

年份	净现金流量	i(%)	$NPV(i)=-2\,000+800(P/A,i,4)$
0	−2 000	0	1 200
1	800	10	536
2	800	20	71
3	800	22	0
4	800	30	−267
		40	−521
		50	−716
		∞	−2 000

若以纵坐标表示净现值，横坐标表示折现率 i，上述函数关系如图 5-1 所示。

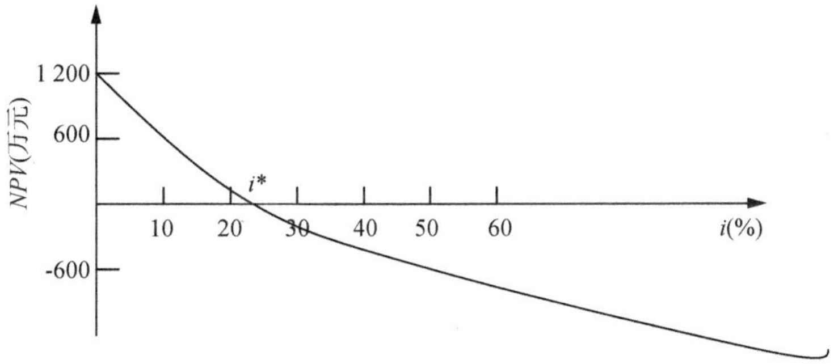

图 5-1　净现值函数曲线变化

从图 5-1 中可以得出净现值函数的特点：

(a) 同一现金流量的净现值为折现率 i 的减函数，即净现值随折现率 i 的增大而减小。其经济含义是基准折现率或所预期的收益率越高，则按净现值法衡量能被选中的方案越少。反之，基准折现率或所预期的收益率越低，则衡量的标准越低，就会有更多的方案被选中。

(b) 在某一个 i^* 值上(图 5-1 中,$i^*=22\%$),曲线与横坐标相交,交点的净现值为零,且当 $i<i^*$ 时,$NPV(i)>0$;当 $i>i^*$ 时,$NPV(i)<0$。称 i^* 为技术方案的内部收益率(将会在后面章节做详细分析)。

采用净现值法进行投资决策时,应该根据净现值最大准则对投资不等的众多备选技术方案进行比选。表 5-6 列出了两个互相排斥方案 A 与 B 的净现金流量及其在折现率分别为 10%和 20%时的净现值。

表 5-6 技术方案 A、B 在基准折现率变动时的净现值

单位:万元

年份	0	1	2	3	4	5	NPV(10%)	NPV(20%)
A	−230	100	100	100	50	50	83.91	24.81
B	−100	30	30	60	60	60	75.40	33.58

由表 5-6 可知,在 i 为 10%和 20%时,两方案的净现值均大于 0,根据净现值最大原则:

(a) 当 $i=10\%$时,$NPV_A>NPV_B$,故方案 A 优于方案 B;

(b) 当 $i=20\%$时,$NPV_B>NPV_A$,则方案 B 优于方案 A。

由此可知,各个技术方案的净现值对折现率 i 的敏感性不同。净现值对折现率 i 的敏感性问题是指,当 i 从某一值变为另一个值时,若按净现值最大原则优选项目方案,可能出现前后结论相悖的情况。这样的现象对投资决策具有重要意义。

例如,假设在一定的基准折现率 i 和投资总额 K 下,净现值大于零的项目有 5 个,其投资总额恰为 K,故上述项目均被接受;按净现值的大小,设其排列顺序为 A、B、C、D、E。但若现在的投资总额必须压缩,减至 K_1 时,新选项目是否仍遵循 A、B、C……的原顺序排列至达到投资总额为止?一般不会。随着投资限额的减少,为了减少被选取的技术方案数(准确地说,是减少被选取技术方案的投资总额),应当提高基准收益率。但基准收益率 i 提高到 i_1 后,由于各项目技术方案净现值对基准收益率的敏感性不同,原先净现值小的项目,其净现值现在可能大于原先净现值大的项目。因此,在基准收益率随着投资总额变动情况下,按净现值准则选取项目不一定会遵守原有的项目排列顺序。

基准折现率 i 是投资项目经济效果评价中一个十分重要的参数(基准收益率的含义和确定方法将会在后面章节做详细分析)。

(二) 净年值法

净年值是指通过资金等值换算,将项目净现值分摊到寿命期内各年(从第 1 年到第 n 年)的等额年值。

1. 净年值的计算公式

净年值的表达式为

$$NAV = NPV(A/P,i,n) = \sum_{t=o}^{n}(CI-CO)_t(1+i)^{-t}(A/P,i,n) \tag{5-7}$$

式中:NAV 为净年值;$(A/P,i,n)$ 为资本回收系数;其他符号意义同前。

2. 净年值的判别准则

净年值的判别准则为：

(a) 若 $NAV \geqslant 0$，则技术方案可行；

(b) 若 $NAV < 0$，则技术方案不可行。

由于 $(A/P, i_0, n) > 0$，故根据净年值与净现值对项目技术方案的经济分析在结论上总是一致的。因此，就项目技术方案的经济分析结论而言，净年值与净现值是等效的。净现值给出的信息是项目在整个寿命期内获得的超出最低期望盈利的超额收益的现值。与净现值不同的是，净年值给出的信息是寿命期内每年的等额超额收益。由于信息的含义不同，而且由于在某些决策结构形式下，采用净年值比采用净现值更为简便和易于计算，故净年值在技术经济分析方法中占有重要的位置。

(三) 费用现值法与费用年值法

在对多个技术方案比较优选时，如果诸技术方案产出价值相同，或者诸技术方案能够满足同样的需要，但其产出效益难以用价值形态(货币)计量，则可以通过对各技术方案费用现值或费用年值的比较进行选择。

1. 计算公式

① 费用现值的计算公式

费用现值的表达式为

$$PC = \sum_{t=0}^{n} CO_t(P/F, i_o, t) \tag{5-8}$$

② 费用年值的计算公式

费用年值的表达式为

$$AC = PC(A/P, i_0, n) = \sum_{t=0}^{n} CO_t(P/F, i_0, t)(A/P, i_0, n) \tag{5-9}$$

式中：PC 为费用现值；AC 为费用年值；其他符号意义同前。

2. 判别准则

费用现值法和费用年值法只能用于多个技术方案的比选，其判别准则是：

费用现值或费用年值最小的技术方案最优。

将费用现值和费用年值做一比较，在一定的基准折现率 i 和寿命期下，则

$$AC/PC = (A/P, i_0, n) = 常数$$

因此，费用现值与费用年值的关系，等同于净现值和净年值的关系。针对项目技术方案的经济分析结论，费用现值最小的方案即为费用年值最小的方案。两者除了指标含义不同外，使用各有所长。例如，费用现值适用于多个技术方案寿命相同的情况比选，当各个技术方案寿命不等时，则可采用费用年值指标。

采用价值型决策分析方法对技术方案进行经济分析时，其优点是计算简单，经济含义明确。缺点是：(a)需要预先给出基准收益率，而基准收益率的确定是比较复杂和困难的；(b)用价值型决策分析方法评价技术方案，可行的标准是达到或超过期望的收益率水平，但不明

确项目的实际投资效率水平，因此需要采用效率型决策分析方法做进一步分析。

三、效率型决策分析方法

效率型决策分析方法是价值型决策分析方法的补充，它能够评价项目实际能达到的投资效率水平。主要评价指标包括投资收益率、净现值率、内部收益率等。

(一) 投资收益率

1. 静态投资收益率

静态投资收益率是指项目正常生产年份的净收益与投资总额的比值。静态投资收益率的表达式为

$$E_p = (B - C)/P \tag{5-10}$$

式中：E_p为投资收益率，其他符号与式(5-2)含义相同。式(5-10)实际上是假设每年净收益相等，这时 E_p与 T_p互为倒数关系。

投资收益率常见的具体形式有投资利润率、投资利税率。如果式(5-10)中的分子换成年利润总额，则称为投资利润率；若换成利润总额加上销售税金，则称为投资利税率。

投资收益率主要反映投资项目的盈利能力，没有考虑资金的时间价值。用投资收益率指标评价项目技术方案的经济效果，需要与标准投资收益率相比较，标准投资收益率常用E_k来表示。则

(a) 当 $E_p \geq E_k$时，则技术方案可以接受；

(b) 当 $E_p < E_k$时，则技术方案不可以接受。

例题 5.7 某项目投资 100 万元，每年净收益为 30 万元，假设标准收益率是 20%，试用投资收益率法判别技术方案是否可行。

解：$P=100$，$B-C=30$，

$E_p=(B-C)/P=30/100=30\%>E_b=20\%$

因此该项目技术方案可行。

2. 追加投资收益率

追加投资收益率是追加投资回收期的倒数，是指一个技术方案经营成本相对于另一技术方案经营成本节约额与追加投资的比值。其含义是单位追加投资所获得的经营成本的节约额。追加投资收益率的计算公式可表示为

$$E_a = (C_2 - C_1)/(K_1 - K_2) \tag{5-11}$$

追加投资收益率必须与标准追加投资收益率相比较，标准追加投资收益率一般用 E_{ba}表示。

(a) 当 $E_a > E_{ba}$时，投资大的技术方案优，说明投资大的技术方案所追加的投资能够带来预期的经营成本节约。

(b) 当 $E_a < E_{ba}$时，投资小的技术方案优，说明投资大的技术方案所追加的投资不能够带来预期的经营成本节约。

(c) 当 $E_a = E_{ba}$时，两个技术方案等效。

例题 5.8 某拟建项目有两个可行方案，技术方案 1 采用普通技术，需投资 2 500 万元，年经营成本为 1 500 万元；技术方案 2 采用新技术，需投资 4 000 万元，年经营成本为 1 000 万元。若该行业标准追加投资收益率为 20%，试分析采用哪一技术方案较好。

解：

$$E_a=(1\ 500-1\ 000)/(4\ 000-2\ 500)\approx 33\%>E_{ba}=20\%$$

因此，技术方案 2 较好。

在采用追加投资收益率方法进行多个技术方案比较时，也可用环比法，其做法与追加投资回收期的多方案比较环比法一样。

例题 5.9 某拟建项目有 4 个可行技术方案，其收益相同，费用情况见表 5-3，试选定最佳的技术方案。若标准追加投资收益率是 15%，试比较 4 个技术方案的优劣。

解：第一，计算技术方案 1 与技术方案 3 的追加投资收益率。即

$$E_{13}=(C_3-C_1)/(K_1-K_3)=(15-11)/(24-20)=1>E_{ba}=15\%$$

因此技术方案 1 较好，淘汰技术方案 3。

第二，比较技术方案 4 与技术方案 1 的优劣。即

$$K_4>K_1, C_4>C_1$$

因此，技术方案 1 较好，淘汰技术方案 4。

第三，比较技术方案 2 与技术方案 1 的优劣。即

$$E_{21}=(C_1-C_2)/(K_2-K_1)=(11-7)/(40-24)=25\%>E_{ba}=15\%$$

因此，技术方案 2 优于技术方案 1，淘汰技术方案 1。

因此，技术方案 2 为最优方案。

（二）净现值率

净现值用于多个技术方案比较时，由于不考虑各个技术方案投资额的大小，因而不直接反映资金的利用效率。为此，常用净现值率作为净现值的辅助指标。净现值率是指项目净现值与项目投资总额现值之比，其含义是单位投资现值所能带来的净现值。

1. 净现值率的计算公式

净现值率的表达式为

$$NPVI=\frac{NPV}{K_p}=\frac{\sum_{t=0}^{n}(CI-CO)_t(1+i)^{-t}}{\sum_{t=0}^{n}K_t(1+i)^{-t}} \tag{5-12}$$

式中：K_p 为项目总投资现值；其余符号意义同前。

2. 净现值率的判别准则

单一技术方案净现值率的判别准则为：

(a) 若 $NPV\geqslant 0$，则 $NPVI\geqslant 0$（因为 $K_p>0$），则技术方案可以接受；

(b) 若 $NPV<0$，则 $NPVI<0$，则技术方案不可以接受。

故用净现值率对单一技术方案进行经济分析时，判别准则与用净现值相同。

若为多个技术方案的经济分析，$NPVI$ 大者，则为优先接受方案。在多方案优选中，净现值率是一个重要的补充评价指标。

（三）内部收益率

在所有技术经济分析的确定性决策方法中，内部收益率（internal rate of return，简称IRR）是最重要的技术经济分析指标之一。由净现值函数已知，项目的净现值与所选的折现率密切相关，净现值的数值随折现率的增大而减小。在净现值函数曲线（见图 5-1）与横轴交点处，使项目计算期内净现值等于零时的折现率就是内部收益率。

1. 内部收益率的计算公式

内部收益率可通过以下方程求得

$$NPV(IRR) = \sum_{t=0}^{n}(CI - CO)_t(1 + IRR)^{-t} = 0 \tag{5-13}$$

式中：IRR 为内部收益率；其他符号意义同前。

2. 内部收益率的判别准则

设基准收益率为 i_0，则内部收益率的判别准则为：

(a) 若 $IRR \geqslant i_0$，则技术方案可以接受；

(b) 若 $IRR < i_0$，则技术方案不可以接受。

3. 内部收益率的试算内插法

将内部收益率的计算公式(5-13)左边展开，可以看出该表达式是一个多项式，它是一个以 IRR 为变量的一元高次方程，不易求解，因此采用试算内插法求 IRR 的近似解。求解过程为：

第一，先给出一个折现率 i_1，具体步骤为：

(a) 先忽略货币的时间价值（或设 $i=0$），而将全部费用及收益分别换算为某时点的总值；

(b) 将费用及收益的总值按复利公式列出等式，计算出复利系数；

(c) 按照复利系数表求出对应的近似 i_1 值，则 i_1 即为第一次试算的折现值。

第二，将 i_1 代入内部收益率表达式，计算相应的 $NPV(i_1)$。

(a) 若 $NPV(i_1) > 0$，说明欲求的 $IRR > i_1$，则设 $i_2 > i_1$，求 $NPV(i_2)$ 的值；

(b) 若 $NPV(i_1) < 0$，说明欲求的 $IRR < i_1$，则设 $i_2 < i_1$，求 $NPV(i_2)$ 的值；

(c) 如此反复试算，逐步逼近，最终可得到比较接近的两个折现率 i_m 和 i_n[$i_m < i_n$，使得 $NPV(i_m) > 0$，$NPV(i_n) < 0$]。然后，用线性插值的办法确定 IRR 的近似值。计算公式为

$$IRR = i_m + \frac{NPV(i_m) \cdot (i_n - i_m)}{NPV(i_m) + |NPV(i_n)|} \tag{5-14}$$

式(5-14)的求解可参看图 5-2。

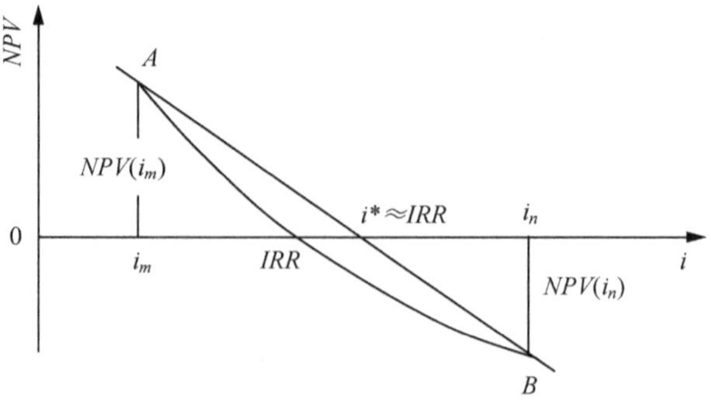

图 5-2　用内插法求 IRR 图解

例题 5.10 某项目的净现金流量如表 5-7 所示。当基准折现率 $i_0=12\%$时，试用内部收益率指标判断该项目在经济效果上是否可以接受。

表 5-7 某项目的净现金流量表

单位：万元

年末	0	1	2	3	4	5
净现金流量	−100	20	30	20	40	40

解：设 $i_1=10\%$，$i_2=15\%$，分别计算其净现值，即

$NPV_1=-100+20(P/F,10\%,1)+30(P/F,10\%,2)+20(P/F,10\%,3)+40(P/F,10\%,4)+40(P/F,10\%,5)=10.16$（万元）

$NPV_2=-100+20(P/F,15\%,1)+30(P/F,15\%,2)+20(P/F,15\%,3)+40(P/F,15\%,4)+40(P/F,15\%,5)=-4.02$（万元）

再用内插法算出内部收益率 IRR：

$$IRR=10\%+(15\%-10\%)\frac{10.16}{10.16+4.02}=13.5\%$$

由于 IRR(13.5%)大于基准折现率(12%)，故该项目在经济效果上是可以接受的。

4. 内部收益率的特点

内部收益率被普遍认为是项目投资的盈利率，反映了投资的使用效率，其概念清晰明确。与净现值和净年值相比，内部收益率更实用。

内部收益率指标的另一个优点，就是在计算净现值和净年值时都需事先给定基准折现率；而内部收益率不是事先给定的，是由项目现金流计算出来的。当基准折现率 i_0 不易确定为单一值而是落入一个小区间时，若内部收益率落在该小区间之外，则使用内部收益率指标的优越性显而易见。如图 5-3 所示，当 $i_1\leqslant i_0\leqslant i_2$ 时，若 $IRR>i_2$，或 $IRR<i_1$，根据 IRR 的判别准则，很容易判断项目的取舍。

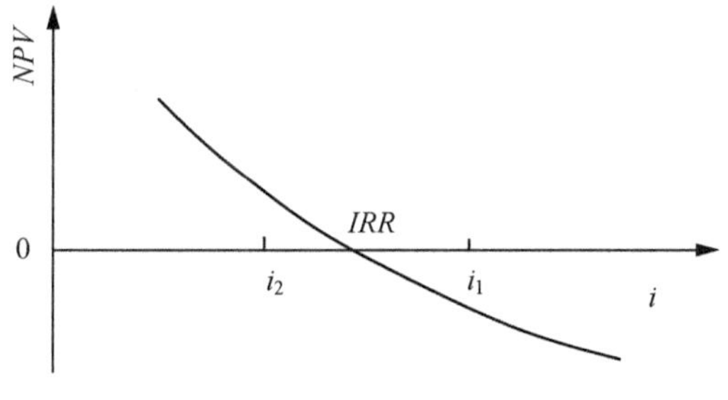

图 5-3 内部收益率 IRR 与基准折现率为一区间(i_1, i_2)时的比较

内部收益率的经济含义可以理解为：在项目的整个寿命期内，按利率 $i=IRR$ 计算，始终存在未能收回的投资，而在寿命结束时，投资刚好被完全收回。即在项目寿命期内，项目始终处于偿付未被收回的投资的状况。因此，项目的偿付能力完全取决于项目内部，故有“内部收益率”之称。

总体来看，在价值型决策分析方法中，就考察内容而言，费用现值与费用年值分别是净现值和净年值的特例，即在技术方案比选时，前两者只考察项目技术方案的费用支出。就结

论而言,净现值与净年值是等效的;费用现值和费用年值是等效的。如图 5-4 所示。

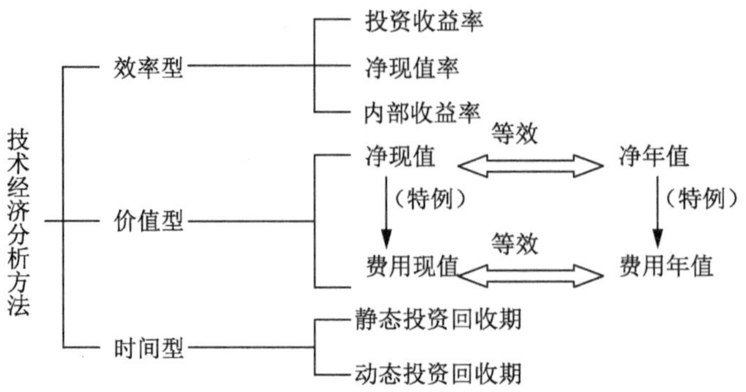

图 5-4 时间型、价值型与效率型决策分析方法及其关系图

第二节 多方案决策分析方法

技术经济分析的对象和具体内容,是对可能采用的各种技术方案进行分析和比较,事先评价其经济效益,并进行技术方案选优,从而为正确的决策提供科学依据。实践中,由于决策结构的复杂性,如果仅掌握几种技术经济指标,而不掌握正确的多方案优选评价方法,就不能达到正确决策的目的。因此,本节在划分决策类型的基础上,介绍如何正确运用前述的各种技术分析指标,进行多个技术方案的评价与决策分析。

一、独立方案的决策分析方法

独立方案是指作为评价对象的各个技术方案的现金流独立、不具有相关性,且任一技术方案的采用与否都不影响其他技术方案是否采用。如果决策的对象是单一技术方案,则可以认为是独立方案的特例。

独立方案的采用与否,只取决于技术方案自身的经济性,即只需检验它们是否能够通过净现值、净年值或内部收益率的判别准则。因此,多个技术方案与单一技术方案的评价方法是相同的。

用净现值、净年值或内部收益率的判别准则(如 $NPV \geqslant 0$,$NAV \geqslant 0$,$IRR \geqslant i_0$)检验方案自身的经济性,叫绝对(经济)效果检验。凡通过绝对效果检验的方案,认为在经济效果上是可以接受的,否则就应予以拒绝。

例题 5.11 两个独立方案 A 和 B,其现金流量如表 5-8 所示。试判断其经济可行性($i_0=15\%$)。

表 5-8 独立方案 A 和 B 的净现金流量

单位:万元

年份	0	1~10
A	−200	45
B	−200	30

解：本例为独立方案，可首先计算技术方案自身的净现值、净年值或内部收益率，然后根据净现值、净年值或内部收益率的判别准则进行绝对效果检验，并决定取舍。

(1) $NPV_A=-200+45(P/A,15\%,10)=25.8$(万元)

$NPV_B=-200+30(P/A,15\%,10)=-49.4$(万元)

由于 $NPV_A>0$，$NPV_B<0$，据净现值判别准则，A 方案可以接受，B 方案应予拒绝。

(2) $NAV_A= NPV_A(A/P,15\%,10)$

$=-200(A/P,15\%,10)+45=5.14$(万元)

$NAV_B=NPV_B(A/P,15\%,10)$

$=-200(A/P,15\%,10)+30=-9.85$(万元)

据净年值判别准则，由于 $NAV_A>0$，$NAV_B<0$，故应接受 A 方案，拒绝 B 方案。

(3) 设 A 方案内部收益率为 IRR_A，B 方案的内部收益率为 IRR_B，由方程式

$$-200+45(P/A,IRR_A,10)=0$$

$$-200+45(P/A,IRR_B,10)=0$$

得到 A 方案和 B 方案的内部收益率为 $IRR_A=18.3\%$，$IRR_B=8.1\%$，由于 $IRR_A>i_0(15\%)$，$IRR_B<i_0(15\%)$，故应接受 A 方案，拒绝 B 方案。

针对独立方案，经济上是否可行的判别依据是其绝对(经济)效果指标是否满足判别准则。不论采用净现值、净年值或内部收益率进行决策分析，评价结果均一样。

二、互斥方案的决策分析方法

若技术方案之间存在着互不相容、互相排斥关系，则这些技术方案称为互斥方案。在对多个互斥方案进行比选时，至多只能选取其中之一。在技术方案互斥的决策结构形式下，经济效果评价包含了两部分内容：一是考察各个技术方案自身的经济效果，即绝对(经济)效果检验；二是考察哪个技术方案相对最优，即相对(经济)效果检验。两种检验的目的和作用不同，通常缺一不可，只有在众多互斥方案中必须选择其中之一时才可以只进行相对(经济)效果检验。

互斥方案经济效果评价的特点是进行技术方案比选。参加比选的技术方案应具有可比性，重点注意：考察时间段及计算期的可比性；收益与费用的性质及计算范围的可比性；方案风险水平的可比性和评价所使用假定的合理性。

(一) 寿命相等的互斥方案

只有服务寿命相同的技术方案，才能直接进行经济效益比较。若采用价值型决策分析方法，则选价值型指标最大者为最优技术方案；若采用效率型指标，则需考察不同技术方案之间增量(差额)投资的经济效益。

1. 增量分析法

例题 5.12 方案 A、B 是互斥方案，其各年的现金流量如表 5-9 所示，试评价选择($i_0=10\%$)。

表 5-9 互斥方案 A、B 的净现金流量及经济效果指标

年份	0	1～10	NPV	IRR(10%)
方案 A 的净现金流(万元)	−200	39	39.64	14.4

续表

年份	0	1～10	*NPV*	*IRR*(10%)
方案 B 的净现金流(万元)	-100	20	22.89	15.1
增量净现金流(A-B)	-100	19	16.75	13.8

解:首先计算两个技术方案的绝对(经济)效果指标 *NPV* 和 *IRR*,计算结果见表 5-9。

$$NPV_A=-200+39(P/A,10\%,10)=39.64(\text{万元})$$

$$NPV_B=-100+20(P/A,10\%,10)=22.89(\text{万元})$$

由方程式

$$-200+39(P/A,IRR_A,10)=0$$

$$-100+20(P/A,IRR_B,10)=0$$

可求得 $IRR_A=14.4\%$,$IRR_B=15.1\%$。

NPV_A、NPV_B均大于零,IRR_A、IRR_B均大于基准折现率(10%),所以技术方案 A 和技术方案 B 都能通过绝对(经济)效果检验,且使用 *NPV* 指标和使用 *IRR* 指标进行绝对(经济)效果检验结论是一致的。

由于 $NPV_A>NPV_B$,故按净现值最大准则,技术方案 A 优于技术方案 B。但计算结果还表明 $IRR_B>IRR_A$,若以内部收益率最大为比选准则,技术方案 B 优于技术方案 A,这与按净现值最大准则比选的结论相矛盾。

到底按哪种准则进行互斥方案比选更合理呢?解决这个问题需要分析投资方案比选的实质。投资额不等的互斥方案比选的实质是判断增量投资(或称差额投资)的经济合理性,即投资大的技术方案相对于投资小的技术方案多投入的资金能否带来满意的增量收益。显然,若增量投资能够带来满意的增量收益,则投资额大的技术方案优于投资额小的技术方案,若增量投资不能带来满意的增量收益,则投资额小的技术方案优于投资额大的技术方案。

表 5-9 给出了技术方案 A 相对于技术方案 B 各年的增量净现金流,即技术方案 A 各年净现金流与技术方案 B 各年净现金流之差额。根据增量净现金流,可计算出差额净现值(也称增量净现值,记作 ΔNPV)和差额内部收益率(也称增量投资内部收益率,记作 ΔIRR)。对于本题

$$\Delta IRR=-100+19(P/A,10\%,10)=16.75(\text{万元})$$

由方程式

$$-100+19(P/A,\Delta IRR,10)=0$$

可解得 $\Delta IRR=13.8\%$。

计算结果表明:$NPV>0$,$\Delta IRR>i_0(10\%)$,增量投资有满意的经济效果,投资大的方案 A 优于投资小的方案 B。

以上分析中,通过计算增量净现金流来评价增量投资经济效果,对投资额不等的互斥方案进行比选,该方法称为增量分析法或差额分析法。增量分析法是互斥方案比选的基本方法。

2. 增量分析指标及其应用

净现值、净年值、投资回收期、内部收益率等评价指标均可用于增量分析,为此,对净现值和内部收益率在增量分析中的应用做进一步讨论。

(1) 差额净现值

设 A、B 为投资额不等的互斥方案,A 方案比 B 方案投资大,两技术方案的差额净现值可用下式求出:

$$
\begin{aligned}
\Delta NPV &= \sum_{t=0}^{n}\left[(CI_A - CO_A)_t - (CI_B - CO_B)_t\right](1+i_0)^{-t} \\
&= \sum_{t=0}^{n}(CI_A - CO_A)_t(1+i_0)^{-t} - \sum_{t=0}^{n}(CI_B - CO_B)_t(1+i_0)^{-t} \\
&= NPV_A - NPV_B
\end{aligned}
\tag{5-15}
$$

式中：ΔNPV 为差额净现值；$(CI_A - CO_A)_t$ 为方案 A 第 t 年的净现金流；$(CI_B - CO_B)_t$ 为方案 B 第 t 年的净现金流；NPV_A、NPV_B 分别为方案 A 与方案 B 的净现值。

用增量分析法进行互斥方案比选时，若 $\Delta NPV \geqslant 0$，表明增量投资可以接受，投资（现值）大的方案经济效果好；若 $\Delta NPV < 0$，表明增量投资不可接受，投资（现值）小的方案经济效果好。

（2）差额内部收益率

差额内部收益率的方程式为

$$
\sum_{t=0}^{n}(\Delta CI - \Delta CO)_t(1+\Delta IRR)^{-t} = 0 \tag{5-16}
$$

式中：ΔCI 为互斥方案（A、B）的差额（增量）现金流入，

$$
\Delta CI = CI_A - CI_B
$$

ΔCO 为互斥方案（A、B）的差额（增量）现金流出，

$$
\Delta CO = CO_A - CO_B
$$

差额内部收益率定义的另一种表述方式是：两互斥方案净现值（或净年值）相等时的折现率。其计算公式也可以写成：

$$
\sum_{t=0}^{n}(CI_A - CO_A)_t(1+\Delta IRR)^{-t} - \sum_{t=0}^{n}(CI_B - CO_B)_t(1+\Delta IRR)^{-t} = 0 \tag{5-17}
$$

利用式（5-16）和式（5-17），求解 ΔIRR 的结果是一样的。

用差额内部收益率比选技术方案的判别标准是：

(a) 若 $\Delta IRR > i_0$（基准折现率），则投资（现值）大的技术方案为优；

(b) 若 $\Delta IRR < i_0$（基准折现率），则投资（现值）小的技术方案为优。

用差额内部收益率进行方案比较的情形如图 5-5 所示。

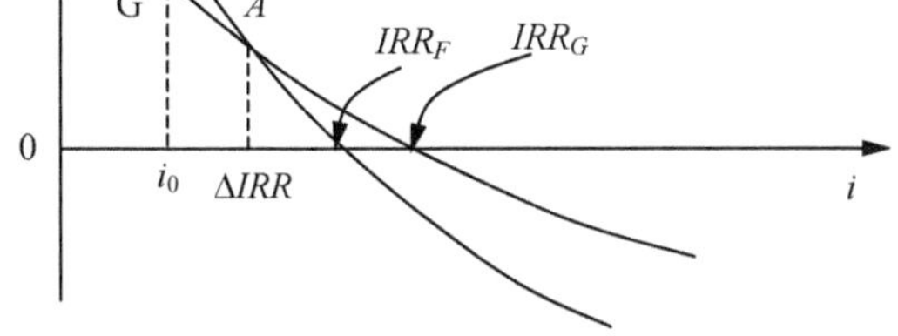

图 5-5　内部收益率 IRR 与基准折现率为一区间（i_1，i_2）时的比较

在图 5-5 中，A 点为 F、G 两技术方案净现值曲线的交点，在这一点两技术方案净现值相等。A 点所对应的折现率即为两技术方案的差额内部收益率 ΔIRR。由图 5-5 可以看出，当 $\Delta IRR > i_0$时，$NPV_F > NPV_G$，当 $\Delta IRR < i_0$时，$NPV_G > NPV_F$。用 ΔIRR 与 NPV 比选方案的结论是一致的。

由此可知，在对互斥方案进行比较选择时，净现值最大准则（净年值最大准则、费用现值与费用年值最小准则）是正确的判别准则。而内部收益率最大准则则不能保证比选结论的正确性。

内部收益率最大准则是在基准折现率大于被比较的两技术方案的差额内部收益率的前提下成立。即如果将投资大的技术方案相对于投资小的技术方案的增量投资用于其他投资机会，会获得高于差额内部收益率的盈利率，用内部收益率最大准则进行技术方案比选的结论就是正确的。如图 5-5 所示，如果所取的基准折现率 i_0大于差额内部收益率 ΔIRR，则用内部收益率最大准则与净现值最大准则比选技术方案的结论就是一致的。但是倘若基准折现率 i_0小于差额内部收益率 ΔIRR，用内部收益率最大准则选择技术方案就会导致错误的抉择。由于基准折现率是独立确定的，不依赖于具体待比选方案的差额内部收益率，故用内部收益率最大准则比选技术方案是不可靠的。

用内部收益率评价互斥方案的步骤和方法为：

(a) 根据每个技术方案自身的净现金流，计算每个技术方案的内部收益率，淘汰内部收益率小于基准收益率的技术方案，即淘汰通不过绝对（经济）效果检验的技术方案。

(b) 按照投资从大到小的顺序排列经绝对（经济）效果检验保留下来的技术方案。首先计算头两个技术方案的 ΔIRR，若 $\Delta IRR > i_0$，则保留投资大的技术方案；若 $\Delta IRR < i_0$，则保留投资小的技术方案。

(c) 将第(b)步得到的保留方案与下一个技术方案进行比较——计算两技术方案的增量内部收益率，取舍判据同上。依此类推，直至检验过所有可行技术方案，找出最优技术方案为止。

值得注意的是，ΔIRR 只能反映增量现金流的经济性（相对经济效果），不能反映各技术方案自身的经济性（绝对经济效果）。故差额内部收益率只能用于技术方案之间的比较（相对效果检验），不能仅根据 ΔIRR 数值的大小判定技术方案的取舍。图 5-6 对此做了说明。

图 5-6 中，在(a)、(b)所示的两种情况下，方案 A 与方案 B 均能通过绝对（经济）效果检验（$IRR_A > i_0$，$IRR_B > i_0$），可以根据 ΔIRR 与 i_0的比较判定方案的取舍：(a)情况下，$\Delta IRR > i_0$，投资大的技术方案 A 优于投资小的技术方案 B；(b)情况下，技术方案 B 优于技术方案 A。在(c)所示的情况下，技术方案 A 与技术方案 B 均不能通过绝对（经济）效果检验，（$IRR_A < i_0$，$IRR_B < i_0$），故不管 ΔIRR 大小如何，两技术方案都不应选取。在(d)所示的情况下，技术方案 A 通过绝对（经济）效果检验（$IRR_A > i_0$），且 $\Delta IRR > i_0$，可以判定技术方案 A 为最优可行方案。

差额内部收益率也可用于仅有费用现金流的互斥方案比选。比选结论与费用现值法和费用年值法一致。在这种情况下，实际上是把增量投资所导致的对其他费用的节约看成是增量收益。计算仅有费用现金流的互斥方案的差额内部收益率的方程，可以比照式

(5-16)或式(5-17),按两技术方案费用现值相等或增量费用现金流现值之和等于零的方式建立。

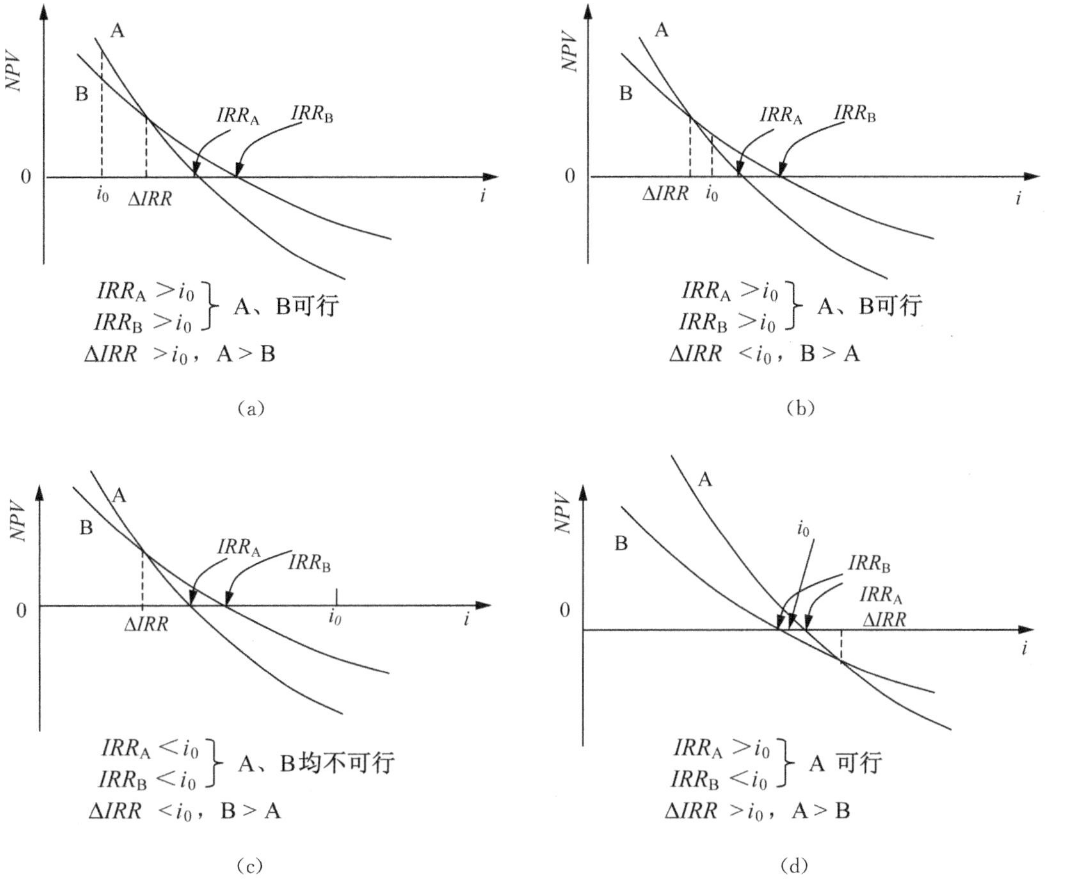

图 5-6　用内部收益率法比选方案示意图

(二) 寿命不等的互斥方案

针对寿命相等的互斥方案,通常将方案的寿命周期设定为共同的分析期(或称计算期),这样,再利用资金等值原理进行经济效果评价时,技术方案间在时间上就具有可比性。

针对寿命不等的互斥方案进行比选时,同样要求技术方案之间具有可比性。满足这一要求需要解决两方面的问题:一是设定一个合理的共同分析期;二是给寿命期不等于分析期的技术方案选择合理的技术方案持续假定或者残值回收假定。

1. 年值法

在对寿命不等的互斥方案进行比选时,尤其是当参加比选的技术方案数目众多时,年值法是最为简便的方法。年值法使用的指标有净年值与费用年值。

设 m 个互斥方案的寿命周期分别为 $n_1, n_2, \cdots, n_m$,方案 $j(j=1,2,\cdots,m)$ 在其寿命期内的净年值为

$$
\begin{aligned}
NAV_j &= NPV_j(A/P, i_0, n_j) \\
&= \sum_{t=0}^{n_j}(CI_j - CO_j)_t(P/F, i_0, t)(A/P, i_0, n_j)
\end{aligned}
\tag{5-18}
$$

净年值最大且非负的方案为最优可行方案。

例题 5.13 设互斥方案 A、B 的寿命分别为 3 年和 5 年，各自寿命期内的净现金流量如表 5-10 所示。试用年值法评价选择（$i_0=12\%$）。

表 5-10 方案 A、B 的净现金流量

单位：万元

年份	0	1	2	3	4	5
A	−300	96	96	96	96	96
B	−100	42	42	42		

解：由式(5-18)可得

$$NAV_A = [-300+96(P/A,12\%,5)](A/P,12\%,5)$$
$$=-300\times 0.277\,41+96=12.78(\text{万元})$$
$$NAV_B = [-100+42(P/A,12\%,3)](A/P,12\%,3)$$
$$=-100\times 0.416\,35+42=0.365(\text{万元})$$

由于 $NAV_A>NAV_B>0$，故可选取 A 方案。

用年值法进行寿命不等的互斥方案比选，实际上隐含着一种假定：各备选方案在其寿命结束时均可按原方案重复实施或以原方案经济效果水平相同的方案持续。因为一个技术方案无论重复实施多少次，其年值是不变的，所以年值法实际上假定了各技术方案可以无限多次重复实施。在这一假定前提下，年值法以“年”为时间单位比较各技术方案的经济效果，从而使寿命不等的互斥方案间具有可比性。

对于仅有或仅需要计算费用现金流的互斥方案，可以比照净年值指标的计算方法，用费用年值指标进行比选。判别准则是：费用年值最小的方案为最优方案。

2. 现值法

当互斥方案寿命不等时，通常，各技术方案的现金流在各自寿命周期内的现值不具有可比性。如果要使用现值指标（净现值或费用现值）进行技术方案比选，必须设定一个共同的分析期。分析期的设定应根据决策的需要和方案的技术经济特征来决定。通常有以下几种处理方法：

（1）寿命期最小公倍数法

此法假定备选方案中的一个或若干个在其寿命期结束后按原方案重复实施若干次，取各备选方案寿命期的最小公倍数作为共同的分析期。例如，有两个备选方案，A 方案的寿命期为 10 年，B 方案的寿命期为 15 年，假定 A 方案重复实施两次，B 方案重复实施一次，取两方案寿命期的最小公倍数 30 年作为分析期。

（2）合理分析期法

根据对未来市场状况和技术发展前景的预测直接选取一个合理的分析期，假定寿命期短于此分析期的方案重复实施，并对各技术方案在分析期末的资产余值进行估价，到分析期结束时回收资产余值。在被选方案寿命期比较接近的情况下，一般取寿命期最短方案的寿命期作为分析期。

（3）年值折现法

按照某一共同的分析期将各备选方案的年值折现，得到用于技术方案比选的现值。这种方法实际上是年值法的一种变形，隐含着与年值法相同的持续方案假定。设技术方案 j（$j=1,2,\cdots,m$）的寿命期为 n_j，共同分析期为 N，按年值折现法，技术方案 j 净现值的计算公式为

$$NPV_j=\sum_{t=0}^{n_j}(CI_j-CO_j)_t(P/F,i_0,t)(A/P,i_o,n_j)(P/A,i_0,N) \qquad (5\text{-}19)$$

用年值折现法求净现值时，共同分析期 N 取值的大小不会影响技术方案比选结论，但通常 N 的取值不大于最长的方案寿命期，不小于最短的方案寿命期。

用上述方法计算出的净现值用于寿命不等互斥方案评价的判别标准是：净现值最大且非负的技术方案是最优可行方案。对于仅有或仅需计算费用现金流的互斥方案，可比照上述方法计算费用现值进行比选，判别标准是：费用现值最小的方案为最优方案。

针对某些不可再生资源开发型项目（如石油开采），在进行寿命不等的互斥方案比选时，技术方案可重复实施的假定不再成立。在这种情况下，不能用含有技术方案重复假定的年值法和前面介绍的现值法。针对这类技术方案，可以直接按技术方案各自寿命期计算的净现值进行比选。这种处理方法所隐含的假定是：用最长的方案寿命期作为共同分析期，寿命短的方案在其寿命期结束后，其再投资按基准折现率（最低希望收益率）取得收益。

（三）互斥方案组合法

1. 现金流具有相关性的方案选择

当各技术方案的现金流量之间具有相关性，但技术方案之间并不完全互斥时，不能简单地按照独立方案或互斥方案的决策分析方法进行决策。而应当首先用“互斥方案组合法”，将各技术方案组合成互斥方案，计算各互斥方案的现金流量，再按互斥方案的评价方法进行评价选择。

例题 5.14 为了满足运输要求，有关部门分别提出要在某两地之间上一铁路项目和（或）一公路项目。只上一个项目时的净现金流量如表 5-11 所示。若两个项目都上，由于货运分流的影响，两项目都将减少净收入，其净现金流如表 5-12 所示。当基准折现率为 $i_0=10\%$ 时应如何决策？

表 5-11 只上一个项目时的净现金流量

单位：百万元

年份	0	1	2	3～32
铁路 A	−200	−200	−200	100
公路 B	−100	−100	−100	60

表 5-12　两个项目都上时的净现金流量

单位：百万元

年份	0	1	2	3～32
铁路 A	−200	−200	−200	80
公路 B	−100	−100	−100	35
两项目合计(A+B)	−300	−300	−300	115

为保证决策的正确性，先将两个相关方案组合成三个互斥方案，再分别计算其净现值。

$$NPV(i_0) = \sum_{t=0}^{32} (CI_j - CO_j)_t (1+10\%)^{-t} \quad (j = 1,2,3)$$

计算结果如表 5-13 所示。

表 5-13　组合互斥方案的净现金流量及其净现值表

单位：百万元

年份	0	1	2	3～32	净现值
1. 铁路 A	−200	−200	−200	100	231.98
2. 公路 B	−100	−100	−100	60	193.90
3. A+B	−300	−300	−300	115	75.29

根据净现值判别准则，在三个互斥方案中，A 方案净现值最大且大于零，故 A 方案为最优可行方案。

若用净年值法和内部收益率法对表 5-13 的互斥法组合方案进行评价选择，亦会得出相同的结论。

2. 受资金限制的方案选择

在资金有限的情况下，局部看来不具有互斥性的独立方案也成了相关方案。如何对这类方案进行评价选择，以保证在给定资金预算总额的前提下取得最大的经济效果(即实现净现值最大化)，就是所谓“受资金限制的方案选择”问题。

受资金限制的方案选择使用的方法也是“互斥方案组合法”。

用互斥方案组合法对资金限制的方案选择的步骤：

对于 m 个非直接互斥的项目方案，列出全部的相互排斥的组合方案，共$(2m-1)$个。

保留投资额不超过投资限额且净现值大于等于零的方案，淘汰其余组合方案。保留的组合方案中净现值最大的即为最优可行方案。

例题 5.15　现有 3 个非直接互斥的项目方案 A、B、C，其初始投资及各年净收入如表 5-14 所示。投资限额为 450 万元。基准折现率为 8%，各方案的净现值的计算结果也列于表 5-14 中。试对各方案进行评价选择。

表 5-14　A、B、C 方案的净现金流量与经济指标

单位:万元

年份	初始投资	1～10 年净收入	净现值
A	−100	23	54.33
B	−300	58	89.18
C	−250	49	78.79

解:本例互斥组合方案的个数共 7 个,这 7 个方案彼此互不相容,互相排斥。其具体构成及相应指标列于表 5-15 中。

表 5-15　A、B、C 的互斥组合方案

单位:万元

序号	方案组合	初始投资	1～10 年净收入	净现值
1	A	−100	23	54.33
2	B	−300	58	89.18
3	C	−250	49	78.79
4	A+B	−400	81	143.51
5	A+C	−350	72	133.12
6	B+C	−550	107	167.97(不可行)
7	A+B+C	−650	130	222.30(不可行)

由于投资额为 450 万元,因此组合方案 6、7 为不可行方案,首先淘汰。其余保留的可行方案以第 4 组方案净现值最大(且大于零),即为最优方案——(A+B)方案。

三、混合方案的决策分析方法

混合方案是指在众多技术方案中,各技术方案之间的关系包括各种类型,可能包括相互独立关系,也可能包括互斥关系或其他相关关系。例如,企业实行多元化经营,企业的投资方向较多,这些投资方向就业务内容而言,是相互独立的,而对投资方向又可能有几个可供选择的互斥方案,这样就构成了混合方案的选择问题。

例题 5.16　某重型机械制造厂有 5 个投资方案 A_1、A_2、B_1、B_2 及 C,它们各自的现金流量及净现值如表 5-16 所示。5 个投资方案之间的关系是:A_1 与 A_2 互斥,B_1 与 B_2 互斥,B_1 及 B_2 都从属于 A_2,C 从属于 B_1。设定资金限额为 220 万元,试选择出最优的投资组合方案,基准收益率为 10%。

表 5-16　各技术方案现金流量及净现值

单位:万元

投资方案	投资建议					NPV
	0	1	2	3	4	
A_1	−200	80	80	80	80	53.6
A_2	−120	48	48	48	48	32.0
B_1	−56	18	18	18	18	1.06
B_2	−60	20	20	20	20	3.6
C	−40	24	24	24	24	36

解:5 项投资建议共可组成 5 个互斥的投资方案,如表 5-17 所示。显然,这些技术方案都未超过投资限额 220 万元。采用净现值指标分析,技术方案 5 的净现值最高,应优先采纳。

表 5-17　5 个互斥方案的投资及净现值

单位:万元

组合序号	组合方案 A_1 A_2 B_1 B_2 C	投资	NPV
1	10000	−200	53.6
2	01000	−120	32
3	01100	−176	33.06
4	01010	−180	35.6
5	01101	−216	71.6

注:第二列中,数字 1 表示对应的方案参与组合,数字 0 表示不参与组合。

四、案例研究

(一) 独立方案决策分析

例 1. 某投资方案的现金流量如下表所示,基准收益率为 15%,试计算:(1) 投资回收期(静态 P_t 和动态 P_t');(2) 净现值 *NPV*;(3) 内部收益率 *IRR*。

解:

年份	0	1	2	3	4	5
净现金流量	−2 000	450	550	650	700	800
累计净现金流量	−2 000	−1 550	−1 000	−350	350	1 150
折现系数	1	0.869 6	0.756 1	0.657 5	0.571 8	0.497 2
净现金流量的现值	−2 000	391.32	415.86	427.38	400.26	397.76
累计净现金流量的现值	−2 000	−1 608.68	−1 192.82	−765.44	−365.18	32.58

(1) 投资回收期

静态 $P_t=4-1+(350/700)=3.5$(年)

动态 $P'_t=5-1+(365.18/397.76)=4.92$(年)

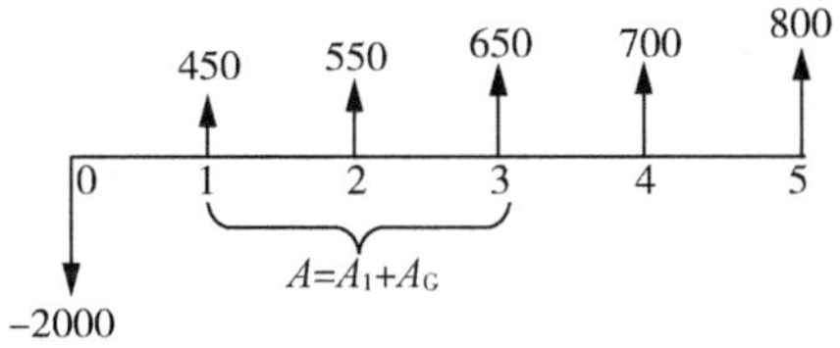

(2) 净现值

解法一:

$NPV=-2\ 000+450(P/F,15\%,1)+550(P/F,15\%,2)+650(P/F,15\%,3)+700(P/F,15\%,4)+800(P/F,15\%,5)=32.58$(万元)

解法二:

$A=A_1+A_G=450+100(A/G,15\%,3)=450+100\times0.907=540.7$

$NPV=-2000+540.7(P/A,15\%,3)+700(P/F,15\%,4)+800(P/F,15\%,5)$

$=32.58$(万元)

(3) 内部收益率

$NPV=-2\ 000+450(P/F,IRR,1)+550(P/F,IRR,2)+650(P/F,IRR,3)+700(P/F,IRR,4)+800(P/F,IRR,5)=0$

当 $i_1=15\%,NPV_1=32.57$

当 $i_2=16\%,NPV_2=-19.41$

$$IRR=i_1+\frac{NPV_1}{NPV_1+|NPV_2|}(i_2-i_1)$$

$$=15\%+\frac{32.57}{32.57+19.41}(16\%-15\%)=15.63\%$$

例 2. 某公共事业拟订一个 15 年规划,分三期建成,开始投资 60 000 元,5 年后再投资 50 000元,10 年后再投资 40 000 元。每年的保养费:前 5 年每年 1 500 元,次 5 年每年 2 500 元,最后 5 年每年 3 500 元,15 年年末残值为 8 000 元,试用 8%的基准收益率计算该规划的费用现值和费用年值。

解:

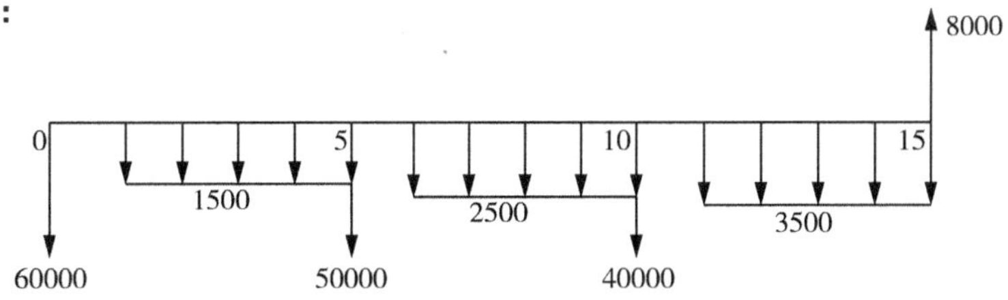

(1) 费用现值

$PC=60\ 000+50\ 000(P/F,8\%,5)+40\ 000(P/F,8\%,10)-8\ 000(P/F,8\%,15)+1\ 500(P/A,8\%,5)+2\ 500(P/A,8\%,5)(P/F,8\%,5)+3\ 500(P/A,8\%,5)(P/F,8\%,10)=129\ 291.99$(元)

(2) 费用年值

$AC=PC(A/P,8\%,15)=129\ 291.99\times0.116\ 8=15\ 101.30$(元)

例 3. 某投资方案初始投资为 120 万元，年营业收入为 100 万元，寿命为 6 年，残值为 10 万元，年经营成本为 50 万元。试计算该投资方案的内部收益率。

解：

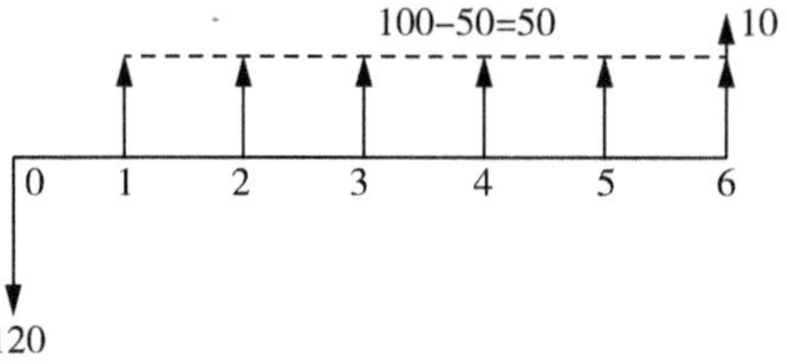

$$NPV = -120 + 50(P/A, IRR, 6) + 10(P/F, IRR, 6) = 0$$

$$i_1 = 30\%, NPV_1 = -120 + 50 \times 2.643 + 10 \times 0.2072 = 14.22$$

$$i_2 = 40\%, NPV_2 = -120 + 50 \times 2.168 + 10 \times 0.1328 = -10.27$$

$$IRR = i_1 + \frac{NPV_1}{NPV_1 + |NPV_2|}(i_2 - i_1)$$

$$= 30\% + \frac{14.22}{14.22 + 10.27} \times (40\% - 30\%)$$

$$= 35.81\%$$

例 4. 建一个临时仓库需 8 000 元，一旦拆除即毫无价值，假定仓库每年净收益为 1 360 元。试计算：(1) 使用 8 年时，其内部收益率为多少？(2) 若希望得到 10%的收益率，则仓库至少使用多少年才值得投资？

解：

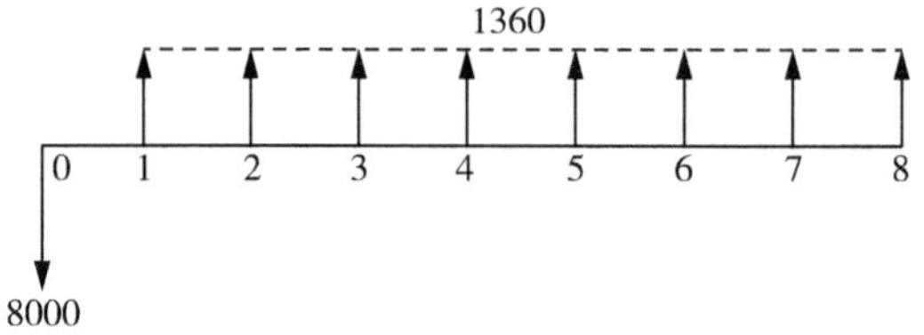

(1) 内部收益率

$$NPV = -8\,000 + 1\,360(P/A, IRR, 8) = 0 \Rightarrow (P/A, IRR, 8) = 5.882\,4$$

$$i_1 = 6\%, NPV_1 = -8\,000 + 1\,360 \times 6.209\,8 = 445.328$$

$$i_2 = 8\%, NPV_2 = -8\,000 + 1\,360 \times 5.746\,6 = -184.624$$

$$IRR = i_1 + \frac{NPV_1}{NPV_1 + |NPV_2|}(i_2 - i_1) = 6\% + \frac{445.328}{445.328 + 184.624} \times (8\% - 6\%) = 7.41\%$$

(2) 使用年限

$$NPV = -8\,000 + 1\,360(P/A, 10\%, n) = 0 \Rightarrow (P/A, 10\%, n) = 5.882\,4$$

$$n_1 = 9, (P/A, 10\%, 9) = 5.759\,0$$

$$n_2 = 10, (P/A, 10\%, 10) = 6.144\,6$$

$$\frac{n - 9}{10 - 9} = \frac{5.882\,4 - 5.759\,0}{6.144\,6 - 5.759\,0} = \frac{0.123\,4}{0.385\,6}$$

$$n = 9 + \frac{0.123\,4}{0.385\,6} \times (10 - 9) = 9.32(\text{年})$$

(二) 互斥方案决策分析

例 1. 已知方案 A、B、C 的有关资料如下表所示，基准收益率为 15%，试分别用净现值法与内部收益率对这三个方案进行优选。

方案	初始投资	年收入	年支出	经济寿命
A	3 000	1 800	800	5 年
B	3 650	2 200	1 000	5 年
C	4 500	2 600	1 200	5 年

解:(1) 用净现值对方案进行评价

$NPV(A)=-3\,000+(1\,800-800)(P/A,15\%,5)=-3\,000+1\,000\times3.352\,2=352.2$

$NPV(B)=-3\,650+(2\,200-1\,000)(P/A,15\%,5)=-3\,650+1\,200\times3.352\,2=372.6$

$NPV(C)=-4\,500+(2\,600-1\,200)(P/A,15\%,5)=-4\,500+1\,400\times3.352\,2=193.08$

① 绝对评价

$NPV(A)$、$NPV(B)$、$NPV(C)$均大于零,所以三个方案均可行。

② 相对评价

$NPV(B)>NPV(A)>NPV(C)$,所以 B 方案最优。

(2) 用内部收益率对方案进行评价

① 绝对评价

计算各方案的 IRR,淘汰 $IRR<ic$,保留 $IRR\geqslant ic$ 的方案。

$NPV(A)=-3\,000+1\,000(P/A,IRR_A,5)=0\Rightarrow(P/A,IRR_A,5)=3$

$i_1=15\%,NPV_1=-3\,000+1\,000\times3.352\,2=352.2$

$i_2=20\%,NPV_2=-3\,000+1\,000\times2.990\,6=-9.4$

$$IRR=15\%+\frac{352.2}{352.2+9.4}\times(20\%-15\%)=19.87\%>15\%$$

$NPV(B)=-3\,650+1\,200(P/A,IRR_B,5)=0\Rightarrow(P/A,IRR_B,5)=3.041\,7$

$i_1=15\%,NPV_1=-3\,650+1\,200\times3.352\,2=372.64$

$i_2=20\%,NPV_2=-3\,650+1\,200\times2.990\,6=-61.28$

$$IRR=15\%+\frac{372.64}{372.64+61.28}\times(20\%-15\%)=19.29\%>15\%$$

$NPV(C)=-4\,500+1\,400(P/A,IRR_C,5)=0\Rightarrow(P/A,IRR_C,5)=3.214\,3$

$i_1=15\%,NPV_1=-4\,500+1\,400\times3.352\,2=193.08$

$i_2=20\%,NPV_2=-4\,500+1\,400\times2.990\,6=-313.16$

$$IRR=15\%+\frac{193.08}{193.08+313.16}\times(20\%-15\%)=16.91\%>15\%$$

三个方案的内部收益率均大于基准收益率,所以三个方案均可行,都可进入下一步相对评价。

② 相对评价

依次用初始投资大的方案的现金流量减去初始投资小的方案的现金流量,形成增量投资的现金流量,依次计算两相邻方案间的增量内部收益率 ΔIRR 。若 $\Delta IRR>ic$,则保留投资额大的方案,反之,则保留投资额小的方案。

a. 比较 A、B 两个方案

$\Delta NPV(\Delta IRR)=-650+200(P/A,\Delta IRR,5)=0\Rightarrow(P/A,\Delta IRR,5)=3.25$

$i_1 = 15\%, \Delta NPV_1 = -650 + 200 \times 3.3522 = 20.44$

$i_2 = 20\%, \Delta NPV_2 = -650 + 200 \times 2.9906 = -51.88$

$$\Delta IRR = 15\% + \frac{20.44}{20.44 + 51.88} \times (20\% - 15\%) = 16.41\% > 15\%$$

b. 比较 B、C 两个方案

$\Delta NPV(\Delta IRR) = -850 + 200(P/A, \Delta IRR, 5) = 0 \Rightarrow (P/A, \Delta IRR, 5) = 4.25$

$i_1 = 5\%, \Delta NPV_1 = -850 + 200 \times 4.3295 = 15.9$

$i_2 = 6\%, \Delta NPV_2 = -850 + 200 \times 4.2124 = -7.52$

$\Delta IRR = 5\% + \frac{15.9}{15.9 + 7.52} \times (6\% - 5\%) = 5.68\% < 15\%$，取投资小的 B 方案 。

综上所述：B 方案为最优方案。

例 2. 某施工机械有两种不同的型号，其有关数据如下表所示，利率为 10%，试问购买哪种型号的机械比较经济？（分别用净年值法与净现值法对方案进行优选）

方案	初始投资	年营业收入	年经营费用	残值	经济寿命
A	120 000	70 000	6 000	20 000	10 年
B	90 000	70 000	8 500	10 000	8 年

解：

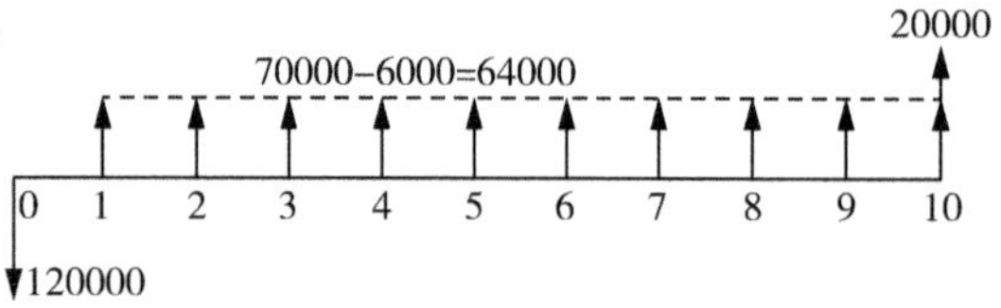

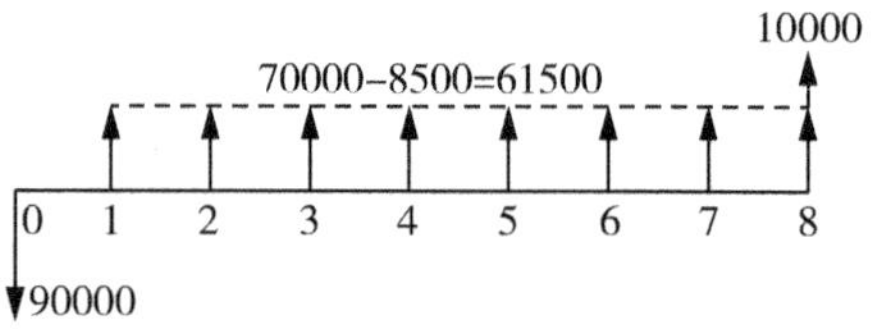

(1) 用净年值对方案进行评价

$NAV(A) = -120\,000(A/P, 10\%, 10) + 20\,000(A/F, 10\%, 10) + 64\,000 = 45\,730$

$NAV(B) = -90\,000(A/P, 10\%, 8) + 10\,000(A/F, 10\%, 8) + 61\,500 = 45\,508$

绝对评价：$NAV(A)$、$NAV(B)$均大于零，所以两方案均可行。

相对评价：$NAV(A) > NAV(B)$，所以 A 型号的机械最优。

(2) 用净现值对方案进行评价

最小公倍数法：取两方案计算期的最小公倍数 40 年来计算。

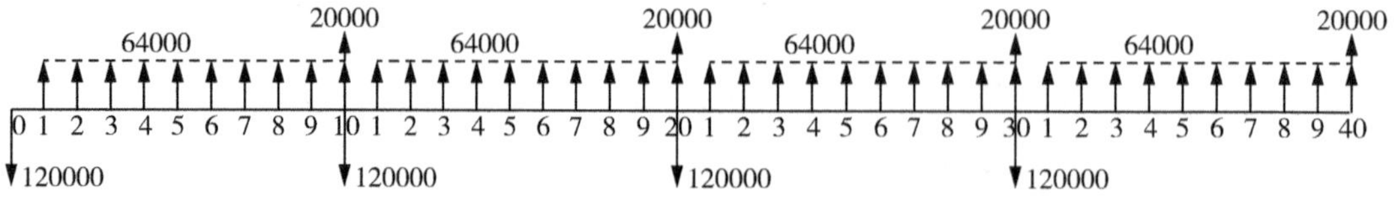

$NPV(A) = -120\,000 - 120\,000(P/F, 10\%, 10) - 120\,000(P/F, 10\%, 20) - 120\,000(P/F, 10\%, 30) + 20\,000(P/F, 10\%, 10) + 20\,000(P/F, 10\%, 20) + 20\,000(P/F, 10\%, 30) + 20\,000(P/F, 10\%, 40) + 64\,000(P/A, 10\%, 40) = 447\,164.4$

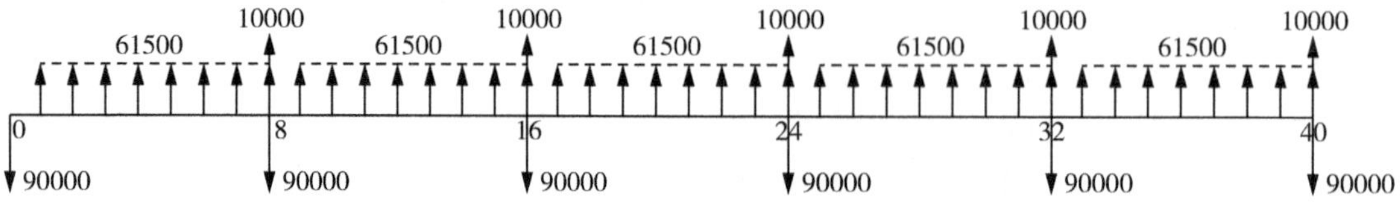

$NPV(B) = -90\ 000 - 90\ 000(P/F, 10\%, 8) - 90\ 000(P/F, 10\%, 16) - 90\ 000(P/F, 10\%, 24) - 90\ 000(P/F, 10\%, 32) + 10\ 000(P/F, 10\%, 8) + 10\ 000(P/F, 10\%, 16) + 10\ 000(P/F, 10\%, 24) + 10\ 000(P/F, 10\%, 32) + 10\ 000(P/F, 10\%, 40) + 61\ 500(P/A, 10\%, 40) = 444\ 995.65$

绝对评价：$NPV(A)$、$NPV(B)$均大于零，所以两方案均可行。

相对评价：$NPV(A) > NPV(B)$，所以A型号的机械最优。

第三节　不确定性与风险性决策方法

一、不确定性与风险性决策概述

所谓不确定性，一是指影响项目技术方案经济效果的各种因素（如各种价格）的未来变化带有不确定性；二是指测算项目技术方案现金流量时各种数据（如投资额、产量）由于缺乏足够的信息或测算方法上的误差，使得技术方案经济效果评价指标值带有不确定性。作为投资决策依据的技术经济分析建立在决策者对未来事件所做的预测和判断基础之上。由于影响各种技术方案经济效果的政治经济形势、资源条件、技术发展情况等因素变化带有不确定性，加上预测方法和工作条件的局限性（预测数据不够准确），对技术方案经济效果评价中使用的投资、成本、产量、价格等基础数据的估算与预测结果不可避免地会产生误差，例如投资超支、建设工期延长、生产能力达不到设计要求、原材料价格上涨、劳务费用增加、产品售价波动、市场需求量变化、贷款利率及外币汇率变动等，这些误差可能使项目投资达不到预期的经济效果，甚至发生亏损等，从而给投资者和经营者带来风险。

（一）不确定性决策与风险性决策的关系

不确定性决策分析是对影响项目的不确定性因素进行分析，测算它们的变化对项目效益的影响，找出最主要的敏感因素及其临界点的过程。风险决策分析是识别风险因素、估计风险概率、评价风险影响及制定风险对策的过程。

不确定性决策分析与风险决策分析既有联系又有区别。风险是介于确定与不确定性之间的一种状态，其出现的可能性是可知的，而不确定性的概率是未知的。不确定性决策与风险决策的关系主要表现在三个方面：概率获得性、是否能够量化、影响大小。

(a) 概率获得性。不确定性发生概率未知；而风险发生概率是已知的，或是可以测定的，可以用概率分布来描述。

(b) 是否能够量化。风险是可以量化的，即其发生概率是已知的或通过努力可以知道的，因此风险决策分析可以采用概率树分析方法，分析各种情况发生的概率及其影响；不确定性决策分析是不可以量化的，对它只能进行假设分析，假定某些因素发生后，分析不确定性因素对项目事件、活动的影响。

(c) 影响大小。不确定性代表不可知事件，因而可能有更大的影响，而如果同样事件可以量化风险，则其影响可以防范并得到有效的降低。

不确定性决策与风险决策的根本区别在于决策者能否预知事件发生最终结果的概率分布。实践中，某一事件处于风险状态还是不确定性状态并不是完全由事件本身的性质决定的，有时很大程度上取决于主观性，即决策者的认知能力和所拥有的信息量。随着决策者认知能力的提高和所掌握的信息量的增加，不确定性决策也可也能够演化为风险决策。

鉴于实践中区分这两种状态的困难和两种状态转换的可能性，许多对风险的讨论都采用了第一种观点，并不严格区分风险和不确定性的差异，但不确定性决策和风险决策对于如何选择适宜的决策方法有一定的指导意义。

(二) 不确定性与风险性决策的作用

1. 产生原因

投资项目的不确定性产生的原因很多，可以从内部和外部两个方面来归纳。

(a) 外部因素方面：一个投资项目，特别是重大的投资项目，必然受到政治、经济、国防、社会、能源和技术等诸多因素的影响，这些因素随着时间、地点、条件的改变而不断变化，构成了投资项目的外部不确定性因素。例如，技术进步和工艺变化、产品市场的变化及政策法规的变化等。

(b) 内部因素方面：在进行投资项目的可行性研究时，要采用一些具体的参数、指标，项目可行性研究工作者要作出具体的假设，得出对未来的预测值。这些参数与指标也会随着时间、地点和条件的变化而变化，构成了投资项目的内部不确定性因素。

2. 作用

不确定性决策与风险决策分析是项目技术经济评价中的一个重要内容，进行不确定性决策分析与风险决策分析具有以下作用。

(a) 有利于提高投资决策的可靠性。由于不确定性与风险是客观存在的，通过不确定性决策分析与风险决策分析，依据不确定性因素对投资效益影响的大小和指标变动范围，可以进一步调整项目技术经济分析的结论，以提高结论的可靠性。

(b) 掌握不确定性因素对项目技术经济分析的影响程度。通过预测不确定性因素在什么范围变化，分析这些因素变化对项目技术经济效果的影响程度，以便决策者和执行者充分了解不确定性因素变动的作用界限，尽量避免不利因素的出现。

(c) 为提出防范项目风险措施提供依据。针对不确定性决策分析所找出的不确定性因素，可以提出相应的防范措施，以减少不确定性因素对项目技术经济效果的影响程度，提高项目的风险防范能力，保证项目至少能达到预定的目标。

二、盈亏平衡分析法

各种不确定因素(如投资、成本、销售量、产品价格、项目寿命期等)的变化会影响投资方案的经济效果，当这些因素的变化达到某一临界值时，就会影响方案的取舍。盈亏平衡分析的目的就是找出这种临界值，判断投资方案对不确定因素变化的承受能力，为决策提供依据。盈亏平衡分析根据投资决策结构的不同可以分为独立方案的盈亏平衡分析和互斥方案的盈亏平衡分析。

(一) 独立方案的盈亏平衡分析

1. 独立方案的线性盈亏平衡分析

独立方案的线性盈亏平衡分析是通过分析产品产量、成本与盈利能力之间的关系，找出投资方案盈利与亏损在产量、产品价格、单位产品成本等方面的界限(盈亏平衡点)，以判断在各种不确定因素作用下技术方案的风险情况。

(1) 销售收入、成本费用与产品产量的关系

① 销售收入与产品销售量的关系

投资项目的销售收入与产品销售量(如果按销售量组织生产、产品销售量等于产品产量)的关系有两种情况：

(a) 该项目的生产销售活动不会明显地影响市场供求状况，假定其他市场条件不变，产品价格不会随该项目的销售量的变化而变化，可以看作一个常数。销售收入与销售量呈线性关系，即

$$B = PQ \tag{5-20}$$

式中：B 为销售收入；P 为单位产品价格；Q 为产品销售量。

(b) 该项目的生产销售活动将明显地影响市场供求状况，随着该项目产品销售量的增加，产品价格有所下降，这时销售收入与销售量之间不再是线性关系。

② 成本费用与产品产量的关系

总成本费用是固定成本与变动成本之和，它与产品产量的关系也可以近似地认为是线性关系，即

$$C = C_f + C_v Q \tag{5-21}$$

式中：C 为总成本费用；C_f 为固定成本；C_v 为单位可变成本；Q 为产品产量。

(2) 盈亏平衡点的确定

线性盈亏平衡分析的基本假设条件：

(a) 产品产量等于产品销售量；

(b) 每批产品产量的固定成本不变，单位变动成本与产品产量成正比；

(c) 销售单价不变，销售收入是产品销售量的线性函数；

(d) 只按单一产品计算，若生产多种产品，产品结构比例不变。

将式(5-20)与式(5-21)在同一坐标图上表示出来，可以构成线性量-本-利分析图，如图 5-7 所示。

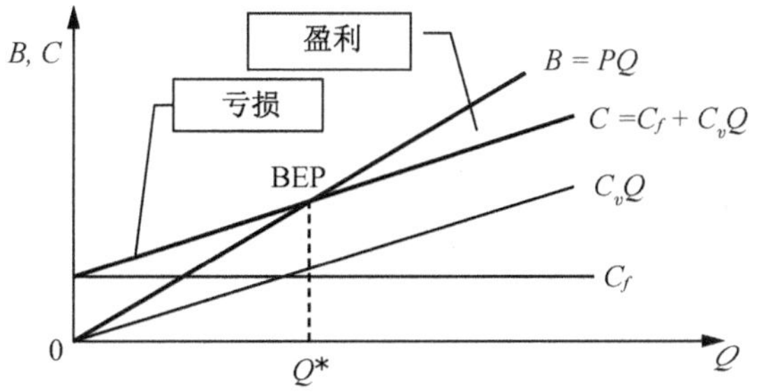

图 5-7　线性量-本-利分析图

图 5-7 中纵坐标表示销售收入与成本费用，横坐标表示产品产量。销售收入线 B 与总成本线 C 的交点称盈亏平衡点(Break even point，简称 BEP)，也就是项目盈利与亏损的临界点。在 BEP 的左边，总成本大于销售收入，项目亏损；在 BEP 的右边，销售收入大于总成本，项目盈利；在 BEP 点上，项目不亏不盈。

在销售收入及总成本都与产量呈线性关系的情况下，可以求出以产品产量、生产能力利用率、产品销售价格、单位产品变动成本等表示的盈亏平衡点。

在盈亏平衡点，销售收入 B 等于总成本 C，设对应于盈亏平衡点的产量为 Q^*，则有

$$PQ^* = C_f + C_v Q^* \tag{5-22}$$

根据式(5-22)，则盈亏平衡产量为

$$Q^* = \frac{C_f}{P - C_v} \tag{5-23}$$

若项目设计生产能力为 Q_c，则盈亏平衡生产能力利用率为

$$E^* = \frac{Q^*}{Q_c} \times 100\% = \frac{C_f}{(P - C_v)Q_c} \times 100\% \tag{5-24}$$

若按设计生产能力进行生产和销售，则盈亏平衡销售价格为

$$P^* = \frac{B}{Q_c} = \frac{C}{Q_c} = C_v + \frac{C_f}{Q_c} \tag{5-25}$$

若按设计能力进行生产和销售，且销售价格已定，则盈亏平衡产品变动成本为

$$C_v^* = P - \frac{C_f}{Q_c} \tag{5-26}$$

例题 5.17 某公司生产某型飞机整体壁板的技术方案设计生产能力为 100 件/年，每件售价为 6 万元，技术方案的年固定成本为 80 万元，单位可变成本为每件 4 万元，销售税金为每件 200 元。求产量、产能的盈亏平衡点。

解：设产量的盈亏平衡点为 X，则有

$$(6-0.02)X=80+4X$$

得到盈亏平衡点 X 为

$$X=40.4(件)$$

2. 独立方案的非线性盈亏平衡分析

当产量达到一定数额时，市场趋于饱和，产品可能会滞销或降价，这时呈非线性变化。而当产量增加到超出已有的正常生产能力时，可能会增加设备，要加班时还需要加班费和照明费，此时可变费用呈上弯趋势，产生两个平衡点 BEP_1 和 BEP_2，如图 5-8 所示。

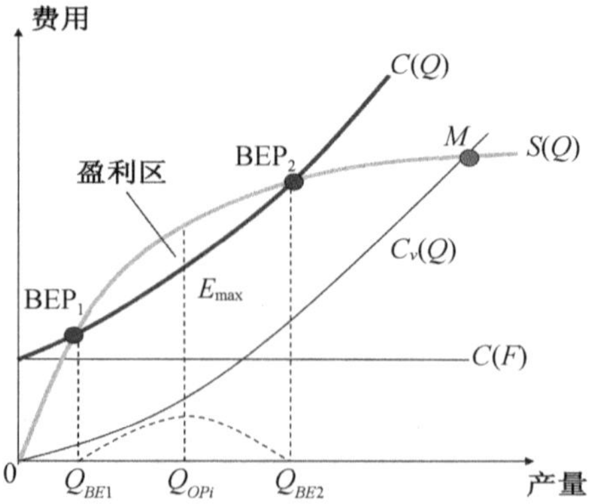

Q_{OPi}—最优投产量，即企业按此产量组织生产会取得最佳效益 E_{max}；
M—关门点，只有当企业面临倒闭时才把 M 点作为决策临界点。

图 5-8 非线性盈亏平衡分析

例题 5.18 某企业年固定成本为 6.5 万元，每件产品变动成本为 25 元，原材料批量购买时单位材料费用可降低，降低率为购买量的 0.1%；每件售价为 55 元，随销售量的增加，市场单位产品价格下降 0.25%，试计算产量的盈亏平衡点、利润最大时的产量。

解：画图 5-9。

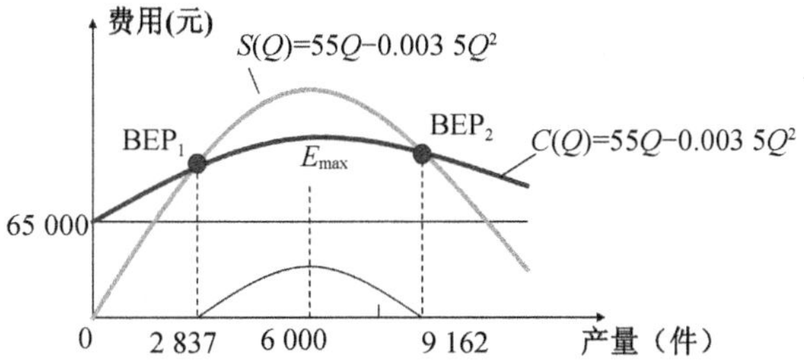

图 5-9 技术方案的盈亏平衡分析

(1) 企业盈亏平衡点产量

成本函数 $C(Q)=65\ 000+(25-0.001Q)Q=65\ 000+25Q-0.001Q^2$

销售收入函数 $S(Q)=(55-0.002\ 5Q)Q=55Q-0.002\ 5Q^2$

令 $C(Q)=S(Q)$

整理后得

$$0.002\ 5Q^2-30Q+65\ 000=0$$

$$Q_{BEP}=\frac{30\pm\sqrt{900-4\times0.002\ 5\times65\ 000}}{2\times0.002\ 5}$$

解得

$$Q_{BEP_1}=2\ 837(\text{件})；Q_{BEP_2}=9\ 162(\text{件})$$

(2) 最大利润时的产量 Q_{OPi}

利润函数 $E(Q)=S(Q)-C(Q)$

$=55(Q)-0.003\ 5Q^2-65\ 000-25Q+0.001Q^2$

$=0.002\ 5Q^2+30Q-65\ 000$

对上式求导，令 $dE(Q)/dQ=0$，得

$$-0.005Q+30=0$$

$$Q_{OPi}=30\div0.005=6\ 000(\text{件})$$

(二) 互斥方案的盈亏平衡分析

在需要对若干个互斥方案进行比选的情况下，如果是某一个共有的不确定因素影响这些技术方案的取舍，可以采用盈亏平衡分析方法帮助决策。

两个互斥方案的经济效果都受某不确定因素 x 的影响，可以把 x 看作一个变量，把两个技术方案的经济效果指标都表示为 x 的函数，即

$$E_1=f_1(x)$$

$$E_2=f_2(x)$$

式中：E_1 和 E_2 分别为技术方案 1 与技术方案 2 的经济效果指标。当两个技术方案的经济效果相同时，则

$$f_1(x)=f_2(x)$$

解出使这个方程式成立的 x 值，即为技术方案 1 与技术方案 2 的盈亏平衡点，也就是决定这两个技术方案孰优孰劣的临界点。结合对不确定因素 x 未来取值范围的预测，就可以做出相应的决策。

例题 5.19 生产某种产品有 3 种技术方案，采用技术方案 1，年固定成本为 80 万元，单位产品变动成本为 10 元；采用技术方案 2，年固定成本为 50 万元，单位产品变动成本为 20 元；采用技术方案 3，年固定成本为 30 万元，单位产品变动成本为 30 万元。分析各技术方案适用的生产规模。

解：各技术方案年总成本均可表示为产量 Q 的函数：

$$C_1=C_{f1}+C_{v1}Q=80+10Q$$

$$C_2=C_{f2}+C_{v2}Q=50+20Q$$

$$C_3=C_{f3}+C_{v3}Q=30+30Q$$

各技术方案的年总成本函数曲线如图 5-10 所示。

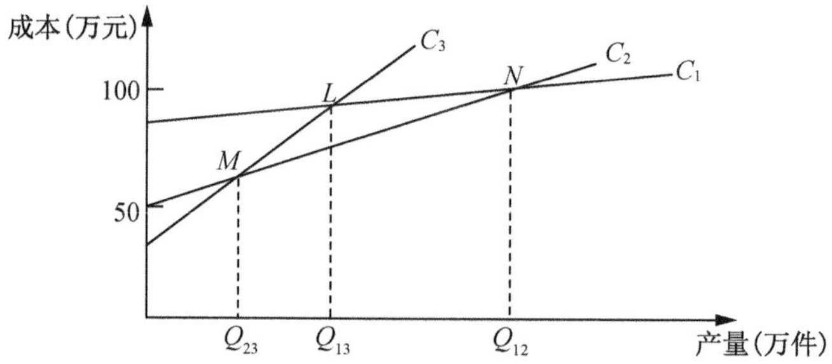

图 5-10 各技术方案的年总成本函数曲线

由图 5-10 可以看出，3 个技术方案的年总成本函数曲线两两相交于 L、M、N 三点，各个交点所对应的产量就是相应的两个方案的盈亏平衡点。在本例中，Q_{23} 是方案 2 与方案 3 的盈亏平衡点，Q_{12} 是方案 1 与方案 2 的盈亏平衡点。显然，当 $Q<Q_{23}$ 时，方案 3 的年总成本最低；当 $Q_{23}<Q<Q_{12}$ 时，方案 2 的年总成本最低；当 $Q>Q_{12}$ 时，方案 1 的总成本最低。

当 $Q=Q_{23}$ 时，$C_2=C_3$，即 $C_{f2}+C_{v2}Q_{23}=C_{f3}+C_{v3}Q_{23}$

于是 $Q_{23}=\dfrac{C_{f2}-C_{f3}}{C_{v3}-C_{v2}}=\dfrac{50-30}{30-20}=2$(万件)

当 $Q=Q_{12}$ 时，$C_1=C_2$，即 $C_{f1}+C_{v1}Q_{12}=C_{f2}+C_{v2}Q_{12}$

于是 $Q_{12}=\dfrac{C_{f1}-C_{f2}}{C_{v2}-C_{v1}}=\dfrac{80-50}{20-10}=3$(万件)

由此可知，当预期产量低于 2 万件时，应采用方案 3；当预期产量在 2 万件至 3 万件之间时，应采用方案 2；当预期产量高于 3 万件时，应采用方案 1。

此外，根据需要，也可用投资额、产品价格、经营成本、贷款利率、项目寿命期、期末固定资产残值等作为盈亏平衡分析的共有变量，用净现值、净年值、内部收益率等作为衡量方案经济效果的评价指标。

例题 5.20 某建筑工地需抽出积水以保证施工顺利进行，现有 A、B 两个方案可供选择。

A 方案：新建一条动力线，需购置一台 2.5 kW 的电动机并线运转，其投资为 1 400 元，第 4 年末残值为 200 元。电动机每小时运行成本为 0.84 元，每年预计的维护费为 120 元，因设备完全自动化无需专人看管。

B 方案：购置一台 3.68 kW 的柴油机，其购置费为 550 元，使用寿命为 4 年，设备无残值。运行每小时燃料费为 0.42 元，平均每小时维护费为 0.15 元，每小时的人工成本为 0.8 元。

若寿命都为 4 年，基准折现率为 10%，试用盈亏平衡分析方法确定两技术方案的优劣范围。

解：设两技术方案的年成本为年开机时数 t 的函数：

$$C_A = 1\,400(A/P,10\%,4) - 200(A/F,10\%,4) + 120 + 0.84t$$
$$= 518.56 + 0.84t$$
$$C_B = 550(A/P,10\%,4) + (0.42 + 0.15 + 0.8)t$$
$$= 173.51 + 1.37t$$

令 $C_A = C_B$，即

$$518.56 + 0.84t = 173.51 + 1.37t$$

得到盈亏平衡点

$$t = 651(\text{h})$$

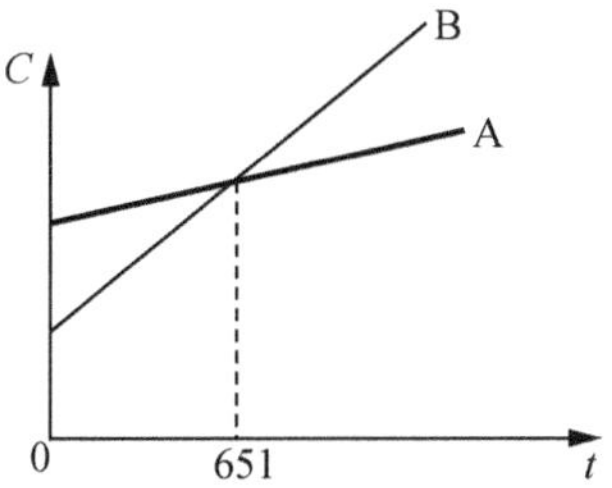

图 5-11 两技术方案的盈亏平衡分析

故可知：如果少于 651 h，应采用方案 B；如果超过 651 h，则应采用方案 A。

三、敏感性分析法

敏感性分析是指通过测定一个或多个不确定因素的变化所导致的决策指标的变化幅度，了解各种因素的变化对实现预期目标的影响程度，从而对外部条件发生不利变化时投资方案的承受能力做出判断。

(一) 敏感性分析的步骤和内容

1. 选择并设定需要分析的不确定因素的变动范围

影响投资方案经济效果的不确定因素有很多，确切地讲，凡是影响方案经济效果的因素都在某种程度上带有不确定性。但事实上，没有必要对所有的不确定因素都进行敏感性分析，可以根据以下原则选择主要的不确定因素加以分析：第一，预计在可能的变动范围内，该因素的变动将会比较强烈地影响技术方案的经济效果指标。第二，在确定性经济分析中采用的数据的准确性比较小。

对于一般的工业投资项目来说，要做敏感性分析的因素通常从下列因素中选定：(a)投资额，包括固定资产投资与流动资产投资占用，根据需要还可将固定资产投资划分为设备费用、建筑安装费用等；(b)项目建设期限、投产期限、投产时的产出能力及达到设计生产能力所需时间；(c)产品产量及销售量；(d)产品价格；(e)经营成本，特别是其中的变动成本；(f)项目寿命期；(g)项目寿命期末的资产残值；(h)折现率；(i)外币汇率。

在选择需要分析的不确定因素的过程中，应根据实际情况设定这些因素可能的变动范围。

2. 确定分析指标

前面讲过的各种技术经济分析指标，如净现值、净年值、内部收益率、投资回收期等，都可以作为敏感性分析的指标。由于敏感性分析是在确定性经济分析的基础上进行的，通常，敏感性分析的指标应与确定性决策所用的指标相一致。当确定性决策使用的指标比较多时，敏感性分析可围绕其中一个或若干个最重要的指标进行。

3. 确定因素变动与指标变动的数量关系

计算各不确定因素在可能的变动范围内发生不同幅度变动所导致的技术方案经济效果指标的变动结果，建立起一一对应的数量关系，并用图或表的形式表示出来。

4. 确定敏感因素，对方案的风险情况做出判断

敏感性因素是指其数值变动能显著影响技术方案经济效果的因素。判别敏感因素的方法包括两种：

第一，相对测定法，即设定要分析的因素均从确定性决策所采用的数值开始变动，且各因素每次变动的幅度(增或减的百分数)相同，比较在同一变动幅度下各因素的变动对技术经济效果指标的影响，据此判断技术方案经济效果对各因素变动的敏感程度。

第二，绝对测定法，即设各因素均向对技术方案不利的方向变动，并取其有可能出现的对技术方案最不利的数值，据此计算技术方案的经济效果指标，看其是否可达到使技术方案无法被接受的程度。如果某因素可能出现的最不利数值能使技术方案变得不可接受，则表明该因素是技术方案的敏感因素。

技术方案能否被接受的判据是各经济效果指标能否达到临界值，例如，使用净现值指标要看净现值是否大于零或等于零，使用内部收益率指标要看内部收益率是否达到基准折现率。绝对测定法的一个变通方式是先设定有关经济效果指标为其临界值，如令净现值等于零，令内部收益率等于基准折现率，然后求待分析因素的最大允许变动幅度，并与其可能出现的最大变动幅度相比较。如果某因素可能出现的变动幅度超过最大允许变动幅度，则表明该因素是技术方案的敏感因素。

在实践中可以把确定敏感因素的两种方法结合起来使用。

(二) 单因素敏感性分析

对于单个不确定因素的变动对技术方案经济效果的影响所进行的分析，称为单因素敏感性分析。

例题 5.21 有一个生产城市用小型电动汽车的投资方案，用于确定性决策的现金流量见表 5-18，所采用的数据是根据对未来最可能出现的情况预测估算的。由于对未来影响经济环境的某些因素把握不大，投资额、经营成本和产品价格均有可能在±20%的范围内变动。设基准折现率为 10%，不考虑所得税，试分别就上述三个不确定因素做敏感性分析。

表 5-18 小型电动汽车项目现金流量表

单位:万元

年份	0	1	2～10	11
投资	15 000			
销售收入			19 800	19 800
经营成本			15 200	15 200
期末资产残值				2 000
净现金流量	−15 000	0	4 600	4 600+2 000

解:设投资额为 K,年销售收入为 B,年经营成本为 C,期末资产残值为 L。用净现值指标评价本方案的经济效果,计算公式为

$$NPV=-K+(B-C)(P/A,10\%,10)(P/F,10\%,1)+L(P/F,10\%,11)$$

按照表 6-1 的数据有

$$NPV=-15\ 000+4\ 600\times6.144\times0.909\ 1+2\ 000\times0.350\ 5=11\ 394(\text{万元})$$

下面用净现值指标分别就投资额、产品价格和经营成本等三个不确定因素做敏感性分析:

设投资额变动的百分比为 x,分析投资额变动对方案净现值影响的计算公式为

$$NPV=-K(1+x)+(B-C)(P/A,10\%,10)\times(P/F,10\%,1)+L(P/F,10\%,11)$$

设经营成本变动的百分比为 y,分析经营成本变动对方案净现值影响的计算公式为

$$NPV=-K+[B-C(1+y)](P/A,10\%,10)\times(P/F,10\%,1)+L(P/F,10\%,11)$$

设产品价格变动的百分比为 z,产品价格的变动将导致销售收入的变动,销售收入变动的比例与产品价格变动的比例相同,故分析产品价格变动对方案净现值影响的计算公式可写成:

$$NPV=-K+[B(1+z)-C](P/A,10\%,10)\times(P/F,10\%,1)+L(P/F,10\%,11)$$

按照上述三个公式,使用表 5-18 的数据,分别取不同的 x、y、z 值,可以计算出各不确定因素在不同变动幅度下方案的净现值。计算结果见表 5-19。根据表中数据可以绘出敏感性分析图(图 5-12)。

表 5-19 不确定因素的变动对净现值的影响

单位:万元

变动率(%)	−20	−15	−10	−5	0	5	10	15	20
投资额	14 394	13 644	12 894	12 144	11 394	10 644	9 894	9 144	8 394
经营成本	28 374	24 129	19 884	15 639	11 394	7 149	2 904	−1 314	−5 586
产品价格	−10 725	−5 195	335	5 864	11 394	16 924	22 452	27 983	33 513

由表 5-19 和图 5-12 可以看出,在同样的变动率下,产品价格的变动对方案净现值的影响最大,经营成本变动的影响次之,投资额的变动影响最小。

分别使用前面的 3 个公式,不难计算出,当 $NPV=0$ 时:

$$x=76.0\%;y=13.4;z=-10.3\%$$

也就是说,如果投资额与产品价格不变,年经营成本高于预期值 13.4%以上,或者投资额与经营成本不变,产品价格低于预期值 10.3%以上,技术方案将变得不可接受。而如果经营成本与产品价格不变,投资额增加 76%以上,才会使技术方案变得不可接受。

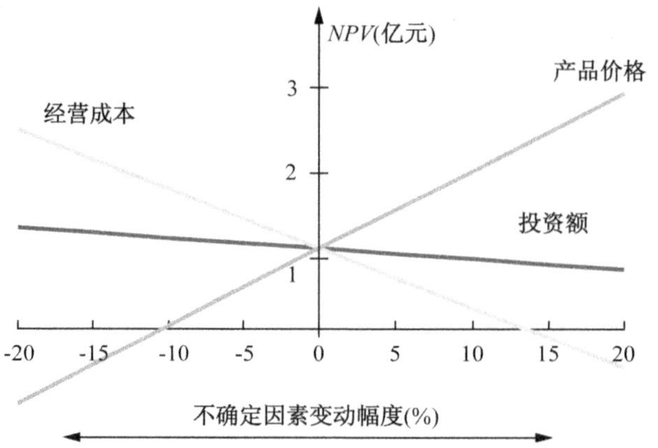

图 5-12　敏感性分析图

根据上述分析，对于本投资方案来说，产品价格与经营成本都是敏感因素。在做出是否采用本技术方案的决策之前，应该对未来的产品价格和经营成本及其可能变动的范围做出更为精确的预测与估算。如果产品价格低于原预期值 10.3%以上或经营成本高于预期值 13.4%以上的可能性较大，则意味着这笔投资有较大的风险。另外，针对经营成本的变动对技术方案经济效益有较大影响这一分析结果，如果实施这一技术方案，严格控制经营成本将是提高项目经济效益的重要途径。至于投资额，显然不是本技术方案的敏感因素，即使增加 20%甚至更多一些也不会影响决策结论。

（三）多因素敏感性分析

在进行单因素敏感性分析的过程中，当计算某特定因素的变动对经济效果指标的影响时，假定其他因素均不变。实际上，许多因素的变动具有相关性，一个因素的变动往往伴随着其他因素的变动。例如，对于例题 5.21 中生产电动汽车这个技术方案，如果世界市场上石油价格上涨，电动汽车的市场需求量有可能增加，这将导致销售量和产品价格的上升，然而石油价格上升还会引起其他生产资料价格的上涨，这将导致生产成本的增加。因此，单因素敏感性分析具有局限性。改进的方法是进行多因素敏感性分析，即考察多个因素同时变动对技术方案经济效果的影响，以判断技术方案的风险情况。

多因素敏感性分析要考虑可能发生的各种因素的不同变动幅度的多种组合，计算起来要比单因素敏感性分析复杂得多。如果需要分析的不确定因素不超过 3 个，而且技术经济效果指标的计算比较简单，可以用解析法与作图法相结合的方法进行分析。

例题 5.22　根据例题 5.21 所给出的数据进行多因素敏感性分析。

解：沿用例题 5.21 中使用的符号，如果同时考虑投资额与经营成本的变动，分析这两个因素同时变动对方案净现值的影响计算公式为

$$NPV=-K(1+x)+[B-C(1+y)](P/A,10\%,10)\times(P/F,10\%,1)+L(P/F,10\%,11)$$

将表 6-2 中的数据代入上式，经过整理得

$NPV=11\ 394-15\ 000x-84\ 900y$，取 $NPV=0$，则有

$$11\ 394-15\ 000x-84\ 900y=0$$

$$y=-0.176\ 7x+0.134\ 2$$

这是一个直线方程。将其在坐标图上表示出来(如图 5-13 所示),即为 $NPV=0$ 的临界线。在临界线上,$NPV=0$;在临界线左下方的区域,$NPV>0$;在临界线的右上方区域,$NPV<0$。也就是说,如果投资额与经营成本同时变动,只要变动范围不超出临界线左下方的区域(包括临界线上的点),技术方案都是可以接受的。

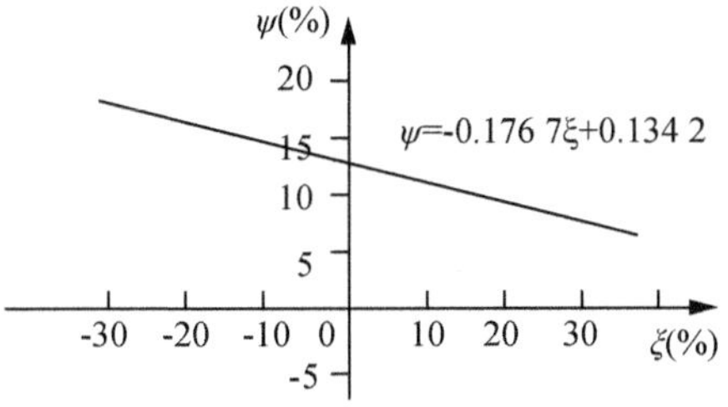

图 5-13 双因素敏感性分析图

如果同时考虑考投资额、经营成本和产品价格这 3 个因素的变动,分析其对净现值的影响的计算公式为

$NPV=-K(1+x)+[B(1+z)-C(1+y)](P/A,10\%,10)\times(P/F,10\%,1)+L(P/F,10\%,11)$

代入有关数据,经过整理得

$NPV=11\ 394-15\ 000x-84\ 900y+110\ 593z$

取不同的产品价格变动幅度代入上式,可以求出一组 $NPV=0$ 的临界线方程。

当 $z=+20\%$时,$y=-0.176\ 7x+0.394\ 7$

当 $z=+10\%$时,$y=-0.176\ 7x+0.264\ 5$

当 $z=-10\%$时,$y=-0.176\ 7x+0.003\ 9$

当 $z=-20\%$时,$y=-0.176\ 7x-0.126\ 3$

在坐标图上,这是一组平行线(如图 5-14 所示)。

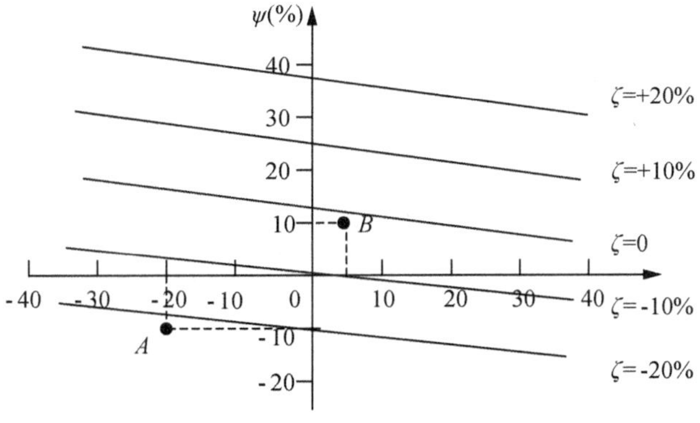

图 5-14 三因素敏感性分析

由图 5-14 可以看出,产品价格上升,临界线往右上方移动,产品价格下降,临界线往左下方移动。根据三因素敏感性分析图,可以直观地了解投资额、经营成本和产品价格这 3 个因素同时变动对决策的影响。在本例中,如果产品价格下降 20%,同时投资额下降 20%,经营成本下降 10%,则投资额与经营成本变动的状态点 A 位于临界线 $\zeta=-20\%$的左下方,技术方案仍具有满意的经济效果。而如果产品价格下降 10%,同时投资额上升 5%,经营成本上升 10%,则投资额与经营成本变动的状态点 B 位于临界线 $\zeta=-10\%$的右下方,技术方案就变得不可接受了。

敏感性分析在一定程度上就各种不确定因素的变动对技术方案经济效果的影响做了变量描述。这有助于决策者了解方案的风险情况,有助于确定在决策过程中及方案实施过程中需要重点研究与控制的因素。但是,敏感性分析没有考虑各种不确定因素在未来发生变动的概率,这可能会影响分析结论的准确性。实际上,各种不确定因素在未来发生某一幅度变动的概率一般是有所不同的。可能有这样的情况,通过敏感性分析找出的某一敏感因素未来发生不利变动的概率很小,因而实际上所带来的风险并不大,以至于可以忽略不计,而另一个不太敏感的因素未来发生不利变动的概率却很大,实际上所带来的风险比那个敏感因素更大。这种问题是敏感性分析所无法解决的,必须借助于概率分析方法。

(四) 概率分析

概率分析是根据各种不确定因素发生不同幅度变动的概率分布及其对技术方案经济效果的影响,对技术方案的净现金流量及经济效果指标做出某种概率描述,从而对技术方案的风险情况做出比较准确的判断。

概率分析的步骤与方法:

第一,列出各种需考虑的不确定因素。例如销售价格、销售量、投资和经营成本等,均可作为不确定因素。需要注意的是,所选取的几个不确定因素应是互相独立的。

第二,设想各个不确定因素可能发生的情况,及其数值发生变化的几种情况。

第三,分别确定各种可能发生情况产生的可能性,即概率。各不确定因素的各种可能发生情况出现的概率之和必须等于 1。

第四,计算目标值的期望值。可根据技术方案的具体情况选择适当的方法。假若采用净现值为目标值,则一种方法是,将各年净现金流量所包含的各不确定因素在各可能情况下的数值与其概率分别相乘后再相加,得到各年净现金流量的期望值,然后求得净现值的期望值。另一种方法是直接计算净现值的期望值。

第五,求出目标值大于或等于零的累计概率。对于单个技术方案的概率分析应求出净现值大于或等于零的概率,由该概率值的大小可以估计方案承受风险的程度,该概率值越接近 1,说明技术方案的风险越小,反之,技术方案的风险越大。可以列表求得净现值大于或等于零的概率。

例题 5.23 某电力公司以天然气作发电燃料,但是由于某种原因,今后每月平均费用要增加 880 万元。该电力公司过去两年有关平均收入的资料见表 5-20,燃料供应情况分为三类:天然气供应充足;天然气供应量减少 30%;天然气供应量增加 30%。而其他可用于发电的燃料的价格高于天然气价格,公司希望利用过去两年的资料来判断未来收入能否弥补未来的费用。

表 5-20 电力公司过去两年平均收入原始数据

序号	燃料状况	过去的月数	月平均收入(万元)
1	天然气充足	12 个月	780
2	天然气减少 30%	6 个月	530
3	天然气增加 30%	6 个月	1 210

解:设 x_j 为第 j 个状态的月平均收入;$P(x_j)$为随机变量 x_j 状态下的月份数占总月份数的比率。

由于不同的月收入水平与天然气的供应情况相对应,因此,不同月收入水平出现的概率也就是不同燃料供应情况出现的概率。

天然气供应充足状态的概率:

$$P(x_1)=\frac{12}{24}=0.50$$

天然气供应减少 30%的状态下的概率:

$$P(x_2)=\frac{6}{24}=0.25$$

天然气供应增加 30%的状态下的概率:

$$P(x_3)=\frac{6}{24}=0.25$$

月平均收入的期望值为

$$E(x)=\sum_{i=1}^{3}x_iP(x_i)=780\times0.5+530\times0.25+1\,210\times0.25=825(\text{万元})$$

这说明公司预计的月平均收入可达 825 万元,该收入不足以弥补未来的月平均 880 万元的支出,所以,公司在将来应适当提高电费收费标准。

例题 5.24 已知项目参数值及其概率如表 5-21,试计算项目经济效益的期望值。

表 5-21 项目参数值及其概率

投资额		贴现率		年净收入		寿命	
数值(元)	概率	数值	概率	数值(元)	概率	数值(年)	概率
200 000	1.00	9%	1.00	50 000	0.30	2	0.20
				100 000	0.50	3	0.20
				125 000	0.20	4	0.50
						5	0.10

解:第一种情况为

组合概率 $P_1=1\times1\times0.3\times0.2=0.06$

净现值 $X_1=-200\,000+50\,000(P/A,9\%,2)=-112\,045$(元)

净现值加权值$=X_1\cdot P_1=-112\,045\times0.06=-6\,237$

不同组合概率的项目经济效益 NPV 见表 5-22。

表 5-22　不同组合概率的项目经济效益 *NPV*

*i*值	投资额(元)	年净收入(元)	寿命(年)	组合概率	净现值(元)	净现值加权值
9%	-200 000	50 000 (0.3)	2 (0.2)	0.06	-112 045	-6 723
			3 (0.2)	0.06	-73 440	-4 406
			4 (0.5)	0.15	-38 020	-5 703
			5 (0.1)	0.03	-5 520	-166
		100 000 (0.5)	2 (0.2)	0.10	-24 090	-2 409
			3 (0.2)	0.10	53 120	5 312
			4 (0.5)	0.25	123 960	30 990
			5 (0.1)	0.05	188 960	9 448
		125 000 (0.2)	2 (0.2)	0.04	19 888	796
			3 (0.2)	0.04	116 400	4 656
			4 (0.5)	0.10	204 950	20 495
			5 (0.1)	0.02	286 200	5 724
			合计	1.00		58 014

项目经济效益 *NPV* 的累计概率，见表 5-23。

表 5-23　项目经济效益 *NPV* 的累计概率

净现值(元)	概率	累计概率
−112 045	0.06	0.06
−73 440	0.06	0.12
−38 020	0.15	0.27
−24 090	0.10	0.37
−5 520	0.03	0.40
19 880	0.04	0.44
53 120	0.10	0.54
116 400	0.04	0.58
123 960	0.25	0.83
188 960	0.05	0.88
204 950	0.10	0.98
286 200	0.02	1.00

例题 5.25 已知项目 A、B 的净现值的可能取值及其概率如表 5-24 所示，试计算项目的经济效益期望值及标准差，并做项目风险和不确定性比较。

表 5-24 项目 A、B 的净现值的可能取值及其概率

项目 A		项目 B	
净现值 X_j（元）	概率 P_j	净现值 X_j（元）	概率 P_j
2 500	0.1	1 500	0.1
3 500	0.2	3 000	0.25
4 000	0.4	4 000	0.3
4 500	0.2	5 000	0.25
5 500	0.1	6 500	0.1

解：经济效益的标准差公式为

$$\sigma=\sqrt{\sum_{j=1}P_j(X_j-\mu)^2}$$

式中：σ 为变量 X 的标准差；P_j 为 X_j 的概率；X_j 为变量 X 的第 j 个值；μ 为变量 X 的期望值。

$\mu_A=2\,500\times0.1+3\,500\times0.2+4\,000\times0.4+4\,500\times0.2+5\,500\times0.1=4\,000$（元）

同理：$\mu_B=4\,000$（元）

$$\sigma_A=\sqrt{\begin{array}{l}(2\,500-4\,000)^2\times0.1+(3\,500-4\,000)^2\times0.2+(4\,000-4\,000)^2\times0.4\\+(4\,500-4\,000)^2\times0.2+(5\,500-4\,000)^2\times0.1\end{array}}=741.62\text{（元）}$$

同理：$\sigma_B=1\,322.8$（元）

所以 A 方案好。

四、案例研究

（一）盈亏平衡分析

例 1. 某企业的生产线设计能力为年产 100 万件，单价 450 元，单位变动成本 250 元，年固定成本 8 000 万元，年目标利润 700 万元，试进行盈亏平衡分析，并求销售量为 50 万件时的保本单价。

解：已知 $Q_0=100$，$P=450$，$C_V=250$，$C_F=8\,000$，$R=700$。

（1）求平衡点产量

$Q^*=CF\div(P-C_V)=8\,000\div(450-250)=40$（万件）

（2）求平衡点销售额

$B=PQ^*=450\times40=18\,000$（万元）

（3）求平衡点生产能力利用率

$E=[Q^*\div Q_0]\times100\%=(40/100)\times100\%=40\%$

（4）求实现目标利润时的产量

$Q=(R+C_F)/(P-C_V)=(700+8\,000)\div(450-250)=43.5$（万件）

（5）求年销售量为 50 万件的保本售价

把 50 万件视为平衡点时的产量，即

$P^* = C_V + C_F/Q^* = 250 + 8\ 000/50 = 410$（元/件）

例 2. 某企业生产某种产品，设计年产量为 6 000 件，每件产品的出厂价格估算为 50 元，企业每年固定性开支为 66 000 元，每件产品成本为 28 元，求：(1) 企业的最大可能盈利；(2) 企业不盈不亏时的最低产量；(3) 企业年利润为 5 万元时的产量。

解：年营业收入方程：$R = P \times Q = 50Q$

年成本费用方程：$C = F + V \times Q = 66\ 000 + 28Q$

年利润方程：$B = R - C = 22Q - 66\ 000$

(1) 企业最大的可能盈利

当 $Q = 6\ 000$ 时，$B_{max} = 22Q - 66\ 000 = 22 \times 6\ 000 - 66\ 000 = 66\ 000$(元)

(2)企业盈亏平衡时的年产量

当 $B = 0$ 时，则 $B = R - C = 22Q - 66\ 000 = 0$，可得 $Q = 3\ 000$(件)

(3)利润为 5 万元时的产量

当 $B = 50\ 000$ 时，$B = R - C = 22Q - 66\ 000 = 50\ 000$，可得 $Q \approx 5\ 273$(件)

例 3. 某厂生产一种配件，有两种加工方法可供选择：一种为手工安装，每件成本为 1.2 元，还需分摊年设备费用 300 元；一种为机械生产，需投资 4 500 元购置机械，寿命为 9 年，预计残值为 150 元，每个配件需人工费 0.5 元，维护设备年成本为 180 元。如果其他费用相同，利率为 10%，试进行加工方法决策。

解：设年产量为 Q，各方案的成本费用方程为：

手工安装 A：$C_A = 300 + 1.2Q$

机械安装 B：$C_B = 180 + 0.5Q$

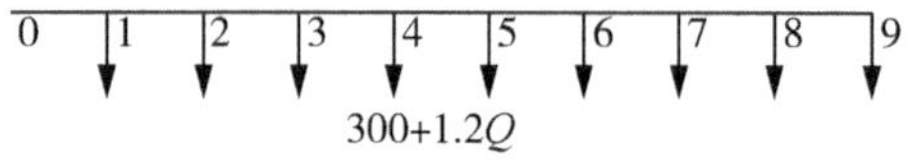

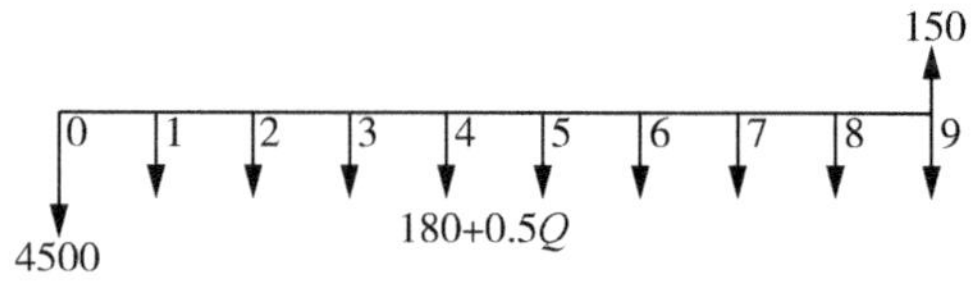

解法一：当 $AC_A = AC_B$ 时，有

$300 + 1.2Q = 4\ 500(A/P, 10\%, 9) - 150(A/F, 10\%, 9) + 180 + 0.5Q$

$Q \approx 929$(个)

解法二：当 $PC_A = PC_B$ 时，有

$(300 + 1.2Q)(P/A, 10\%, 9) = 4\ 500 + (180 + 0.5Q)(P/A, 10\%, 9) - 150(P/F, 10\%, 9)$

$Q \approx 929$(个)

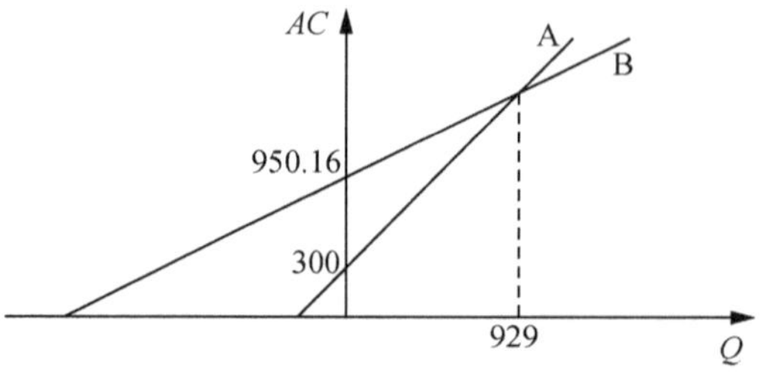

盈亏平衡分析图

$AC_A = 300 + 1.2Q$

$AC_B = 4\,500(A/P, 10\%, 9) - 150(A/F, 10\%, 9) + 180 + 0.5Q = 950.16 + 0.5Q$

结论：当产量小于 929 件时，A 方案（手工安装）最优；当产量大于 929 件时，B 方案（机械安装）最优。

例 4. 企业生产某种产品有两种方案，方案 A 的初始投资为 50 万元，预期年利润 15 万元；方案 B 的初始投资为 150 万元，预期年利润 35 万元。该产品的市场寿命具有较大的不确定性，如果给定基准折现率为 15%，不考虑期末资产残值，试就项目寿命期分析两方案取舍的临界点。

解：设项目寿命期为 X，则：

$NPV_A = -50 + 15(P/A, 15\%, X)$

$NPV_B = -150 + 35(P/A, 15\%, X)$

当 $NPV_A = NPV_B$ 时，即

$-50 + 15(P/A, 15\%, X) = -150 + 35(P/A, 15\%, X)$

得到 $(P/A, 15\%, X) = 5$

用内插法可知：$X=10$（年）

项目寿命期少于 10 年，应采用方案 A；

项目寿命期在 10 年以上，应采用方案 B。

（二）敏感性分析

例 1. 某投资项目的主要经济参数的估计值为：初始投资 15 000 元，寿命为 10 年，残值为 0，年收入为 3 500 元，年支出为 1 000 元，投资收益为 15%。当年收入变化时，试对内部收益率的影响进行敏感性分析。

解：以年收入作为不确定因素，内部收益率为评价指标，对项目进行敏感性分析。

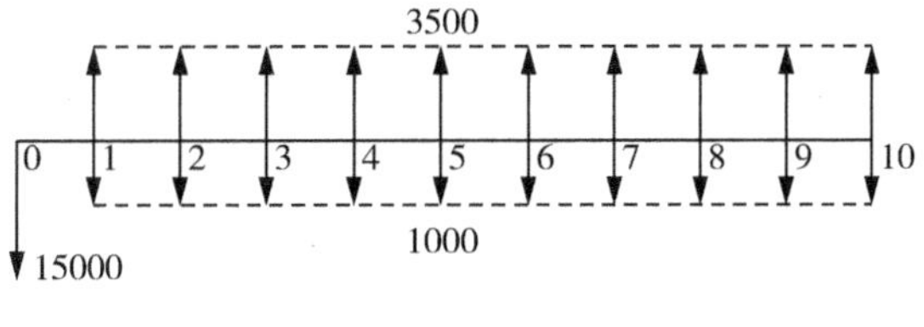

(1) 当年收入为 3 500 元时，每年的净现金流量为 3 500－1 000＝2 500(元)

由 $NPV(IRR) = -15\,000 + 2\,500(P/A, IRR, 10) = 0$

当 $i_1 = 10\%$ 时，$NPV_1 = -15\,000 + 2\,500 \times 6.144\,6 = 361.5$

当 $i_2 = 12\%$ 时，$NPV_2 = -15\,000 + 2\,500 \times 5.650\,2 = -874.5$

$$IRR = i_1 + \frac{NPV_1}{NPV_1 + |NPV_2|}(i_2 - i_1) = 10.58\%$$

(2) 当年收入减少 20%时，则每年的净现金流量为 3 500×80%－1 000＝1 800(元)

由 $NPV(IRR) = -15\,000 + 1\,800(P/A, IRR, 10) = 0$

可得 $(P/A, IRR, 10) = 8.333 \Rightarrow 2\% < IRR < 4\%$

当 $i_1 = 2\%$ 时，$NPV_1 = -15\,000 + 1\,800 \times \dfrac{(1+2\%)^{10} - 1}{2\%(1+2\%)^{10}} = 1\,168.65$

当 $i_2 = 4\%$ 时，$NPV_2 = -15\,000 + 1\,800 \times 8.110\,9 = -400.38$

$$IRR = i_1 + \frac{NPV_1}{NPV_1 + |NPV_2|}(i_2 - i_1) = 3.47\%$$

(3) 当年收入减少 10%时，则每年的净现金流量为 3 500×90%−1 000=2 150(元)

由 $NPV(IRR) = -15\ 000 + 2\ 150(P/A, IRR, 10) = 0$

可得 $(P/A, IRR, 10) = 6.976\ 7 \Rightarrow 6\% < IRR < 8\%$

当 $i_1 = 6\%$ 时，$NPV_1 = -15\ 000 + 2\ 150 \times 7.360\ 1 = 824.215$

当 $i_2 = 8\%$ 时，$NPV_2 = -15\ 000 + 2\ 150 \times 6.710\ 1 = -573.285$

$$IRR = i_1 + \frac{NPV_1}{NPV_1 + |NPV_2|}(i_2 - i_1) = 7.18\%$$

(4) 当年收入增加 10%时，则每年的净现金流量为 3 500×(1+10%)−1 000=2 850(元)

由 $NPV(IRR) = -15\ 000 + 2\ 850(P/A, IRR, 10) = 0$

可得 $(P/A, IRR, 10) = 5.263\ 2 \Rightarrow 12\% < IRR < 15\%$

当 $i_1 = 12\%$ 时，$NPV_1 = -15\ 000 + 2\ 850 \times 5.650\ 2 = 1\ 103.07$

当 $i_2 = 15\%$ 时，$NPV_2 = -15\ 000 + 2\ 850 \times 5.018\ 8 = -696.42$

$$IRR = i_1 + \frac{NPV_1}{NPV_1 + |NPV_2|}(i_2 - i_1) = 13.84\%$$

(5) 当年收入增加 20%时，则每年的净现金流量为 3 500×(1+20%)−1 000=3 200(元)

由 $NPV(IRR) = -15\ 000 + 3\ 200(P/A, IRR, 10) = 0$

可得 $(P/A, IRR, 10) = 4.687\ 5 \Rightarrow 15\% < IRR < 20\%$

当 $i_1 = 15\%$ 时，$NPV_1 = -15\ 000 + 3\ 200 \times 5.018\ 8 = 1\ 060.16$

当 $i_2 = 20\%$ 时，$NPV_2 = -15\ 000 + 3\ 200 \times 4.192\ 5 = -1\ 584$

$$IRR = i_1 + \frac{NPV_1}{NPV_1 + |NPV_2|}(i_2 - i_1) = 17\%$$

综上，得到年收入变化对内部收益率的影响表

年收入变化	−20%	−10%	0	+10%	+20%
IRR(%)	3.47%	7.18%	10.58%	13.84%	17%

$$年收入平均敏感度 = \frac{(17\% - 3.47\%) \div 10.58\%}{40\%} = 3.197\ 1$$

例 2. 某项目需投资 25 000 元，预期寿命 5 年，残值为 0，每年净现金流量为随机变量，其可能发生的三种状态的概率及变量值如下：5 000 元($P_1 = 0.3$)；10 000 元($P_2 = 0.5$)；12 000 元($P_3 = 0.2$)；若利率为 12%，试计算净现值的期望值与标准差。

解：根据题意，不同状态下的净现金流量及发生概率如下表所示。

概率 \ 状态 / 年度末	S_1	S_2	S_3
	$P_1 = 0.3$	$P_2 = 0.5$	$P_3 = 0.2$
0	−25 000	−25 000	−25 000
1～5	5 000	10 000	12 000
NPV	−6 976	11 048	18 257.6

(1) 各状态下的净现值 NPV

$NPV_1 =-25\ 000+5\ 000(P/A,12\%,5)=-25\ 000+5\ 000\times 3.604\ 8=-6\ 976$

$NPV_2 =-25\ 000+10\ 000(P/A,12\%,5)=-25\ 000+10\ 000\times 3.604\ 8=11\ 048$

$NPV_3 =-25\ 000+12\ 000(P/A,12\%,5)=-25\ 000+12\ 000\times 3.604\ 8=18\ 257.6$

(2) 计算净现值的期望值和标准差

$$E(NPV)=\sum_{j=1}^{k} NPV^{(j)}\times P_j=(-697\ 6)\times 0.3+11\ 048\times 0.5+18\ 257.6\times 0.2=7\ 082.72$$

$$D(NPV)=\sum_{j=1}^{k}[NPV^{(j)}-E(VPV)]^2\times P_j=0.3\times(-6\ 976-7\ 028.72)^2+0.5\times$$
$(11\ 048-7\ 082.72)^2+0.2\times(18\ 257.6-7\ 082.72)^2=92\ 131\ 593.75$

$$\sigma(NPV)=\sqrt{D(NPV)}=9\ 598.52$$

思考题

1. 静态评价指标和动态评价指标有哪些?
2. 简述静态投资回收期的优缺点及其适用范围?
3. 经济评价指标间的关系如何? 怎样选择评价指标?
4. 常见的时间型评价指标有哪些? 各指标的概念、计算公式是什么?
5. 常见的价值型评价指标有哪些? 各指标的概念、计算公式是什么?
6. 常见的效率型评价指标有哪些? 各指标的概念、计算公式是什么?
7. 内部收益率的经济含义是什么? 有几种求算方法? 它的适用范围和局限性是什么?
8. 互斥方案比选时可以使用内部收益率指标作为方案取舍标准吗?
9. 盈亏平衡分析的基本原理是什么?
10. 盈亏平衡状态常用哪几个参数?
11. 影响盈亏平衡点的因素有哪些?
12. 敏感性分析与概率分析的目的有何不同?

计算题

1. 某项工程一次投资 500 万元,每年净收益 10 万元,试问:(1)用静态法收回全部投资需多少年? (2)静态投资收益率是多少?

2. 某工程最初投资为 1 550 万元,预计使用 15 年,累计盈利为 4 500 万元,投资回收期是几年? 其投资收益率是多少?

3. 某工程一次性投资 7 000 万元,每年净收益如下表。该工程投资回收期是多少? 若基准投资回收期为 4 年,工程是否可行? 若基准投资回收期为 7 年,工程是否可行?

年份	1	2	3	4	5	6～10
净收益(万元)	700	800	900	2 000	2 000	3 000

4. 生产同种产品有 A 和 B 两台设备供选择。A、B 投资额分别为 2 500 万元和 5 800 万元,A、B 两设备的年操作费用分别为 1 000 万元和 500 万元,若基准投资回收期为 5 年,选

哪台设备好?

5. 生产同种产品有甲、乙两条生产线供选择。甲的投资额和年净收入分别为 6 700 万元和 1 300 万元,乙的投资额和年净收入分别为 3 700 万元和 730 万元,若基准投资回收期为 7 年,选择哪条生产线合适?

6. 某公司拟建一车间,所需总投资 4 000 万元,预计年净收益 800 万元。问:若基准收益率为 10%,是否该建此车间?若基准收益率为 15%,是否该建此车间?

7. 某项目总投资 32 000 万元,每年净收益如下表。若基准收益率为 12%,该项目是否可行?

年份	1	2	3~10	11
净收益(万元)	1 000	2 000	2 500	3 000

8. 生产同种产品有 A 和 B 两台设备供选择,其投资额分别为 2 500 万元和 5 800 万元,年操作费用分别为 1 000 万元和 500 万元,若基准投资收益率为 10%,选哪台设备好?

9. 生产同种产品有甲、乙两条生产线供选择。甲的投资额和年净收入分别为 6 700 万元和 1 300 万元,乙的投资额和年净收入分别为 3 700 万元和 730 万元,若基准投资收益率为 12%,选哪条生产线合适?

10. 某钢铁厂投资工程,基建投资 6 000 万元,投产后,正常生产年份产钢 10 万 t,若每吨钢售价 600 元,生产成本 400 元,年税金按销售收入的 8%计算,流动资金需要量按销售收入的 25%计算,所需资金全部自筹。若基准投资收益率为 16%,试回答该项目是否可行。

11. 某特钢厂投资工程,基建投资 4 500 万元,投产后,正常生产年份产钢 6 万 t,若每吨钢售价 1 200 元,成本 1 000 元,年税金按年销售收入的 8%计算,流动资金按年销售收入的 30%计算,所需资金全部自筹。若基准投资收益率为 30%,试判断项目是否可行。

12. 某无缝钢管厂投资工程,基建投资 3 000 万元,投产后,正常生产年份产钢管 8 万 t,若每吨钢管售价 1 200 元,生产成本 900 元,年税金按销售收入的 8%计算,流动资金需要量按销售收入的 25%计算,所需资金全部自筹。若基准投资收益率为 12%,试判断项目是否可行。

13. 两个方案的经济寿命相同,甲方案投资为 10 000 元,年经营费为 8 000 元,残值为 1 000元;乙方案投资为 8 000 元,年经营费为 9 000 元,残值为 0。若基准投资收益率为 8%,试比较哪个方案好。

14. 某工程项目有 3 个备选方案(单位:万元),试用增量投资回收期法求出结果,并按方案优劣排序。基准投资回收期为 7 年。

方案	甲方案	乙方案	丙方案
投资	300	400	500
年生产费用	200	180	160

15. 某投资工程项目,建设期 2 年。第一年投资 1 200 万元,第二年投资 1 000 万元,第三年投产,当年年收益 100 万元,项目生产期 14 年,若从第四年起到生产期末的年均收益为 390 万元,基准收益率为 12%时,试计算并判断:(1)项目是否可行?(2)若不可行,从第四年

起的年均收益需增加多少万元，才能使基准投资收益率为 12%？

16. 某方案的现金流量如下表所示（单位：万元），基准收益率为 15%，试计算：(1)静态与动态投资回收期；(2)净现值 *NPV*。

年份	0	1	2	3	4	5
现金流量	2 000	450	550	650	700	800

17. 某轧钢厂投资工程，建设期 2 年，生产期 18 年，基建投资 600 万元，流动资金 400 万元，基建投资于第一年一次投入，无残值，若期望投资收益率为 14%，试求该项目投产后的年均利润是多少（设流动资金在生产期初投入）？

18. 某铁合金厂投资工程，建设期 2 年，生产期 20 年，基建投资 800 万元，固定资产形成率 100%，基建投资于第一年一次投入，流动资金 600 万元于第二年一次投入。若期望投资收益率为 12%时，试计算：(1)项目投产后年均利润应是多少？(2)扣除 55%所得税后，净获利润多少？

19. 已知方案 A、B、C 的有关资料如下，在基准折现率为 15%时，试用净现值法对这三个方案选优。

方案	初始方案（万元）	年收入（万元）	年支出（万元）	经济寿命（年）
A	3 000	1 800	800	5
B	3 650	2 200	1 000	5
C	4 500	2 600	1 200	5

20. 从下面给出的资料中，用 *NPV* 法选择出最佳发电机组（$i=10\%$）。

发电机组		
类型	A 型	B 型
一次投资（万元）	150	450
年均收益（万元）	50	100
残值（万元）	0	10
寿命期（年）	4	12

21. 从下面给出的资料中，用 *NPV* 法从中选出最佳汽轮机组（$i=10\%$）。

汽轮机组		
类型	A 型	B 型
一次投资（万元）	100	350
年均收益（万元）	45	50
残值（万元）	0	10
寿命期（年）	4	12

22. 有 4 个独立方案，其数据如下(单位：万元)，若预算资金为 30 万元，各方案寿命均为 8 年，折现率为 12%，应选择哪些方案？

方案	A	B	C	D
初始投资	15	14	13	17
年净收益	15	4	3.5	5.5

23. 某人向一家咨询公司咨询：用 30 000 元买到镇边一块土地，干什么可以取得 10%的基准投资收益率。咨询顾问提出 4 个方案供选择，资料如下(单位：元)。试从多方案中选优。

方案	总投资	年收益	20 年末终值
A. 土地出租	38 000	4 500	0
B. 蔬菜市场	50 000	5 100	30 000
C. 煤气站	95 000	10 500	30 000
D. 汽车旅馆	150 000	15 000	40 000

24. 某人用 50 000 元买到镇边一块土地，想利用这块地做以下几种生意，资料如下(单位：元)。如果期望投资收益率为 12%，试从中选优。

方案	总投资	年收益	20 年末终值
A. 土地出租	55 000	7 000	0
B. 开饭店	70 000	9 500	3 000
C. 开旅店	80 000	12 000	4 000
D. 开杂货店	65 000	8 000	2 000

25. 某公司现有资金 800 万元，预计新建项目的建设期为 2 年，生产期为 20 年，若投产后的年均收益为 180 万元，期望投资收益率为 18%，建设期各年投资如下表(单位：万元)。试用 NPV 法从下列 3 个投资方案中选优。

方案	甲方案	乙方案	丙方案
第一年	800	300	100
第二年	0	500	700

26. 某工程建设期为 2 年，第一年投资 150 万元，第二年投资 100 万元，生产期 20 年，投产后年均收益 57 万元，若期望投资收益率为 10%，试回答：(1)项目是否可行？(2)要使净现值为 0，第二年投资应减少多少万元？实际应投资多少万元？

27. 某工程有两个方案，基准投资收益率为 10%，生产期均为 10 年，建设期为 3 年。A 方案：各年投资额分别为 700 万元、500 万元、200 万元，年均利润 300 万元；B 方案：各年投资额分别为 400 万元、600 万元、800 万元，平均年利润为 350 万元。请选择最优方案。

28. 某厂现在生产所需的一台设备，投资现值 120 万元，年作业成本 30 万元，预计 10 年后该厂产量将成倍增长，那时尚需增加一台同样的设备，再投资 120 万元，而作业成本为 60 万元。如果购置大型设备，现在投资 200 万元，10 年内作业成本为 32 万元/年，10 年后产量成倍增长时不再投资，那时年作业成本为 58 万元。假设该厂设备寿命相当长，期望收益率为 8%，试评价采用哪种方案为好。

29. 某厂原为人工搬运，每年搬运费为 8 200 元，现拟采用运输带，则需投资 15 000 元，运转后每年支出人工费 3 300 元，电费 400 元，杂项费 300 元，此运输带可用 10 年，无残值，若最低收益率为 10%，问该厂是否应安装此运输带取代人工搬运？

30. 某企业拟建输电母线，导线的直径不等，资料如下，若寿命 25 年，$i=10\%$，请选择最佳方案。

方案	电流密度	投资(千元)	年电费投资(千元)	残值(千元)
Ⅰ	0.20	6 500	500	400
Ⅱ	0.25	5 000	600	300
Ⅲ	0.30	4 000	700	250

31. 从矿山到矿场运输矿石有两个可行方案，资料如下表，请选最佳方案($i=15\%$)。

方案	方案甲		方案乙
	矿车	道路	架空索道
投资(元)	450 000	230 000	1 750 000
年操作维修费(元)	60 000	3 000	25 000
残值(元)	50 000	20 000	100 000
寿命期(年)	8	12	24

32. 某企业需要一台汽车，有买车和租车两个方案。购车方案：购车费 53 000 元，4 年后转让价值 11 000 元，使用费用第一年为 7 500 元，以后每年增加 500 元；租车方案：年租车费 15 000 元(年初支付)，使用费用比购车方案每年少 1 000 元。当 $i=10\%$时，请选择最优方案。

33. 某投资工程，建设期 2 年(第一年投资 2 000 万元)，生产期 13 年，投产后预计年均收益 400 万元，生产期末残值 200 万元，若 $i=10\%$，试回答：(1)净现值是多少？(2)项目是否可行？

34. 某化工工程，建设期 2 年(第一年投资 1 800 万元)，生产期 14 年，投产后预计年均收益 270 万元，无残值，若 $i=10\%$，试回答：(1)净现值是多少？(2)项目是否可行？

35. 某投资方案资料如下。若 $i=10\%$，试用年值法从下列两方案中选优。

投资及收益	A 型	B 型	残值及寿命期	A 型	B 型
一次投资(万元)	18	25	残值(万元)	2	0
年均收益(万元)	6	9	寿命期(年)	10	12

36. 某新建炼油厂工程项目，建设期 3 年，第一年投资 8 000 万元，第二年投资 4 000 万元，生产期 10 年，若 $i=15\%$，项目投产后预计年均收益 3 800 万元，试回答：(1)项目是否可行？(2)项目的 *IRR* 是多少？

37. 某工程项目建设期 2 年，第一年投资 450 万元，生产期 10 年，若投产后年均收益 65 万元，生产期终了时收回残值 10 万元，若 $i=10\%$，试回答：(1)项目是否可行？(2)项目的 *IRR* 是多少？

38. 新建化工厂工程项目，建设期 3 年，第一年投资 8 000 万元，第二年投资 4 000 万元，生产期 20 年，若 $i=10\%$，项目投产后预计年收益 3 600 万元，试回答：(1)项目是否可行？(2)项目的 *IRR* 是多少？

39. 某钢铁厂投资工程，建设期 3 年，第一年投资 600 万元，第二年投资 400 万元，第三年投资 200 万元，若投产后年均收益 200 万元，$i=14\%$，试回答：(1)项目是否可行？(2)项目的 *IRR* 是多少？

40. 试从下列 6 个备选方案中选择一种最佳方案。$i=20\%$，寿命期 20 年。

方案	A	B	C	D	E	F
投资(万元)	4 000	5 000	7 000	1 200	1 000	2 500
年收益(万元)	900	1 150	1 600	250	180	540
IRR(%)	22	22.5	23	21	18	20.5

41. 某投资工程，建设期 2 年，第一年投资 2 000 万元，生产期 13 年，投产后预计年均收益 400 万元，生产期末残值 200 万元，试计算项目的 *IRR* 是多少？

42. 某化工工程，建设期 2 年，第一年投资 1 800 万元，生产期 14 年，投产后预计年均收益 270 万元，无残值，若 $i=10\%$，试计算项目的 *IRR* 是多少？该项目是否可行？

43. 某工程建设期 3 年，各年等额投资 4 000 万元，生产期 20 年，不计残值，投产后预计年均收益 3 700 万元，若 $i=15\%$，试回答：(1)项目是否可行？(2)项目的 *IRR* 是多少？

44. 某项工程有 3 个投资方案，资料如下，用差额投资内部收益率法选择最佳方案。($i=10\%$)

方案	Ⅰ	Ⅱ	Ⅲ
投资(万元)	2 000	3 000	4 000
年收益(万元)	580	780	920
寿命(年)	10	10	10

45. 某企业目前投资 10 000 万元，3 年末投资 3 000 万元，第一年末(即目前投资后第一年)回收 500 万元，第 2 年末回收 600 万元，依此以每年增加 100 万元的速度总计回收 10 年，此外在第 5 年时回收了一笔金额为 5 000 万元的款项，第 10 年时回收了一笔 2 000 万元的用户资产款项，试计算该项投资 *IRR* 是多少？

46. 某工程投资 130 万元，经济寿命为 6 年，残值为 10 万元，年销售收入 100 万元，年经营成本 70 万元，求 *IRR* 是多少？

47. 某工程投资 25 000 万元，经济寿命 10 年，每年收益 3 000 万元，残值 7 000 万元，$i=5\%$，则项目的 IRR 是多少？此工程是否可行？

48. 试进行方案选优（各方案均无残值，单位：万元，$i=10\%$）。

方案		A	B
建设期(年)		2	2
其中	第 1 年投资	1 200	200
	第 2 年投资	0	800
生产期(年)		16	14
投产后年均收益		240	220

49. 试进行方案选优（各方案均无残值，单位：万元，$i=12\%$）。

方案		A	B
建设期(年)		2	2
其中	第 1 年投资	400	200
	第 2 年投资	800	800
生产期(年)		16	14
投产后年均收益		240	220

50. 建一个临时仓库需 8 000 元，一旦拆除即毫无价值，假定仓库每年净收益为 1 360 元。试求：(1)使用 8 年时，其内部收益率为多少？(2)若希望得到 10%的收益率，则该仓库至少使用多少年才值得投资？

51. 某公共事业拟定一个 15 年规划，分三期建成，开始投资 60 000 元，5 年后再投资 50 000 元，10 年后再投资 40 000 元。每年的保养费：前 5 年每年 1 500 元，次 5 年每年 2 500 元，最后 5 年每年 3 500 元，15 年年末残值为 8 000 元，试用 8%的基准收益率计算该规划的费用现值和费用年值。

52. 比较某化工厂的两台球磨机 A 和 B 的等额年支出。它们的服务年限均为 12 年，基准收益率为 10%。（单位：元）

方案	初期投资	12 年后的残值	年生产费用	年修理费
球磨机 A	7 800	0	1 745	960
球磨机 B	14 400	2 700	1 200	860

53. 为修建某大桥，经考虑有 A、B 两处可供选点，在 A 地建桥其投资为 1 200 万元，年维护费 2 万元，水泥桥面每 10 年翻修一次需 5 万元；在 B 点建桥，预计投资 1 100 万元，年维护费 8 万元，该桥每三年粉刷一次需 3 万元，每 10 年整修一次需 4 万元。若利率为 10%，试比较两个方案哪个为最优？

54. 有一家制造厂因工作需要必须购买一台磨床。有一台能满足需要的旧磨床，价值为 5 000 元，而另一台新的、更先进的磨床，价值为 12 800 元。旧磨床每年支出工资和额外费用估计为 9 200 元，而新磨床则为 8 300 元。旧磨床的年维修费用，估计第 1 年为 600 元，以后每年增加 150 元；而新磨床的年维修费用，估计第 1 年为 400 元，以后每年增加 100 元。两种磨床预期的服务年限均为 10 年。10 年终了时，旧磨床的残值可忽略不计，但新磨床的残值为 4 000 元。估计新磨床在所得税方面支出较高，第 1 年多支出 360 元，第 2 年多支出 385 元，以后每年所得税的差额将增加 25 元。假定税后的 $i=12\%$，试比较两种磨床的等额年支出。

55. 机器 C 或机器 D 都能很好地完成某项工作。机器 C 的初期投资为 6 000 元，估计服务年限为 12 年，残值为零，每年支出的费用（包括各种用途的支出，但不包括所得税的支出额）为 5 100 元。机器 D 的相应数额分别为 14 000 元，18 年，3 200 元和 3 500 元。机器 D 的年所得税支出额估计要多 750 元。假定税后的 $i_0=11\%$，试比较两种机器的年支出。

56. 某公司拟建一发电厂，有两种发电厂方案供选择。试比较这两种发电厂的年支出。预计的服务年限为 10 年，税后的 $i=15\%$。（单位：元）

	火力发电厂	柴油发电厂
初期投资	20 000	28 000
10 年后的残值	0	3 000
年生产和维修费用	9 200	6 000
多支出的年所得税		1 300

57. 将岩石运送到粉碎机有两种不同的方法。预计这台岩石粉碎机将运转 6 年。这两种方法的费用估计如下。试比较该两种方法的年支出，税后的 $i=12\%$。（单位：元）

方法	初期投资	6 年后的回收	每年燃料费用	每年维修费用	多支出的年所得税
A	4 200	600	200	130	60
B	2 800	1 000	450	300	0

58. 一位制造商为了生产一种新产品需要一台专用机器。这种专用机器有手动和半自动操作两种方式。试比较这两种方式哪一种更优。（单位：元）

类型	初期投资（含安装费）	服务年限	年支付费用	最后净残值	年支出的所得税
手动	6 000	10	7 000	0	0
半自动	14 400	6	4 000	2 000	800

(1) 若税后 $i=13\%$，比较这两种方式的年支出。(2)若税前 $i=25\%$，比较这两种方式的年费用。

59. 一个永久性政府工程有以下两个方案供选择，若 $i=9\%$，比较两方案的等额年支出。

方案 1：初期投资为 150 000 元，其中 75 000 元用于购地（假设是永久使用），其余 75 000 元用于修建一座房屋。该房屋每 50 年需要大修一次，残值为 30 000 元，假设每次大修的净支出额为 120 000 元。其他费用年支出额为 4 000 元。

方案 2：初期投资为 250 000 元，其中 100 000 元用于购地，其余 150 000 元用于修建一座房屋。该房屋每 50 年需要大修一次，残值为 30 000 元，假设每次大修的净支出额为 100 000 元，其他费用年支出额为 3 000 元。

60. 某学校用水泵抽校内水井的水供全校使用。由于地下水位下降，抽水费用大大增加，可供利用的水量下降，水的质量恶化。有一家公共自来水公司现在已修建了一条大输水管道，把符合质量标准的水输送到离学校现有水泵房不到 1 km 的地方。学校决定要修建一条管道与自来水公司的输水管相接，并向自来水公司买水用。为了满足使用 60 年的需要，学校考虑了两种管道类型，估计的有关费用如下。若研究规划的期限取 60 年，试比较这两种类型的管道的等额年支出。取 $i=6\%$，假设管道和供水设备的最终净残值为零，并在这 60 年内再次投资，其投资额同初期投资。(单位：元)

类型	管道		供水设备		水泵	
	初期投资	使用年限	初期投资	使用年限	第 1 年的年电费	每年增加电费
A	120 000	60	15 000	20	3 000	40
B	80 000	30	20 000	20	4 000	80

61. 某校园拟建一个体育场，考虑了两个方案。有位工程师对这两个方案做了如下的费用估算。混凝土看台方案：其初期投资为 350 000 元，使用年限为 90 年，年维修费为2 500 元；在土堤上修建土质看台方案：整个工程的初期投资为 200 000 元，每隔 3 年需油漆一次，其费用为 10 000 元，每隔 15 年需更新座位，其费用为 40 000 元，每隔 30 年需更新看台，其费用为 100 000 元，在初期投资中剩下的 50 000 元用于修建土堤，土堤将使用 90 年。试按使用年限为 90 年，$i_0=7\%$，比较这两个方案的等额年支出。

62. 有一家化工厂为了生产需要，拟对两种热交换器进行比较。Y 型热交换器的初期投资为 8 400 元，估计使用年限为 6 年，残值为零，年生产费用为 1 700 元。Z 型热交换器的初期投资为 10 800 元，估计使用年限为 9 年，残值为零，年生产费用为 1 500 元。估计 Z 型热交换器每年要付额外所得税 200 元。试以税后 $i_0=14\%$，比较这两个方案的等额年支出。

63. 有几辆卡车在特定环境下运行，每年在运行和维修方面的总开支(司机工资除外)有增长的趋势。在开始运行的前 5 年每年增加 300 元，第 1 年的开支是 2 400 元。一辆卡车的初期投资为 5 400 元，估计 4 年后的残值为 1 400 元，5 年后的残值为 900 元。在长期运行中，估计使用年限为 4 年或 5 年的所得税差不多，设 $i=10\%$。试对一辆使用 4 年的卡车与一辆使用 5 年的卡车的等额年支出进行比较。

64. 机器 J 的初期投资为 50 000 元，估计使用年限为 12 年，残值为 14 000 元。每年生产和维修方面的支出额，估计第 1 年为 6 000 元，第 2 年为 6 300 元，以后每年增加 300 元。另一方案，机器 K 的初期投资为 30 000 元，使用 12 年后的残值为零。在生产和维修方面的支出额，估计第 1 年为 8 000 元，第 2 年为 8 500 元，以后每年增加 500 元。机器 J 每年多支付的所得税，第 1 年为 750 元，第 2 年为 850 元，以后每年增加 100 元。取税后 $i=12\%$，试对使用年限为 12 年的机器 J 和 K 的等额年支出进行比较。

65. 某位制造商拟修建一座新仓库。如修建一座钢筋混凝土建筑物，造价为 116 000 元，而修建一座同样面积的镀锌金属板结构建筑物，造价仅为 60 000 元。钢筋混凝土仓库的使用期为 50 年，年平均维修费为 1 000 元。金属结构仓库的使用年限为 25 年，年平均维修费为 1 800 元。拟对建筑物和贮存的货物都办理保险。钢筋混凝土建筑物的年保险费率为每 1 000 元货物保险金额 1.5 元，而金属结构建筑物的年保险费率则为每 1 000 元货物保险金额 4 元。假设平均保险金额按 400 000 元的贮存货物加上建筑物初期投资的 75%计算；年平均财产税估计为建筑物初期投资的 1.5%。按推算，为金属结构建筑物支付的所得税将超过为混凝土建筑物支付的所得税，如果不选用混凝土建筑的话，结果每年将要为金属结构建筑物多支付所得税 545 元。试以税后 $i=9\%$，对这两种类型的仓库的等额年支出进行比较。建筑物在使用年限终了时，它的残值均可忽略不计。

66. A 公司有几条部件制品生产线，零件在这些生产线上组装后，转送到一条总装配线上进行总装，所有总装配线都沿着一条重力式滚轴运输机布置，但是各条部件生产线都不与总装配线上的使用地点相接，因此要由雇员来转运。B 公司是生产这些运输设备的制造厂家。该公司已经设计出一种非常好的传递装置。这种装置可以装在现有运输机上，这一装置只需添置一些传送器和电子控制的时间限制电路，就可以把生产线上装配好的部件按指令传递到总装配线上去。B 公司深信这一装置可为 A 公司节省大量的费用。A 公司的工艺师做了估算，这一装置每年每班可以节省直接工时 1 000 个，A 公司是两班生产。下一年度每小时的工资为 5.5 元，包括额外工资费在内，并且每年的工资率平均每小时增加 0.35 元。完全可以相信，以后几年的增值至少是这么多。新装置需要投资 42 000 元。现有的运输机估计可使用 12 年。由于拆迁费等于新装置的残值，所以 12 年后新设备的残值等于零。新装置的电费和维修费每年约为 3 200 元，财产税和保险费约等于投资费的 3%。问：

(1) 如果缴纳所得税前 i 为 20%，A 公司要不要装置这些运输机和传递装置？

(2) 如果缴纳所得税后 i 为 10%，新装置要不要安装？（新装置的所得税较高，1 年要多付所得税 1 520 元，以后每年增加 350 元）

67. 市政公用事业的一项供水工程拟采用直径为 10 英寸(1 英寸≈2.54 cm)或 12 英寸的水管。10 英寸水管的初期投资为 4 500 元，估计每年的抽水费用为 900 元。12 英寸水管的初期投资为 6 000 元，估计每年的抽水费用为 550 元。该工程服务年限为 15 年，到 15 年末预期两种水管都没有残值。年财产税估计为初期投资额的 2%，年所得税估计为初期投资额的 3%；若税后 i 为 9%，试比较运转 15 年的费用的现值。

68. 某部门所考虑的两个方案如下。若 i 为 10%。试比较工作 24 年的费用的现值。(单位：元)

方案	初期投资	估计寿命(年)	估计残值	年支出金额
1	9 000	12	0	2 200
2	20 000	24	4 000	1 400

69. 一个地区的公用管理设施有两个方案供选择。以税后 i 为 7%，试比较工作 20 年后两种方案费用的现值。

第一方案需要现在投资 30 000 元。该设施寿命为 20 年，20 年后的残值为 3 000 元。年维修费为 200 元。年财产税为初期投资额的 2.5%，年所得税为初期投资额的 4.5%。

第二方案需要现在投资20 000元。该设施寿命为20年,20年后的残值为2 000元。年维修费为1 600元。各种税率与第一方案相同。第10年将追加投资12 000元,后建的设施寿命为10年,残值为3 000元,年维修费为1 200元,年财产税为追加投资额的2.5%,年所得税为追加投资额的5%。

70. 修建公路拟按照下列每里(1里=500米)的估价,考虑了两种可以使用的路面(单位:元):

项目	A型	B型	项目	A型	B型
初期投资	21 000	32 000	路面翻修费用	11 000	12 000
路面翻修年限(年)	10	15	平均年保养费	1 300	900

定期翻修路面只包括损坏了的路面的更新,而不包括基础及地面以下部分的更新。试以30年的费用现值为基础,对比A、B这两个方案。假设两种路面在30年末都没有残值,并设i为9%。

71. 某业主提出购买一台作为出租用的机器。投资为50 000元。估计第1年的年收入将超过扣除所得税外的各项支出10 000元。考虑到租金收入是每年减少的,而维护费是每年增加的,可以认为租金收入每年减少500元,至第2年租金收入为9 500元,至第3年租金收入为9 000元,依此类推。估计第1年的所得税为3 375元,以后每年减少250元。估计该机器在12年后退役,具有残值11 000元。那么预期税后*IRR*为多少?

72. 某市供水工程的全面发展规划要与分阶段发展规划做一比较。全面发展规划现在需要投资700 000元。分阶段发展规划现在需要投资400 000元,10年后再投资300 000元,20年后又投资300 000元。全面发展规划在开始10年里每年估计需多支出10 000元,第2个10年里(两方案)支出相等,以后每年少支出5 000元。若i为9%,试对这两个规划的年成本进行比较。为进行经济研究,假设资金投放在永久性建筑物上,而且服务年限也是永久的。

73. 为了向城市供水,需要修建一条隧道。为了确定隧道按输水管最大输水量建造是否合算,工程师们根据隧道的输水能力,对需水量的增长做了如下的预测:一条按1/3额定输水量输水的隧道可满足10年的需要;一条按1/2额定输水量输水的隧道可满足20年的需要;一条按2/3额定输水量输水的隧道可满足30年的需要。

建设费估计如下:1/3额定输水量隧道需200万元;1/2额定输水量隧道需240万元;2/3额定输水量隧道需270万元。

抽水费估算如下:1/3额定输水量隧道投入使用后,每年为11 000元,最终建成3条隧道时,每年为33 000元;1/2额定输水量隧道投入使用后,每年为10 000元,最终建成2条隧道时,每年为20 000元;2/3额定输水量隧道投入使用后,每年为8 000元,最终建成1条2/3和1条1/3额定输水量隧道时,每年为19 000元。

按照上述提出的3个方案。试以永久性服务的成本为基础,设i为8%,并且假设价格维持现有水平,比较这3个方案。当输水量超出实际需要量时,假设其费用是从隧道投入使用的日期算起,请问现在该推荐修建那种规格的隧道?

74. 某工业设施的设计方案如下。

方案	初期投资(元)	寿命(年)	残值(元)	年支出金额(元)
R	50 000	20	10 000	11 000
S	90 000	20	0	5 600

估计方案 S 的年额外所得税为 2 200 元。若税后 i 为 13%,试比较这两个方案 60 年的净支出金额的现值。假设两方案的更新设备在投资、寿命、残值、年支出金额等款项上均与其初期设备相同。

75. 试按永久性服务的费用现值,比较某市政工程的方案 C 和 D,i 为 7%。方案 C 的初期投资为 500 000 元,前 20 年每年支出金额为 20 000 元,其后每年支出金额为 30 000 元。此外,从初期投资日期算起,以后每 20 年都要支出 200 660 元。方案 D 的初期投资为 800 000 元,30 年之后又需要一次投资 300 000 元,此外,年支出为 10 000 元。

76. 某建筑公司考虑购买两种推土机械,两台机械的生产能力都能满足需要,但是大力公司生产的机械要比工友公司生产的更坚固,寿命也更长。估计对选择有影响的情况如下:

设备	初期投资(元)	第 1 年维修费用(元)	每年增加维修费(元)	寿命(年)	最终残值
工友	40 000	8 000	800	4	4 000
大力	60 000	5 000	400	6	6 000

工友公司生产的机械在第 2 年末的大修费为 5 000 元;大力公司生产的机械在第 3 年末的大修费为 4 000 元。列表比较 12 年期间的相应现金流量,假设更新机械的费用与最初的机械的现金流量相同。若 i 为 12%,试比较它们的费用现值。

77. 某建筑公司必须在施工现场修建一幢临时办公大楼,大楼的取暖有两个方案供选择。瓶装液化气可用作落地式取暖炉,电热片则可装在墙壁或天花板里面。估计大楼在拆除之前可使用 5 年。液化气装置需投资 6 000 元,可以认为 5 年后它的变卖价值为零。年燃料费和维修费估计为 1 100 元。电热片装置需投资 8 000 元,残值估计为 1 000 元,年电费和维修费估计为 700 元。选用电热片装置估计每年要多付所得税 100 元。若税后 i 为 10%,试比较这两个方案的费用现值。

78. 一个公用设施需装备一些设备,为此考虑了两个方案。每个方案在今后的 18 年中都具有足够的能力以满足这一期间的负荷的预期增长。不管现在选用哪个方案,预计在 18 年末设备都将被弃置,而由一种不同的设备所取代。

第一个方案:初期投资 50 000 元,在第 9 年末又需投资 25 000 元。在这前 9 年期间每年的支出额为 11 000 元,在以后的 9 年间每年的支出额为 18 000 元。设备在第 18 年末的残值为 10 000 元。

第二个方案:初期投资 30 000 元,在第 6 年末又需投资 30 000 元,在第 12 年末再次投资 20 000 元。在前 6 年期间每年的支出额为 8 000 元,在第 2 个 6 年间每年的支出额为 16 000 元,最后的 6 年期间每年的支出额为 25 000 元。在第 18 年末设备的残值为零。

若 i 为 9%,试比较这两个方案的支出额的现值。

79. 一位专利所有者与某企业签订使用该专利的专利合同。企业同意在新产品开拓市场期间的前 4 年里每年末支付给他 1 000 元，其后 8 年每年末支付 5 000 元，在专利使用期限的 17 年中的最后 5 年里每年末支付 2 000 元。假设该企业想一次性把专利买下来，合同期限为 17 年，而企业对这笔投资要求获得 18%的投资收益率，请问企业这时最多只能向专利所有者出价多少？

80. 在美国，对市政工程采用着两种补贴的方法。对某些类型的工程项目，按批准的工程费用的部分拨款给地方政府机构，余下的费用则由地方政府机构在若干年内带息偿还。例如，先补贴 30%，余下的 70%于 20 年后连本带息偿还。另一种补贴方法是，只要求偿还全部工程费用而不计算利息。后一种方法是为大学修建宿舍提供的，可以向政府请示为修建宿舍提供 2 000 000 美元，而大学则在 40 年内每年偿还 50 000 美元。

综合各方面的情况来看，假设向这样的“贷款”收取 7%的利率是合适的，在这个条件下，在 40 年内不支付利息而偿还 2 000 000 美元的方案，实际上相当于补贴多少钱？

81. 某瓷砖公司从邻近的地产所有者李某处购买黏土。几年前，公司与李某就矿产的使用权签订了合同。合同规定从李某的矿产中每开采 1t 矿支付矿产开采费 1 元。合同有效期为 5 年。按每年向该公司供矿 20 000 t 计算，估计李某的矿可开采 15 年。在距工厂较远的地方，公司自己拥有一个大型黏土矿。从公司的需要来看，可以认为该矿是开采不完的。黏土的开采费大体上与李某的矿的开采费是相等的，但是把黏土运往工厂的运输费却增加不少。李某认识到这一事实，认为 5 年后再签订剩下 10 年的矿产开采合同时，应按开采费率每吨 2 元提取，试比较按这个开采费率继续使用李某的黏土还是使用公司自己的黏土合算。

该公司总经理同时也意识到李某大概是想把他的土地全部卖给公司。把土地买下之后，公司就不必再为开采黏土而支付开采费了，15 年之后黏土开采完了，这块土地还可卖得 30 000 元。这是完全有把握的。

与继续支付矿产开采费的方案相比，公司要想使投资得到 14%的投资收益率，试问该公司愿为这个矿出价多少？

82. 某公司需要增加机床的能力以适应产品生产量的增长。根据以下资料，选用一台全自动磁带控制的机床还是选用 2 台手动机床合算？

手动机床每台价值 36 500 元，寿命估计为 20 年，残值为 5 000 元，每台保养及动力费为 5 000 元，机床每 5 年大修一次，每台每次大修费为 3 000 元。每台机床每年支出的人工工资和附加工资估计为 8 000 元。

自动磁带控制的机床是由机床本身和磁带控制机组组成。机床本身价值 90 000 元，寿命估计为 20 年，残值为 6 000 元，年维修费与电费估计为 3 500 元，每 5 年大修一次，每次大修费估计为 9 000 元。自动磁带控制机组价值 30 000 元，寿命估计为 10 年，残值为 2 500 元，年维修费与电费为 1 000 元。工资和附加工资估计每年为 2 000 元。

如果选用自动控制机床的话，年所得税估计要多支付 2 850 元。试按税后 i 为 8%，对这两个以为期 20 年的费用现值为基础的方案加以比较。

83. 某开垦工程规划的工程费将在若干年内无息偿还。假设每亩的费用为 250 元，一个 160 亩的农场共需偿还 40 000 元。在前 5 年分文不支付。然后，在 40 年内每年末支付

1 000 元，偿还不付利息的 40 000 元。

显然，政府把利息豁免，实际上是对农场的一种补贴。这说明，在这种情况下，补贴的标准应是由政府支付工程费 40 000 元和由农场支付递延年金的现值之间的差额。如果接受这个建议，并以 7%的利率计算利息，请问在这种情况下，补贴金额应为多少？

84. 有一位捐款人要向某大学捐赠奖学金。该捐款必须列入大学的总经费内。根据过去的经验，这笔基金免纳所得税，每年估计可赚取利息 6%。

捐款人希望奖学金每年能为一个大学生支付学费。大学接受捐款一年之后，就在接受捐款的同一个时期颁发第 1 期学年奖学金。第 1 期学费支出金额为 3 600 元。大学有关部门预测学费将每年增加 150 元，并且这个年增值将无限期地延续下去。问：

(1) 要为今后 12 年提供学年奖学金，请问需要有多少捐款？假设从现有捐款的收入中支付一部分奖学金，余下的则动用捐款基金的本金。又假设在支付第 12 次学年奖学金之后，作为该奖学金的捐款基金恰好支付完。

(2) 假设捐款人希望在今后 12 年内提供一份学年奖学金。此后无限期地每年提供 5 000 元奖学金。请问必须有多少捐款才能达到这一目的？

85. 某项出租房产，初期费用为 50 000 元，如果购买房产的话，认为可以在 10 年后再出售。估计 10 年后该房产的售价为 60 000 元。在 10 年内每年租金收入约为 10 000 元。而与业主和房产管理有关的每年支出额(维修、财产税、保险等)，第一年为 3 000 元，以后每年增加 200 元，至第 10 年为 4 800 元。另外，在第 5 年末为大修，其一次性支出 2 000 元。此方案的 *IRR* 为多少？

86. 在 1963 年 1 月初以 1 700 万元购得未利用的一块城市土地，所付地产税如下(单位：万元)：

年份	1963	1964	1965	1966	1967	1968	1969	1970	1971	1972	1973	1974
地产税	20	20	20	20	30	30	30	40	40	40	50	50

在 1975 年 6 月末以 3 500 万元出售了这块土地，扣除了付给经纪人的手续费 5%，问该投资能获得多少投资收益率？

87. 拟购一块未用的城市居住用地，地价为 16 000 元。可以相信，如果拥有该地 8 年，则到时可以 25 600 元售出。从这笔资金中要减去 6%的售出手续费(1 536 元)，并支付保险费 384 元，出售的剩余净收入预期为 23 680 元。8 年中无产权收入。产权所有期中每年支出地产税估计为 480 元。问该投资预期收益率是多少？

88. 某项目初期投资 120 000 元，至第 25 年末残值为 20 000 元。估计年平均收入 27 900 元，年平均支出(所得税除外)为：第 1 年 12 660 元，以后每年增加 200 元，第 25 年支出为 17 460 元。设第 1 年所得税为 7 420 元，以后每年减少 250 元，至第 25 年支付所得税 1 420 元，计算预期税后收益率。

89. 某业主以 10 000 元分块出售地产，须立即支付 2 000 元，并在以后 4 年内每年年终免息支付 2 000 元。在讨论购买方案时发现以 9 000 元现金可购得同样地产，同时购买地产时还需支付一笔包括法律与管理等在内的手续费 200 元。如果按此方案购买地产，那么实际支付的利率是多少？

90. 拟购一台机器供出租，最初投资为 20 000 元，拥有产权的头一年估计除所得税外，收入比支出多 5 400 元。因为出租收入逐年下降，修理费逐年增加，上述收入每年下降 300 元，因此次年多出的收入为 5 100 元，第 3 年为 4 800 元，依此类推。估计该机器 15 年后回收残值 2 000 元，估计第 1 年所得税为 2 100 元，第 2 年为 1 950 元，以后每年减少 150 元。则预期收益率为多少？

91. 一家机械制造公司扩大生产计划需要购买土地资金 400 000 元，该资金必须在生产开始前 2 年支付完毕。要折旧的设备资金 1 200 000 元，必须在工业生产开始前 1 年支付完毕。在生产开始时再进一步购买设备需资金 1 050 000 元。在生产开始时还需要流动资金 300 000 元。除所得税外，在生产第 1 年估计收入超过全部支出能盈余 150 000 元。第 2 年能盈余 300 000 元，第 3 年能盈余 450 000 元，从第 4 年以后直到第 13 年，每年能盈余 600 000 元，第 14 年估计盈余 400 000 元，第 15 年能盈余 200 000 元，每年所得税支出额是上述盈余数减去 150 000 元后的余值部分的 50%。例如第 4 年的所得税额是 225 000 元。假设折旧的设备在第 15 年末的净残值为零，并在第 15 年末全部收回购买土地的资金及流动资金的条件下，计算预期税后投资收益率为多少？

92. 对某项拟建新工程有两个设计方案。设计方案 Y 需要即付投资 100 000 元，估计 20 年内每年收入 45 000 元，除所得税外每年各项支出额为 20 000 元。设计方案 Z 需要即付投资 140 000 元，估计 20 年内每年收入 64 500 元，除所得税外每年各项支出额为 36 000 元。与两个方案设计选择无关，20 年后工程没有残值。估计设计方案 Y 每年所得税是 10 000 元，而设计方案 Z 每年所得税是 10 750 元。计算设计方案 Y 和设计方案 Z 的预期税后投资收益率各为多少？计算设计方案 Z 所需超额投资的预期税后投资收益率为多少？如果税后投资收益率 i 是 10%，则应推荐哪个方案或者都不推荐？

93. 一公司包括仓库和办公室在内的房地产价格为 100 000 元。一位未来投资者估计从租金中每年收入 16 000 元，并且估计每年除所得税外的支出为 6 200 元，他还估计在 20 年末将房地产出售可得净收入 90 000 元，如果他以此价购得此房地产并拥有 20 年，求预期税后投资收益率。

94. 一位投资者在 1969 年以 16 300 元购得一块空地。他在 15 年内每年付税 190 元，最后在 1984 年以 25 400 元售出该地产。那么他的投资收益率为多少？

95. 某人考虑选购一款能使用 25 年的泵，有两种泵可供选择。T 泵投资 30 000 元，并且估计抽水用的电费每年为 22 000 元。M 泵投资 25 500 元，由于该泵的效率较低，抽水用的电费要比 T 泵每年高出 600 元，估计每年所得税要比 T 泵多 210 元。可以预料两泵其他的费用没有差别，也没有残值。那么购买 T 泵超额投资的预期税后投资收益率为多少？

96. X 工程和 Y 工程是两个互不相容的计划。X 工程要求现在投资 25 万元，估计在 25 年内每年收入 8.8 万元，除了所得税外每年支出 3.2 万元，每年所得税为 2.4 万元。Y 工程要求现在投资 35 万元，估计在 25 年内每年收入 10 万元，除了所得税外每年支出 4 万元，每年所得税为 2.4 万元。每个工程估计在第 25 年末有 5 万元的残值。假设税后 i_0 为 9%，根据必要的计算来确定推荐 X 工程，还是 Y 工程，还是两工程都不推荐。可以提出具体的建议，并说明理由。

97. 一位投资者在 1954 年以 7 000 元购得一块未开发城市的地产。他在 10 年内每年支付地产税150元，然后至1964年以5 000元卖出部分地产。在1964年后的6年内，他每年支付地产税100元，并在1970年以15 000元把剩余地产卖掉。利用利息表做必要的计算，求出他投入这笔资金的投资收益率。为了简化计算，假设这笔交易分别发生在1964年1月1日和1970年1月1日，并且在年末支付地产税。

98. 某公司拟在所属的A、B两厂进行一个项目的投资，两厂各提出3个方案，资料如下表所示，试确定方案的差额投资利润率，在$i=10\%$时，选择在预算资金分别为400万元、500万元、600万元、700万元、800万元时的最佳方案组合。

A厂方案	投资	利润
A1	200	70
A2	300	110
A3	400	140

B厂方案	投资	利润
B1	200	40
B2	300	55
B3	400	65

99. 某企业拟上一个大型项目，该项目包括A、B、C、D共4个组成部分，每个组成部分又有几个方案供选择，A和B必须同时考虑，各方案投资及收益情况如下表(单位：万元)。若$i=15\%$，此项目运行10年。问：

(1) 预算资金为6 000万元时，应选择怎样的方案组合？

(2) 预算资金为5 800万元时，选择哪个方案组合？

各方案所需投资

方案	A1	A2	A3	B1	B2	C1	C2	D1	D2
投资	500	800	1 800	700	1 000	1 000	1 500	2 000	2 500

各方案所获收益

方案	A1与B1	A1与B2	A2与B1	A2与B2	A3与B1	A3与B2	C1	C2	D1	D2
收益	400	450	480	500	900	780	500	600	1 000	1 250

100. 为满足运输需要，可在两地间建一条公路或架一座桥梁，也可既建公路又架桥。若两项目都上，由于运输量分流，两项目都将减少收入，现金流量如下表(单位：万元)。当$i=10\%$时，请选择最佳方案。

方案	0	1	2～10年
建公路	−200	−100	120
架桥梁	−100	−50	60
建公路和架桥梁	−300	−150	150

101. 有6个可供选择的独立方案，各方案初始投资及每年净收益如表所示，当资金预算为1 950万元、2 700万元时，按净现值指数排序法对方案做出选择($i=12\%$，单位：万元)。

方案	A	B	C	D	E	F
投资	600	640	700	750	720	680
(1～10 年)年净收益	250	280	310	285	245	210

102. 某企业有互相独立的 8 个投资方案，初期投资额和每年年末净收益如表所示(单位:万元)，各方案的寿命期均为 10 年，基准投资收益率为 10%，当资金限额分别为 180 万元、95 万元时，用净现值指数法进行方案选择。

方案	A	B	C	D	E	F	G	H
投资额	10	14	13	15	18	17	16	12
年净收益	3.04	3.47	3.56	3.91	4.86	4.34	4.25	3.30

103. 某公司有 3 个独立方案 A、B、C，寿命期均为 10 年，期初投资和每年净收益如下表所示，当投资限额为 800 万元时，用互斥方案组合法求最优方案组合(i=10%，单位:万元)。

方案	A	B	C
投资	200	375	400
每年净收益	42	68	75

104. 有 3 个独立型方案 A、B、C，其初始投资分别为 240 万元、385 万元和 420 万元；年净收益分别为 50 万元，75 万元和 82 万元。3 个方案计算期均为 10 年，i=12%，若投资限额为 700 万元时，用互斥方案组合法求最优方案组合。

105. 有 4 个独立型方案 A、B、C、D，其初始投资和每年净收益如表所示(单位:万元)，4 个方案计算期均为 10 年，i=10%。问:(1)当投资限额为 900 万元时，最优方案是什么?(2)当投资限额为 1 000 万元时，最优方案是什么?(3)当投资限额为 1 125 万元时，最优方案是什么?(4)当投资限额为 1 300 万元时，最优方案是什么?(5)当投资限额为 1 600 万元时，最优方案是什么?

方案	A	B	C	D
投资	300	375	450	560
每年净收益	86	94	120	130

106. 某公司有 5 个可供选择的独立方案，各方案初始投资和每年净收益如表所示(单位:万元)，5 个方案计算期均为 10 年，i=10%。问:当投资限额为 1 000 万元、1 200 万元、2 000 万元、2 300 万元时，最优方案组合分别是什么?

方案	A	B	C	D	E
投资	275	350	460	520	700
每年净收益	84	92	118	135	180

107. 某公司欲充分利用自有资金进行投资，故研究各投资方案的选择问题。A、B、C 为投资对象，它们彼此之间是相互独立的。各投资对象分别有 3 个、4 个、2 个互斥方案，如表所示(单位:万元)，$i=10\%$。当投资限额为 500 万元、700 万元时，该如何选择方案(用静态指标)。

投资对象	方案	投资额	年收益
A	A1	300	90
	A2	400	95
	A3	500	112
B	B1	100	10
	B2	200	44
	B3	300	60
	B4	400	68
C	C1	200	43
	C2	300	61

108. 某公司下设 3 个工厂 A、B、C，各厂都有几个互斥的技术改造方案，如表所示(单位:万元)，各方案寿命期都是 10 年($i=12\%$)。问:

(1) 假如每个工厂都可以采用维持现状的方案(即不投资)，那么在投资限额为 4 000 万元时，如何选择方案?

(2) 如果 B 厂方案必须上，那么当投资限额为 3 000 万元、4 000 万元时，选择哪些方案为好?

工厂	A		B			C		
方案	A1	A2	B1	B2	B3	C1	C2	C3
初期投资	1 000	2 000	1 000	2 000	3 000	1 000	2 000	3 000
比现状增加的年净收益	272	511	200	326	456	509	639	878

109. 某公司进行装修，如果用 A 涂料，则涂料费用需 10 万元，但每隔 3 年需重新涂刷一次；如用 B 涂料，则涂料费用需 60 万元，但每隔 9 年需重新涂刷一次。涂刷时不论使用哪种涂料，所需人工费都为 40 万元。根据市场预测，涂料的价格今后将每年上升 5%，人工费估计今后每年将以 8%的比率上升。若该公司的基准收益率为 12%，该公司在 9 年期间采用哪个方案有利?

110. 某公司打算购一自动化设备。如果购置自动化设备 A，则初期投资额为 40 万元。当年人工费为 21 万元；购置自动化设备 B，初期投资为 80 万元，当年人工费为 15 万元。但由于物价上涨，人工费上升率估计为 7%，在设备使用年限为 7 年时，比较两方案的优劣($i=10\%$)。

111. 为了方便某地与其他地区的交通，可在两地之间铺设铁路，也可建一条公路，也可既建铁路又修公路。若两项目都上，两项目收入都将减少。现金流量如下表所示(单位:万元)，当 $i=15\%$时，请选择最佳方案。

方案	0年	1年	2～30年
建铁路	−400	−300	340
修公路	−250	−270	260
建铁路和修公路	−650	−570	560

112. 某公司投资6万元购买一台检测设备，第一年的运行费为4 000元，以后每年均为3 000元，第四年末该公司转产，这台机器不再使用，并按原价转让。试问：若年利率为10%，该台设备在4年使用期中的等额年费用是多少？

113. 某公司拟用61万元购买一块煤矿土地用于露天开采煤矿，10年期间每年净收入为20万元，第10年末根据合同规定，要求使土地表皮层还原，地皮还原费用为170万元，土地还原后转卖价值20万元。若年利率为10%，试用净现值法计算此工程是否可取？

114. 有两种可供选择的设备，其有关资料如表所示(单位：元)。试作现金流量图，用净现值法选择较优方案。

项目方案	投资	寿命	残值	年收入	年支出	标准收益率	研究周期
A	10 000	5年	2 000	5 000	2 200	8%	10年
B	15 000	10年	0	7 000	4 300	8%	10年

115. 某工程项目施工建设期为3年，第1、2、3年投资分别为5 000万元、10 000万元、5 000万元，第3年部分投产，需运行费200万元，第4年全部投产运行，使用期为10年，运行费为每年400万元，年复利率为10%。试作出现金流量图，计算投产后使用期内的年费用值。

116. 某项目有A、B两互斥方案，现金流量如表所示(单位：万元)，用两种方法比较两方案的优劣($i=10\%$)。

方案	投资(年初)	年净收入(年末)	寿命期(年)
A	10	3.0	6
B	20	3.2	12

117. 已知某项目的净现金流量如下表所示(单位：万元)。

年	0	1	2	3
净现金流量	−100	420	580	270

问：(1) 判断20%是否是其内部收益率方程的一个解。

(2) 判断20%是否是该项目的内部收益率，并给以详细解释。

118. 某工程投资1 000万元。投产后平均每年盈利240万元，该产品的技术寿命还有10年。按年复利率12%计算，问：(1)该项目是否有盈利？(2)若本地区、本行业的投资效果系数为0.20，该项目从投资回收期角度看在经济上是否可行？

119. 某投资项目有三个技术可行的方案，计算期为12年，基准收益率为6%，有关初始投资和每年净收益的数据如下表所示(单位:万元),试选择最经济合理的方案。

方案	初始投资	年净收益
1	500	60
2	700	82
3	1 000	130

120. 某公司为了在10年后能够更新一台设备,预计那时价格为1 000万元,在银行利润率为8%不变的情况下,问该公司每年应至少储备多少资金?

121. 某公司有两套计算机工作站选型方案,具体数据如下表,基准收益率为10%,试用最小公倍数法选择经济合理方案。

方案	初始投资(元)	使用寿命(年)	年收益(元)	残值(元)
工作站A	18 000	3	8 000	2 000
工作站B	30 000	4	10 000	3 000

122. 某中型钢厂年产钢12万t,每吨钢售价500元,单位产品可变费用为250元,单位产品税金64元,年固定总成本1 500万元,试对产量、售价、单位可变费用、总固定费用进行盈亏平衡分析。

123. 某企业生产某种产品,设计年产量为6 000件,每件产品的出厂价格估算为50元,企业每年固定性开支为66 000元,每件产品成本为28元,求企业的最大可能盈利、企业不盈不亏时最低产量、企业年利润为5万元时的产量。

124. 某投资项目其主要经济参数的估计值为:初始投资15 000元,寿命10年,残值0,年收入3 500元,年支出1 000元,投资收益15%。(1)当年收入变化时,试对内部收益率的影响进行敏感性分析;(2)试分析初始投资、年收入与寿命3个参数同时变化时对净现值的敏感性。

125. 某项投资活动,其主要经济参数如表所示,其中年收入与贴现率为不确定性因素,试进行净现值敏感性分析。

参数	最不利 P	很可能 M	最有利 O
初始投资(万元)	−10 000	−10 000	−10 000
年收入(万元)	2 500	3 000	4 000
贴现率(%)	20	15	12
寿命(年)	6	6	6

126. 某投资项目,设计年产量10万t钢,每吨钢售价900元,每吨钢总成本费用650元,其中可变费用占70%,固定费用占30%,销售税金占销售收入的8%,固定资产投资4 872万元,流动资金占销售收入的25%。试计算投资利润率,并列表分析价格、成本、固定资产投资、产量各因素变化(±10%)对投资利润率的影响,画出敏感性分析图,并按因素敏感强弱排序。

127. 一投资项目的数据如下表所示,其中销售税金占销售收入的10%,设标准折现率为 10%；用净现值分别对投资额、经营成本和价格这 3 个不确定因素做敏感性分析，设这 3 个不确定因素变动范围在±10%之内(单位：万元)。

年份	0	1	2～10	11
投资	30 000			
销售收入			44 000	44 000
销售税金			4 000	4 000
期末残值				4 000
净现金流量	−30 000	0	10 000	10 000+4 000

128. 某方案需投资 25 000 元，预期寿命为 5 年，残值为 0，每年净现金流量为随机变量，其可能发生的 3 种状态的概率及变量值如下：5 000 元($P=0.3$)；10 000 元($P=0.5$)；12 000 元($P=0.2$)。若利率为 12%，试计算净现值的期望值与标准差。

129. 某投资方案，其净现值的期望值 $E[NPV]=1\ 200$ 元，净现值方差 $D[NPV]=3.24\times10^6$，试计算：(1)净现值大于零的概率；(2)净现值小于 1 500 元的概率。

130. 某地区缺电严重，而供电电网挖潜后，其供电设备可多供电能以满足需要，由于燃料供应原因，有以下两个方案可供选择：

(1) 采用本地区低质燃料方案。固定成本 5 000 万元，单位变动成本 8 元/(MW・h)，电价 130 元/(MW・h)，交纳税金 30.15 万元/(MW・h)。

(2) 外地购进高质燃料方案。固定成本 900 万元，单位变动成本 55 元/(MW・h)，电价 180 元/(MW・h)，交纳税金 45.15 万元/(MW・h)。

试用盈亏平衡分析法进行项目方案决策。(注：1 kW・h=1 度电)

131. 某购置设备方案，投资 3 791 元，使用期 5 年，每年纯收入 1 000 元，统一按年利率 8%计算[注：折现系数(P/A,8%,5)=3.993]，试问该方案是否可行？若使用期不变，试问其纯收入在多少范围内变动，方案是可行的？

132. 某厂固定费总额为 3 600 000 元，该厂生产的产品市场售价为 800 元/台，当产量达到 20 000 件时，企业不亏不盈，问：(1)该产品的单位变动成本是多少？(2)该产品的边际贡献率是多少？(3)实现企业月利润 500 万元的产量是多少？

第六章

项目可行性研究方法

学习要求与目标

1. 掌握可行性研究的概念；
2. 掌握项目可行性研究的阶段；
3. 理解项目可行性研究的内容；
4. 了解项目可行性研究的财务评价和国民经济评价；
5. 掌握财务评价和国民经济评价的区别；
6. 掌握国民经济评价和财务评价中效益与费用的识别。

2013年9月30日，在中共中央政治局第九次集体学习中，习近平总书记指出，“政府在关系国计民生和产业命脉的领域要积极作为，加强支持和协调，总体确定技术方向和路线，用好国家科技重大专项和重大工程等抓手，集中力量抢占制高点。”党的十八大以来，我国重大工程项目建设已成燎原之势，包括目前世界下潜最深的研究型载人潜水器“蛟龙”号、世界首颗量子科学实验卫星“墨子号”、中国首颗X射线天文卫星“慧眼”、遨游星汉的天宫二号、“中国天眼”500米口径球面射电望远镜、世界最快超级计算机“神威·太湖之光”、世界最长的跨海大桥和海底隧道大桥“港珠澳大桥”等。在关系国计民生和产业命脉的领域，重大工程项目是“定海神针”，立梁架柱，筑牢基石，成为中国现代化建设的可靠支撑。当前，随着疫情防控进入常态化阶段，重大项目、重大工程、新基建正在加快推进实施，各地区各部门奋力开动生产引擎，在新经济浪潮中抢抓新机遇，为经济社会高质量发展增添新引擎新助力。重大项目建设是落实“六稳”“六保”任务的重要抓手。国家在抓紧抓实重大项目建设的同时，对于企业来说，关键是加大企业项目可行性研究，提高企业项目管理决策能力。项目一般是指同一性质的投资，或同一部门内一系列有关或相同的投资，或不同部门内的一系列投资。项目可行性研究是专门为决定某一特定项目是否合理可行，而在实施前对该项目进行调查研究及全面的技术经济分析论证，为项目决策提供科学依据的一种科学分析方法。由此考察项目经济上的合理性、盈利性，技术上的先进性、适用性以及实施上的可能性、风险性。本章作为技术经济学的应用部分，全面阐述项目可行性研究的内容和程序，重点阐述项目可行性研究的核心——经济评价。

第一节　项目可行性研究概述

一、项目可行性研究的概念

（一）可行性研究的定义

可行性研究是从英文“Feasibility Studies”翻译而来的。可行性的意思是“做到或实现的可能性，可以行得通的程度或有成功可能的程度”。可行性研究就是在项目投资决策之前，对拟建项目进行全面系统的调查研究和技术经济分析计算，综合论证建设项目技术上的先进性和适用性，经济上的合理性和盈利性以及建设上的可能性和可行性，为投资决策提供可靠依据的一种科学方法。

可行性研究是美国开发田纳西河流域应用的方法。它在田纳西河流域的开发和综合利用方面，起到了极好的作用，随后在美国以及各工业发达国家得到了广泛的应用和发展。它运用现代技术科学和经济科学的新成就，发展并形成了一套比较完善的理论和方法。它是一种运用多种学科的知识，寻求使投资项目达到最好经济效益的综合研究办法。它的任务是以市场为前提，以技术为手段，以经济效益为最终目标，对拟建项目在投资前期全面、系统地论证其必要性、可能性、有效性和合理性，做出对项目可行或不可行的评价。

（二）项目可行性研究的定义

项目可行性研究是确定项目（包括新建、改建、扩建、技术引进、技术改造或采取的技术措施等）时，运用技术经济学的基本原理，对项目从技术上、经济上论证其可行性，预测新项目建成后的经济效果，并对各方案进行综合评价和从中选优。因此，项目可行性研究是一种科学的技术经济分析方法，它为项目决策部门对项目投资的最终决策提供科学依据，并作为开展下一步工作的基础。

项目可行性研究是项目实施前的首要环节，是专门为决定某一特定项目是否合理可行，而在实施前对该项目进行调查研究及全面的技术经济分析论证，为项目决策提供科学依据的一种科学分析方法。通常，任何项目都要通过可行性研究证明这个项目的建设条件是可靠的，采用的技术是先进适用的，经济上是有较大利润可图的。这样，投资者才会进行投资，银行才肯贷款，这个项目才能得以进行。因此，项目可行性研究是决定投资项目命运的关键环节。

二、项目可行性研究的起源及发展

现代意义上的对建设项目进行分析、评价的方法产生于20世纪30年代。1936年，美国为了有效地防止洪水泛滥和提高农业生产效率，大兴水利工程项目，颁发了《全国洪水控制法》，该法正式规定了运用费用效益分析方法，并提出了这样一个原则：一个项目，只有当其产生的效益（不论受益人是谁）大于其投入的费用时才被认为是可行的。随后，美国、英国和加拿大等国政府相继规定了项目可行性研究的原则和程序。20世纪60年代，随着宏观经济理论和微观经济理论的逐步完善、经济数学和计算技术的进一步发展，以及对社会实践的总结，可行性研究的理论和方法体系得到了进一步完善，并日臻成熟。

20世纪70年代末，随着我国经济对外开放，在西方发达国家运用了几十年的工程项目决策工具——可行性研究开始进入我国。1981年底原国家建委在《关于基本建设程序的若干规定》中正式提出"建设项目要进行可行性研究"。1982年，原国家计委在《关于编制建设前期工作计划的通知》中再次强调要对工程项目进行可行性研究工作，并对可行性研究的内容和深度做了明确的规定。1983年，原国家计委以计资〔1983〕116号文件颁发了《关于建设项目进行可行性研究的试行管理办法》，正式把可行性研究纳入工程项目决策程序。

20世纪90年代，随着我国经济体制改革的不断深入、市场在经济发展中的地位的确立和原国家计委颁发的四个规定性文件的顺利执行，以及原国家计委对工程咨询机构实行资质制度，人们对可行性研究的作用和地位的认识有了很大的提升，可行性研究的编制质量有了较大的提高，可行性研究在工程项目决策中的真正作用也逐步显现出来。

进入21世纪后，可行性研究工作又有了进一步的发展与丰富。国务院在2004年发布了《国务院关于投资体制改革的决定》(国发〔2004〕20号)，对原有的投资体制进行了一系列改革，打破了传统计划经济体制下高度集中的投资管理模式，明确了除涉及政府投资的项目依然需要国家相关部门审批外，其余企业投资项目区别不同情况实行核准制和备案制。企业投资建设实行核准制的项目，需在可行性研究的基础上向政府提交项目申请报告。这些做法使我国的投资管理工作更加科学和有效。

中华人民共和国成立以来，对我国基本建设项目进行可行性研究，提出高质量的项目可行性研究报告是非常必要而且不可缺少的环节。在建立社会主义市场经济过程中，我国也越来越重视项目的可行性研究，规定进行项目前都要事先做可行性研究，并向主管部门呈报可行性研究报告。这标志着我国有关部门对投资的管理能力日趋成熟，无疑，这对于充分而有效地使用有限资金，使资源得以合理配置，促进改革开放起到重大作用。

项目可行性研究要回答的问题有：(a)为什么要进行这个项目？(b)该项目在技术上是否可行？项目的建设条件是否具备？(c)项目的产品或劳务市场的前景如何？项目的规模多大？项目厂址选在何处？(d)项目需要经过多长时间才能建成？项目所需的各种原材料、燃料及动力供应条件怎样？项目采用的设备和工艺技术是否先进可靠？(e)该项目需要多少投资？项目的筹资方式、融资渠道、盈利水平以及风险程度如何？项目筹集的资金怎样使用？何时偿还？怎样偿还？(f)项目建成投产后，对国民经济和社会环境有哪些影响？影响多大？……项目可行性研究是从项目选择立项、建设到生产经营的全过程来考察分析项目的可行性，为投资者的最终决策提供直接的依据。

三、项目可行性研究的作用和目的

(一) 项目可行性研究的作用

项目可行性研究的对象较为广泛，一般包括新建、改建、扩建的工业项目、民用项目、科研项目、地区开发技术措施的应用与技术政策的制订等。项目可行性研究是项目建设前期工作中的一项重要工作内容，是项目建设中不可缺少的重要环节，其主要作用表现为：

1. 为项目投资决策提供依据

可行性研究是项目投资建设的首要环节，也是决定投资项目命运的关键环节。一个项目的成功与否及效益大小，会受到社会、自然、经济、技术等诸多不确定因素的影响，而项目的可行性研究，有助于分析和认识这些因素，项目投资决策者主要根据可行性研究的评价结果，提出可靠的或合理的建议，从而为项目的决策提供科学依据。

2. 为项目向银行等金融机构申请贷款、筹集资金提供依据

我国的建设银行、工商银行等金融机构在进行项目贷款时，也首先要审查可行性研究报告，判断借出资金在项目建成后有无偿还能力，判明该项目经济效益的高低，以确定是否贷款。例如，世界银行等国际金融组织，都把可行性研究作为申请项目贷款的先决条件。

3. 作为向当地政府及环保部门申请建设和施工的依据

政府部门及环保部门审查项目的依据就是可行性报告中关于环境保护、三废治理以及选址对城市与区域规划布局的影响，判断分析报告中所拟定的涉及以上因素的方案是否符合市政或区域规划以及当地环保的要求，如符合要求，才发放建设许可证。

4. 为下一阶段进行项目设计、施工提供依据

可行性研究报告中对有关技术方面的内容，如项目的建设方案、产品方案、建设规模、厂址、工艺流程、主要设备和总布置图及车间平面布置等做了较为详细的说明，因此，项目的可行性研究得到审批后，将作为下一步设计任务书及具体设计的依据。

5. 为项目与有关部门签订合同、协议提供依据

可行性研究报告中，对项目建设和生产经营所需的原材料、燃料、动力等需要量以及产品销售量、货物运输量、生产技术和工艺流程的选择以及主要设备的选型等都做了分析和论证。因此，经批准的可行性研究报告就为项目建设单位同有关部门互订协议、签订合同提供了重要依据。

6. 为进行项目事后评价提供依据

要对投资项目进行投资建设、生产活动全过程的事后评价，就必须以项目的可行性研究为参照物，并以其作为项目事后评价的对照标准。尤其是项目可行性研究中有关效益分析的指标，无疑是项目事后评价的重要依据。

7. 为项目组织管理、机构设置、劳动定员及职工培训提供依据

在项目的可行性研究报告中，一般需对项目组织机构的设置、项目的组织管理、劳动定员的配备方案及其培训、工程技术及管理人员的素质及数量要求等做出明确说明，故项目的可行性研究可作为项目组织管理、机构设置、劳动定员及职工培训的依据。

可行性研究对项目的重要作用可用图 6-1 来表示。

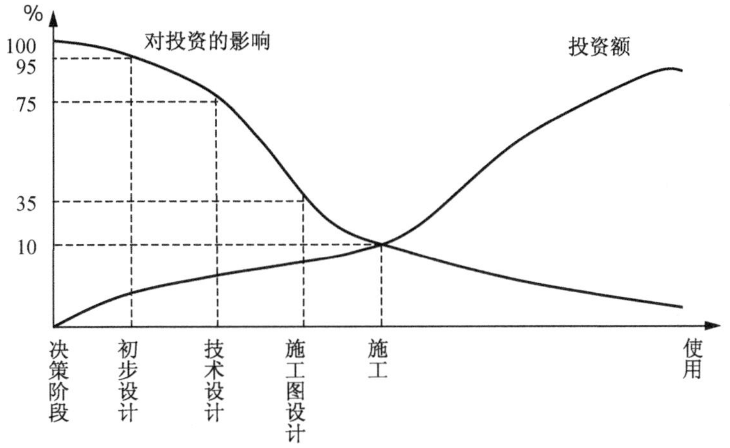

图 6-1　项目投资额对投资的影响

图 6-1 中，投资额曲线是由我国技术经济学工作者总结而成的，代表投资额在项目从决策到建成使用各个阶段所占的比重。根据投资额曲线可看出，施工前的阶段的投资额仅占总投资的 10%，但施工时所要做的工作，都是在施工前确定的，例如决策是否上项目、技术是否达到标准、经济上是否有利可图、工厂选址、施工图设计等。国外的技术经济学专家根据项目各阶段对投资的影响得出，施工前的阶段对投资的影响分别是：决策阶段达到 95%～100%；初步设计达到 75%～95%；技术设计达到 35%～75%；施工图设计达到 10%～35%；施工后占 10%。据此可明确前期工作，即可行性研究阶段对保证项目成功的重要性。

(二) 项目可行性研究的目的

项目可行性研究是项目进行投资决策和建设的先决条件和主要依据。项目可行性研究的主要目的可概括为六点：

1. 避免错误的项目投资

由于科学技术、经济和管理科学发展很快，市场竞争激烈，这客观要求在进行项目投资决策之前做出准确无误的判断，避免错误的项目投资。

2. 减少项目的风险

现代化项目规模大、投资额巨大，如轻易做出投资决策，一旦遭到风险，损失太大。

3. 避免项目方案多变

减少项目方案的可靠性、稳定性是非常重要的，因为项目方案的多变无疑会造成人力、物力、财力的巨大浪费和时间的延误，这将大大降低项目的经济效果。

4. 保证项目不超支、不延误

做到在估算的投资额范围以内和预定的建设期限以内使项目竣工并交付使用。

5. 对项目因素的变化心中有数

对项目在建设过程中或项目竣工后可能出现的有些相关因素的变化后果，做到心中有数。

6. 达到投资的最佳经济效果

投资者往往不满足于一定的资金利润率，要求在多个可能的投资方案中优选最佳技术方案，力争达到最好的经济效果。如果不做可行性研究，或者虽然做而深度不够，则不能达到以上目的，并且将带来一系列不良后果。

第二节　项目可行性研究的阶段和内容

一、项目可行性研究的阶段与步骤

项目可行性研究是一项涉及范围很广的工作，它是在投资前对拟建项目技术上、经济上是否可行所做的研究。即在确定建设项目时，运用技术经济分析的原理，研究不同方案实现的可能性。

(一) 项目可行性研究的阶段

工程项目建设一般在时间上分为投资前决策、投资和生产三个时期。投资前决策时期的工作重点是可行性研究和筹集资金，投资阶段的工作重点是控制建设周期、投资费用，生产阶段的关键是应用和管理好项目的生产技术，尽快达到设计生产能力和各项技术经济指标。项目可行性研究按照投资前时期的不同阶段分为机会研究、初步可行性研究、详细可行性研究和评价报告四个阶段(见表 6-1)。

表 6-1　项目可行性研究的阶段划分

阶段	工作内容	解决的问题	精度	研究费用占投资的比例	需要时间
机会研究(投资机会论证)	对若干个可能的投资机会进行鉴别和筛选，提出投资方向的建议	社会是否需要，有没有开展项目的基本条件	±30%	0.2%～1%	1～3 个月
初步可行性研究	进行市场分析，和初步技术经济评价，确定是否进行更深入的研究	确定是否进行详细可研，需要进行辅助性专题研究的关键问题	±20%	0.25%～1.5%	4～6 个月
详细可行性研究	进行更为细致的分析，减少项目的不确定性，对可能出现的风险制订防范措施	提出建设方案，进行效益分析和最终方案选择，确定项目投资的最终可行性和选择依据标准	±10%	大中型项目 0.8%～1% 小项目 1%～3%	8～12 个月
评价报告	综合分析各种效益，对项目可行性研究报告进行评估和审校，分析判断项目可行性研究的可靠性和真实性，对项目做出最终决策	提出项目评估报告，为投资决策提供最后决策依据，决定项目取舍和选择最佳投资方案	±10%	—	—

1. 机会研究

投资机会研究也称投资机会鉴别，是指为寻找有价值的投资机会而进行的准备性调查研究。机会研究的重点是分析投资环境，如在某一地区或某一产业部门，对某类项目的背景、市场需求、资源条件、发展趋势以及需要的投入和可能的产出等方面进行准备性的调查、研究和分析，目的是发现有价值的投资机会。

投资机会研究可分为一般投资机会研究与具体项目投资机会研究两种。

(1) 一般投资机会研究

一般投资机会研究就是对某个指定的地区、行业或部门鉴别各种投资机会，或是识别利用以某种自然资源或工农业产品为基础的投资机会。此项研究，一般由国家机构和公共机构进行，作为制订经济发展规划的基础。

一般投资机会研究又可分为三类：地区投资机会研究、部门投资机会研究、资源开发机会研究。

(2) 具体项目投资机会研究

在一般投资机会研究初步筛选投资方向和投资机会后，需要进行具体项目的投资机会研究。具体项目投资机会研究比一般投资机会研究更为深入、具体，需要对项目的背景、市场需求、资源条件、发展趋势以及需要的投入和可能的产出等进行研究分析并做出大体上的判断。

这一阶段的研究是比较粗略的，投资和成本估算往往采用最简单的方法，其精确度在±30%左右，一旦认为该项目在经济上有吸引力，即可转入下一阶段。对大中型项目，所需费用占总投资的0.2%～1%。投资机会研究的成果是机会研究报告。机会研究报告是开展初步可行性研究工作的依据。

2. 初步可行性研究

初步可行性研究也称预可行性研究，是在投资机会研究的基础上，对项目方案进行初步的技术、经济分析和社会、环境评价，对项目是否可行做出初步判断。初步可行性研究主要是判断项目是否有生命力，对是否值得投入更多的人力和资金进行可行性研究。

初步可行性研究的重点，主要是根据国民经济和社会发展长期规划、行业规划和地区规划以及国家产业政策，从宏观上分析论证项目建设的必要性，并初步分析项目建设的可能性。

一般工程项目，单靠机会研究还不能决定是否值得投资，还需要进行初步可行性研究，进一步判断这个项目是否有生命力，或者是否要进行补充性的专题研究(如投资机会是否有希望，有哪些关键性问题需要解决等)。这一阶段投资和成本估算的精确度在±20%左右，所需时间为4～6个月，所需费用占总投资的0.25%～1.5%，初步可行性研究要对技术方案进行筛选，对剩下有限的技术方案再做比较深入的研究。初步可行性研究的成果是初步可行性研究报告或者项目建议书，可根据投资主体及审批机构的要求确定。

3. 详细可行性研究

项目可行性研究一般是在初步可行性研究的基础上进行的详细研究。通过主要建设方案和建设条件的分析比选论证，从而得出该项目是否值得投资、建设方案是否合理、可行的研究结论，为项目最终决策提供依据。因而，可行性研究也是项目决策分析与评价的最重要的工作。

本阶段重点研究项目的技术方案比较和规划的形成，主要针对具体项目进行深入的技术经济论证，重点研究有关生产纲领、厂区和厂址选择、工艺技术、设备选型、土木工程、车间划分、生产系统、投资总额、建设时间、还本付息年限、利润和组织机构设立等问题，并进行多个技术方案比较选优。这个阶段是可行性研究的关键阶段，工作量大、时间长、牵涉的相关因素多，计算的投资和成本的精确度在±10%左右，有的可达±5%。可行性研究的成果是可行性研究报告。对于需要政府核准的企业投资的重大项目和限制类项目，还应在可行性研究报告的基础上编制项目申请报告。

4. 评价报告

项目评估也称项目评价，按项目周期的不同阶段分为前评估、中评估(又称中间评价)和后评估(又称后评价)。这里指的是项目前评估。项目前评估是指对为项目决策提供依据所编制的项目建议书、可行性研究报告和项目申请报告进行评估。

(1) 项目建议书和可行性研究报告评估

(a) 政府投资项目的项目建议书和可行性研究报告，应经过符合资质要求的工程咨询单位的评估论证。项目建议书的评估结论作为项目立项的依据，可行性研究报告的评估结论作为政府投资决策的依据。

(b) 项目业主或投资者为了分析可行性研究报告的可靠性,进一步优化完善项目方案,聘请另一家工程咨询单位对原可行性研究报告进行再评估。

(c) 拟对项目贷款的银行,一般自行组织专家组,有时也委托工程咨询单位对可行性研究报告进行评估,评估结论作为银行贷款决策的依据。

(2) 项目申请报告评估

项目申请报告评估是政府投资主管部门根据需要委托符合资质要求的工程咨询单位对拟建项目的外部影响进行评估论证。项目申请报告评估对项目建设用地与相关规划、资源和能源耗用分析、经济和社会效果分析等内容的真实性和可靠性进行核实的同时,侧重从维护经济安全、合理开发利用资源、保护生态环境、优化重大布局、保障公共利益、防止出现垄断等方面进行评估论证。评估结论作为政府核准项目的依据。

(二) 项目可行性研究的步骤

项目可行性研究分为以下六个步骤:

(a) 开始阶段。要明确项目研究范围、限定研究界限、明确研究目标。

(b) 实地调查及技术经济研究。要研究项目的各个方面,如市场需要量、价格、工业结构和市场机会,同时,还要对原材料、能源、工艺要求等进行详细的调查和研究。

(c) 选优阶段。将项目的各个不同方面设计成可供选择的技术方案,然后进行选优。

(d) 对选出的技术方案进行详细分析。通过对项目的详细分析,确定具体的范围,估算投资费用,经营费用和收益,并做出项目的经济分析和评价。

(e) 编制可行性研究报告。

(f) 编制资金筹措计划。

二、项目可行性研究的内容与程序

(一) 项目可行性研究的内容

项目可行性研究是项目前期工作中最为关键的一个环节,其基本任务是对拟建项目进行方案规划、技术论证、经济评价,即对拟建项目在技术上是否适用、经济上是否有利、建设上是否可行进行综合分析和全面科学论证,其目的是避免或减少建设项目决策的失误,提高投资的综合效果,为项目决策提供可靠的依据和建议。

综上所述,项目可行性研究的内容包括技术可行性研究、经济可行性研究和财务可行性研究。技术可行性研究,是指明确项目在技术上能达到的参数水平、效益及可靠性,研究和选择可行技术方案。经济可行性研究,是指对项目的建设投资、建成投产后的经营费用进行估算,并对项目建成投产后的经济效益进行评价,指出项目投产后能获得的利润及资金回收情况。财务可行性研究,是指对项目所需资金的来源和使用、现金流动情况和资金偿还办法等进行分析。实质上就是对项目所需的投资、建成投产后的收入和支出进行平衡分析。

(二) 项目可行性研究的程序

项目可行性研究的内容虽然包括很多方面,但其研究的具体内容应根据不同行业的性质和特点有所侧重。项目可行性研究的工作程序如图 6-2 所示。

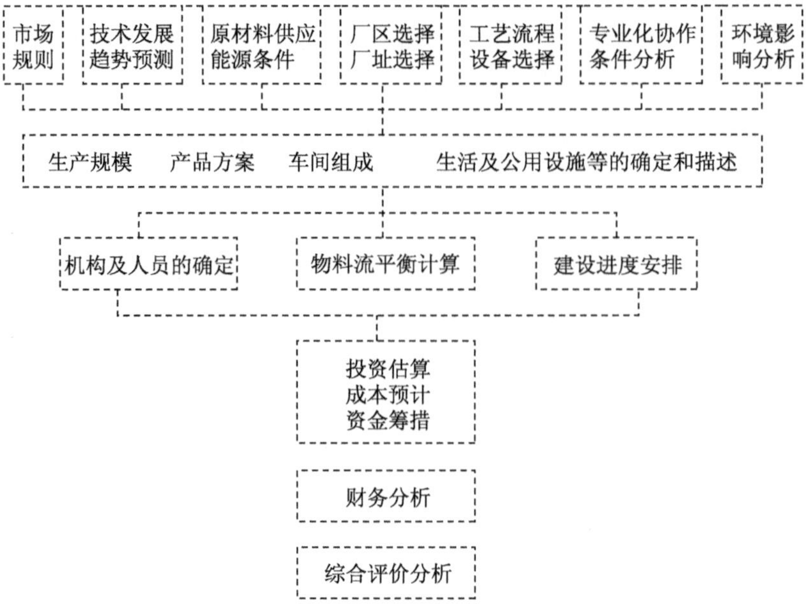

图 6-2　项目可行性研究的程序

1. 市场预测与技术发展趋势预测

市场预测是在市场调查的基础上,对项目的产品和所需要的主要投入物的市场容量、价格、竞争力以及市场风险进行分析预测,为确定项目建设规模与产品方案提供依据。市场预测的研究内容主要包括市场现状调查、产品供应与需求预测、产品价格预测、目标市场与市场竞争力分析以及市场风险分析。技术发展趋势的预测,重点分析已经出现或即将出现的新产品、新工艺、新设备的技术经济指标,并预测其竞争能力、发展趋势、发展速度,从而对产品的生命期做出估计。通过市场预测和技术发展趋势的预测,摸清市场潜力和竞争对手等情况,预测市场前景。

2. 原材料及能源供应条件研究

在研究确定项目建设规模、产品方案、技术方案和设备方案的同时,还应对项目所需的原材料、辅助材料和燃料的品种、规格、成分、数量、价格、来源及供应方式进行研究确定。主要原材料能源供应方案应进行多方案比选。比选的主要内容为:满足生产要求的程序,采购来源的可靠程度,以及价格和运输费用是否经济合理等。

3. 厂区和厂址选择

厂区选择是指确定大的地理区域,厂址选择是指在一个大的地区内选择和确定具体的建厂地点。厂区选择应主要研究厂址位置、占地面积、地形地貌、气象条件、地震情况、工程地质与水文地质条件、征地拆迁及移民安置条件、交通运输条件、水电供应条件、环境保护条件、法律支持条件、生活设施依托条件、施工条件等内容。

4. 工艺流程和设备选择

工艺流程要体现先进性、适用性、可靠性、安全性和经济合理性的要求。工艺流程确定后,便是设备类型、容量、数量的选择和确定,主要考虑生产规模、产品质量、品种和规格、设备制造能力和技术成熟程度,以及是否有利于均衡地组织生产等问题。

5. 专业化协作条件分析

实行专业化协作是生产组织发展方向之一。因此，在建设工程项目时，要考虑专业化协作原则，要分析和比较兴建全能厂与只建专业化厂的利弊。为了尽量减少因专业化协作而增加的运输费用，在厂区和厂址选择时，应尽量使协作关系密切、协作产品数量大的企业分布在同一地区或相邻地区。

6. 环境影响分析

建设项目一般会引起项目所在地自然环境、社会环境和生态环境的变化，对环境状况、环境质量产生不同程度的影响。环境影响评价是在研究确定厂址方案和技术方案时，调查研究环境条件，识别和分析拟建项目影响环境的因素，研究提出治理和保护环境的措施，比选和优化环境保护方案。

7. 生产规模、产品方案、车间组成研究

生产规模与产品方案研究是在市场预测和资源评价（资源开发项目）的基础上，论证比选拟建项目的建设规模和产品方案。生产规模、产品方案、车间组成之间是有机地联系在一起的。生产规模就是指实现一定产品方案（产品规模、品种）能力的大小。为了实现产品方案，需要建立相应的车间。包括基本车间、辅助车间、附属车间等。确定生产规模、产品方案、车间组成常常要通过对达到同一目的的几个方案进行技术经济效果的分析比较才能最后确定。市场的需求情况是决定生产规模和产品方案的重要依据之一，同时还要根据资源条件、工艺技术的可能性及规模的经济合理性等因素来确定。

8. 生活及公用设施的确定与描述

项目可行性研究时，不但要考虑有关生产方面的许多问题，还要考虑有关职工生活福利及公用设施等问题。在考虑工艺流程、车间组成及总体布置时，应将生活及公用设施考虑进去，一并妥善地加以安排，并进行必要的描述。

9. 物料流平衡计算

物料流平衡计算就是计算工程项目建成投产后生产所需的原料、主要材料、辅助材料的数量；燃料、动力（水、电、蒸汽、氧气、压缩空气等）的需要量；半成品及成品数量；废渣、废气、废水等的数量。这些数量及其流量的计算对于考虑和确定辅助车间、附属车间生产能力，考虑工厂平面布置及确定交通运输能力、管道布置等都是很重要的依据。对于预计产品成本也是非常必要的资料。

10. 机构及人员的确定

项目可行性研究应对项目的组织机构设置、人力资源配置、员工培训等内容进行研究，比选和优化方案。根据拟建项目的规模及车间组成，确定组织机构及各类人员的定员，根据所需人员的质和量拟定职工技术培训计划，包括培训的内容、目标、方法、时间、地点和培训费用。

11. 建设进度安排

项目建设工期可以参考有关部门或专门机构制定的建设项目工期定额和单位工程工期定额，并结合项目建设内容、工程量、建设难易程度和施工条件等情况综合研究确定。项目建设工期确定后，应根据工程实施各阶段工作量和安排所需时间，对时序做出大体安排，使各阶段工作相互衔接，并编制项目实施进度表。

12. 投资估算、成本预计、资金筹措

投资估算是在对项目的生产建设规模、技术方案、设备选择、建设进度等进行研究并基本确定的基础上，估算项目投入总资金，并测算建设期内分年资金需要量，作为制订资金筹措的依据。资金措施主要是研究资金渠道、资金形式、资金结构、资金成本和资金风险，并以此研究资金筹措方案和进行财务分析。

13. 财务分析

为了进行财务分析，要计算工程项目的现金流量，也就是对工程项目的总投资、建成后的总收入和总支出进行平衡分析。分析预测项目的财务效益与费用，计算财务评价指标，考察拟建项目的盈利能力和偿债能力，从而评价项目投资在财务上的可行性和合理性。

14. 综合评价分析

综合评价分析就是对实现工程项目的各技术方案进行技术比较、经济比较和综合分析，并从中选出最佳技术方案。技术比较主要考虑各方案技术上的先进性、可靠性、安全性、综合利用、工艺流程和设备的制作供应条件以及各种技术经济指标等。经济比较主要考虑投资额、成本、经济效益的大小及由于方案而引起的相关投资额大小等。综合分析除对一些可以定量的指标进行分析、比较之外，还应将有些无法计算的非定量因素结合起来考虑、分析。

第三节　项目可行性研究的经济评价

一、财务评价

(一) 概述

1. 财务评价的概念

项目财务评价是根据国家现行财税制度和价格体系，分析、计算项目直接发生的财务效益和费用，编制财务报表，计算评价指标，考察项目的盈利能力、清偿能力以及外汇平衡等财务状况，据以判别项目的财务可行性。通常，项目财务评价就是考虑项目财务上的收入和支出，计算项目投入的资金所能带来的利润，从项目的自身收入来衡量其是否可取，并为项目的投资规划和项目的经济评价提供依据。

2. 财务评价的任务

项目财务评价的目的和任务可概括为：

(a) 评价企业的盈利性，从企业或项目的角度出发，评价投资效果，判明企业投资所获得的实际利益。

(b) 为协调企业利益和国家利益提供依据。当项目的财务效果和国民经济效果发生矛盾时，国家需要用经济手段予以调节。财务分析可以通过考察有关经济参数(如价格、税率、利率等)变动对评价结果的影响，寻找经济调节的方式和幅度，使企业利益和国家利益趋于一致。

(c) 为企业制订资金计划。从广义上讲，资金规划包括资金的筹集和运用。合理地筹集使用资金是提高经济效益的途径之一。财务评价通过不同筹资、安排使用、偿还方案的比较，帮助企业选择好的资金规划方案；同时，保证资金安排可行，确保项目的顺利进展。此外，针对借贷资金，必须进一步分析偿还能力，作为金融机构提供贷款的重要依据。

(二) 财务评价的内容和程序

1. 财务评价的内容

项目财务评价主要包括五个方面的内容：

(a) 财务盈利能力分析。即分析和测算项目在其计算期的财务盈利能力和盈利水平，以衡量项目的综合效益。

(b) 清偿能力分析。即分析、测算项目偿还银行贷款的能力。

(c) 财务生存能力分析。即根据财务计划现金流量表，计算净现金流量和累计盈余资金，分析项目是否有足够的净现金流量维持正常运营，以实现财务可持续性。

(d) 外汇效果分析。即对涉及外资的项目或产品有出口的项目，进行外汇效果分析，以衡量项目的创汇、节汇能力，以及产品在国际市场上的竞争能力。

(e) 风险分析。即分析项目在建设和生产中可能遇到的不确定因素，以及它们对项目经济效益的影响，预测项目可能承担的风险，确定项目财务上的稳定性和抗风险能力。

2. 财务评价的程序

项目财务评价与产品市场研究、工程技术研究等工作密切相关，其基本工作程序为：

(a) 收集、整理和计算基础数据资料，包括项目投入物和产出物的数量、质量、价格及项目实施进度的安排等。如投资费用、贷款的数额、产品的销售收入、生产成本、税金等。

(b) 运用基础数据编制基本财务报表。

(c) 通过基本财务报表计算各项评价指标，进行项目财务分析。

(三) 费用和收益的识别

识别费用和收益是编制财务报表的前提。识别费用和收益的准则是目标，凡是削弱目标的就是费用，凡是对目标有贡献的就是收益。针对财务评价，凡是增加项目收入的应被视为收益，凡是减少项目收入的就是费用。

这里仅对工业投资项目常见的费用和收益项目做分析。

1. 收益

企业收益主要由以下几部分组成：

(1) 销售收入

销售收入(包括提供服务的收入)由销售量和价格两个要素决定。针对增加产量的项目，如果价格不变，会直接导致销售收入的增加；如果销售量增加后价格下降，则按降价后的价格计算。若投资目的在于提高质量时，如果价格随之提高，则按提价后的价格计算收入；如果不提价，则没有收入的增加。

销售收入＝总成本费用＋销售税金及附加＋利润

利润＝税后利润＋所得税，税后利润＝盈余公积金和公益金＋应付利润＋未分配利润

(2) 资产回收

寿命期末可回收的固定资产残值和回收的流动资金应视为收入。

(3) 补贴

国家为鼓励和扶持某项目的开发所给予的补贴应视为收入。在价格、汇率、税收上的优惠已体现在收入的增加和支出的减少时,不再另计。

2. 费用

(1) 投资

投资包括固定资产投资(含工程费用、预备费用及其他费用)、固定资产方向调节税、无形资产投资、建设期借款利息、流动资金投资及开办费(形成递延资产)等。

(2) 销售税

销售税包括销售税金及附加,其计算口径应与销售收入口径相对应,即必须从销售收入中支付的税金均须列入,不由销售收入支付的税金均不列入。销售税具体包括增值税、资源税、营业税、城市维护建设税、教育费附加。

(3) 经营成本

经营成本是生产、经营过程中的支出。它和总成本费用的关系为:

经营成本=总成本费用-折旧和摊销费-利息支出

总成本费用=直接人工费+直接材料费+制造费用+管理费用+销售费用+财务费用

生产成本=直接人工费+直接材料费+制造费用

期间费用=管理费用+销售费用+财务费用

经营成本是从总成本费用中分离出来的一种费用。按照国家财政部门的规定,利息支出可以列入成本费用,在经济效果分析中,则将其单列。折旧是固定资产价值转移到产品中的部分,是成本的组成部分,但折旧并没有从项目系统中流出,而是保留在系统内。在已将投资当作支出的情况下,如果再将折旧作为支出,就重复计算了费用。因此,折旧不作为费用。

(4) 价格和汇率

财务分析中的收益和费用的计算均涉及价格,使用外汇或产品(服务)出口的项目还涉及汇率问题。财务分析的价格一律采用成交价格(市场价格或计划价格)。汇率采用实际结算的汇率,一般可按国家公布的汇率计算。

(四) 财务评价的基本报表

为了进行企业经济效果计算和资金规划与分析,通常编制的主要财务报表包括:现金流量表、利润与利润分配表(损益表)、资金来源与运用表、资产负债表。

1. 现金流量表

该表反映项目计算期内各年的现金收支(现金流入和现金流出),是进行项目财务盈利能力分析的主要报表。编制财务现金流量表用以计算财务内部收益率、财务净现值等反映项目财务盈利能力的指标。根据投资计算基础不同,财务现金流量表可分为全部投资财务现金流量表和自有资金现金流量表。

2. 利润与利润分配表

该表反映项目计算期内各年的利润总额,所得税及税后利润的分配情况,用以计算总投资收益率、投资利润率、投资利税率和资本金净利润率等指标。

3. 资金来源与运用表

该表反映了项目计算期内各年的投资、融资及生产经营活动的资金流入和流出情况,考察资金平衡和余缺情况。通过“累计盈余资金”项反映项目计算期内各年的资金是否充裕（盈余还是短缺），是否有足够的能力清偿债务等，为编制资产负债表提供依据。

4. 资产负债表

该表综合反映项目计算期内各年末资产、负债和所有者权益的增减变化及对应关系，以考察项目资产、负债、所有者权益的结构是否合理，用以计算资产负债率、流动比率及速动比率，进行清偿能力分析。

对于大量使用外汇和创汇的项目，还要编制外汇平衡表。

为编制这些主要报表，需要编制一些基础性报表，主要有：

(a) 投资估算表：包括固定资产投资估算、流动资金投资估算、无形资产投资估算及其他投资估算。

(b) 投资计划与资金筹措表：显示各年度分类投资使用额及资金来源。

(c) 折旧与摊销估算表：包括固定资产折旧估算、无形资产及递延资产摊销估算，其数值根据投资形成的资产估算及财政部门规定的折旧及摊销办法计算。

(d) 借款还本付息表：根据借款计划、与银行商谈的还款办法及可供还款的资金来源编制。

(e) 成本费用估算表：按成本构成分项估算各年预测值，并计算各年成本费用总额。为便于计算经营成本，表中须列出各年折旧与摊销额和借款利息额。

(f) 销售收入、税金估算表：销售收入由预测的销售量和价格计算；销售税金按税务部门规定计算。本表亦可并入损益表。

需要指出，在编制基础性报表过程中，往往还要编制更详尽的预测资料明细及汇总表。

(五) 财务评价的指标

项目财务评价的指标，按是否考虑资金的时间价值，可分为静态指标和动态指标。常用的项目财务评价指标如图 6-3 所示。

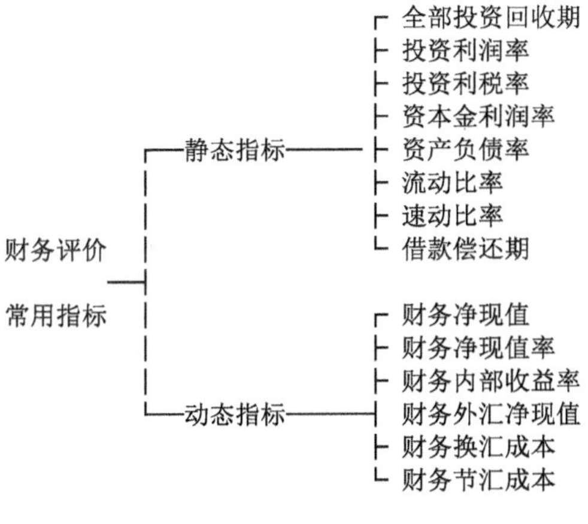

图 6-3 常用项目财务评价指标

1. 财务盈利能力分析

(1) 投资利润率

投资利润率的计算公式为

$$投资利润率=\frac{年利润总额或年均利润总额}{总投资}\times 100\% \quad (6-1)$$

式中：年利润总额＝年产品销售收入－年总成本－年销售税金－年技术转让费－年资源费－年营业外支出；总投资＝固定资产投资＋建设期利息＋流动资金。

（2）投资利税率

投资利税率的计算公式为

$$投资利税率 = \frac{年利税总额或平均利税总额}{总投资} \times 100\% \tag{6-2}$$

式中：年利税总额＝年产品销售收入－年总成本－年技术转让费－年营业外支出。

2. 清偿能力分析

（1）借款偿还期

固定资产投资借款偿还期是指在国家财政规定及项目具体财务条件下，项目投产后可用于还款的利润、折旧及其他收益额偿还固定资产投资借款本金和利息所需要的时间。

借款偿还期的计算公式为

$$I_d = \sum_{t=1}^{P_d} (R_d + D' + R_0 - R_r)_t \tag{6-3}$$

式中：I_d 为固定资产借款本利和；P_d 为借款偿还期（从建设年开始计算；当从投资年算起时，应予以注明）；R_d 为年利润总额；D'为可用作还款的年折旧；R_0 为可用作还款的其他年收益；R_r 为还款期的年企业留利；$(R_d+D'+R_0-R_r)$为第 t 年的可用于还款的收益额。

式(6-3)中，若 P_d 不为整数年，则

$$P_d = (借款偿还开始出现盈余的年份数 - 1) + \frac{当年应偿还借款数}{当年可用于还款的收益额} \tag{6-4}$$

（2）资产负债比率

资产负债比率反映企业总体偿债能力。资产负债比率越低，则偿债能力越强。

资产负债比率的计算公式为

$$资产负债比率 = 负债总额 / 资产总额 \tag{6-5}$$

（3）流动比率

流动比率反映企业在短期内偿还债务的能力。流动比率越高，则偿还短期负债的能力越强。

流动比率的计算公式为

$$流动比率 = 流动资产总额 / 流动负债总额 \tag{6-6}$$

（4）速动比率

速动比率反映企业在很短的时间内偿还短期负债的能力。

速动比率的计算公式为

$$速动比率 = \frac{速动资产总额}{流动负债总额} = \frac{流动资产 - 存货}{流动负债总额} \tag{6-7}$$

3. 创汇、节汇能力分析

创汇、节汇项目应进行外汇效果分析，计算财务外汇净现值、换汇成本及节汇成本等。

(1) 财务外汇净现值（$NPVF$）

$NPVF$ 指标可以通过外汇流量表直接求得，该指标用于衡量项目对国家创汇的净贡献（创汇）或净消耗（用汇）。

$NPVF$ 的计算公式为

$$NPVF = \sum_{t=1}^{n} (FI - FO)_t (1+i)^{-t} \tag{6-8}$$

式中：FI 为外汇流入量；FO 为外汇流出量；$(FI-FO)_t$ 为第 t 年的外汇净流量；i 为折现率，一般可取外汇贷款利率；n 为计算期。

当有产品替代进口时，可按净外汇效果计算外汇净现值。

(2) 财务换汇成本

财务换汇成本是指换取1美元外汇所需要的人民币金额，以项目计算期内生产出口产品所投入的国内资源的现值与出口产品的外汇净现值之比表示。

财务换汇成本的计算公式为

$$\text{财务换汇成本} = \frac{\sum_{t=1}^{n} DR_t (1+i)^{-t}}{\sum_{t=1}^{n} (FI - FO)_t (1+i)^{-t}} \tag{6-9}$$

式中：DR_t 为第 t 年生产出口产品投入的国内资源（包括投资、原材料、工资及其他投入）。

当项目产品内销属于替代进口时，应计算财务节汇成本，即节约1美元外汇所需要的人民币金额。它等于项目计算期内生产替代进口产品所投入的国内资源现值与生产替代进口产品的外汇净现值之比。

二、国民经济评价

(一) 概述

1. 国民经济评价的概念

国民经济评价是按照资源合理配置与可持续发展的原则，从国家整体角度考察项目的效益和费用，用货物影子价格、影子工资、影子汇率和社会折现率等经济参数分析，计算项目对国民经济的净贡献，评价项目的经济合理性。

在国民经济评价中，不仅要分析项目本身所产生的直接效果，而且要分析项目建设所引起的有关行业和企业所产生的经济效果。不仅要分析项目建设与生产中的投入物的经济费用，而且要分析由于项目的建设所引起的国民经济相关行业或企业增加的投入物的经济费用（间接费用）。

2. 国民经济评价与财务评价的关系

根据我国投资管理体制和决策程序的特点，经济评价分为财务评价和国民经济评价。财务评价和国民经济评价各有其任务和作用，其主要区别是：

(1) 评价角度不同

财务评价是从项目财务角度考察项目的盈利状况及借款偿还能力,以确定投资行为的财务可行性。国民经济评价是从国家整体的角度考察项目对国民经济的贡献以及需要国民经济付出的代价,以确定投资行为的经济合理性。

(2) 效益与费用的构成及范围不同

财务评价是根据项目的实际收支确定项目的效益和费用,补贴计为效益,税金和利息均计为费用。国民经济评价是着眼于项目对社会提供的有用产品和服务及项目所耗费的全社会有用资源,来考察项目的效益和费用,故补贴不计为项目的效益,税金和国内借款利息均不计为项目的费用。财务评价只计算项目直接发生的效益与费用,国民经济评价对项目引起的间接效益与费用即外部效果也要进行计算和分析。

(3) 评价采用的参数不同

财务评价对投入物和产出物采用财务价格,国民经济评价采用影子价格。财务评价采用官方汇率和行业基准收益率,国民经济评价采用国家统一测定的影子汇率和社会折现率。

(4) 评估的方法不同

企业财务评价采用盈利分析法,国民经济评价采用费用效益分析、多目标综合分析等方法。

总体来看,财务评价是站在企业立场上进行的,它关注项目财务生存能力和企业自身的利益,因而它是项目决策分析的基本方面,但是由于项目对整个国民经济的影响不仅仅表现在项目自身的财务效果上,还会对国民经济其他部门和单位产生影响,因而,从全社会合理配置资源角度而言,从项目局部利益出发的财务评价不能确保资源的合理配置和有效利用。具体地讲,主要原因有以下 3 个方面:第一,不同项目的财务评价包含了不尽相同的税收、补贴和贷款条件,使不同项目的财务盈利效果失去了公正比较的基础;第二,财务盈利仅是项目内部的直接经济效果,不包括项目以外的经济效果,即没有考虑项目的外部影响;第三,财务评价采用的价格是项目与外界的实际交易价格,这种价格往往严重背离社会资源的真实价值,从而使财务评价的结论有可能背离社会资源合理配置的要求。因此,对投资项目不仅要进行财务评价,也要进行国民经济评价,并且一个投资项目的选择,最终应取决于国民经济评价的结果。实践中,财务评价与国民经济评价结论可能有 4 种情况:财务评价与国民经济评价均可行的项目,应予通过;均不可行,应予否定;财务评价不可行,国民经济评价可行的项目,一般应采取经济优惠措施;财务评价可行,国民经济评价不可行的项目,应予否定,必要时可重新考虑方案。

3. 国民经济评价方法的应用程序

(a) 根据国民经济评价指标所要求的基础数据,列出需进行调查和调整的内容;

(b) 针对需调查和调整的内容,逐项确定其影子价格;

(c) 将影子价格引入后测算出项目的费用和效益;

(d) 计算国民经济评价的费用、效益、各项评价指标及现金流量表,包括静态指标和动态指标;

(e) 选定评价基准,例如选定社会折现率或标准投资回收期等;

(f) 评价与决策。

（二）效益和费用的识别和计算

1. 效益和费用识别的原则

项目的财务评价和国民经济评价都是建立在对项目效益、费用对比基础上的，但是，不同意义上的经济评价对项目效益、费用有不同的评价内容。因此，首先应对费用和效益建立起广泛一致的概念，概念的基础是项目的经济目标，而项目的经济费用和效益都是相对目标而言，根据目标定义的。

效益是对目标的贡献，费用是对目标的反贡献，费用和效益处于目标追求下的对立统一之中，没有费用就没有效益，因此，确定投资项目的目标，是识别费用和效益的前提。财务评价以企业（项目）净收入最大化为目标，凡是增加企业（项目）收入的就是财务收益；凡是减少企业（项目）收入的就是财务费用。国民经济评价以社会资源的最优配置从而使国民收入最大化为目标，凡是增加国民收入的就是国民经济效益；凡是减少国民收入的就是国民经济费用。

上述定义为正确识别费用和效益提供了基本准则，具体体现在两个方面：

（1）边界原则

边界原则即根据经济评价的目标，确定系统分析的边界。

财务评价的目标是企业（项目）的利益，因此其系统分析的边界就是企业（项目）自身。凡是流入项目的资金，就是财务收益，如销售收入；凡是流出项目的资金，就是财务费用，如投资支出、经营成本和税金。财务收益和费用统称为项目的直接经济效果或内部经济效果。

国民经济评价的目标是国民经济的整体利益，因此，其系统分析的边界是整个国家。这样，国民经济评价不仅需要识别项目自身的直接经济效果，而且需要识别项目对国民经济其他部门和单位产生的间接效果，即外部效果；不仅应当识别可用货币计量的有形效果，而且应当识别难以用货币计量的无形效果。

（2）流动对象追踪原则

财务评价在考察财务收益和费用过程中，其追踪的是货币的流动，凡是由项目（企业）之外流入项目之内的货币就是财务收益；凡是由项目之内流出项目（企业）之外的货币就是财务费用。但是，识别国民经济评价中的费用和收益就没有财务识别这样简单了。国民经济评价以实现资源最优配置从而保证国民收入最大增长为目标，而国民收入是由全社会最终产品的总和所决定的。对于任何国家，相对于人们的需要而言，其资源总是有限的。项目对资源的使用产生了国民经济费用，而项目产出最终产品能够增加社会资源，提高国民经济收益。因此，在考察国民经济费用和收益的过程中，其追踪的不再是货币的流动，而应是由项目投入和产出所产生的社会资源的流动。凡是减少社会资源的项目投入都产生国民经济费用；凡是增加社会资源的项目产出都产生国民经济收益。

总之，为了正确识别国民经济评价中的费用和收益，必须牢记国民经济评价追踪的是社会资源的流动而不是货币的流动，这是正确识别费用和收益的关键。

2. 直接转移支付

项目财务评价中的某些财务费用和财务收入，并不真正反映资源投入和产出的变化，因而不影响社会最终产品的增减，即不反映国民收入的变化，它们只表现为资源的支配权力从项目转移到社会其他实体，或者从社会其他实体转移给项目。这种转移，仅仅是货币在社会实体之间的一种转移，并不同时发生社会资源的相应变化。项目与社会实体之间的这种并不伴随着资源变动的纯粹货币的转移，称为项目的直接转移支付。在项目的国民经济评价中有两种常见的直接转移支付，它们是税金和补贴。

（1）税金

税收对于企业，从对项目的财务评价来说，它是不折不扣的费用项，企业纳税，就是减少它的净收益。但是，税收作为国家和地方的财政收入是国家参与国民收入分配的一种手段，它仅仅代表了相应资源的分配权力从企业转移到政府手中，它既未增加国民收入，也未减少国民收入，因而税收不是经济分析意义上的费用和效益。

需要说明的是，作为转移支付看待的税金，只限于那些体现纯粹货币转移的税款，对于那些似乎具有税金形式，但实质上是对劳务投入和其他投入作相应汇报的支付，不能作为直接转移支付处理。例如，港口的装卸费、场地占有费等，就是项目的实际费用。保险费是对实际财产损失的一种预期估价，也应当作为实际费用看待，不能按转移支付处理。

（2）补贴

补贴是一种与货币流动方向和税金相反的转移支付。例如，国家对某些农产品实行价格补贴，这种补贴是国家的财政支出，但却给城市居民带来了同样多的净效益，节省了在农产品上的开支，整个社会资源没有变化，国民收入没有因此而增加。因此，补贴不能列入经济分析中的费用和收益项。

3. 项目的外部效果

一个项目除了有投入和产出所产生的直接费用和直接效益外，还会对社会其他部门产生间接费用和间接收益，这种间接费用和间接收益统称为项目的外部效果。财务评价只考虑项目自身的利益效果，因而外部效果是国民经济评价所特有的费用或效益项，其识别和计算都是比较困难的。

外部效果通常分为技术外部效果和价格外部效果。

（1）技术外部效果

技术外部效果指项目的投建和运行带给项目外部的实际影响。例如，发电厂排放的烟尘致使附近江河的鱼类资源骤减等等，是技术外部费用的例子；而一个水电站建设项目附带产生的防洪效益、灌溉效益和旅游效益，则是技术外部效益的例子。

对于技术外部效果的处理可以分为两类：一类是存在市场价格的有形效果，这种类型比较容易计量。另一类是不存在市场价格的无形效果，这是难以计量的。比如技术扩散和管理效果，对于这类效果可只做定性描述。又如环境保护和生态平衡效果，此类外部效果很难用货币单位计量其大小，应该力争用其他计量单位进行计量。

（2）价格外部效果

由项目产生的价格外部效果，一般称为价格连锁效果，这种连锁效果分为顺连锁效果和逆连锁效果。

项目对投入品的使用，可能会促使这些投入品的价格上升，这些投入品的价格升高，自然会使生产这些投入品的其他厂家带来额外收益。但是，这些投入品价格的升高也会给使用该投入品的其他生产部门带来影响，迫使这些部门不得不以比以前更高的价格购买这些投入品，因而造成这些产业部门的净收益下降。这种由项目投入引起的价格外部效果，称为价格逆连锁效果。

然而，当项目的产出量较大并足以使市场价格降低时，该项目产品(例如某种机床)由于价格降低而使需求增加，进而促使生产辅助配套产品(例如机床配件)的其他企业随着机床产品需求的增加而提高配件价格，这样，那些生产该项目产品的替代品(例如另外一种功能相近的机床)的企业，则可能由于产品替代效应的存在而不得不降低价格以维持需求，从而又使生产这些替代品的部门收入减少。这种由项目产出而引起的价格外部效果，称为价格顺连锁效果。

由拟建项目引起的价格连锁效果，在没有影响社会各部门的生产和消费水平的情况下，仅仅是社会各部门之间的货币转移支付，社会资源没有发生增加变化，国民收入也没有增加或减少，因而，国民经济评价中无需考虑这种外部效果。当然，事实上，价格的变化或多或少都会影响社会各部门的生产和消费，从而影响国民收入的变化。但是，价格连锁效果的这种作用异常复杂，正负效果皆有，部分或全部相互抵消，且在项目分析实践中难以识别和计量，因而一般可不予考虑。

(3) 乘数效果

乘数效果与项目投建能够促使社会其他部门的闲置生产能力得以利用有关。在社会存在某些过剩生产能力情况下，如果项目投建能够促使与此项目的投入和产出的有关产业部门的闲置设备得以利用，就会带来外部净效益。例如某地区已有的某电子元件厂因产品销路不畅，开工不足，其设备和劳力闲置未能充分利用，由于该地区兴建了某民用电器产品的项目，使用了该元件厂的产品作为配套件，从而使元件厂的生产能力得到充分利用，并使该元件厂增产取得净效益。反之，如果民用电器厂是已有的，元件厂是拟建项目，民用电器厂因配套件供应不足而停工待料，使生产能力不能充分利用，但电子元件厂的兴建满足了其配套的需要，从而使其生产能力得到充分利用，此民用电器亦会取得增产的净效益。这种由项目导致的相关部门启用过剩生产能力而带来的外部净效果，就是项目的乘数效果。

乘数效果是项目的外部收益，这种利用社会剩余生产能力所额外增加的国民收入，应计入项目的经济效果中，但在计算中应注意下列两点：

第一，由于项目的寿命期往往较长，随着时间的推移，原来具有剩余生产能力的部门和企业，即使在没有该项目的情况下，它们的设备利用率也会有所变化，对项目寿命期内这种外部效果可能发生的变化要有足够的估计，

第二，要考虑其他拟建项目是否也会产生同样效果。如果是它们共同作用致使相同部门的剩余生产能力得到利用，这些外部效益应在各拟建项目中分摊，不能完全归于某一项目。否则，对于项目自身来说，将高估其外部效益，对于项目总体来说，将造成外部效益的重复计算。

对于外部效果的处理还有一个好办法，就是外部效果内部化。在相互关联的多个项目中，彼此之间常会相互作用，相互影响，因而相互之间常会出现难以识别和难以计量的外部效果问题。这种情况下，若有可能，最好把这些项目作为一个项目组合体进行总体考察，这

样，项目之间的外部效果就变成了内部效果，从而消除了外部效果识别和计量上的困难，上述处理办法称为外部效果内部化。

4. 国民经济评价的价格和参数

投资项目的费用与收益，是依据商品价值的货币表现（价格）计量的，能否准确计量项目的费用和收益，取决于所采用的价格和参数是否合理。

（1）影子价格

影子价格是指由国家有关部门统一测算后颁布的或由项目评价人员具体测定，独立于实际价格以外，能反映项目投入和产出物真实社会价值的那种价格。这是相对于市场交换价格的一种计算价格。它反映货物的真实价值和资源最优配置的要求。项目国民经济评价使用影子价格，是为了消除在市场竞争不充分的条件下，价格失真、比价不合理可能导致的评价结论失实。

影子价格是在资源实现最优配置时，商品或生产要素可用量的任一边界变化对国家基本目标——国民收入增长的贡献值。影子价格不仅是资源分配最优状态下反映出来的价格，而且可以反映资源的稀缺程度以及国内国际市场价格的差异。资源越稀缺，国内国际市场价格差异越大，影子价格越高。为了正确计算项目对国民经济所做的净贡献，在进行国民经济评价时，原则上都应该使用影子价格。为了简化计算，在不影响评价结论的前提下，可只对其价值在效益或费用中占比重较大或者国内价格明显不合理的产出物或投入物使用影子价格。

（2）影子汇率

影子汇率是在国民经济评价中区别于官方汇率的外汇汇率。官方汇率是由本国政府规定的单位外币的国内价格。影子汇率即外汇的影子价格，是外汇与本国货币的真实比价。

影子汇率可通过国家外汇牌价乘以影子汇率换算系数求得，影子汇率换算系数是一个重要的通用参数，由国家统一测定发布。

影子汇率体现了从国家角度对外汇价值的估量。影子汇率取值的高低，直接影响项目（或方案）比选中的进出口抉择，影响对产品进口替代型项目和产品出口型项目的决策。

影子汇率换算系数是影子汇率与国家外汇牌价的比值系数。在项目评价中，可根据我国现阶段的外汇供求情况、进出口结构、换汇成本等，确定影子汇率换算系数。

（3）社会折现率

社会折现率是项目国民经济评价的重要通用参数，在项目国民经济评价中作为计算经济净现值的折现率，并作为衡量经济内部收益率（EIRR）的基准值。它是项目经济可行性和方案比选的主要判据。由国家统一测定发布。

社会折现率表示从国家角度对资金机会成本和资金时间价值的估量。采用适当的社会折现率进行项目国民经济评价，有助于合理使用建设资金，引导投资方向，调控投资规模，促进资金在短期与长期项目之间的合理配置。

社会折现率可根据一定时期内我国的投资收益水平、资金机会成本、资金供求状况、合理的投资规模以及项目国民经济评价的实际情况予以确定。

例题 6.1　某工业项目建设期 3 年，生产期 17 年，占用水稻耕地 2 000 亩（1 亩＝1/15 hm^2），占用前 3 年每亩平均产量为 0.5 t，每吨收购价 400 元，出口口岸价预计 180 美元/t。设该地区的水稻年产量以 4%的速度递增，社会折现率取 10%，水稻生产成本按收购价的 40%计算。影子汇率为 5 元/美元，贸易费用按 6%计算。该水稻产地距最近口岸 500 km，铁路和内河的运输影子价格为 0.035 元/(t·km)，求项目占用地的影子价格。

解：① 每吨稻谷按口岸价格计算的影子价格：

口岸价格＝180(美元)

折合人民币为 180×5＝900(元)

贸易费用 400×0.06＝24(元)

产地到口岸的运费 0.035×500＝17.5(元)

故产地产量影子价格＝858.5(元)

② 每吨稻谷的生产成本按收购价 40%计算，为

400×40%＝160(元)

③ 该土地生产每吨稻的净效益为

858.5－160＝698.5(元)

④ 20 年内每亩土地的净效益现值 P 为

$$P=\sum_{t=1}^{20}698.5\times 0.5\times\left(\frac{1+4\%}{1+10\%}\right)^{t}=4\ 065(\text{元})$$

⑤ 项目占用的 2 000 亩土地 20 年内的净效益现值为

$$P=4\ 065\times 2\ 000=813\times 10^{4}=813(\text{万元})$$

所以项目占用地每亩的影子价格为 4 065 元，整个占用地的影子价格为 813 万元。

(三) 国民经济评价的基本报表

项目国民经济报表可以单独进行编制，也可以在财务评价的基础上通过调整来完成。项目国民经济评价的基本报表主要包括：

1. 国民经济效益费用流量表(全部投资)

国民经济效益费用流量表(全部投资)以全部投资为编制基础，用来计算国内投资经济内部收益率、经济净现值、经济净现值率指标，其栏目与财务现金流量表基本相同，其主要区别在于：

(a) 表中效益流量和费用流量，均按影子价格计算，外币换算采用影子汇率；

(b) 销售税金和资源税属于国民经济内部的转移支付，所以既不作为费用，也不作为效益。

(c) 由于是从国民经济角度考察项目的效益和费用，因此在效益流量和费用流量中分别增加了“项目间接效益”和“项目间接费用”。

(d) 财务现金流量表中作为现金流出的营业外净支出，由于内容较多，而且有些内容在国民经济评价中不属于费用，为简化计算起见，未做详细划分，均不列为费用。

2. 国民经济效益费用流量表(国内投资)

国民经济效益费用流量表(国内投资)与财务现金流量表(国内投资)基本相同，其主要区别同上述四点。

3. 经济外汇流量表

涉及外汇收支的项目，需编制经济外汇流量表，以考察项目的净外汇效果。其栏目与财务外汇平衡表完全相同，只是替代进口产品在国民经济评价中可按货物类型划分的原则确定，而在财务评价中，需经有关部门确认，才能作为产品替代进口考虑。

(四) 国民经济评价指标及方法

国民经济评价包括国民经济盈利能力分析和外汇效果分析，以经济内部收益率（$EIRR$）为主要评价指标。根据项目特点和实际需要，也可计算经济净现值（$ENPV$）等指标。产品出口创汇及替代进口节汇的项目，要计算经济外汇净现值（$ENPVF$）、经济换汇成本和经济节汇成本等指标。此外，还可以对难以量化的外部效果进行定性分析。

1. 经济内部收益率（$EIRR$）

经济内部收益率是反映项目对国民经济净贡献的相对指标。它是项目在计算期内各年经济净效益流量的现值累计等于零时的折现率，其表达式为

$$\sum_{t=1}^{n}(B-C)_t(1+EIRR)^{-t}=0 \tag{6-10}$$

式中：B 为效益流入量；C 为费用流出量；$(B-C)_t$ 为第 t 年的净效益流量；n 为计算期。

经济内部收益率大于或等于社会折现率，表明项目对国民经济的净贡献达到或超过了要求的水平，认为项目可以考虑接受。

2. 经济净现值（$ENPV$）

经济净现值是反映项目对国民经济净贡献的绝对指标。它是指用社会折现率将项目计算期内各年的净效益流量折算到建设期初的现值之和。其表达式为

$$ENPV=\sum_{t=1}^{n}(B-C)_t(1+i_s)^{-t} \tag{6-11}$$

式中：i_s 为社会折现率；其他符号意义同前。

经济净现值大于或等于零，表示国家为拟建项目付出代价后，可以得到符合社会折现率的社会盈余，或除得到符合社会折现率的社会盈余外，还可以得到以现值计算的超额社会盈余，认为项目可以考虑接受。一般来说，$ENPV \geqslant 0$ 的项目是可以被接受的项目。

3. 经济外汇净现值（$ENPVF$）

经济外汇净现值是反映项目实施后对国家外汇收支直接或间接影响的重要指标，用以衡量项目对国家外汇真正的净贡献（创汇）或净消耗（用汇）。经济外汇净现值可通过经济外汇流量表计算求得，其表达式为

$$ENPVF=\sum_{t=1}^{n}(FI-FO)_t(1+i_s)^{-t} \tag{6-12}$$

式中：FI 为外汇流入量；FO 为外汇流出量；$(FI-FO)_t$ 为第 t 年的外汇净流量；n 为计算期。

当有产品替代进口时，可按净外汇效果计算经济外汇净现值。经济外汇净现值是衡量项目对国家外汇净贡献大小的绝对量指标。当 $ENPVF \geqslant 0$ 时，表示从外汇的获得或节约的角度看，项目应属可行。

4. 经济换汇成本或经济节汇成本

经济换汇成本是指用影子价格、影子工资和社会折现率计算的为生产出口产品而投入

的国内资源现值与生产出口产品的经济外汇净现值之比，亦即换取 1 美元的外汇所需的人民币（元）金额。

当项目的产品按替代进口对待时，应计算经济节汇成本，即节约 1 美元外汇所需要的人民币金额（元），它等于项目为生产替代进口产品而投入的国内资源现值与生产替代进口产品的经济外汇净现值之比。

经济换汇成本是分析、评价项目实施后在国际上的竞争力，进而判断其产品应否出口的指标。经济换汇成本或经济节汇成本（元/美元）小于或等于影子汇率时，表明该项目产品出口有竞争力。

三、案例研究

（一）项目概况

甲、乙两企业共同投资一个化工项目，注册资本为 140 万元。甲乙双方以 3∶1 的投资比例合资，即甲方投入 105 万元自有资金，乙方投入 35 万元自有资金，设立股份制企业。项目期共 10 年，项目建设期为 3 年，第 4 年为投产期，生产负荷为 70%，第 5～10 年为正常生产年份。项目设计生产能力为年产 600t A 产品。项目建设期投资费用包括建设工程产房总投资 240 万元、机器工器具及家具 60 万元、开办费 10 万元和流动资金 30 万元，总计 340 万元，需从银行借款 200 万元，年利息按 6%测算。项目投资模式和产权关系图如图 6-4 所示。

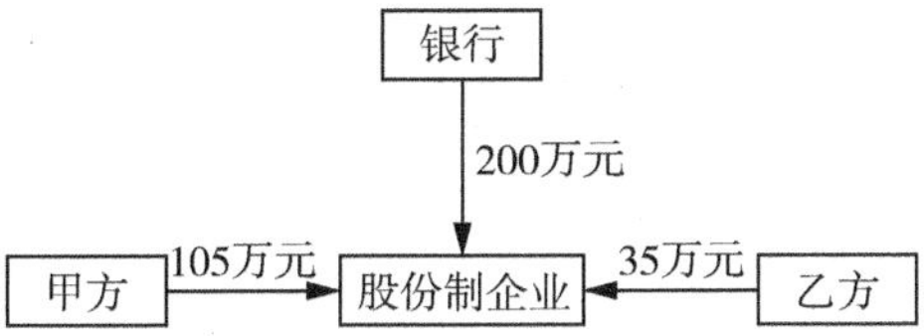

图 6-4　项目投资模式和产权关系图

项目的基本财务数据如表 6-2 所示。

表 6-2　项目基本财务数据

<table>
<tr><th colspan="3">项目</th><th>内容</th><th colspan="2">备注</th></tr>
<tr><td colspan="3">产品销售价格</td><td>1.3 万元/t</td><td colspan="2">无</td></tr>
<tr><td colspan="3">正常生产年份经营成本</td><td>234 万元/年</td><td colspan="2">无</td></tr>
<tr><td rowspan="4">总投资</td><td rowspan="2">建设投资</td><td>建设工程产房总投资</td><td>240 万元</td><td>按 30 年直线折旧，残值率为 5%</td><td rowspan="2">建设投资中的自有资金比例为 40%，前 3 年建设期投资额分别为：90 万元、150 万元、60 万元</td></tr>
<tr><td>机器设备工器具及家具</td><td>60 万元</td><td>按 8 年折旧，采用年份数求和折旧，残值率为 5%</td></tr>
<tr><td colspan="2">开办费</td><td>10 万元</td><td colspan="2">发生在建设期第 1 年</td></tr>
<tr><td colspan="2">流动资金</td><td>30 万元</td><td colspan="2">投产前一次性投入，其中 67%为自有资金</td></tr>
<tr><td rowspan="2">税金</td><td colspan="2">增值税及附加</td><td>6%</td><td colspan="2" rowspan="2">无</td></tr>
<tr><td colspan="2">所得税</td><td>25%</td></tr>
<tr><td colspan="3">基准收益率</td><td>17%</td><td colspan="2">无</td></tr>
</table>

项目投资数据、收入和费用数据、其他数据，分别见表6-3、表6-4、表6-5。

表6-3　项目投资数据　　单位:万元

投资构成	数额	资金来源	年份			
			1	2	3	4
建设投资	300	资本金	40	60	20	
		借款	50	90	40	
小计			90	150	60	
开办费	10	资本金	0			
		借款	10			
小计			10			
流动资金	30	资本金				20
		借款				10
小计						30
资本金合计			40	60	20	20

表6-4　项目收入和费用数据　　单位:万元

年份	1	2	3	4	5	6	7	8	9	10
年销售收入				546	780	780	780	780	780	780
年经营成本				163.8	234	234	234	234	234	234

表6-5　项目其他数据

固定资产形成比例	97%	其他资产形成比例	3%	增值税及附加	6%
固定资产残值率	5%	建设工程产房折旧年限	30	所得税税率	25%
		机器设备等折旧年限	8	投资基准收益率	17%

(二)财务评价报表

1. 辅助报表

(1) 项目建设期利息估算表

项目建设期利息估算表，见表6-6。

表6-6　项目建设期利息估算表　　单位:万元

序号	项目	建设期			合计
		1	2	3	
1	期初借款余额	0	61.8	158.21	220.01

续表

序号	项目	建设期			合计
		1	2	3	
2	当期借款	60	90	40	190
3	当期应计利息	1.8	6.41	10.69	18.90
4	期末借款余额	61.8	158.21		

（2）固定资产折旧估算表

将项目建设期利息计 18.90 万元计入固定资产工程产房原值，即建设工程产房原值为 240＋18.90＝258.90 万元，并按照 30 年直线折旧，残值率为 5%。机器设备、工器具和家具的原值为 60 万元，按 8 年折旧，采用年份数求和折旧，残值率为 5%。因此，固定资产折旧估算表如表 6-7 所示。

表 6-7　固定资产折旧估算表　　单位：万元

序号	项目	计算期							合计
		4	5	6	7	8	9	10	
1	建筑工程产房								
	原值	258.90							
	当期折旧费（直线折旧）	8.20	8.20	8.20	8.20	8.20	8.20	8.20	57.39
	净值	250.70	242.50	234.30	226.11	217.91	209.71	201.51	
2	机器设备 工器具和家具								
	原值	60							
	当期折旧费 （年份数求和折旧）	11.08	9.50	7.92	6.33	4.75	3.17	1.58	44.33
	净值	48.92	39.42	31.50	25.17	20.42	17.25	15.67	
3	合计								
	原值	318.90							
	当期折旧费	19.28	17.70	16.12	14.53	12.95	11.37	9.78	101.72
	净值	299.62	281.92	265.80	251.27	238.32	226.96		

（3）其他资产摊销估算表

将开办费 10 万元计入无形资产，在第 4～10 年进行等额摊销，每年摊销费 10/7≈1.43 万元。因此，其他资产摊销估算表如表 6-8 所示。

表 6-8　其他资产摊销估算表　　单位:万元

序号	项目	计算期							合计
		4	5	6	7	8	9	10	
1	其他资产								
	原值	10							
	当期摊销费	1.43	1.43	1.43	1.43	1.43	1.43	1.43	10.00
	净值	8.57	7.14	5.71	4.29	2.86	1.43		

(4) 营业收入和增值税及附加估算表

第 4 年投产期生产负荷为 70%,故其营业收入为正常生产年份的 70%,即 600×1.3×0.7=546 万元。

增值税及附加为营业收入的 6%,即 546×0.6=32.76(万元),780×0.6=46.8(万元)。

因此,营业收入和增值税及附加估算表如表 6-9 所示。

表 6-9　营业收入和增值税及附加估算表　　单位:万元

序号	项目	建设期			投产期	达到设计能力生产期						合计
		1	2	3	4	5	6	7	8	9	10	
		0	0	0	546	780	780	780	780	780	780	
1	A 产品营业收入				546	780	780	780	780	780	780	5226
	单价(不含税,万元/t)				1.3	1.3	1.3	1.3	1.3	1.3	1.3	
	数量(t)				420	600	600	600	600	600	600	4020
2	增值税及附加				32.76	46.8	46.8	46.8	46.8	46.8	46.8	

(5) 借款偿还计划表

① 建设期投资借款偿还计划表

采用三表连算的方法,用于项目建设期投资本金的还本资金来源于当年的"未分配利润"、"折旧"和"摊销",得到建设期投资借款偿还计划表如表 6-10 所示。

表 6-10　建设期投资借款偿还计划表　　单位:万元

序号	项目	建设期			投产期	达到设计能力生产期					
		1	2	3	4	5	6	7	8	9	10
1	借款										
1.1	期初本息余额	0	61.8	158.21	208.90	152.69	80.65	9.53			
1.2	当期借款	60	90	40							

续表

序号	项目	建设期			投产期	达到设计能力生产期					
		1	2	3	4	5	6	7	8	9	10
1.3	当期应计利息	1.8	6.41	10.69	12.53	9.16	4.84	0.57			
1.4	当期还本付息				68.75	81.20	75.96	10.10			
	其中:还本				56.21	72.04	71.12	9.53			
	付息				12.53	9.16	4.84	0.57			
	期末本息余额	61.8	158.21	208.90	152.69	80.65	9.53	0.00			
	还本资金来源				56.21	72.04	71.12	70.19	68.85	67.45	66.04
	未分配利润				35.50	52.91	53.57	54.23	54.48	54.65	54.83
	折旧				19.28	17.70	16.12	14.53	12.95	11.37	9.78
	摊销				1.43	1.43	1.43	1.43	1.43	1.43	1.43
计算指标	借款偿还期/年（从投产期开始）	3.1									

结合表 6-10 可知，建设期投资借款偿还期＝(6－3)＋第 7 年期初本息余额/第 7 年还本金额来源＝3.1(年)。

② 流动资金借款还本付息表

流动资金借款还本付息表见表 6-11。

表 6-11　流动资金借款还本付息表　　单位:万元

序号	项目	建设期			投产期	达到设计能力生产期					
		1	2	3	4	5	6	7	8	9	10
1	当期借款				10						
2	期初本息余额				10	10	10	10	10	10	10
3	当期应计利息				0.6	0.6	0.6	0.6	0.6	0.6	0.6
4	当期还本付息				0.6	0.6	0.6	0.6	0.6	0.6	10.6
	其中:还本				0	0	0	0	0	0	10
	付息				0.6	0.6	0.6	0.6	0.6	0.6	0.6

(6) 总成本费用估算表

总成本费用表见表 6-12。

表 6-12　总成本费用表　　单位:万元

序号	项目	投产期	达到设计能力生产期					
		4	5	6	7	8	9	10
1	经营成本	163.8	234	234	234	234	234	234

续表

序号	项目	投产期	达到设计能力生产期					
		4	5	6	7	8	9	10
2	折旧费	19.28	17.70	16.12	14.53	12.95	11.37	9.78
3	摊销费	1.43	1.43	1.43	1.43	1.43	1.43	1.43
4	财务费用	13.13	9.76	5.44	1.17	0.60	0.60	0.60
	其中:建设期借款利息	12.53	9.16	4.84	0.57	0.00	0.00	0.00
	流动资金借款利息	0.60	0.60	0.60	0.60	0.60	0.60	0.60
5	总成本费用合计	197.64	262.89	256.98	251.13	248.98	247.4	245.81

2. 基本报表

(1) 利润与利润分配表

结合辅助报表,编制得到利润与利润分配表,见表 6-13。

表 6-13　利润与利润分配表　　单位:万元

序号	项目	建设期			投产期	达到设计能力生产期					
		1	2	3	4	5	6	7	8	9	10
1	营业收入	0	0	0	546	780	780	780	780	780	780
2	增值税及附加				32.76	46.80	46.80	46.80	46.80	46.80	46.80
3	总成本费用				197.64	262.89	256.98	251.13	248.98	247.39	245.81
4	利润总额			0	315.60	470.31	476.22	482.07	484.22	485.81	487.39
5	弥补以前年度亏损										
6	应纳税所得额	0	0	0	315.60	470.31	476.22	482.07	484.22	485.81	487.39
7	所得税	0	0	0	78.90	117.58	119.05	120.52	121.06	121.45	121.85
8	净利润				236.70	352.73	357.16	361.55	363.17	364.35	365.54
9	期初未分配利润										
10	可供分配利润				236.70	352.73	357.16	361.55	363.17	364.35	365.54
11	各投资方利润分配				201.19	299.82	303.59	307.32	308.69	309.70	310.71
	其中:甲方				150.89	224.87	227.69	230.49	231.52	232.28	233.03
	乙方				50.30	74.96	75.90	76.83	77.17	77.43	77.68
12	未分配利润				35.50	52.91	53.57	54.23	54.48	54.65	54.83
13	息税前利润				328.73	480.07	481.66	483.24	484.82	486.41	487.99
14	息税折旧摊销前利润				349.44	499.20	499.20	499.20	499.20	499.20	499.20
15	累计未分配利润				35.50	88.41	141.99	196.22	250.70	305.35	360.18
计算指标	投资收益率				0.97	1.41	1.42	1.42	1.43	1.43	1.44

其中，投资各方利润分配为可供分配利润的85%，甲乙双方根据投资比例分配利润。

(2) 项目投资现金流量表

结合辅助报表，编制得到项目投资现金流量表，见表6-14。

表6-14　项目投资现金流量表　　单位：万元

序号	项目	建设期			投产期	达到设计能力生产期					
		1	2	3	4	5	6	7	8	9	10
1	现金流入	0	0	0	546	780	780	780	780	780	1027.18
1.1	营业收入				546	780	780	780	780	780	780
1.2	回收资产余值										217.18
1.3	回收流动资金										30
2	现金流出	100	150	60	226.56	280.8	280.8	280.8	280.8	280.8	280.8
2.1	建设投资	90	150	60							
2.2	开办费	10									
2.2	流动资金				30						
2.3	经营成本				163.8	234	234	234	234	234	234
2.4	增值税及附加				32.76	46.8	46.8	46.8	46.8	46.8	46.8
3	所得税前净现金流量(1—2)	—100	—150	—60	319.44	499.2	499.2	499.2	499.2	499.2	746.38
4	累计所得税前净现金流量	—100	—250	—310	9.44	508.64	1 007.84	1 507.04	2 006.24	2 505.44	3 251.82
5	所得税				78.90	117.58	119.05	120.52	121.06	121.45	121.85
6	所得税后净现金流量	—100	—150	—60	240.54	381.62	380.15	378.68	378.14	377.75	624.53
7	累计所得税后净现金流量	—100	—250	—310	—69.46	312.16	692.31	1 070.99	1 449.14	1 826.88	2 451.41

(3)项目资本金现金流量表

结合辅助报表，编制得到项目资本金现金流量表，见表6-15。

表6-15　项目资本金现金流量表　　单位：万元

序号	项目	建设期			投产期	达到设计能力生产期					
		1	2	3	4	5	6	7	8	9	10
1	现金流入	0	0	0	546	780	780	780	780	780	1041.89
1.1	营业收入				546	780	780	780	780	780	780
1.2	回收资产余值										231.89
1.3	回收流动资金										30

续表

序号	项目	建设期			投产期	达到设计能力生产期					
		1	2	3	4	5	6	7	8	9	10
2	现金流出	40	60	20	364.21	480.18	476.41	412.02	402.46	402.85	413.25
2.1	项目资本金	40	60	20	20						
2.2	借款本金偿还				56.21	72.04	71.12	9.53	0.00	0.00	10.00
2.3	借款利息支付				12.53	9.76	5.44	1.17	0.60	0.60	0.60
2.4	经营成本				163.8	234	234	234	234	234	234
2.5	增值税及附加				32.76	46.8	46.8	46.8	46.8	46.8	46.8
2.6	所得税				78.90	117.58	119.05	120.52	121.06	121.45	121.85
3	净现金流量	−40	−60	−20	181.79	299.82	303.59	367.98	377.54	377.15	628.64

(4)项目财务计划现金流量表

结合辅助报表，编制得到项目财务计划现金流量表，见表 6-16。

表 6-16　项目财务计划现金流量表　　单位：万元

序号	项目	建设期			投产期	达到设计能力生产期					
		1	2	3	4	5	6	7	8	9	10
1	经营活动净现金流量	0	0	0	546	780	780	780	780	780	780
1.1	现金流入	0	0	0	546	780	780	780	780	780	780
1.1.1	营业收入	0	0	0	546	780	780	780	780	780	780
1.2	现金流出										
1.2.1	经营成本	0	0	0	163.8	234	234	234	234	234	234
1.2.2	增值税及附加	0	0	0	32.76	46.8	46.8	46.8	46.8	46.8	46.8
1.2.3	所得税	0	0	0	78.90	117.58	119.05	120.52	121.06	121.45	121.85
2	投资活动净现金流量	−100	−150	−60	−30						
2.1	现金流入										
2.2	现金流出	100	150	60	30						
2.2.1	建设投资	90	150	60							
2.2.2	开办费	10									
2.2.3	流动资金				30						
3	筹资活动净现金流量	100	150	60	−240.54	−381.62	−380.15	−318.02	−309.29	−310.30	−321.31
3.1	现金流入	100	150	60	30						

续表

序号	项目	建设期			投产期	达到设计能力生产期					
		1	2	3	4	5	6	7	8	9	10
3.1.1	项目资本金投入	40	60	20	20						
3.1.2	建设投资借款	60	90	40							
3.1.3	流动资金借款				10						
3.2	资金流出				270.54	381.62	380.15	318.02	309.29	310.30	321.31
3.2.1	各种利息支出				13.13	9.76	5.44	1.17	0.60	0.60	0.60
3.2.2	偿还建设期借款本金				56.21	72.04	71.12	9.53	0.00	0.00	0.00
3.2.3	偿还流动资金借款本金				0	0	0	0	0	0	10
3.2.4	利润分配				201.19	299.82	303.59	307.32	308.69	309.70	310.71
4	净现金流量	0	0	0	275.46	398.38	399.85	461.98	470.71	469.70	458.69
5	累计盈余资金	0	0	0	275.46	673.84	1 073.69	1 535.67	2 006.38	2 476.08	2 934.77

(三) 财务评价

1. 盈利能力分析

(1) 融资前分析

根据表 6-14,得到项目投资现金流量表计算指标,见表 6-17。

表 6-17 项目投资现金流量表计算指标

计算指标	缴纳所得税前	缴纳所得税后
项目投资财务内部收益率(%)	69%	58%
项目投资财务净现值(ic=17%)	945.53 万元	673.85 万元
项目投资回收期(从建设期算起)	3.97	4.18

根据表 6-17 可知:

缴纳所得税前:项目投资财务内部收益率为 69%,项目投资财务净现值为 945.53 万元,项目投资回收期为 3.97 年。

缴纳所得税后:项目投资财务内部收益率为 58%,项目投资财务净现值为 673.85 万元,项目投资回收期为 4.18 年。

根据计算结果,项目满足设定的基准收益率 17%的要求,项目可行。这样,项目可在初步拟订融资方案的基础上,进行融资后分析。

(2) 融资后分析

① 项目资本金现金流量表分析

将融资后建设期利息 18.90 万元计入固定资产工程建设产房原值，按照 30 年折旧年限、5%残值率和直线折旧方式计算：

第 10 年末的折旧余值=18.90−7×18.90×(1−5%)/30=14.71(万元)。

这 14.71 万元是建设期利息产生的回收固定资产余值多出的部分，即融资前回收固定资产余值为 217.18 万元，融资后回收固定资产余值为 231.89 万元，该值填入项目资本金现金流动表的回收资产余值部分。

根据表 6-15，得到项目资本金现金流量表计算指标，见表 6-18。

表 6-18 项目资本金现金流量表计算指标

项目投资财务内部收益率(%)	91%
项目投资财务净现值(ic=17%)	714.32 万元

根据表 6-18 可知：

项目资本金财务内部收益率为 91%，项目资本金财务净现值为 714.31 万元，均满足设定的基准要求，说明在设定的融资方案下项目可行。

② 利润与利润分配表分析

根据表 6-13，得到投产后第 4～10 年各年份投资收益率和资本金利润率见表 6-19。

表 6-19 投资收益率和资本金利润率

年份		1	2	3	4	5	6	7	8	9	10
计算指标	投资收益率				0.97	1.41	1.42	1.42	1.43	1.43	1.44
	资本金收益率				1.69	2.52	2.55	2.58	2.59	2.60	2.61

注：投资收益率=$\frac{\text{息税前利润}}{\text{项目总投资}}$，资本金利润率=$\frac{\text{净利润}}{\text{项目资本金}}$。

根据表 6-19 可知，投产后，本项目每年的投资收益率和资本金收益率均处于较高的水平，项目盈利能力较强。

2. 偿债能力分析

根据表 6-10，项目建设期投资的借款可于项目投产后的 3.1 年偿还完，本项目偿债能力较强。

根据借款偿还计划表、总成本费用估算表、利润与利润分配表，得到还款期的利息备付率和偿债备付率，见表 6-20。

表 6-20 利息备付率和偿债备付率

年份		4	5	6	7
计算指标	利息备付率	26.23	49.18	88.56	412.39
	偿债备付率	4.76	5.25	5.30	37.38

根据表 6-20 可知，本项目的利息支付能力和偿债支付能力较强。

综上，本项目的财务净现值大于零，缴纳所得税后财务内部收益率(58%)显著高于基准收益率(17%)，项目的盈利能力很强；本项目能够在较短的时间内偿还借款债务，利息备付率和偿债备付率较高，项目有较强的偿债能力；项目在生产运营期间每年的净现金流量和累计盈余资金均大于零，项目有很好的财务生存能力。

思考题

1. 项目可行性研究的目的是什么?
2. 可行性研究的内容主要有哪些?
3. 可行性研究的工作程序是什么?
4. 依据资产负债表可以计算哪些经济评价指标?
5. 国民经济评价和财务评价有何区别?
6. 国民经济评价中效益和费用是如何识别的?

计算题

1. 新建某化学纤维厂，固定资产投资为 42 542 万元，固定资产投资方向调节税为 2 127 万元，建设期利息为 4 319 万元，预计达到设计能力生产期正常年份的年销售收入为 35 420 万元；年销售税金及附加为 2 689 万元，年总成本费用为 23 815 万元，流动资金为 7 084 万元，试估算投资利润率。

2. 新建某化学纤维厂，已知项目总投资为 56 072 万元，达到正常年份的年利润总额为 8 916 万元，年销售税金及附加为 2 689 万元，试估算该项目的投资利税率。

3. 已知某工程项目在寿命周期(n=18 年)内的现金流量表(全部投资)如下表所示，若 i=12%，试计算 NPV。

序号	项目	建设期			投产期		达到设计生产能力			
		1	2	3	4	5	6	7	8	9
1	现金流入				24 794	31 878	35 420	35 420	35 420	35 420
2	现金流出	8 935	24 570	11 164	22 621	24 888	27 250	26 657	26 961	27 352

序号	项目	达到设计生产能力								
		10	11	12	13	14	15	16	17	18
1	现金流入	35 420	35 420	35 420	35 420	35 420	35 420	35 420	35 420	45 067
2	现金流出	27 503	27 494	27 494	27 494	27 579	27 579	27 579	27 579	27 579

4. 根据第 3 题的现金流量表，计算财务内部收益率。

5. 根据第 3 题的现金流量表，计算该工程项目的投资回收期(静态和动态)。

6. 某项目第 4 年资产总计 51 736 万元，其中流动资产总额 5 997 万元，流动负债总额为 3 872 万元，长期借款为 31 484 万元，另外流动资产中存货为 4 769 万元，试计算资产负债率、流动比率、速动比率。

7. 某项目第5～7年的资产负债表如下，求第5年、6年、7年的资产负债率、流动比率、速动比率。

年份	5	6	7
一、资产总额	178 037	170 220	161 867
1. 流动资产总额	30 920	39 096	46 736
其中：存货	16 542	17 890	17 890
2. 固定资产净值	138 055	125 083	112 111
3. 无形及递延资产	9 062	6 041	3 020
二、负债及所有者权益	178 037	170 220	161 867
1. 流动负债总额	20 108	21 103	21 103
2. 长期借款	83 599	33 514	0
3. 所有者权益	74 330	115 603	140 764

8. 某项目建设期为3年，总借款额为18 928万元，第1年借款占总借款额的20%，第2年占55%，第3年占25%，利率为9%，计算建设期利息。

9. 假如第8题中贷款采用7年等额本金法偿还，则每年偿还本金和利息额各是多少？

10. 假如第8题中贷款采用7年等额偿还法（即偿还本利和相等）偿还，则每年应偿还的本利和为多少？

11. 假设第8题中贷款采用5年等额偿还法偿还，每年应还款多少？

12. 某项目建设期为3年，3年中共借款1 000万元，按30%、50%、20%投入，每年借款分别向A、B银行借入，向两行借款比例为2∶3。A行、B行利率分别为7%和8%，建设期利息不还，问资本化利息是多少？

13. 在第12题中，其他条件不变，而建设期借款利息以借短贷偿还，短贷利率为12%，求资本化利息。

14. 在第12题中，A行贷款在建设期结束后采用等额偿还本金和利息总额法分4年偿还，求每年偿还利息、本金为多少？B行贷款在建设期结束后用等额本金法分5年还清，每年偿还本金、利息为多少？

15. 某项目建设期为3年，3年中贷款情况如下表所示（单位：万元），建设期利息不还，宽限期为3年，问：(1)该项目资本化利息是多少？(2)A行贷款采取等额偿还本金的还款方式，分4年偿还，问每年偿还本金和利息各多少？(3)B行贷款采取等额偿还本金和利息总额的还款方式，分3年偿还，问每年偿还本金、利息各多少？

	第1年	第2年	第3年	利率/%
A银行贷款	320	320	160	9
B银行贷款	480	480	240	12

16. 某项目第9年利润为3 429万元，折旧为2 933万元，摊销为316万元，所需偿还贷

款为 3 350 万元，求该项目借款偿还期。

17. 某建设项目的建设期为 4 年，建设资金由国内银行贷款，第一年贷款额为 1 000 万元，第二年为 2 000 万元，第三年为 3 000 万元，第四年为 2 000 万元。银行贷款利率为 10%，试计算到建设期末共欠银行本利多少元。

18. 某投资项目，第 4 年产品外销收入 4 208 万美元，进口原料用汇 1 634 万美元，进口备品备件用汇 75 万美元，偿还出口信贷本金 255 万美元，商贷本金 45 万美元，短贷本金 143 万美元，偿还出口信贷利息 102 万美元，商贷利息 21 万美元，外汇短贷利息 16 万美元。试问外汇净流量是多少？

19. 根据以下数据计算外汇净现值（单位：万元，$i=10\%$）。

年份	1	2	3	4	5	6	7	8	9	10
外汇流入	300	650	630	4 000	5 200	5 200	5 200	5 200	5 200	5 200
外汇流出	300	650	630	2 300	2 500	2 500	2 500	2 500	2 100	2 100
外汇净流量	0	0	0	1 700	2 700	2 700	2 700	2 700	3 100	3 100

20. 某项目建设期为 3 年，从第 4 年开始投产，第 4 年达产率为 80%，第 5 年达产率为 90%，从第 6 年到寿命期止，达产率为 100%。若该项目设计产量为 40 万 t，单价为 850 元/t，试计算各年销售收入。

21. 某工程项目总成本费用 9 200 万元，其中折旧费 380 万元，摊销费用 200 万元，财务费用 400 万元，经营成本为多少？若固定成本占总成本费用的 40%，可变成本占 60%，则固定成本是多少？可变成本是多少？

22. 某项目年销售收入（含税）为 6 000 万元，外购的原材料、动力、燃料占总成本的 85%，总成本（含税）为 4 000 万元，增值税率为 17%，问增值税为多少？

23. 某建设项目，第 4 年流动资产总额为 7 000 万元，流动负债总额为 5 000 万元，第 4 年所需流动资金多少？第 5 年流动资产总额为 8 000 万元，流动负债为 5 500 万元，该年需增加流动资金多少？

24. 某化学品生产厂已建成年生产某种化学品 2.3 万 t 的厂房，固定资产投资总额为 56 072 万元。现拟建同类工厂，设计采用规格和容量更大的同类设备，年生产该种化学品 3.5 万 t，试计算其固定资产投资总额（$n=0.66$）。

25. 已建成的钢铁厂年生产量为 45 万 t，固定资产投资总额为 36 700 万元，现拟建同类工厂，计划增加相同设备扩大生产能力，年产量为 60 万 t，试计算其固定资产投资总额（$n=0.86$）。

26. 某工程项目建设期为 3 年，固定资产投资 1 000 万元，其中 12%用于获取无形资产，5%为递延资产，该投资分 3 年投入，每年投入比例分别为 50%、30%、20%。企业自有资金 400 万元，全部用于固定资产投资，每年投资先使用自有资金，当自有资金不够时，再借款。固定资产投资借款向 A 行借入，利率为 10%，宽限期为 3 年，宽限期利息不还，转到固定资产原值中，流动资金全部为借款，利率为 13%，流动资金借款额根据当年需要确定；当年年初投入。流动资金需要量为当年销售收入的 11%。计算期期末一次还款。本项目生产期 12

年，项目建成后需 3 年达到设计规模。第 1 年达产率为 80%，第 2 年达产率为 90%，第 3 年达到设计规模。达产后销售收入为 500 万元。销售税金及附加按当年销售收入的 8%计取。生产期第 1 年经营成本为 87 万元，第 2 年经营成本为 90 万元；第 3 年以后各年经营成本为 96 万元。所得税按税前利润的 33%计取。没有分配利润、公积金等问题。固定资产残值率为 5%，按直线折旧法折旧，无形资产按 10 年分摊，递延资产按 5 年分摊。

固定资产投资借款要求 5 年采用等额本金法偿还，若有资金短缺，可借短贷，短贷利率为 15%，当有还款能力时及时还款。

根据以上条件，编制现金流量表(全部)、现金流量表(自有)、损益表、资金来源与运用表。

27. 将第 26 题中的固定资产投资改为 1 350 万元，其他条件及题目要求不变。

28. 将第 26 题中的条件改为固定资产投资借款，要求 5 年等额偿还本金和利息总额，其他条件及题目要求不变。

29. 将第 26 题中的条件改为固定资产投资借款，采用非等额偿还法，用当年可用于还款资金的 85%来偿还，其他条件及题目要求不变。

30. 将第 26 题中固定资产投资借款偿还方式变为：生产期的第 1 年必须还 200 万元，剩余款额从生产期第 2 年开始按非等额偿还方式还款。若借短款的话，先以短贷偿还。其他条件及题目要求不变。

31. 某生产产品的工程项目，预计固定资产投资总额为 7 000 万元，该项目建设期为 3 年，第 4 年年初部分投产生产产品 1 万 t，第 5 年即达产运行，生产产品 2 万 t，达产后运行 16 年，届时残值为零。该产品生产所需年经营费包含每年固定费用 1 700 万元和变动费用 5 150 元/t。预计产品价格为 10 000 元/t，产品税率 5%。年销售费用按销售收入的 1%计。固定资产形成率为 90%，折旧按直线折旧法。试计算该项目投入生产后各年的税前利润和税前净收益。

32. 有一投资项目，固定资产投资 50 万元，于第 1 年初投入；流动资金投资 20 万元，于第二年初投入，全部为贷款，利率 8%。项目于第 2 年投产，产品销售收入第 2 年为 50 万元，第 3～8 年为 80 万元；经营成本第二年为 30 万元，第 3～8 年为 45 万元；增值税率为 14%；第2～8 年折旧费为每年 6 万元；第 8 年末处理固定资产可得收入 8 万元。

根据以上条件列出的全投资现金流量表(见表 1、表 2)是否正确？若有错，请改正。

表 1　全投资现金流量表(一)

单位：万元

年份	0	1	2	3～7	8
现金流入					
销售收入			50	80	80
固定资产回收					8
现金流出					
经营成本			30	45	45

续表

年份	0	1	2	3～7	8
固定资产投资	50				
流动资金		20			
增值税			7	11.2	11.2
折旧			6	6	6
净现金流量	－50	－20	7	17.8	25.8

表 2　全投资现金流量表(二)

单位:万元

年份	0	1	2	3～7	8
现金流入					
销售收入			50	80	80
固定资产回收					8
折旧			6	6	6
现金流出					
经营成本			30	45	45
固定资产投资	50				
流动资金		20			
增值税			7	11.2	11.2
流动资金利息			1.6	1.6	1.6
净现金流量	－50	－20	17.4	28.2	36.2

33. 某项目生产期为 6 年,达产年销售收入 5 000 元,估算流动资金为销售收入的 25%,项目自投产起,生产负荷第一年为 80%,第二年为 90%,第 3～6 年为 100%,企业自有流动资金 500 万元于投产第一年投入,流动资金借款利率为 10%,问:项目各年流动资金利息为多少?

第七章

设备更新的技术经济分析方法

学习要求与目标

1. 掌握设备磨损形式和补偿方式；
2. 理解设备折旧的基本方法；
3. 掌握设备寿命的种类及经济寿命的计算；
4. 掌握设备更新的决策方法。

2015年11月23日，世界机器人大会在京开幕，大会以“协同融合共赢，引领智能社会”为主题，体现了各国协同创新、多学科融合共赢的发展趋势，体现了全球科技界、产业界的共识。习近平总书记指出，随着信息化、工业化不断融合，以机器人科技为代表的智能产业蓬勃兴起，成为现代科技创新的一个重要标志。当前，我国已将机器人和智能制造纳入了国家科技创新的优先重点领域，正大力推动机器人科技研发和产业化进程，使机器人科技及其产品助力高质量发展、服务百姓生活。工业机器人成为制造业中不可或缺的角色。工业机器人技术涵盖了视觉识别、技能学习、利用人工智能进行故障预测、人机协作及简单编程等领域，可提高制造业的生产率，扩大机器人的应用领域。《中国机器人产业发展报告2019》显示，2014—2019年我国机器人市场规模的年平均增长率达20.9%，相关产业正进入高速增长期。随着人工智能技术快速发展，各行各业“机器换人”的步伐将进一步加快。对于企业来说，企业设备管理是企业生产运作管理的重要组成部分，而企业设备管理的关键是提高企业设备更新的技术经济分析能力，进行企业设备更新决策。设备是现代工业生产的重要物质和技术基础。设备的技术水平是衡量一个国家工业现代化水平的重要标志，是判断一个企业技术能力、研发能力和创新能力的重要标准，也是影响企业和国家各项技术经济指标的重要因素。企业购置的设备从投入使用到最后报废，通常需要经历较长时间，在这段时间内，设备逐渐磨损，当设备因物理损坏或因陈旧落后不能继续使用或不宜继续使用时，就需要进行更新。由于技术进步的速度加快，设备更新的速度也相应加快，作为企业，为了促进技术进步和提高经济效益，需要对设备整个运行期间的技术经济状况进行分析和研究，以做出正确的决策。本章重点介绍设备磨损、设备折旧和设备更新的决策方法。

第一节　设备磨损

一、设备磨损的形式

设备在使用(或闲置)过程中会逐渐发生磨损。设备磨损分有形磨损和无形磨损两种形式。

(一) 设备的有形磨损

机器设备在使用(或闲置)过程中所发生的实体磨损称为有形磨损(物理磨损)。

1. 设备有形磨损的成因

引起设备有形磨损的主要原因是再生产过程中对设备的使用。运转中的机器设备,在外力的作用下(如摩擦、受到冲击、超负荷或交变应力作用、受热不均匀等)会造成实体磨损、变形或损坏。这种磨损叫作第Ⅰ种有形磨损。它通常表现为:

(a) 机器设备零部件的原始尺寸发生改变,甚至形状也会发生变化;

(b) 公差配合性质发生改变,精度降低;

(c) 零部件损坏。

第Ⅰ种有形磨损可使设备精度降低,劳动生产率下降。当这种有形磨损达到一定程度时,整个机器的功能就会下降,发生故障,导致设备使用费用剧增,甚至难以继续正常工作,失去工作能力,丧失使用价值。

自然力的作用(生锈、腐蚀、老化等)是造成有形磨损的另一个原因,这种磨损称为第Ⅱ种有形磨损。这种磨损与生产过程中的使用无关,甚至在一定程度上还同使用程度成反比。因此设备闲置或封存不用同样也会产生有形磨损,如金属件生锈、腐蚀,橡胶件老化等。设备闲置时间长了,会自然丧失精度和工作能力,失去使用价值。

机器设备使用价值的降低或丧失,会使设备的原始价值贬值或基本丧失。要消除设备的有形磨损,使之局部恢复或完全恢复使用价值,必须支出相应的补偿费用,以抵偿相应贬值的部分。

2. 设备有形磨损的度量

度量设备的有形磨损程度,借用的是经济指标,即

$$a_p = \frac{R}{K_1} \tag{7-1}$$

式中:a_p 为设备有形磨损程度($0<a_p<1$);R 为修复全部磨损零件所用的修理费用;K_1 为在确定磨损时该种设备的再生产价值。

(二) 设备的无形磨损

机器设备除遭受有形磨损之外,还遭受无形磨损(亦称经济磨损)。无形磨损不是由于在生产过程中的使用或自然力的作用造成的,所以它表现为设备原始价值的贬值,不表现为设备实体的变化或损坏。

1. 设备无形磨损的成因

无形磨损形成的原因可分为两种：

第Ⅰ种无形磨损是由于设备制造工艺不断改进，导致制造同种机器设备的成本不断降低，劳动生产率不断提高，生产同种机器设备所需的社会必要劳动时间减少了，因而机器设备的市场价格降低，使得原来购置的设备的价值相应贬值。这种无形磨损的后果只是现有设备的原始价值部分贬值，设备本身的技术特性和功能（或称“使用价值”）并未发生变化，故不会影响现有设备的使用。

第Ⅱ种无形磨损是由于技术进步，社会上出现了性能更好、生产效率更高、耗费原材料和能源更少的新型设备，而使原有机器设备在技术上显得陈旧落后。它的后果不仅是使原有设备价值降低，而且会使原有设备局部或全部丧失其使用价值。这是因为，虽然原有设备的使用期还未达到其物理寿命，能够正常工作，但由于技术上更先进的新设备的发明和应用，使原有设备的生产率大大低于社会平均生产率，如果继续使用，就会使产品成本大大高于社会平均成本。在这种情况下，由于使用新设备比使用旧设备在经济上更合算，所以原有设备应该被淘汰。

第Ⅱ种无形磨损表现为原有设备使用价值降低的程度与技术进步的具体形式有关。例如，当技术进步表现为不断出现性能更完善、效率更高的新设备，但加工方法没有原则变化时，将使原有设备的使用价值大幅度降低。如果这种技术进步的速度很快，则继续使用旧设备就可能存在非经济性；当技术进步取决于采用新材料时，则加工旧材料的设备必然被淘汰；当技术进步取决于改变原有生产工艺、采用新的加工方法时，则原有设备具备的生产工艺将失去使用价值。当技术进步取决于产品换代时，原有设备由于不适用于新产品的生产也将被淘汰。

2. 设备无形磨损的度量

设备的无形磨损程度可用下式表示：

$$a_{\mathrm{I}} = \frac{K_0 - K_1}{K_0} = 1 - \frac{K_1}{K_0} \tag{7-2}$$

式中：a_{I} 为设备无形磨损程度；K_0 为设备的原始价值；K_1 为等效设备的再生产价值。

在计算无形磨损程度时，K_1 反映的技术进步体现在两个方面：一是相同设备再生产价值的降低，二是具有较好功能和更高效率的新设备的出现对现有设备的影响。K_1 可用下式表示：

$$K_1 = K_n \left(\frac{q_0}{q_n}\right)^{\alpha} \cdot \left(\frac{C_n}{C_0}\right)^{\beta} \tag{7-3}$$

式中：K_n 为新设备的价值；q_0、q_n 分别为使用旧设备、新设备的年生产率；C_0、C_n 分别为使用旧设备、新设备的单位产品消耗；α，β 分别为设备生产率提升指数和成本下降指数（$0<\alpha<1$，$0<\beta<1$），其值可根据具体设备的实际数据确定。

在式(7-3)中，当 $q_0=q_n$，$C_0=C_n$，即新旧机器的劳动生产率与使用成本均相同时，$K_1=K_n$表示只发生了第Ⅰ种无形磨损。

若式(7-3)中出现了下述 3 种情况之一，即表示发生了第Ⅱ种无形磨损。

(a) $q_0>q_n$，$C_0=C_n$，此时，$K_1=K_n(q_0/q_n)^{\alpha}$；

(b) $q_0=q_n, C_0<C_n$，此时，$K_1=K_n(C_0/C_n)^{\beta}$；

(c) $q_0>q_n, C_0<C_n$，此时，$K_1=K_n(q_0/q_n)^{\alpha}(C_0/C_n)^{\beta}$。

(三) 设备的综合磨损

机器设备使用期间，将同时发生有形磨损和无形磨损，引起机器设备原始价值的贬值，机器设备的磨损具有双重性和综合性的特点。不同之处表现为：有形磨损的设备，特别是有形磨损严重的设备，在修理之前，常常不能正常运作。无形磨损的设备，即使无形磨损很严重，仍然可以使用，但要进一步分析研究继续使用该设备的经济性。

设备综合磨损的度量可表示为：

第一，设备遭受有形磨损后尚余部分(用百分数表示)为 $1-a_p$；

第二，设备遭受无形磨损后尚余部分为 $1-a_{\mathrm{I}}$；

第三，设备综合磨损程度为 $a=1-(1-a_p)(1-a_{\mathrm{I}})$。

其中，a 为设备综合磨损程度；设备在任一时期遭受综合磨损后的净值 K 为

$$K=(1-a)K_0 \tag{7-4}$$

展开并整理得

$$\begin{aligned} K &= (1-a)K_0=[1-1+(1-a_p)(1-a_{\mathrm{I}})]K_0 \\ &= \left(1-\frac{R}{K_1}\right)\left(1-\frac{K_0-K_1}{K_0}\right)K_0=K_1-R \end{aligned} \tag{7-5}$$

可以看出，设备综合磨损后的净值等于等效设备的再生产价值减去修理费用。

二、设备磨损的补偿方式

企业为维持正常的生产和运营，必须对设备的磨损进行有效补偿，由于机器设备磨损的形式不同，补偿磨损的方式不尽相同。补偿分为局部补偿和完全补偿。对设备有形磨损的局部补偿是修理，对设备无形磨损的局部补偿是进行现代化技术改造(或称“现代化改装”)。对设备有形磨损和无形磨损的完全补偿是更换(包括原型设备更换和新型设备更换)，见图 7-1。

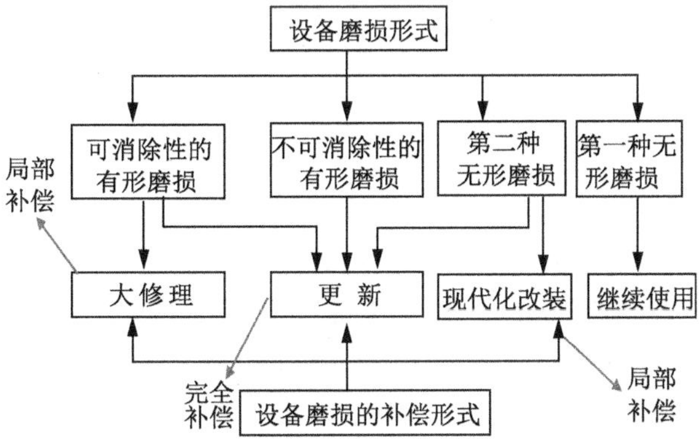

图 7-1 设备磨损形式及其补偿方式

第二节　设备折旧

一、设备折旧概述

（一）设备折旧的概念

产品生产过程中的一切耗费构成了产品的成本，并通过产品销售进行补偿。设备在生产过程中的磨损也会将其价值转移到产品中，构成产品成本的一部分。但是，产品生产过程中设备的消耗与材料、燃料、动力等的消耗不同，后者是一次把自己的价值全部转移到产品成本中，而设备则是逐渐将其价值转移到产品成本中。设备在使用过程中，由于有形磨损和无形磨损，其价值的降低与功能的丧失成正比。通常把设备逐渐转移到成本中去并相等于其损耗的那部分价值叫折旧。从销售产品收入中收回的这部分资金，叫作设备的折旧费，用于设备的更新换代。

在技术经济分析工作中，通常用折旧率的形式来计算折旧费的大小。折旧率大小反映设备折旧费占设备价值的百分比。正确制订设备的折旧率不仅是正确计算成本的前提，同时也反映设备的有形磨损和无形磨损，应该与设备的实际消耗相符合。如果折旧率规定得过低，则设备使用期满后将不足以抵偿设备的消耗，设备更新受到影响。如果折旧率过高，会造成企业产品成本增高，削弱企业的竞争力，同时也会带来整个社会的物价上涨。

综上所述，合理的折旧制度、正确的折旧率，对于设备的更新换代，促进企业现有设备技术水平的提高，促进新技术的应用和推广，具有举足轻重的作用。设备折旧率是按年分摊设备价值的比率。折旧率的大小与设备的价值、费用、残值和预计使用期限等因素相关。

（二）设备折旧的关键因素

在计算设备折旧时，应考虑以下 3 个关键因素：

1. 设备资产的原值

设备资产的原值一般为购置设备时一次性支付的费用，又称设备的初始费用。设备资产的原值要与发生的时间一并考虑才有意义。

2. 净残值

净残值，即设备的残值减去其清理费用以后的余额。设备的残值是指设备报废时可供出售的残留部分的价值，可以用作抵补设备原值的部分。设备资产的清理费用是指设备报废时，因拆除、搬运、整理和办理手续等的各项费用支出。它是设备使用的一种必要的追加耗费。

3. 折旧年限

折旧年限，即按财政部规定的折旧率每年提取折旧，使设备的账面价值为零所需要的时间，通常根据设备的材料质量和属性、每日开工时间、负荷大小、化学侵蚀程度、维护修理质量等工艺技术和使用条件以及技术进步等无形损耗的因素和设备的自然寿命、技术寿命、经济寿命等因素予以确定。

二、设备折旧方法

在一定时期内，设备由于损耗而转移到成本、费用中的价值难以通过技术方法进行测定。为了使设备折旧比较符合其实际损耗程度，可根据不同的理论，采用不同的折旧计算方法。

（一）直线折旧法

直线折旧法，也称为使用年限法，是按使用年限平均计算折旧的方法。由于其折旧的积累呈直线上升的趋势，故称为直线折旧法。按照直线折旧法分类计算设备的折旧时，其折旧额和折旧率的计算公式为

$$D=\frac{K_0-L}{T} \tag{7-6}$$

式中：D 为某类设备的年分类折旧额；K_0 为设备的原始价值；L 为预计的设备最终价值，即残值；T 为设备的预计使用年限。

$$d=\frac{D}{K_0}\times 100\% \tag{7-7}$$

式中：d 为某类设备的年折旧率。

若设备每年的使用情况（如负荷、使用时间、使用强度等）大体相似，使用这种方法计算设备的折旧，既考虑了设备的有形磨损，也考虑了现代科学迅猛发展、设备更新换代加速的无形损耗因素，基本上满足了设备加速折旧和资本迅速收回的实际需要。

（二）加速折旧法

加速折旧法，也称为递减费用法。即在折旧期间各年计提的折旧费呈逐渐减少的趋势，开始使用的年份计提折旧费较多，以后逐年减少。由于设备的生产能力随其磨损程度而逐年降低，收益也将逐年减少，按照成本与收益相匹配的会计原则，折旧费也应该逐年递减。目前，西方国家的企业和我国部分企业采取加速折旧法。

使用设备的成本，应包括折旧费和维护修理费两部分。随着设备使用年数的增加，维护修理费也会逐年增加。为了保持各年使用设备的成本基本平衡，折旧费应逐年减少。由于科学技术的进步和发展，机器设备的无形损耗越来越快，为了在短期内尽快收回投资，以适应设备及时更新改造的需要，只有采用加速折旧法。其具体计算方法主要包括：

1. 年数总和法

年数总和法是每期以不同的折旧率乘设备应计折旧总额（原价－估计残值）而求得本期折旧额的一种方法。折旧率以递减分数表示，即将设备预计使用年限的逐年年数的合计数作为分数的分母，将设备尚可使用年限作为分子。年折旧额的计算公式为

$$D_t=\frac{T+1-t}{\sum_{j=1}^{T}j}(K_0-L)=\frac{2(T+1-t)}{T(T+1)}(K_0-L) \tag{7-8}$$

式中：D_t 为设备在最佳使用期限内第 t 年度的折旧额；t 为设备在最佳使用期限内的某一具体年度；T 为设备的最佳使用年限；其余符号意义同前。

2. 双倍余额递减法

这种方法的折旧率是按直线折旧法残值为零时的折旧率的两倍计算。逐年的折旧基数按设备的价值减去累积折旧额计算。为了便于折旧总额分摊完毕，到一定年度之后，要改用

直线折旧法。改用直线折旧法的年度可根据设备最佳使用年限而定。当残值为零，设备最佳使用年限为单数时，改用直线折旧法的年度是$\frac{T}{2}+1\frac{1}{2}$；当设备最佳使用年限为偶数时，改用直线折旧法的年度为$\frac{T}{2}+2$。

例题 7.1 设备的价值为 8 000 元，使用年限为 10 年，残值为零，折旧率为直线折旧法的 2 倍，即 20%，用双倍余额递减法改为直线法年份为第 7(=10/2+2)年，求各年的折旧费。

解：各年折旧费见表 7-1。

表 7-1 用双倍余额递减法计算的设备逐年折旧额

年份	设备净值(元)	C(元)
1	8 000	8 000×20%=1 600
2	6 400	6 400×20%=1 280
3	5 120	5 120×20%=1 024
4	4 096	4 096×20%=819
5	3 177	3 177×20%=635
6	2 542	2 542×20%=508
7	2 034	$2\ 034\times\frac{1}{4}=508.5$
8	1 525.5	$2\ 034\times\frac{1}{4}=508.5$
9	1 017	$2\ 034\times\frac{1}{4}=508.5$
10	508.5	$2\ 034\times\frac{1}{4}=508.5$

第三节 设备更新的决策方法

一、设备更新决策概述

(一) 设备更新决策的含义

设备更新是消除其有形磨损和无形磨损，特别是消除第Ⅱ种无形磨损的一个重要手段。狭义地讲，设备更新就是用新设备去替换由于各种原因不宜继续使用的旧设备。就实物形态而言，设备更新包括原型设备更新，或用新的设备代替旧的设备；就价值形态而言，它使设备在运转中消耗掉的价值重新得到补偿。为此，设备更新决策本质上可分为两类：一类是用相同的设备更新有形磨损严重、不能继续使用的旧设备；另一类是用较经济和较完善的新设备，即用技术更先进、结构更完善、效率更高、性能更好、耗费能源和原材料更少的新型设备更换技术上不能继续使用或经济上不宜继续使用的旧设备。

设备更新决策对企业的经营效益有着重要影响。过早的设备更新，将造成资金浪费，失去其他收益机会；过晚的设备重置，将造成生产成本的迅速上升，失去竞争优势。因此，企业不失时机地做好设备更新决策工作，是生产发展和技术进步的客观需要。

（二）设备寿命期

1. 设备的物理寿命

物理寿命是指生产设备的实际寿命，即生产设备从全新状态开始使用，直至不能再用而予以报废的全部时间。

2. 设备的折旧寿命

折旧寿命是指依照规定的折旧方法，折旧到账面价值为零的全部时间。

3. 设备的技术寿命

技术寿命是指设备从开始使用，到因技术落后而被淘汰所经历的时间。技术寿命由无形磨损决定，是从技术的角度看设备最合理的使用期限。

4. 设备的经济寿命

经济寿命是指设备年平均使用成本最低的年数。经济寿命由无形磨损和有形磨损共同决定，是从经济角度看设备最合理的使用期限。设备的使用成本由两部分组成，一是设备购置费的年分摊额，二是设备的年运行费用（操作费、维修费、材料费及能源消耗费等），这部分费用随着设备使用年限的延长而增加（见图 7-2）。

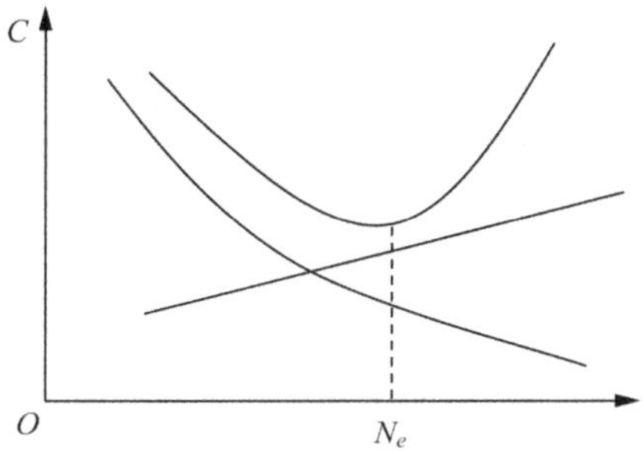

图 7-2　设备的年费用曲线

设备更新时机的选择取决于设备的技术寿命和经济寿命。通常，设备在整个使用过程中，其年平均使用总成本是随着使用时间变化的，在最适宜的使用年限内会出现年均总成本的最低值；而能使平均总成本最低的年数，即为设备的经济寿命。实践中，当设备的年运行费用是不规则变化时，最小年运行费用的出现也是无规则的。当设备的年运行费用是固定不变时，若残值也固定不变，其服务寿命就是其经济寿命。当目前的残值与未来的残值相等，年运行费逐年增加，最短的寿命（1 年）就是其经济寿命。

二、设备原型更新的决策方法

设备在其整个使用期内若还没有更先进的设备出现，避免不了有形磨损的作用，结果将引起维修费用，特别是大修理费用以及其他运行费用不断增加，这时即使进行原型设备更换，也具有经济合理性。这就是原型更新问题，为此，可以通过分析设备的经济寿命进行更新决策。设备原型更新的决策方法包括：

(一) 年值法

年值法的计算公式为

$$AAC=\frac{K-L_N}{N}+\sum_{j=1}^{N}C_j/N \quad (7-9)$$

式中：AAC 为设备的经济寿命；K 为设备的价值；L_N 为设备的残值；C_j 为第 j 年设备的运营成本；N 为使用年限。

例题 7.2 某设备购置费为 3 万元，各年数据如表 7-2(单位：万元)，试计算该设备的经济寿命。

表 7-2 设备购置各年数据

设备使用年限	1	2	3	4	5	6	7
年末残值	2.00	1.33	1.00	0.75	0.50	0.30	0.30
年维持费	0.60	0.70	0.80	0.90	1.00	1.20	1.50

解：根据式(7-9)，计算结果见表 7-3。

表 7-3 计算结果

设备使用年限 N	1	2	3	4	5	6	7
维持费累计	0.60	1.30	2.10	3.00	4.00	5.20	6.70
折旧费	1.00	1.67	2.00	2.25	2.50	2.70	2.70
总成本	1.60	2.97	4.10	5.25	6.50	7.90	9.40
年平均使用成本	1.60	1.49	1.37	1.31	1.30	1.32	1.34

结论：经济寿命为 5 年。

如果考虑资金的时间价值，计算公式为

$$AAC=[K-L_N(P/F,i,N)+\sum_{j=1}^{N}C_j(P/F,i,j)](A/P,i,N) \quad (7-10)$$

例题 7.3 某企业用 30 000 元购置一台仪器，该企业同型号仪器的逐年运行费用及残值统计资料如表 7-3 所列(单位：元)，请计算该仪器的最佳更新期(i=10%)。

表 7-3 企业同型号仪器的逐年运行费用及残值统计资料

年份	1	2	3	4	5	6	7
运行费	3 000	3 500	4 500	5 500	6 500	8 000	10 000
设备净残值	18 000	7 000	5 500	4 500	3 500	2 500	2 000

解： $AAC=[30\,000-L_N(P/F,10\%,N)+\sum_{j=1}^{N}C_j(P/F,10\%,j)](A/P,10\%,N)$

$AAC(1)=18\,000$； $AAC(2)=17\,190$；

$AAC(3)=14\,020$； $AAC(4)=12\,518$；

$AAC(5)=11\,739$； $AAC(6)=11\,456$；

$AAC(7)=11\,383$； $AAC(8)=11\,585$。

所以，设备的经济寿命为 7 年，应在第 7 年末更新。

（二）低劣化数值法

机器设备在使用过程中发生的费用称为运行成本，运行成本包括能源费、保养费、修理费（包括大修理费）、停工损失、废次品损失等。通常，随着设备使用的增加，运行成本每年以某种速度在递增，这种运行成本的逐年递增称为设备的低劣化。假定每年运行成本的劣化增量是均等的，即运行成本呈线性增长。设每年运行成本增加额为 λ，若设备使用 T 年，则第 T 年时的运行成本

$$C_T = C_1 + (T-1)\lambda \tag{7-11}$$

式中：C_1 为运行成本的初始值，即第一年的运行成本；T 为设备使用年数。

设备年运行成本随设备使用年数变动的情况见图 7-3。

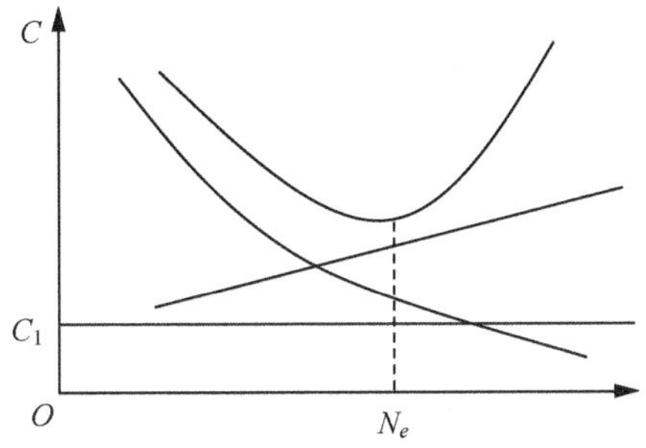

图 7-3　年运行成本随设备使用年数的变动

那么 T 年内运行成本的年平均值为

$$C_T = C_1 + \frac{T-1}{2}\lambda \tag{7-12}$$

除运行成本外，在使用设备的年总费用中还有每年分摊的设备购置费用，其金额为$\dfrac{K_0-L}{T}$。

随着设备使用时间的延长，每年分摊的设备费用是逐年下降的，而年均运行成本却逐年线性上升。综合考虑这两个方面的因素，一般来说，随着使用时间的延长，设备使用的年均费用的变化规律是先降后升，呈"U"形曲线。年均总费用的计算公式为

$$AC = \frac{K_0-L}{T} + C_1 + \frac{T-1}{2}\lambda \tag{7-13}$$

可用求极值的方法，找出设备的经济寿命，亦即设备原型更新的最佳时期。

设 L 为一常数，令$\dfrac{\mathrm{d}(AC)}{\mathrm{d}T}=0$

则经济寿命为

$$T_E = \sqrt{\frac{2(K_0-L)}{\lambda}} \tag{7-14}$$

如果设备残值不能视为常数，运行成本不呈线性增长，各年不同，且无规律可循，这时可

根据工厂的记录或者对实际情况的预测，用列表法来判断设备的经济寿命。

三、新设备更新的决策方法

在技术不断进步的条件下，由于第Ⅱ种无形磨损的作用，很可能在设备运行成本尚未增至该用原型设备替代之前，就已经出现工作效率更高和经济效果更好的设备。这时，必须比较继续使用旧设备和购置新设备这两种方案，分析两种方案的经济性。

在有新型设备出现的情况下，常用的设备更新决策方法为年费用比较法。

例题 7.4 某设备目前的净残值为 8 000 元，还能继续使用 4 年，保留使用的情况如表 7-5。新设备的原始费用为 35 000 元，经济寿命为 10 年，10 年末的净残值为 4 000 元，平均年使用费为 500 元，基准折现率是 12%。问题：(1)旧设备是否需要更换？(2)何时更换为宜？

表 7-5　某设备继续使用 4 年保留使用的情况

保留使用年数	年末净残值(元)	年使用费(元)
1	6 500	3 000
2	5 000	4 000
3	3 500	5 000
4	2 000	6 000

解：设新设备、旧设备的平均年费用分别为 AAC_N 与 AAC_0，则

$$AAC_N = [35\,000 - 4\,000 \times (P/F, 12\%, 10)] \times (A/P, 12\%, 10) + 500 = 6\,467(\text{元})$$

$$AAC_0 = [8\,000 - 2\,000 \times (P/F, 12\%, 4)] \times (A/P, 12\%, 4) + [3\,000(P/F, 12\%, 1) + 4\,000(P/F, 12\%, 3) + 5\,000(P/F, 12\%, 3) + 6\,000(P/F, 12\%, 4)] \times (A/P, 12\%, 4) = 6\,503.27(\text{元})$$

$AAC_N < AAC_0$，所以旧设备应该更换。

旧设备保留 1 年：$AAC_0(1) = [8\,000 - 6\,500(P/F, 10\%, 1) + 3\,000(P/F, 10\%, 1)](A/P, 10\%, 1) = 5\,460 < 6\,467$(元)，应保留。

保留 2 年：$AAC_0(2) = [6\,500 - 5\,000(P/F, 10\%, 1) + 4\,000)(P/F, 10\%, 1)](A/P, 10\%, 1) = 6\,280 < 6\,467$(元)，应保留。

保留 3 年：$AAC_0(3) = [5\,000 - 3\,500(P/F, 10\%, 1) + 5\,000(P/F, 10\%, 1)](A/P, 10\%, 1) = 7\,100 > 6\,467$(元)，应更换。

所以旧设备应使用 2 年，于第 2 年末更换。

四、设备更新方案的综合比较

(一) 设备大修理的经济实质

众所周知，设备是由不同材质的众多零部件组成的，它们的使用条件和功能也各不相同，因此设备不同部分的零部件遭受的有形磨损是非均匀性的，即设备的零部件有着不同的物理寿命。通常，在设备的实物构成中总有一部分是相对耐久的(例如机座、床身等)，而另外的部分则易于损坏。因此，设备零部件有形磨损的不均衡性，决定了设备修理的可行性。

设备的大修理是设备修理中的一种非常重要的方式，是维修工作中最大的一种计划修理，通过对设备的全部解体，修理耐久的部分，调整、修复或更换磨损的零部件，全面消除缺陷，恢复设备精度，恢复零部件和整机的全部或接近全部的功能。设备大修能利用保留下来的零部件，从而节约了大量的原材料和加工工时，这一点与设备更新相比具有很大的优越性。因此在设备更新分析时大修理是设备更新的替代方案，这是大修理的经济实质，也是大修理这种对设备磨损进行补偿的方式能够存在的经济前提。

对设备进行更新分析时应与大修理方案进行比较，反过来，进行设备大修理决策时，也应同设备更新及设备其他再生产方式相比较。

（二）设备大修理的经济界限

设备虽然通过大修理可以延长其物理寿命，但是在大修理决策时，要注意修理是有限度的，长期无休止的修理，会导致设备性能劣化的加深，根本恢复不到原有的性能水平，严重阻碍技术进步。

从经济角度出发，为了提高设备的经济效益，降低设备使用费用，必须确定设备大修理的经济界限，见图 7-4。

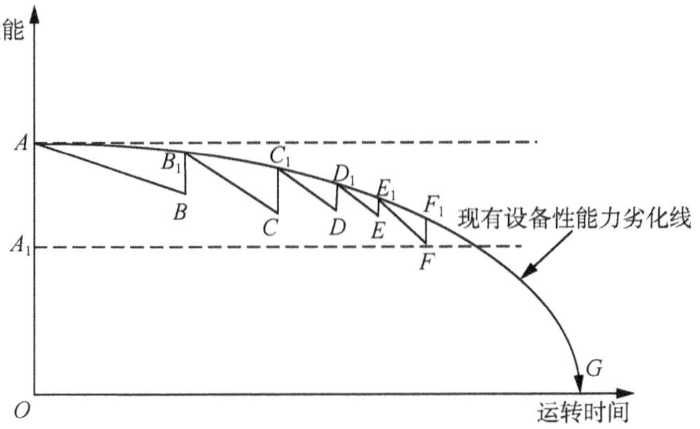

图 7-4　设备大修理的经济界限

图 7-4 中，OA 表示设备的初始性能水平，OA_1 表示设备的基本性能水平。设备在使用过程中其性能是沿着 AB 线下降的，如不及时大修，设备的寿命很可能会很短。如在 B 点(即到第一个大修期限时)进行大修，其性能又可恢复到 B_1 点。自 B_1 点继续使用，其性能又继续劣化，当降到 C 点时，又进行第二次修理，其性能可恢复到 C_1 点，但经过使用后又会下降。如此多次直到 G 点，设备就不能再修理了，其物理寿命宣告结束。

从图 7-4 中可以看出，大修后的设备无论从生产率、精确度、速度等方面，还是从使用中的技术故障频率、有效运行时间等方面，都比同类型的新设备逊色，其综合质量会有某种程度的降低。另外要注意的一点是大修理的间隔周期会随着设备使用时间的延长而越来越短。因此从经济角度出发，为了提高设备的经济效益，降低设备使用费用，必须确定设备的大修理的经济界限。

设备在寿命期满前所需的大修理费用总额可能是个相当可观的数字，有时甚至可能超过设备原值数倍。当一次大修理的费用加该时期设备的残值大于或者等于新设备价值时，这样的大修理在经济上是不合理的。因此，进行大修理的最低经济界限可用公式表示为

$$R \leqslant P - L \tag{7-15}$$

式中：R 为该次大修理费用；P 为同种设备的重置价值（即同一种新设备在大修理时刻的市场价格）；L 为旧设备被替换时的残值。

但是，满足上述必要条件的大修理，在经济上仍有可能是不合理的。如果设备在大修后，生产技术特性与同种新设备没有区别的话，则式(7-15)可以作为衡量大修理的经济性的必要和充分条件。但是，由于设备经过大修后，到下一次的大修理的间隔期缩短，而且修理后的设备与新设备相比技术故障多，设备停歇时间长，日常维护和小修理费用增加，因此修理的质量对单位产品成本高低有很大影响，有时用先进的新设备生产单位产品的成本会更低。于是，需要补充一个条件，使用经过大修理的设备生产的产品成本在任何情况下都不能超过相同的新设备生产的单位产品的成本，即

$$C_j \leqslant C_o \tag{7-16}$$

式中：C_j 为大修理后设备生产单位产品的成本；C_0 为用具有相同用途的新设备生产单位产品的成本。

（三）设备大修理周期数的确定

从经济角度确定一台设备究竟大修到第几个周期最为适宜，这是大修理工作必须解决的问题，也即设备大修理周期数的确定问题。

如果一台设备的经济寿命已经确定，而且设备每次大修理间隔期又是已知的，则设备大修理周期数应由下式得出：

$$\sum_{j=1}^{n} T_j = T_E \tag{7-17}$$

式中：T_E 为设备的经济寿命；T_j 为第 $j-1$ 次到第 j 次大修理的间隔期，若 $j=1$ 时，则表示新设备至第一次大修理的间隔期；n 为设备大修理的周期数。

一般而言，对超过最佳期限的设备可以采用以下 5 种处理方法：(a)继续使用旧设备；(b)用原型设备更新旧设备；(c)用新型高效设备更新旧设备；(d)对旧设备进行现代化技术改造；(e)对旧设备进行大修理。

采用最低总费用现值法对以上更新方案进行综合比较。

思考题

1. 设备磨损有哪几种主要形式？
2. 设备磨损的补偿方式有哪些？
3. 如何理解设备的寿命？
4. 设备更新决策的原则是什么？
5. 设备更新决策的具体方法有哪些？

计算题

1. 设备原始价值 62 000 元，其他数据如下表（单位：元）。C_N 为第 N 年的使用成本，L_N

为第 N 年末的残值(下同),试计算其经济寿命期。

N	1	2	3	4	5	6	7
C_N	10 000	12 000	14 000	18 000	22 500	27 500	33 000
L_N	32 000	17 000	9 500	5 750	4 000	4 000	4 000

2. 设备原始价值 5 500 元,其他数据见下表(单位:元),试计算其经济寿命期。

N	1	2	3	4	5	6
C_N	1 000	1 200	1 500	2 000	2 500	3 000
L_N	4 000	3 000	2 500	2 000	1 500	1 000

3. 某设备购置投资为 60 000 元,其使用成本第 1 年为 20 000 元,此后每年比上一年递增 5 000 元,求该设备的最佳更新期(假设利率和残值均为零)。

4. 某设备购置投资为 5 000 元,其使用成本第 1 年为 1 000 元,以后每年递增 200 元,求该设备的最佳更新期(假设利率和残值均为零)。

5. 某台设备原值为 15 000 元,年低劣化值(年设备维持费递增值)为 900 元,试分别按静态和动态($i=10\%$)的低劣化数值法计算其最佳更新期。

6. 一台设备的原值为 16 000 元,其各年残值和维持费资料见下表(单位:元),试分别按静态和动态($i=10\%$)的最小年费用法来确定设备的最佳更新期。

N	1	2	3	4	3	6	7
C_N	2 000	2 500	3 500	4 500	5 500	7 000	9 000
L_N	10 000	6 000	4 500	3 500	2 500	1 500	1 000

7. 某厂压缩机的购置价为 6 000 元,第 1 年的运营成本为 1 000 元,以后每年以 300 元定额递增。压缩机使用一年后的余值为 3 600 元,以后每年以 400 元定额递减,压缩机的最大使用年限为 8 年。若基准折现率为 15%,试用动态方法计算压缩机的经济寿命。

8. 某台机器购置投资为 10 000 元,$i=10\%$,其他资料如下表(单位:元)。计算设备的最佳更新期。

N	1	2	3	4	3	6	7	8	9
C_N	1 000	1 200	1 600	2 000	2 200	2 600	3 000	3 400	3 800
L_N	5 000	4 500	4 000	3 500	3 000	2 500	2 000	1 500	1 000

9. 某企业希望继续实施某项生产业务 8 年,8 年后就要停止这项业务,现有的旧设备可以立即以 5 000 元出售,该设备从现在起预计的残值和设备使用成本见下表(单位:元)。目前市场上出现的新型设备的购置投资为 9 000 元,服务期中各年的设备使用成本和年末残值资料如下表。试问旧设备继续使用几年再更新较经济?

设备	旧设备					新设备							
N	1	2	3	4	5	1	2	3	4	5	6	7	8
C_N	1 500	1 800	2 000	2 400	2 800	1 000	1 400	1 800	2 000	2 400	2 800	3 200	3 600
L_N	4 500	4 000	3 500	3 000	2 500	4 800	4 600	4 400	4 200	4 000	3 800	3 600	3 400

10. 某企业希望继续实施某项生产业务 8 年，8 年后就要停止这项业务。现在的旧设备可以立即以 4 000 元出售，设备从现在起预计的残值和设备使用成本如下。目前市场上出现的新型设备的购置投资为 8 000 元，服务期中各年的设备使用成本和年末残值资料如下。如果利率为 5%，试计算最佳更新时机(单位：元)。

设备	旧设备					新设备							
N	1	2	3	4	5	1	2	3	4	5	6	7	8
C_N	1 600	2 000	2 200	2 600	3 000	800	1 000	1 400	1 800	2 000	2 400	2 800	3 200
L_N	3 500	3 000	2 500	2 000	1 500	3 800	3 600	3 400	3 200	3 000	2 800	2 600	2 400

11. 假如计划期为无限长，利率为零，试用 9 题资料计算最佳更新时机。

12. 若设备甲的购置费为 16 000 元，可服务 6 年；设备乙购置费 9 000 元，可用 5 年，其他资料见下表(年末残值用 L_i 表示，单位：元)。又知甲设备的效率是乙设备的 3 倍，若某项业务已由乙设备生产 2 年，拟用一台甲设备去更换，且该业务尚须进行 4 年，乙设备使用几年时更换为佳?

设备	甲设备						乙设备				
N	1	2	3	4	5	6	1	2	3	4	5
C_N	1 000	1 300	1 800	2 300	3 000	4 000	1 000	1 200	1 400	1 800	2 300
L_N	12 000	9 000	7 000	5 000	4 000	3 000	6 000	5 500	5 000	4 300	3 500

13. 某企业 4 年前花 2 200 元购置了设备 A，目前设备 A 的剩余寿命为 6 年，寿命终了时的残值为 200 元，设备 A 每年的运营费用为 700 元。目前，有一个设备制造厂出售与设备 A 具有相同功效的设备 B，设备 B 售价 2 400 元，寿命为 10 年，残值为 300 元，每年运营费用为 400 元。如果企业购买设备 B，设备制造厂愿出价 600 元购买旧设备 A。设基准折现率为 15%，研究期为 6 年，试判断现在公司应保留设备 A，还是用设备 B 更新设备 A。

14. 设备初始投资为 I，第 t 年的残值为 L，第 1 年运行费用为 C_1，以后每年递增，若考虑 L，则设备的经济寿命应怎样求出? 写出思路即可。

15. 某公司有甲、乙两个分厂，甲厂有台 18 t 锅炉，因容量小需要更新，现有两个方案供选择，若 $I=10\%$。A 方案：将 18 t 锅炉用 1 000 元运费运至乙厂使用，该锅炉尚可使用 8 年，每年运行费用比新锅炉运行费用多 200 元；B 方案：旧锅炉尚有残值 2 000 元，若就地处理可得 1 400 元，工厂购置新锅炉需 5 000 元，使用寿命 20 年，请对以上两方案进行经济决策。

16. 某企业用 1 000 元购置一台仪器，计划使用 10 年，该企业同型号仪器的逐年运行费用及残值统计资料如下表所列(单位:元)，请计算该仪器的最佳更新期。

N	1	2	3	4	5	6	7
C_N	700	600	500	400	350	350	300
L_N	280	300	330	360	400	440	490

第八章

价值工程

学习要求与目标

1. 了解价值工程的起源于发展；
2. 掌握价值工程的基本概念；
3. 理解价值工程的基本原理；
4. 掌握价值工程的工作程序；
5. 掌握功能分析的基本原理和功能评价的方法。

2018年5月28日，习近平总书记在中国科学院第十九次院士大会、中国工程院第十四次院士大会上的讲话中指出："要以智能制造为主攻方向推动产业技术变革和优化升级，推动制造业产业模式和企业形态根本性转变，以'鼎新'带动'革故'，以增量带动存量，促进我国产业迈向全球价值链中高端。进入21世纪以来，全球科技创新进入空前密集活跃的时期，新一轮科技革命和产业变革正在重构全球创新版图、重塑全球经济结构。以人工智能、量子信息、移动通信、物联网、区块链为代表的新一代信息技术加速突破应用，以合成生物学、基因编辑、脑科学、再生医学等为代表的生命科学领域孕育新的变革，融合机器人、数字化、新材料的先进制造技术正在加速推进制造业向智能化、服务化、绿色化转型，以清洁高效可持续为目标的能源技术加速发展将引发全球能源变革，空间和海洋技术正在拓展人类生存发展新疆域。对于企业来说，要抓住新一轮的科技革命和产业变革带来的机遇，关键是提高企业价值管理决策能力，促进产业迈向全球价值链中高端。价值工程是一种新兴的技术经济分析方法和现代化管理技术。自20世纪40年代产生至今，其理论和方法、规范和标准都得到了不断发展和完善，其应用范围不仅包括设计、生产领域，而且包括施工、组织、预算、服务、管理等领域。国内外大量实践表明，应用价值工程可以取得十分明显的经济效益。本章首先重点介绍了价值工程的基本概念和原理；其次系统介绍了价值工程的工作程序；最后重点阐述了功能分析的基本原理和功能评价的方法。

第一节 价值工程的原理

一、价值工程的起源与发展

（一）价值工程的起源

价值工程1947年起源于美国，创造人为美国通用电气公司的采购工程师L.D.麦尔斯。早在第二次世界大战期间，美国军事工业发展很快，因而出现了物资短缺而供应紧张的局面，当时美国所需100种主要战略物资，88种需要进口。承担着包括B-29轰炸机在内的军工生产的通用电气公司，也常因采购不到所需要的原料而影响生产。飞机上使用的石棉板就是一例。为什么要采用石棉板，它的功能是什么？麦尔斯经过研究发现，石棉板既能保持清洁，又能够防火。鉴于此目的，麦尔斯认为只要实现上述功能，使用代用材料是可行的。但根据当时的消防法这是不允许的，几经周折，消防法被修改了，一种不燃烧的纸代替石棉板才成为可能。这不但解决了原材料奇缺问题，而且在保持原功能的前提下，降低了产品的成本。这就是在美国轰动一时的颇有影响的“石棉事件”。

后来，麦尔斯又进一步从功能的角度来分析产品，并把它运用到电气产品的设计上去。麦尔斯认为，用户需要的不是产品本身，而是它的功能，并按照功能的必要程度来支付相应的费用。因此，设计物美价廉的产品，就变成了以最低的费用提供用户所要求的功能的问题。对于麦尔斯等人通过实践所总结的在保证同样功能的前提下降低成本的科学方法，通用电气公司副经理文纳（Winne）建议取名为“价值分析”。1947年，麦尔斯以“价值分析程序”为题，发表了这种独特的把技术设计和成本分析结合起来的方法和经验。因此，1947年被认为是价值分析产生的年代。1954年“价值分析”被改名为“价值工程”。

（二）价值工程的发展

自“价值工程”提出之后，麦尔斯不断地把这种理念运用到设计和生产过程的实践中，该方法被广泛应用于新产品开发、老产品改进、材料选用和工程建设等许多领域，取得了显著效果。1959年美国价值工程协会（SAVE）成立，由“价值工程之父”麦尔斯出任第一任会长。1961年麦尔斯出版了《价值工程——价值分析技术》一书，奠定了现代价值工程的基础。麦尔斯的价值分析与价值工程理论，在美国很快就被众多企业所采用，得到迅速推广和应用，同时又在应用的过程中得到不断完善和发展。美国通用电气公司在推行价值工程的最初17年中耗费资金80万美元，而创造的价值则高达2亿美元。自此，价值工程在美国得到长足的发展，取得显著效果。20世纪60和70年代，全世界工业化国家积极引进和推广价值工程方法，以后陆续传播到西欧和日本。1960年日本开始推行价值工程方法，1965年成立价值工程师协会。之后，日本在企业将价值工程（VE）、工业工程（IE）、质量管理（QC）结合起来组成VIQ推进室，取得了显著的经济效益。

1978年下半年我国开始推广价值工程活动。1981年原第一机械工业部颁发积极推行价值工程的通知；1984年国家经贸委将它作为18种现代管理方法之一，向全国推广，1987年国家标准局颁布了《价值工程基本术语和一般工作程序》。价值工程自被引入我国，在很多行业得到推广和使用，取得了显著的经济效果。

经过几十年的应用实践，现在价值工程已被公认为是一种相当成熟的提高功能、降低成本的方法。据统计，在开展价值工程活动中，工人提出的改善方案，一般降低成本 5%；技术人员提出的改善方案，降低成本 20%～25%；而有组织地开展价值工程活动，则可降低成本 30%以上。国外一般统计数字表明，在价值工程上花费 1 元钱可以得到的效益是 10～20 元。应用价值工程并付诸实施，一般可提高产品功能并降低成本 5%～30%，技术经济效果是十分显著的。

此外，价值工程的研究对象也从产品设计、生产、设备改进等方面发展到工艺研究、工程项目、服务等领域，可见这一科学方法有巨大发展空间。

二、价值工程的概念

根据《价值工程基本术语和一般工作程序》中的定义：价值工程（VE）是指通过各相关领域的协作，对所研究对象的功能与费用进行系统分析，不断创新，旨在提高所研究对象价值的思想方法和管理技术。为了概括地表述价值工程的目的、重点、性质，可将价值工程定义为：着重于功能分析，力求用最低的寿命周期成本可靠地实现必要功能的有组织的创造性活动。这个定义中，价值工程的目的是“用最低的寿命周期成本可靠地实现必要功能”，价值工程的重点是“功能分析”，价值工程的性质是“有组织的创造性活动”。价值工程的研究对象是一切为实现功能而发生费用的事物，如产品、工艺、工程、服务或它们的组成部分等。

（一）价值

价值工程中价值的概念不同于政治经济学中价值的概念。价值工程中的“价值”可定义为：评价某一事物与实现它的耗费相比合理程度的尺度。即指对象具有的必要功能与取得该功能的总成本的比值，价值公式可表示为

$$V = F/C \tag{8-1}$$

式中：V 为价值；F 为功能；C 为成本。

式(8-1)表明，价值取决于功能和费用。在成本不变的情况下，价值与功能成正比，即功能越大，价值就越大；在功能不变的情况下，价值与成本成反比，即成本越低，价值就越大。

通常，提高产品价值包括五条基本途径（见表 8-1），具体可表述为：

表 8-1　提高产品价值的基本途径

类型	1	2	3	4	5
功能 F	不变	提高	大提高	提高	略降低
成本 C	降低	不变	略提高	降低	大降低
备注	节约型	改进型	投资型	双向型	牺牲型

(a) 功能不变，用降低成本的方法来提高价值；

(b) 成本不变，通过提高功能的方法来提高价值；

(c) 既提高功能，又降低成本，从而获得更高的价值；

(d) 产品成本略有提高，而产品功能得到较大改善，进而提高价值；

(e) 产品功能稍有下降，但随之而来的是产品成本大大下降，因而价值仍有提高。

(二) 功能

功能是指产品或作业的性能或用途，即产品或作业所承担的职能。产品的功能实质上是指产品的使用价值。

价值工程的研究对象往往会有几种不同的功能。为了便于功能分析，可以从不同角度对功能加以分类。

1. 按功能性质角度分，可将功能分为使用功能和美学功能

使用功能是对象所具有的、与技术经济用途直接相关的功能。使用功能不仅要求产品的可用性，还要求产品的可靠性、安全性、易维修性。例如，一辆汽车，不仅要能开动，而且要故障少、转弯灵活、制动可靠、操作方便，保证乘客的安全和舒适，出了故障或机件磨损后要便于维修。

美学功能是与使用者的精神感觉、主观意识有关的功能。美学功能包括造型、色彩、图案、包装装潢等方面内容。随着生活水平的提高，人们要求产品多样化，对美学功能日益重视。在市场上，造型新颖、色彩宜人、图案精美、包装装潢美观、能体现时代气息的产品外观首先给人以深刻的印象，在性能、价格相当的条件下，这样的产品更具竞争力。

不同的产品对使用功能和美学功能有不同的侧重。例如，原料、燃料等产品只有使用功能，工艺品、国画、书法作品等产品只有美学功能。但多数产品要求两种功能兼备，例如载重汽车、机床等生产设备要求在性能优越的同时具备较好的外观。

2. 按功能重要程度分，可将功能分为基本功能和辅助功能

基本功能是产品的主要功能，是用户购买的主要原因。辅助功能是次要功能，是为了辅助基本功能更好地实现，或由于设计、制造的需要附加的功能。例如，小轿车的基本功能是提供乘坐舒适的快速交通工具。同时，小轿车的辅助功能就是在车的尾部设有一行李箱，为乘客存放行李提供方便。

3. 按功能的有用性分，可将功能分为必要功能和不必要功能

必要功能是为满足使用者的要求而必须具备的功能；不必要功能是对象(产品)所具有的、与满足使用者的需求无关的功能。使用功能、美学功能、基本功能、辅助功能都是必要功能。此外，不足功能也是对象尚未满足使用者需求的必要功能。但不必要功能也并不少见，其表现有三：

第一，多余功能。即纯属画蛇添足、无用甚至有害的功能。例如，在电风扇的扇叶保护罩上设计许多图案，试图增加美学功能，既无用又挡风。

第二，重复功能。即两个或两个以上的具有重复性的功能。例如，城市使用的越野吉普车的双桥驱动相对于单桥驱动就是功能重复，不仅增加汽车成本和自重，也增加汽车油耗。

第三，过剩功能。即属于必要，但满足需求有余的功能。例如，某橡胶厂生产的胶鞋，鞋底比鞋帮寿命高 50%，未穿坏的鞋底最后只能变成废品。

通过对功能进行分类分析，价值工程可以区分研究对象的使用功能和美学功能、基本功能和辅助功能、必要功能和不必要功能，从而保证必要功能和基本功能，取消不必要功能和过剩功能，补充不足功能和辅助功能等。严格按照用户的需求来设计产品，提高对象(产品)的功能价值。

（三）寿命周期成本

寿命周期成本是指产品设计、制造、使用全过程的耗费，具体体现为价值工程的研究对象从研究、形成、使用到退出使用所需的全部费用。寿命周期成本 C 主要包含两部分：生产成本 C_1（设计、生产产品所需费用）和使用成本 C_2（用户在使用该产品过程中所支付的使用费用）之和。通常，在一定的技术条件下，随着产品功能的提高，生产成本上升，使用成本下降，寿命周期成本呈现"U"形变化，即寿命周期成本存在一个最低点，它表示最适宜的功能水平和最低的总成本 C_{min}。开展价值工程活动的目的是对产品进行功能分析，以最低的总成本来实现产品的必要功能。

价值工程强调有组织的活动，这是因为它需要进行系统的研究、分析，涉及设计、工艺、采购、销售、生产、财务等各个方面，需要各方面提供信息、共同协助，充分调动各方面的积极性、发挥集体智慧。价值工程中降低成本就是综合考虑生产成本和使用成本，以最低的寿命周期成本，可靠地实现所研究对象的功能，兼顾生产者和用户的利益，获取最佳的综合经济效益。

三、价值工程的特点与作用

（一）价值工程的特点

1. 以功能分析为核心

麦尔斯发现用户对物品的需求实质上是对其功能的需求，功能分析是价值工程的核心。因此，他主张一切从产品的功能出发进行本质思考。或者以某个产品、零部件或某个系统为对象，分析它的功能是什么、成本有多高、价值多大、存在什么问题、是否有其他方案能更好地实现这一对象承担的功能。因此，确定产品的功能及其水平，应以用户的需要为依据，而不是以设计者的主观愿望为依据。

2. 以提高价值为目的

提高价值，即通过提高经济效益，合理利用资源，以最小的劳动消耗取得最大的社会效果。价值工程不同于传统的质量管理，单纯地改进功能，提高质量；也不同于传统的成本管理，单方面地控制消耗，降低成本。它是把功能的提高和成本的降低有机地结合起来，致力于功能和成本的匹配，价值的提高。只有两方面有机结合，才能真正实现合理地提高质量，有效地降低成本，达到企业经济效益提高的目的。

3. 坚持三个结合

价值工程是一种典型的技术与经济相结合的分析方法。功能是技术的一面，成本是经济的一面，研究功能时应考虑成本，研究成本时应分析功能，使技术与经济有机结合，技术人员与经济管理人员紧密结合，坚持企业利益与用户利益相结合，既满足用户物美价廉的要求，又满足企业本小利大的愿望，努力提高产品价值。价值工程作为一门提出问题、分析问题和解决问题的系统理论方法，只有同质量管理、成本管理、目标管理等各种管理方法结合运用，才能达到有效提高价值的目的。

4. 开展有组织的活动

价值工程工作涉及企业内外部各个环节，需要广泛收集企业内外各种有关的情报信息，要求技术人员、经济管理人员、有经验的工作人员共同研究，集思广益。整个过程庞大、负责，需要有领导、有计划、有步骤、有组织地进行，通常是组建价值工程小组，积极开展有组织的价值工程活动。

5. 强调创造性思考

价值工程有许多创造性思考原则和方法，这些方法不仅被用于方案创造阶段，而且被用于现状分析过程中。一个最基本的创造性思考原则是麦尔斯提出的"突破、创新、求精"原则。麦尔斯认为，运用这一原则在分析问题和解决问题时，可产生极大的效力。

（二）价值工程的作用

价值工程的基本目标是以最低总成本使产品或作业达到它所必须具备的功能，即在保证获得适宜功能水平的条件下，使产品的寿命周期成本为最低。

第一，通过价值工程活动可以消除产品中零件的过剩功能和不必要成本。价值工程活动就是要消除零件过剩功能和不必要成本，使产品确定在最适宜的功能水平及最低成本。

第二，开展价值工程活动可以延长产品的生命周期。在市场竞争条件下，延长产品的生命周期对于产品占领市场有重要意义。为此要开展价值工程活动，或改进产品的式样、品种，提高功能等。

第三，开展价值工程活动是降低产品成本、提高企业竞争力的可靠手段。实践中，降低成本的管理技术较多，例如，改进加工方法、对质量的控制、减少返修品等，均可降低成本，然而它们降低成本的能力有限。价值工程活动通过改进设计或重新设计的办法降低成本，因而在理论上降低成本的能力无限。根据国外资料，每进行一次价值工程活动，在提高原功能和维持原功能的条件下，可降低成本10%～20%。

第四，价值工程活动可以弥补设计工作的不足。在设计工作中往往存在以下问题：

(a) 一种新产品设计，考虑的重点是早日完成设计、早日投产、早日占领市场，重快而忽略成本因素，甚至不惜工本。

(b) 缺少全盘考虑的观点。设计人员设计时在选用材料和结构方面注意了经济问题，但可能忽视了用户使用时的保养和维修。因而可能导致设计用料便宜，但用户的维修费用增多，最终结果是总成本并未下降。

(c) 设计人员虽然有大量的专门知识，但不能在各方面都精通。例如销售人员了解用户的要求，采购人员熟悉供应情况，情报人员熟悉同类产品的发展趋向，装配人员熟悉产品装配，测试人员熟悉测试性能，科研人员熟悉试验、分析等，他们都各有专长。只有把他们组织起来，才可以促成产品功能的提高和成本降低。

第二节　价值工程的工作程序和方法

应用价值工程的过程，就是不断发现问题、分析问题和解决问题的过程。这一过程可以概括为三个阶段，即分析、综合、评价阶段。所谓分析，就是确定问题的定义，肯定这是什么样的问题。所谓综合，就是为已经确定的问题制订解决方案。所谓评价，就是对提出的解决方案进行选优，以确定最理想的解决方案。

一、价值工程的工作程序

价值工程活动的开展过程实质上就是一个发现问题、分析问题和解决问题的过程。价值工程的工作程序是根据价值工程的理论体系和方法特点，围绕着七个问题进行的。

(a) 这是什么？

(b) 它是做什么用的？

(c) 它的成本是多少？

(d) 它的价值是多少？

(e) 有其他方法能实现这个功能吗？

(f) 新的方案成本是多少？

(g) 新的方案能满足功能要求吗？

这七个问题有着紧密的逻辑联系，它们是按照功能分析和方案创造的思路逐步深入的，是与价值工程的工作程序相对应的。在实际工作中，一般可按 6 个阶段 12 个步骤开展价值工程活动，如表 8-2 所示。

表 8-2　价值工程工作程序和问题

问题的确定和解决	构思的一般过程	价值工程工作程序		价值工程问题
		基本步骤	详细步骤	
确定问题	分析	确定对象	1. 选择对象 2. 收集信息	1. 它是什么？
		功能分析	3. 功能定义 4. 功能整理	2. 它是干什么用的？
		功能评价	5. 功能评价	3. 它的成本是多少？ 4. 它的价值是多少？
解决问题	综合评价	方案创新	6. 方案创造	5. 有其他方法能实现这个功能吗？
		方案评价	7. 概略评价 8. 方案具体制订 9. 详细评价	6. 新的方案成本是多少？
		方案实施	10. 实验研究 11. 方案审批、实施 12. 成果总评	7. 新的方案能满足功能要求吗？

二、对象选择和收集情报

(一) 对象选择

价值工程分析对象选择的总的原则是：优先选择改进潜力大、效益高、容易实施的产品和零部件。选择价值工程对象的方法很多，下面介绍几种常用的方法。

1. 经验分析法

对象选择最简单、实用的方法是根据企业的经验，分析生产、经营和价值推行等方面的因素，对那些各方面或某几方面问题比较突出的对象予以优先选择。主要考虑因素见图 8-1。

- 价值工程对象选择
  - 市场角度
    - 对企业利润有重大影响的主导产品
    - 用户意见大、意见多的产品
    - 返修率高的产品
    - 已进入衰退期，销售量大幅下降的产品
  - 设计角度
    - 结构复杂的产品
    - 性能差、技术落后、急待更新换代的产品
    - 设计存在严重缺陷的产品
  - 生产角度
    - 产量大的产品
    - 价格高的产品
    - 工艺复杂或工艺落后的产品
    - 重量大、体积大、物耗高的产品
    - 次品、废品率高的产品
  - VE 实施角度
    - 情报资料易收集齐全的产品
    - 在技术、人才方面有优势的产品
    - 改进牵涉面不大的产品
    - 易于成功的产品

图 8-1　价值工程对象选择主要考虑的因素

图 8-1 所列出的因素主要是针对刚开始进行 VE 工作而言的。随着 VE 的进展和经验的积累，对象选择会由易到难，由简单到复杂，逐步深入。

对于复杂的产品，一开始由于精力、经验的限制，如果不能进行全面分析，可以重点选择一部分零部件先进性分析。不过要注意，这种选择应当在总体设计分析的指导下进行，以免在总体设计改动后零部件又将改动。

2. ABC 分类法

ABC 分类法又称巴雷特分析法，按各构配件制造费用占产品总制造费用的比重大小进行分类，把所有研究对象分成主次有别的 A、B、C 三类方法。

ABC 分类法是根据巴雷特对西方社会财富的分配规律研究而得来的。巴雷特是意大利经济学家，他在研究资本主义社会财富的占有状况时，发现这样一个规律：占人口比例不大的少数人，占有社会财富的大部分；而占人口比例很大的多数人，却占据社会财富的小部分。在产品成本分配方面，也有非常类似的规律。

大量分析表明，产品零部件成本分布是不均匀的，往往少数零部件的成本要占整个产品成本的一半以上。根据这一特点，可以把零部件分成 A、B、C 三类。一般说来，A 类零件数占总数的 5%～10%，成本占总成本的 70%～75%；B 类零件数占总数的 20%左右，成本占总成本的 20%左右；C 类零件数占总数的 70%～75%，成本占总成本的 5%～10%。

ABC 分析法可层层反复运用，比如可先用以找出 A 类部件，再从 A 类部件找出 A 类零件，进而找出 A 类零件中的 A 类费用。在产品品种多，或零件种类多的情况下使用主次因素图，更显得迅速、醒目、省事。

ABC 分析法的应用范围不限于产品分析，在物资管理、编制生产作业计划等方面运用

此法，同样能找出重点，便于分类控制。

3. 功能成本比较法

这种方法是先对产品所包含的功能进行粗略分析，再计算出所对应的成本。

将产品功能按大小顺序排列，再将功能成本按大小顺序排列，将对应的功能和成本用箭头连起来。不难判断：箭头朝上的功能其价值较低，应优先进行分析（图8-2）。

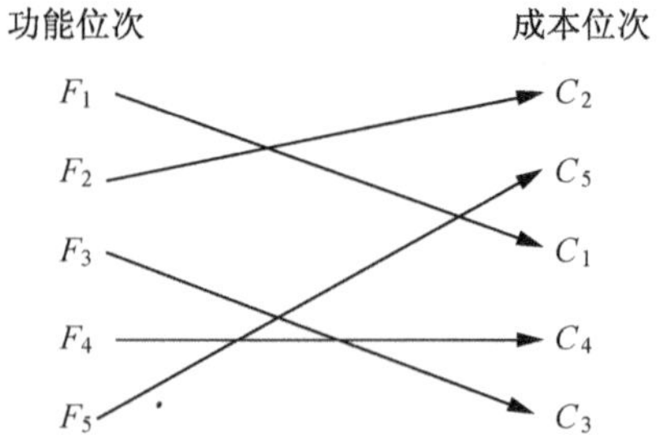

图 8-2 功能成本比较图

（二）情报收集

情报是指价值工程活动中所需要的有关技术和经济方面的信息和知识，它是进行价值工程活动的信息基础，贯穿价值工程活动的全过程。情报资料从范围上来说，有企业内外和国内外资料；从内容上分，有技术情报和经济情报。

1. 技术情报

(a) 设计新原理：新原理会导致一代全新产品的产生，对技术和经济都会产生重大影响。例如，将微电子技术运用于计时仪表，使钟表设计产生了重大变革。

(b) 新工艺、新设备：新工艺的出现可能导致加工方法的重要变化，对设计、设备也提出了新要求。例如，精锻、精铸工艺可使金属零件减少切削甚至免除切削加工，对铸、锻设备、模具要求也更高了。

(c) 新材料：新材料的应用对产品性能、成本有很大影响，同时要求工艺、设备做相应改变。例如，用塑料代替铁皮制造洗衣机内桶和外壳，可提高耐蚀性，减轻重量，生产效率大幅度提高，工艺、设备也完全不同了。

(d) 改善环境和劳动条件：减少粉尘、有害液（气）体外泄，减少噪声污染，减轻劳动强度，保障人身安全的技术越来越受到重视，这也对产品的设计、生产产生影响。

2. 经济情报

(a) 用户需求、消费倾向、市场需求量——产品设计和生产的前提。

(b) 用户对产品的意见反馈——产品改进的依据，是一种宝贵的信息资源。

(c) 同类产品和零部件的生产成本——明确差距、找准改进对象的重要信息。

(d) 竞争对手的经济分析资料、生产资料、质量统计等资料。

外部情报资料必须尽快收集，企业内部的资料也不可忽视，例如，产品设计、工艺文件、图纸、测试、试验报告要力求齐全，零部件和各工序成本要尽量准确、完备。

三、功能分析

功能分析是价值工程的核心。它是对价值工程研究对象系统地分析其功能，科学地评价其重要性，通过功能和成本匹配关系定量计算对象价值大小，确定改进对象的过程。功能分析一般分为功能定义、功能整理、功能评价三个步骤进行。功能分析通过对功能下定义、对功能进行整理、对功能进行评价这一系列活动，来达到用最少的成本去实现必要功能的目的。功能分析的全过程可以用图 8-3 所示的框图表示。

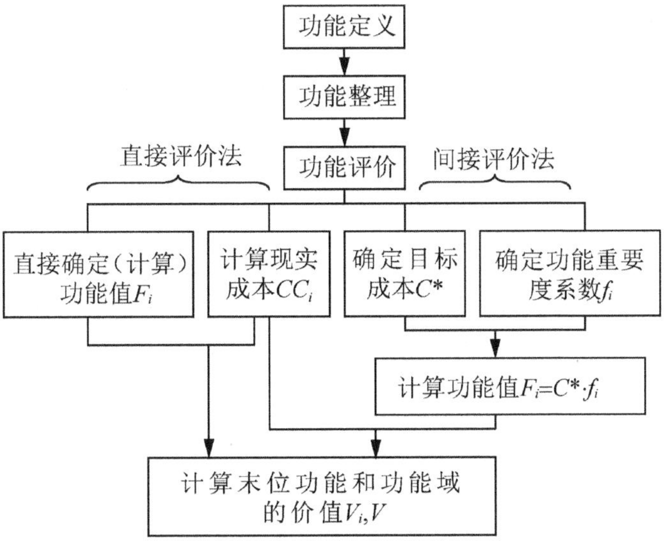

图 8-3 功能分析

(一) 功能定义

1. 功能定义的目的

功能定义,就是对价值工程的改进对象所具有的功能进行语句表达,限定功能的内容和水平。

功能定义是价值工程的特殊方法,它要达到以下目的:

第一,明确产品和零部件的功能。

第二,便于功能评价。评价是针对功能进行的,所定义的功能要方便定性和定量评价。

第三,有利于开阔思路。功能定义要摆脱现有结构的束缚,以利于改进。

因此,功能定义要确切,同时又要适当概括和抽象。

2. 功能定义的方法

功能定义要求用动词和名词把功能简捷地表达出来,主语是被定义的对象。例如:

给"点灯"的功能定义是"提供照明";

给"热水瓶"的功能定义是"保持温度";

给"手表"的功能定义是"显示时间";

给"电视机"的功能定义是"显示图像和发出声音"。

3. 功能定义的注意事项

第一,名词要尽量用可测量的词汇,以利定量化。例如,将电线功能定义为"传电"就不如"传递电流"好。

第二,动词要采用扩大思路的词汇。例如,一种在零件上做孔的工艺的功能,可以定义为"钻孔",人们自然联系到用钻床;如果定义为"打孔",人们会想到除了钻床以外,还可用冲床、电加工、激光等方法;如果定义为"做孔",人们不仅会想到以上方法,还会想到在零件上直接铸出或锻造出孔来。"钻""打""做"一字之差,但一个比一个抽象,同时也更确切,容易开阔思路。

第三，要站在物的立场上。例如将花瓶的功能定义为“插花”就不好。

第四，一个功能下一个定义。一个物品有几个功能就要下几个定义。

功能定义不仅针对产品整体，更重要的是对产品的各组成部分（如部件、组件、零件）下定义。

（二）功能整理

1．功能整理的逻辑体系

经过定义的功能可能很多，它们之间不是孤立的，而是有内在联系的，为了把这种内在联系表现出来就必须将其系统化。这种将各部分功能按一定逻辑排列起来，使之系统化的工作就叫功能整理。其结果是形成“功能图值”——功能系统图。它的一般模式如图 8-4 所示。

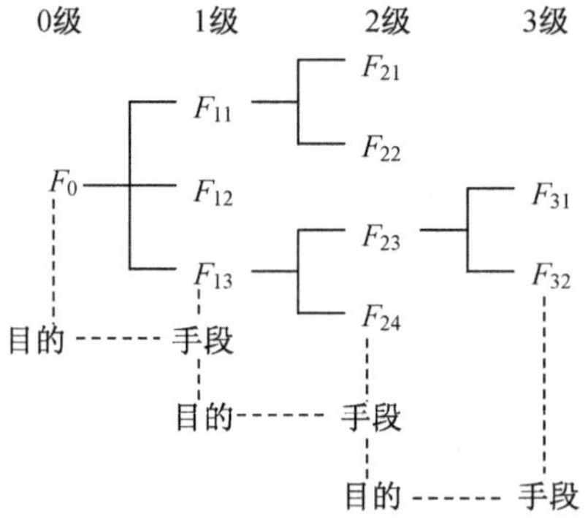

图 8-4　功能系统图的一般模式

功能系统图中有关术语可表述为：

“级”：每一分枝形成一级。

“功能欲”或“功能范围”：某功能和它的分枝全体。例如 F_{11} 和 $F_{21}F_{22}$ 是一个功能域；F_{23} 和 $F_{31}F_{32}$ 构成一个功能域；F_{13} 和 F_{23} 以及 $F_{31}F_{32}$ 也构成一个功能域。

“位”：同一功能域中的级别用位表示，高一级功能称为“上位”，低一级功能称为“下位”，同级功能称为“同位”。例如，F_{11} 是 $F_{21}F_{22}$ 的上位功能；$F_{21}F_{22}$ 是 F_{11} 的下位功能；F_{21} 和 F_{22} 之间则是同位关系。功能系统图中不再细分的功能称为“末位”功能，如 F_{21}、F_{31}、F_{24} 等。

功能整理采取的逻辑是：目的—手段。上位功能是目的，下位功能是手段。因此，上位功能也称为“目的功能”，下位功能便称为“手段功能”。

功能系统图表明了整个功能系统的内部联系，更进一步地阐明了分析对象的“功能是什么”的问题，它反映了设计意图和构思。功能系统图为功能评价和改进创新提供了基础，使功能评价得以按功能域逐级进行；也给改进创新提供了可供选择的全部功能域。

2．功能整理的方法

功能整理也是按“目的—手段”关系进行的。方法之一则是由目的寻找手段，将所有手段功能排列起来；方法之二是由手段寻找目的，从而把所有手段功能联系起来。

(1) 由目的寻找手段

由手段寻找目的的功能整理方法适用于不太复杂的现有产品。复杂产品有成千上万个零件，从零件功能开始进行功能整理实际上是不可能的。对设计中的产品，由于设计尚未定型，从零件功能开始整理也是不现实的。在这两种情况下，可以采取另一种整理方法："目的—手段"。

这种方法是从 0 级功能开始，逐级向下追问手段功能。例如，载重汽车的功能"运载货物"，从原理上看，运载货物至少应有两个手段：提供货箱、移动货箱，对于"提供货箱"这一功能可暂不细分。现在研究"移动货箱"的手段。要想"移动货箱"必须有行走机构（具体实物是车轮），还要有驱动机构（用动力机和传动机构实现），并且要把行走机构和驱动机构连成整体，如图 8-5 所示。再往下，重点是分析"驱动行走机构"这一功能。逐级往下，就可以大致勾画出载重汽车的功能系统图。

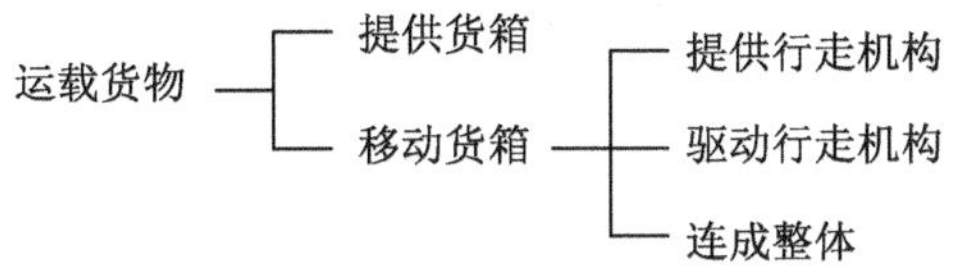

图 8-5　载重汽车的功能系统图

功能系统图的复杂程度和粗细程度可根据需要而定。在同一个系统中，细化程度也有差别，必要时可将某些功能单独抽出另画更细的图。

(2) 由手段寻找目的

零部件功能均属手段功能，不具有目的功能的性质。因此，只有定义得当，功能系统图上的末位功能必与零部件功能相对应。就是说，从零部件功能开始向目的功能追寻，就能建立全部系统图。

由于要定义的功能较多，为防止遗漏、重复和混乱，可以把所有功能一一制成卡片，一张卡片代表一种功能。将写有相同功能的卡片集中在一起，得到一组卡片，这就是一个末位功能（见图 8-6）。为便于下一步整理，可将各组卡片分别用口袋装好，并在口袋上注明功能。

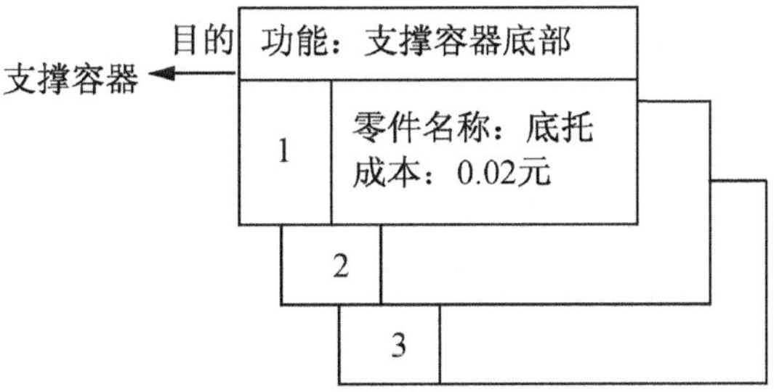

图 8-6　具有相同功能的卡片组

将各组卡片和未集中的单张卡片放在一起，逐一追寻各组和各单张卡片，将有相同目的功能的放在一起，组成一大组，这就是上一级功能，大组中的各小组和各单张卡片的功能则是同位功能，上下位功能构成了一个功能域（参见图 8-7）。

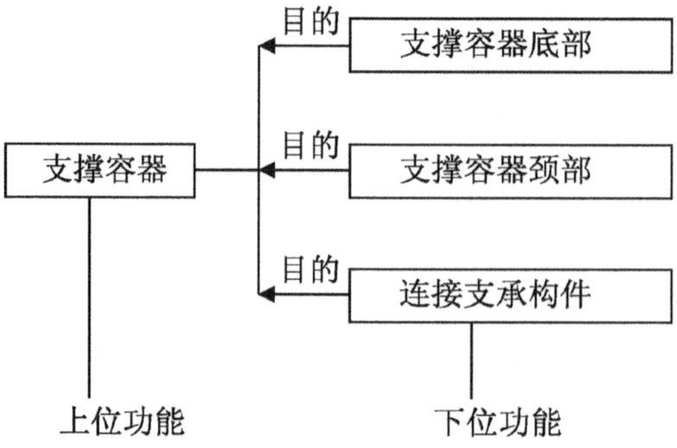

图 8-7　一个功能域的功能整理

仿照以上方法，逐级进行组合，直至追问到 0 级功能为止。每进行一次，就形成一个高一级的功能域，组合完毕，全部功能域也就形成了。从大到小逐一打开各个口袋，顺序排列，功能之间的关系就一目了然，用文字记录下来，就得到了完整的功能系统图。

功能系统图一般不是一次所能完美无缺地画好的，需要反复修改完善，有时还要调整零件的功能定义。

3. 功能系统图的检查

功能整理过程是对产品功能进一步理解的过程。如果说，功能定义要强调对单一功能本质的深入理解的话，那么功能整理则要强调对整个产品功能系统的深入理解。功能整理是功能定义的继续、深化和系统化。

功能系统图的表达方式具有多样性，但由于功能系统图是功能系统内在联系的反映，它又有严密性的一面。以下几点在画功能系统图时须予以注意：

第一，功能系统图中的功能要与产品的构件实体相对应。其含义是：系统图中的功能应能包括全部有用构件的功能；系统图中的功能要由构件实体来实现。

如图 8-8 的功能系统图，其中，“提把功能”未包括、“贮水功能”未包括；而“提供恒温”功能无构件实体来实现。

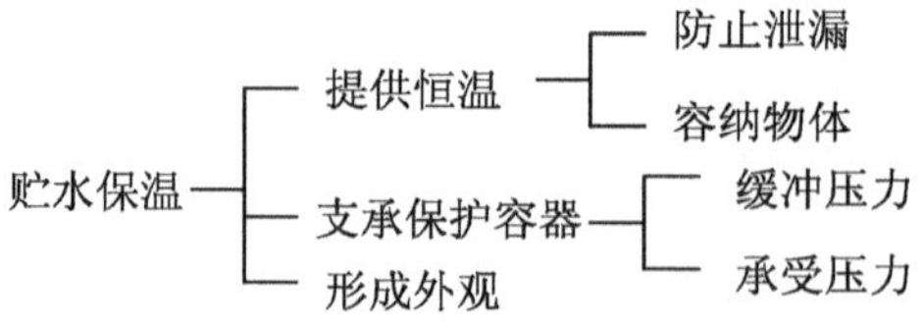

图 8-8　错误的功能系统图之一

第二，下位功能的全体应能保证上位功能的实现，具有等价性。图 8-8 中，仅有“缓冲压力”和“承受压力”不能保证“支撑、保护容器”功能的实现，其下位功能不完全。

第三，上下位功能要有“目的—手段”关系；同位功能之间不存在“目的—手段”关系，是互相独立的。例如，在图 8-8 中，“容纳物体”不是“提供恒温”的手段，它们不是上下位功能。在图 8-9 中，“防止泄漏”是“贮水”“保温”的手段，而不是并列的同位功能。

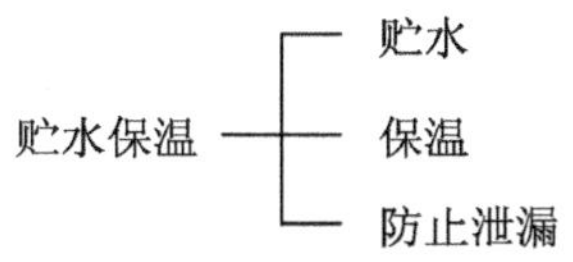

图 8-9　错误的功能系统图之二

(三) 功能评价

所谓功能评价，是要回答“价值 V 是多少”的问题。从价值公式 $V=F/C$ 中可知，要求 V，必须先求 F 和 C。成本 C 是用货币量表示的，功能 F 一般也须用货币量表示。

1. 功能值确定

确定功能值的原则为：用户愿花多少钱购买这一功能？用户总是要挑物美价廉的产品，力求用最少的钱买到同样的功能。因此，质量好、价格便宜、成本低就成了人们追求的目标，这一“最低消耗”或“最低成本”就可视为该产品的功能值。

确定功能值的方法有：直接评价法、间接评价法。

(1) 直接评价法

直接评价法是将功能分解，并找到可代替的手段及其成本。功能现实成本一般从功能系统图的末位功能开始，逐级向上计算。末位功能成本计算中最常见的有两个问题：一是一个功能由多个零件实现，对于这一问题，可将各零件成本相加解决。二是一个零件具有多个功能，此时必须根据该零件花费在各功能上的实际成本多少分摊。有时功能成本难以从统计数据中直接得到，可请有经验的人员估算。

(2) 间接评价法

间接评价法的步骤为：

第一，确定产品的目标成本 C^*，令其为总功能值 F；

第二，确定各分功能 F_i 的重要度，定出重要度系数 f_i($\sum f_i=1$)；

第三，按重要度分摊目标成本，得出各分功能值：$F_i=C^* \cdot f_i$。

因此，要求出 F_i，就要解决两个问题：一是产品整体的目标成本，二是功能重要度系数。

a. 目标成本的确定

目标成本既要有先进性，即必须经过努力才能达到；又要有可行性，即有实现的可能。同行业先进水平对多数企业来说既有先进性，又有可行性，可作为目标。数据的取得可采用调查法。

对于已处于先进水平的企业，可根据企业经营目标，例如打入国际市场的要求，对比国外先进水平，确定一个先进、可行的目标。另外，根据统计，价值工程活动普遍可降低成本 5%～30%，这一统计亦可作为制定目标成本的参考。

b. 功能重要度系数的确定

功能值在各个功能之间如何分配是件困难的事情，至今还没有特别有效的方法。

价值工程就是要寻找功能和成本的匹配。因此，按各分功能重要程度分配功能值，尽管有时会与实际有较大出入，但仍不失为一种可行的办法。功能重要度的确定主要靠经验判断。为了减少经验估计的偏差，一方面参加评价的人应该富有经验，另一方面参加的人数不宜过少，结果可取平均值。

确定功能重要度的方法不少，这里介绍一下 0～1 评分法。这种方法是将功能一一对比，重要的得 1 分，不重要的得 0 分。为避免最不重要的功能得 0 分，可将各功能累积得分加 1 分进行修正，用总分分别去除各功能累计得分即得到重要度系数 f_i。

c. 逐级确定功能重要度系数

需要指出，为便于对功能重要度进行比较，重要度系数宜在同一功能域中的同位功能之间分配。因此，重要度系数确定要逐级地、逐个功能域进行。

其步骤是：首先进行 1 级功能重要度系数分配，再进行 2 级功能重要度系数分配。然后用其上位功能重要度系数乘以相应的 2 级功能重要度系数，得各分功能重要度系数，依此类推，得到各末位功能重要度系数。

2. 价值计算

有了功能值和其对应的现实成本就可以计算价值(或称价值系数)。

$$V_i = F_i / C_i \tag{8-2}$$

功能价值的计算结果有 3 种情况：$V<1$，表明功能评价值比目前成本小($F<C$)，表示成本有降低的余地，其幅度为 $C-F$；$V=1$，表示目前成本与功能评价值相等，即 $F=C$；$V>1$，表示功能评价值高于目前成本，即 $F>C$，没有再变动的必要，保持原有成本。

第三节　方案的创造与实施

一、方案创造

为了提高产品的功能和降低成本，需要寻求最佳的代替方案。寻求或构思这种最佳方案的过程就是方案的创造过程。创造也可以理解为“组织人们通过对过去经验和知识的分析与综合以实现新的功能”。价值工程活动能否取得成功，关键是功能分析评价之后能否构思出可行的方案。这是一个创造、突破、精制的过程，常采用头脑风暴法、模糊目标法、专家函询法。

(一) 头脑风暴法

头脑风暴法是以小组开会方式进行。具体做法是事先通知议题，要求应邀参加会议的各方面专业人员在会上自由奔放地思考，提出不同的方案，多多益善，但不评价别人的方案，并且希望与会者在别人建议方案的基础上进行改进，提出新的方案来。

(二) 模糊目标法

这种方法是美国人哥顿在 20 世纪 60 年代提出来的，所以也称哥顿法。其特点是与会人员会前不知道议题，在开会讨论时也只是抽象地讨论，不接触具体的实质性问题，以免束缚与会人员的思想。待讨论到一定程度以后才把要研究的对象提出来，以做进一步研究。

(三) 专家函询法

专家函询法(又称德尔菲法)不采用开会的形式，而是由主管人员或部门把已构思的方案以信函的方式分发给有关的专业人员，征询他们的意见，然后将意见汇总，统计整理之后再分发下去，希望再次补充修改，如此反复若干次，把原来比较分散的意见集中成统一的集体结论，作为新的代替方案。

方案创造的方法很多，总的精神是要充分发挥各有关人员的智慧，集思广益，从而为评价方案创造条件。

二、方案评价

方案评价是在方案创造的基础上对新构思方案的技术、经济和社会效果等几方面进行评估，以便于选择最佳方案。按其做法分为概略评价和详细评价。

（一）概略评价

概略评价是对已创造出来的方案从技术、经济和社会 3 个方面进行初步研究。其目的是从众多的方案中进行粗略的筛选，减少详细评价的工作量，使精力集中于优秀方案的评价。

由于方案的概略评价只是粗略地筛选，因而一般只进行定性分析即可。进行方案的概略评价通常采用评价表方式。即将所有方案按任意顺序编号，列入表中；然后对每一方案根据现有资料分别从技术、经济和社会效果等方面逐一进行分析。如果方案可行，则用“O”表示；如果方案不可行，则用“×”表示；如果目前尚不能确定是否可行，则用“△”表示。

（二）详细评价

方案的详细评价，就是对概略评价所得的比较抽象的方案进行调查并收集信息资料，使在材料、结构、功能等方面进一步具体化，需要对方案从技术、经济、社会效果等方面进行深入细致的分析，然后对它们做最后的审查和评价，从而最终确定出价值最高的方案。

在详细评价阶段，对产品的成本究竟是多少，能否可靠地实现必要的功能，都必须得到准确的解答，总之，要证明方案在技术和经济方面是可行的，而且价值必须得到真正的提高。

详细评价又可分为技术评价、经济评价和社会评价 3 个方面，以及将以上 3 个方面结合起来的综合评价。

技术、经济、社会以及综合评价，均可参照前述有关章节的评价方法进行。

1. 差异评价法

这是以原方案的技术经济指标为基础，只评价改进方案与原方案的变动部分或改进方案之间的差异部分，不评价其相同部分的一种评价方法。这一方法的应用目的，是简化评价工作，减少评价工作量，提高评价工作效率。

2. 优缺点列举法

把每一个方案在技术上、经济上的优缺点详细列出，进行综合分析，并对优缺点做进一步调查，用淘汰法逐步缩小考虑范围，从范围不断缩小的过程中找出最后的结论。

3. 加法评分法

加法评分法是将评价项目按实现程度分为若干等级，并确定各等级的评分标准，按标准逐一对各方案的各项目打分，从而以得分最高者为最优方案。

4. 连乘评分法

这种方法是先对各评价项目按照一定的评分标准评分后，再以各评价项目的评分值的连乘积为方案总分，从而确定最优方案。

5. 加权打分法

这种方法是将功能、成本等各种因素，按照要求的不同进行加权计算，权数应根据因素在产品中所处的地位而定，算出综合分数，最后与各方案寿命周期成本综合分析，选择最优方案。

6. 理想系数法

（1）计算方案的技术价值系数。这种方法先对每种方案在各项功能指标上进行评分，计算功能满足系数 X。

（2）从经济价值对方案进行分析。计算成本满意系数 Y。

（3）最后对方案进行综合评价，即根据方案的功能满足系数 X 和成本满意系数 Y 计算方案的理想系数 K。

理想系数 K 是综合衡量方案在功能和成本两方面距离理想状况的程度。当 $K=1$ 时，方案完全理想；当 $K=0$ 时，方案完全不理想；一般 $0<K<1$ 时，在众多方案中选择 K 值最高的方案为最优方案。

三、方案的试验研究和提案审批

通过对方案的评价，就可以选择出能够提高价值的新方案，在新的方案中如果对某些环节或因素无把握达到预期要求时，还必须进一步进行必要的试验，以验证其是否可行。

试验通过后，即可着手制订正式的实施方案，提交有关部门审批，获准后便可付诸实施，按计划做出具体安排。在实施过程中，从事价值工程工作的人员应深入实际，随时了解执行情况，并协助解决实施中出现的问题。

四、价值工程活动成果的评价

开展价值工程活动的目的，在于提高产品价值，取得较好的经济效益。通过功能分析、方案创造和实施等一系列活动，实际取得的技术经济效果如何，必须认真进行总结和评价。

价值工程活动成果评价，就是将改进方案的各项技术经济指标与原设计进行比较，以考察方案所取得的综合效益。

价值工程活动评价工作是在保证质量、性能，即在保证产品功能的前提下，计算如下几个指标：

成本节约率＝[（原来成本－改进后成本）/原来成本]×100％；

全年节约额＝（原来成本－改进后成本）×全年产量－活动经费；

投资效率＝（全年节约额/价值工程年活动费用）×100％；

达到目标比率＝（改进后成本/节约目标额）×100％。

五、案例研究

GoFun 出行是首汽集团推出的新能源分时租赁业务，它是共享行业新兴的一种租车模式，即车辆停放在规定的停车位，无人值守，消费者用车全程使用手机 APP 操作，随取随用。同时，消费者可以按个人用车需求预订车辆。GoFun 出行为用户提供便捷、绿色、快速、经济、时尚的城市交通出行解决方案。GoFun 出行已相继完成全国 80 余个城市的布局，其中在北京、武汉、成都等一、二线城市受到消费者青睐，在西安、青岛、昆明、桂林、三亚等重点旅游城市也进行了车辆投放。2015 年，共享汽车出现的时候，GoFun 出行运营车辆仅有 200 辆，主要分布在北京和青岛。截至 2019 年 6 月份，GoFun 出行全国运营车辆已经达到 3 万辆。以下以论文《价值工程在共享汽车绿色出行中的应用研究》中关于 GoFun 出行共享汽车的成本分析、价值评价、方案创造和方案评价作为实际案例进行讲解。

GoFun 出行重大事件节点见表 8-3。

表 8-3　GoFun 出行重大事件节点

年份	重大事迹
2016	正式上线，落户北京
2017	与奇瑞新能源公司签署采购合作协议，采购 1 万台纯电动小蚂蚁车，4 月在宁波上线
2018	10 月，运营车辆突破 3 万辆，覆盖 64 个城市，停车网点达到 6500～7500 个，用户数增至 8 万人。同年发布的新品牌增加“超停”功能，同时增加“用车即挖矿”功能，成为业内首个将共享汽车与区块链结合的平台，受到消费者喜爱
2019	5 月，GoFun 出行无人驾驶车辆开始进入真实场景、整车量产、小规模试运营阶段，首期在成都投放 1000 辆汽车

注：数据来源于 2018 年 GoFun 出行半年报以及新闻资料。

（一）共享汽车成本分析

GoFun 出行所有的车辆全来自于租赁，其 5 年租赁成本为 12500 元/辆，能源成本等见表 8-4。

表 8-4　GoFun 出行共享汽车成本表　　单位：元/辆

汽车成本分类	金额
租赁成本	12 500
能源成本	3 600
保险成本等	2 000
维护成本	700
其他成本	2 100
合计	20 900

由表 8-4 可以看到每辆车的租赁成本为 12 500 元；能源成本为 3600 元；保险成本为 2 000元；维护成本为 700 元，其他成本主要包括调度费用、路桥费等，为 2 100 元。计算得到 GoFun 出行共享汽车的生命周期成本为 372 915 元，平均成本为 74 583 元，见表 8-5。

表 8-5　GoFun 出行共享汽车成本分配表

功能	功能成本（元/辆）	成本系数
产生位移	29 833.2	0.40
灵活取用	22 374.9	0.30

续表

功能	功能成本(元/辆)	成本系数
便捷开锁	8 949.96	0.12
提供舒适	13 424.94	0.18
合计	74 583	1.00

(二) 共享汽车价值评价

通过功能系数和成本系数的比值,求出 GoFun 出行共享汽车的价值系数,对价值系数小于 1 的情况重点改进,价值系数大于 1 的情况分析其过剩功能,以及其是否还有改进余地。见表 8-6。

表 8-6 GoFun 出行共享汽车价值系数表

功能名称	功能系数	成本系数	价值系数
产生位移	0.37	0.40	0.92
灵活取用	0.21	0.30	0.70
便捷开锁	0.16	0.12	1.60
提供舒适	0.26	0.18	1.30

从表 8-6 可见,GoFun 出行共享汽车产生位移的价值系数为 0.92,小于 1,存在功能不足的问题。调研发现,在北京,GoFun 出行共享汽车大部分投放在通州区等市外区域,市中心等投放较少,这也与北京市对于共享汽车的管控比较严格有关系,但与此相对的是大部分对共享汽车有需求的是市内的用户。据问卷调查显示,54%的用户对共享汽车的用途为上班通勤,仅有 9%的用户将共享汽车作为旅行去机场的一种辅助工具,因此,共享汽车的主要市场还是在市内地区。另外,GoFun 出行共享汽车在北京市投放的车辆数额较少,大概为 350 辆,不能满足用户的需求,这也与北京市市内严重的交通拥挤情况有关系。

灵活取用的价值系数为 0.70,反映 GoFun 出行存在功能不足和成本过高的问题。首先,功能不足。GoFun 出行共享汽车在北京市投放的车辆较少,但是北京市人口众多,需求量大,投放的车辆不能满足用户需求,另外,投放的区域过于集中,没有在北京市内形成一定的规模。其次,调度成本过高。目前 GoFun 出行共享汽车采用的是人工调度的方法,即早晨将车停在目标区域,当车辆没电的时候,采用人工的方法将其运回充电。调研发现,用户对于共享汽车的使用期待值是比较低的,电动汽车显示剩余的电量低于 30%的时候,已经没有用户愿意使用这辆车,即使这辆车可以满足短途的目标出行,这也一定程度上增加了调度成本。

便捷开锁的价值系数为 1.60,表明以较低的成本实现了功能。调研发现,GoFun 公司的开锁技术由其自行研发而成,汽车锁从 1.0 版本升级到 5.0 版本,功能改善很多,由于具备研发经验,因此,汽车锁的成本并不高。

提供舒适的价值系数为 1.30,表明存在着功能过剩的情况。GoFun 出行共享汽车在 2015 年进入共享汽车行业以来,选择的共享车辆为中低端的新能源汽车,主要车型就是奇瑞 eQ、奇瑞小蚂蚁等车型。在车的内饰方面,奇瑞 eQ 是以私家车的标准来设计的,譬如其在脚垫、坐垫等方面的造价偏高。

(三) 共享汽车方案创造

通过以上分析，成本与功能不匹配是问题出现的主要原因，主要包括两点：一是成本过高；二是功能过剩。为此，提出如下解决方案。

1. 提高“提供舒适”功能

(1) 内饰上增加手机支架，降低其他内饰成本

根据调研情况，GoFun 公司目前在部分车辆上增加了手机支架，根据公司对于车辆使用情况的调查发现，增加了手机支架的车辆比没有增加手机支架的车辆的使用率高 20%，因此增加手机支架这一内饰，可以提高共享汽车的使用率，而汽车手机支架的市场价格为 3～70 元不等，因此增加手机支架的这部分的成本相对于汽车的成本几乎可以忽略不计，但却可以提高其功能。另外，GoFun 共享汽车的脚垫和座椅等采用的是市场上私家车的标准，这部分的成本可以降低一些，调研发现车的内饰成本几乎为车辆成本的 20%，已经接近私家车的标准，对于共享汽车而言，真皮座椅等完全没有必要，反而会增加修理和清洁成本，因此，在内饰上的成本可以降低，可以采购价格低廉的内饰来代替，也可以根据运营情况来对于共享汽车的内饰进行订购，这样可以通过提高“提供舒适”的功能，同时降低部分内饰的成本，最终提高价值系数。

(2) 内饰上增加车内隐形监督设施

通过对 GoFun 公司的调研以及对共享汽车的观察发现，对于共享汽车的使用，用户普遍不够爱惜和保护车辆，在车内吃东西、乱扔垃圾等现象很普遍，甚至破坏车内设施，例如将车内部分设施拆下带走。因此，可以在车内安装隐形监控器，对于违反使用规则、恶意破坏车辆的乘客进行记录，并按照相关法律要求其赔偿。根据调研，如果车内设施完善，可以至少节约 10%的维修成本，通过提高功能、降低成本来实现价值系数的提升。

2. 提高“灵活取用”功能

(1) 租赁点的选址布局

据百度调查显示，当用户使用车辆时，车距离用户为 100 m 左右时，50%的用户会选择步行去寻找目标车辆，但是当距离在 100～200 m 时，选择的用户数量会下降 50%。当距离超过 200 m 的时候，选择共享汽车的人可能在 5%左右，因此恰当地选择车辆停放的位置，可以增加用户使用共享汽车的可能性，因此正确的选择共享汽车的租赁点很重要。共享汽车的选址地点可以根据汽车的充电桩以及各个商场的位置来进行布局，目前 GoFun 共享汽车的停车位置主要集中在居民区，因此 GoFun 公司可以利用自己已有用户的行车轨迹的数据，在相应的商场、机场以及车站投放车辆，同时根据已有充电桩的位置以及结合用户的行车轨迹来进行布局。根据问卷调查发现，55.2%的用户利用共享汽车出行是为了短途通勤，而仅有 8.8%的用户将其作为远途辅助的工具，由此可见，在进行共享汽车投放选址的时候，主要还是以居民的通勤路线为主进行投放布局，其次关注相关景点，抓住用户群体。

(2) 完善共享汽车 APP

通过对使用共享汽车 APP 的满意度进行调查(见图 8-10)，用户对于共享汽车 APP 评分总体达到 3 分以上(1 分为不满意，5 分为非常满意)。但是，在方便寻找目标车辆、内存大小、推送频率这三方面满意度较低。目前，GoFun 出行 APP 可以根据用户所在位置查看周

围的共享汽车，但总体显示比较混乱。同时在使用 GoFun 出行 APP 时发现，其软件大小为 50MB。相对于简单的功能来说，软件内存相对过大，另外其对于用户的推送频率非常低，导致用户对于 GoFun 出行的忽视。因此，公司可以进行 APP 的改进，使其目标车辆的显示更加清晰，最好可以显示其所在区域以及共享汽车的数量和剩余电量，防止用户到达目的地之后发现其车辆没有电，无法使用，其次公司可以压缩软件内存，提高对用户进行内容推送的频率，最后，要合法的保护用户的权限，对于一些不必要的权限，提醒用户关闭。

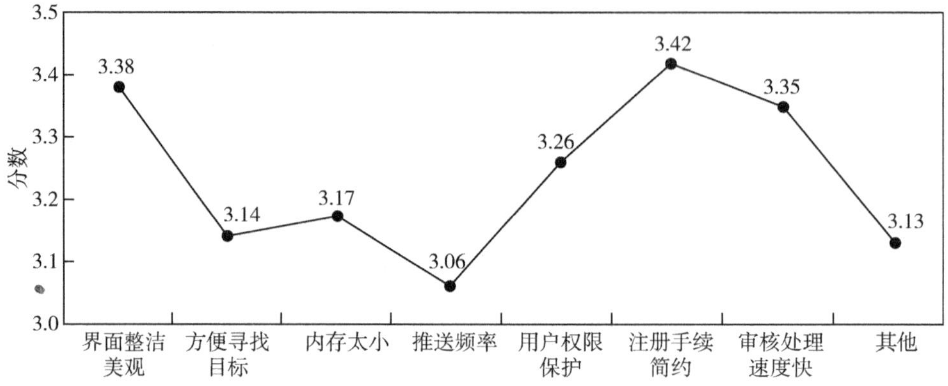

图 8-10　共享汽车 APP 满意度调查

(3) 增加投放数量

调研显示，72.8%的用户认为共享汽车使用率不高的原因是投放数量不足(见图8-11)，不能满足用户需求。北京市 2019 年年末常住人口为 2 153.6 万，假设一家有四口人，那么一共是 538.4 万户，而 2019 年北京市私人汽车数量为 497.4 万辆，即至少有 41 万户人口没有属于自己的汽车，可见对于共享汽车的需求量很大。但是 GoFun 目前在北京市投放的汽车数量为 350 辆，远低于其需求量，鉴于北京市对于共享汽车的管控严格，这一措施的实施难度较大。

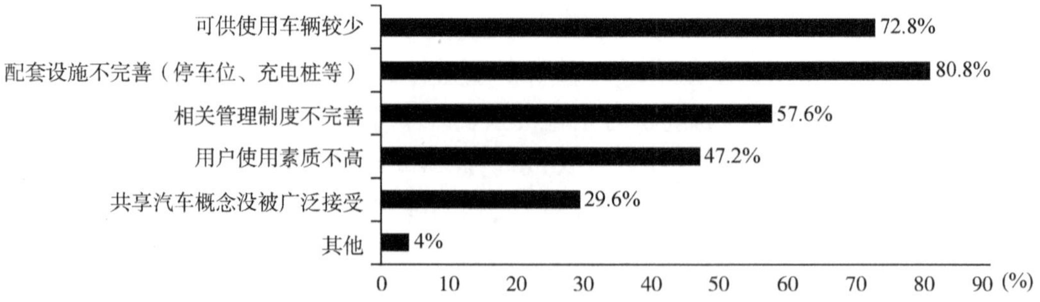

图 8-11　共享汽车存在问题

(4) 完善相关配套设施

调研显示，80.8%的用户认为共享汽车发展的制约因素是配套设施不完善(见图8-11)。由于共享汽车大部分采用的是新能源汽车，尤其是电动汽车，目前城市对于电动汽车的充电桩建设依然有所欠缺。据中商情报网 2019 年的研究报告显示，北京市拥有充电桩数量位居全国第三，共拥有充电桩数量59060个，2018年初，北京市累积推广的纯电动汽车为12.9万辆，主要集中在商业圈、写字楼、加油站等，由此可见充电桩的数量远远不够，未来充电桩的建设要依赖于企业、政府以及社会各界。

3. 降低其他相应成本

（1）合理处理报废车辆

GoFun公司目前对于达到报废标准的共享汽车采取直接报废的方式进行处理，由于市场上没有完备的新能源汽车二手车市场，这样一定程度上造成了车辆淘汰成本过高。鉴于GoFun出行的车辆是从北汽租入，因此，GoFun公司可以与厂家建立长期合作关系，长期租入车辆，对于达到报废标准的车辆，公司退回厂家，厂家内部消化这些报废车辆。这样，对于报废的车辆达到了循环使用的目的，对于公司自身而言，也会增加报废收入。

（2）建立征信制度

当今世界，信用在社会经济中的作用越来越重要，我国的征信制度自2005年由中国银行牵头建立，2009年国务院公布《征信管理条例》以来，我国的征信制度取得了长足发展，但是目前还是不够完善，所以对于GoFun公司来说，一方面，GoFun公司已经采取获取用户芝麻信用的权限，但是这些对于管理还不够，GoFun可以在日常的运营中对用户的行为进行记录，对于素质比较低的用户，多次违反使用规则的用户，可以将其加入黑名单，禁止其使用公司产品，这样可以一定程度上降低公司的运营成本，从而提高价值系数。

4. 实现特殊定制

（1）停车位特殊定制

GoFun提供的共享汽车的车型，相对于私家车的车型，要小很多，但是目前的城市停车位依旧是按照传统私家车的大小来设置，这对于共享汽车来说，是一种资源浪费。如果可以定制专门的共享汽车停车位，传统车位就可以停放3辆共享汽车，可以节约1/3停车位的成本。

（2）车辆的特殊定制

目前，GoFun公司的车辆主要来源于租赁，即GoFun公司租赁的车辆取决于厂家提供的车辆。因此，GoFun公司可以对自己的用户群体，利用大数据进行画像，与厂家建立合作机制，根据不同群体的用户需求进行车辆的特殊定制。据GoFun出行调研显示，用户的年龄集中在20～40岁之间，男性占比83%，女性占比17%。在成都等城市，女性比例较高。因此，公司完全可以针对不同城市、不同用户群体提供不同的车辆类型。

5. 利用新技术

无人驾驶一直是最近几年的热点，对于无人驾驶技术，目前发展还不够成熟，但是目前“激光雷达＋定位组合＋高精度地图”的基础架构已成为共识。这使得无人驾驶技术发展速度加快，无人驾驶技术的成本目前较高，尤其是“感知”部分的硬件成本超过一半，GoFun公司在短时间内无法运用此技术，但是在不久的将来，无人驾驶技术的使用可以给GoFun公司带来更大的用户群体，用户可以提前预订车辆，车辆自身利用无人驾驶技术到达用户所在地，同时在使用完之后，车辆可以实现智能停车。目前，无人驾驶出租车技术在美国加州已经投入使用，2019年第一季度实现每日接单199单，取得了比较成功的运用。

（四）共享汽车方案评价

1. 价值系数变化

利用无人驾驶技术可以使得共享汽车“灵活取用”的功能提高50%，使得停车位的成本节约1/3。同时，停车位定制功能也会大幅度增加用户群体。根据调查，停车位紧张、无法找到停车位置，是大部分用户不愿意选择共享汽车的原因。如果GoFun公司可以实现停车位的定制，至少会增加57%的用户。与厂商建立报废车辆处理制度，可以增加报废收入30%。另外，完善车内设施可以节约10%的维修费用，笔者利用生命周期成本模型重新计算了成本，其生命周期总成本为209752.36元，改进后的成本分配表见表8-7。

表8-7　GoFun方案改进后成本分配表　　单位：元/辆

功能	功能成本	成本系数
产生位移	73413.33	0.35
灵活取用	83900.94	0.40
便捷开锁	29365.33	0.14
提供舒适	23072.76	0.11
合计	209752.36	1.00

同时，重新邀请VE专家小组评定，功能系数以及价值系数如表8-8所示。

表8-8　改进前后功能系数、成本系数、价值系数比较

功能名称	产生位移	灵活取用	便捷开锁	提供舒适
功能系数—改进前	0.37	0.21	0.16	0.26
功能系数—改进后	0.40	0.32	0.16	0.12
成本系数—改进前	0.40	0.30	0.12	0.18
成本系数—改进后	0.35	0.40	0.14	0.11
价值系数—改进前	0.93	0.70	1.33	1.44
价值系数—改进后	1.14	0.80	1.14	1.09

由表8-7所示，经改进后，灵活取用的价值系数增加了0.1，但是依旧没有达到1.0，究其原因，主要有以下几点：(1) 车辆数量无法达到用户的需求量，北京市对于汽车牌照管控严格，目前公司在北京的运营车辆数量基本保持不变，营销强度太大，尽管用户会出现短期的增加，但是车辆资源是有限的，一旦用户发现自己无车可用，反而会对于共享汽车产生不信任。(2) 新技术的运用虽然可以增加用户数量，但是由于技术没有大规模的运用，发展不成熟，因此反而使得成本大幅度增加。

2. 效益评价

(1) 经济效益

进行方案创新之后，共享汽车全生命周期成本从以前的372 915元降至209 752.36元，节约成本43.75%。同时，经济效益不仅体现为成本的降低，也体现为企业收益的增加。在实现了停车位的定制之后，可以增加57%的用户，同时增加投放车辆可以增加企业的用户群体。以重庆盼达共享汽车为例，其在重庆投放6 000辆车，注册用户达到350万人。而据国家卫生健康委统计，2019年北京市常住人口2 153.6万人，而重庆市2019年常住人口3 562.31万人，北京市人口与重庆市人口相差39%，但是其投放的共享汽车数量却相差太多。GoFun是北京共享汽车投放数量较多的公司，也仅仅在北京投放了350辆，未来增加的空间很大。

(2) 社会效益

方案改进后的社会效益首先体现为企业能够更好地为用户服务，在经过改进之后，共享汽车的用户群体增加，从而使得企业能够获得更多的用户数据以及用户意见，可以更好地改善其产品，以用户为中心；其次，社会效益体现为共享汽车内部建立的征信制度，既可以服务于公司自身，公司自身淘汰一部分素质低下的用户，又可以有效地为社会征信制度的建设提供一定的素材，从而使得诚信社会的体系建设更加完善；最后，无人驾驶技术的使用、相关配套设施的完善不仅有利于发展共享汽车产业，更有助于推动新能源汽车的发展与使用，能更大程度的节约社会资源。

思考题

1. 什么是价值工程?
2. 功能分析的含义及其主要内容是什么?
3. 功能评价的方法有哪些?
4. 价值工程中对功能是如何分类的?
5. 功能定义要注意哪些问题?
6. 功能整理方法有哪些?

附录一

财务报表

一、基本报表

基本报表 1.1　现金流量表(全投资)

单位:万元

序号	项目	建设期		投产期		达到设计能力生产期				合计
		1	2	3	4	5	6	…	n	
	生产负荷(%)									
1	现金流入									
1.1	产品销售(营业)收入									
1.2	回收固定资产余值									
1.3	回收流动资金									
2	现金流出									
2.1	固定资产投资(含投资方向调节税)									
2.2	流动资金									
2.3	经营成本									
2.4	销售税金及附加									
2.5	所得税									
3	净现金流量(1-2)									
4	累计净现金流量									
5	所得税前净现金流量(3+2.5)									
6	所得税前累计净现金流量									
		所得税后				所得税前				
计算指标:1. 财务内部收益率 2. 财务净现值(i_c=　%) 3. 投资回收期										

注:1. 根据需要可在现金流入和现金流出栏里增减项目。
　2. 生产期发生的更新投资作为现金流出可单独列项或列入固定资产投资项目中。

基本报表 1.2　现金流量表（自有资金）

单位：万元

序号	项目	建设期		投产期		达到设计能力生产期				合计
		1	2	3	4	5	6	…	n	
	生产负荷（%）									
1	现金流入									
1.1	产品销售（营业）收入									
1.2	回收固定资产余值									
1.3	回收流动资金									
2	现金流出									
2.1	自有资金									
2.2	借款本金偿还									
2.3	借款利息偿还									
2.4	经营成本									
2.5	销售税金及附加									
2.6	所得税									
3	净现金流量（1-2）									
计算指标：1. 财务内部收益率 2. 财务净现值（i_c=　%）										

注：1. 根据需要可在现金流入和现金流出栏里增减项目。
2. 产期发生的更新投资作为现金流出可单独列项或列入固定资产投资项目中。
3. 自有资金是指项目投资者的出资额。

基本报表 2　利润与利润分配表（损益表）

单位：万元

序号	项目	建设期		投产期		达到设计能力生产期				合计
		1	2	3	4	5	6	…	n	
	生产负荷（%）									
1	产品销售（营业）收入									
2	销售税金及附加									
3	总成本费用									
4	利润总额（1-2-3）									
5	所得税									
6	税后利润（4-5）									
7	可供分配利润									
7.1	盈余公积金									
7.2	应付利润									
7.3	未分配利润									
8	累计未分配利润									

注：利润总额应根据国家规定先调整为应纳税所得额（弥补上年度亏损等），再计算所得税。

基本报表 3　资金来源与运用表

单位:万元

序号	项目	建设期		投产期		达到设计能力生产期				合计
		1	2	3	4	5	6	…	n	
	生产负荷(%)									
1	资金来源									
1.1	利润总额									
1.2	折旧费									
1.3	摊销费									
1.4	长期借款									
1.5	流动资金借款									
1.6	其他短期借款									
1.7	自有资金									
1.8	其他									
1.9	回收固定资产余值									
1.10	回收流动资金									
2	资金运用									
2.1	固定资产投资(含投资方向调节税)									
2.2	建设期利息									
2.3	流动资金									
2.4	所得税									
2.5	应付利润									
2.6	长期借款本金偿还									
2.7	流动资金本金偿还									
2.8	其他短期借款本金偿还									
3	盈余资金(1-2)									
4	累计盈余资金									

基本报表 4　资产负债表

单位:万元

序号	项目	建设期		投产期		达到设计能力生产期			
		1	2	3	4	5	6	…	n
1	资产								
1.1	流动资产总额								

续表

序号	项目	建设期		投产期		达到设计能力生产期			
		1	2	3	4	5	6	…	n
1.1.1	应收账款								
1.1.2	存货								
1.1.3	现金								
1.1.4	累计盈余资金								
1.2	在建工程								
1.3	固定资产净值								
1.4	无形及递延资产净值								
2	负债及所有者权益								
2.1	流动负债总额								
2.1.1	应付账款								
2.1.2	流动资金借款								
2.1.3	其他短期借款								
2.2	长期借款								
	负债合计								
2.3	所有者权益								
2.3.1	资本金								
2.3.2	资本公积金								
2.3.3	累计盈余公积金								
2.3.4	累计未分配利润								
计算指标:1. 资产负债率(%) 2. 流动比率(%) 3. 速动比率(%)									

基本报表5　财务外汇平衡表

单位:万美元

序号	项目	建设期		投产期		达到设计能力生产期				合计
		1	2	3	4	5	6	…	n	
	生产负荷(%)									
1	外汇来源									
1.1	产品销售外汇收入									
1.2	外汇借款									
1.3	其他外汇收入									

续表

序号	项目	建设期		投产期		达到设计能力生产期				合计
		1	2	3	4	5	6	…	n	
2	外汇运用									
2.1	固定资产投资中外汇支出									
2.2	进口原材料									
2.3	进口零部件									
2.4	技术转让费									
2.5	偿还外汇借款利息									
2.6	其他外汇支出									
3	外汇余缺(1-2)									

注:1. 其他外汇包括自筹外汇等。
2. 技术转让费是指生产期支付的技术转让费。

二、辅助报表

辅助报表1.1　投资估算表(固定资产)

单位:万元(人民币)、万美元(外币)

序号	工程和费用名称	估算价值						占固定资产投资的比例(%)	备注
		建筑工程	设备购置	安装工程	其他费用	合计	其中外币		
1	固定资产投资								
1.1	工程费用								
	⋮								
1.2	其他费用								
	⋮								
1.3	预备费用								
1.3.1	基本预备费								
1.3.2	涨价预备费								
2	固定资产投资方向调节税								
3	建设期利息								
	合计(1+2+3)								

注:工程或费用名称可根据部门要求分项列出。

辅助报表 1.2 投资估算表(流动资金)

单位:万元

序号	项目	最低周转天数	周转次数	投产期		达到设计能力生产期				合计
				3	4	5	6	…	n	
1	流动资产									
1.1	应收账款									
1.2	存货									
1.2.1	原材料									
1.2.2	燃料									
1.2.3	在产品									
1.2.4	产成品									
1.2.5	其他									
1.3	现金									
2	流动负债									
2.1	应付账款									
3	流动资金(1-2)									
4	流动资金本年增加额									

注:原材料、燃料栏目应分别列出具体名称,分别计算。

辅助报表 2 投资计划与资金筹措表

单位:万元(人民币)、万美元(外币)

序号	项目	建设期								投产期								合计
		1				2				3				4				
		外币	折人民币	人民币	小计	外币	折人民币	人民币	小计	外币	折人民币	人民币	小计	外币	折人民币	人民币	小计	
1	总投资																	
1.1	固定资产投资																	
1.2	固定资产投资方向调节税																	
1.3	建设期利息																	
1.4	流动资金																	
2	资金筹措																	
2.1	自有资金																	
	其中:用于流动资金																	
2.2	借款																	
2.2.1	长期借款																	
2.2.2	流动资金借款																	
2.2.3	其他短期借款																	
2.3	其他																	

注:如有多种借款方式时,可分项列出。

辅助报表 3.1　折旧与摊销估算表(固定资产折旧估算)

单位:万元

序号	项目	折旧年限	投产期		达到设计能力生产期			
			3	4	5	6	…	n
	固定资产合计							
	原值							
	折旧费							
	净值							
1	房屋及建筑物							
	原值							
	折旧费							
	净值							
2	××设备							
	原值							
	折旧费							
	净值							
3	××设备							
	原值							
	折旧费							
	净值							
4	⋮							

注:1. 本表自生产年份起开始计算。
　2. 生产期内发生的更新改造投资列入其投入年份。

辅助报表 3.2　折旧与摊销估算表(无形及递延资产摊销费估算)

单位:万元

序号	项目	摊销年限	原值	投产期		达到设计能力生产期			
				3	4	5	6	…	n
1	无形资产小计								
1.1	土地使用权								
	摊销费								
	净值								
1.2	专有技术和专利权								
	摊销费								
	净值								
1.3	其他无形资产								
	摊销费								

续表

序号	项目	摊销年限	原值	投产期		达到设计能力生产期			
				3	4	5	6	…	n
	净值								
2	递延资产(开办费)								
	摊销费								
	净值								
3	无形及递延资产合计								
	摊销费								
	净值								

注:摊销期相同的项目允许适当合并。

辅助报表 4　借款还本付息计算表

单位:万元

序号	项目	利率(%)	建设期		投产期		达到设计能力生产期			
			1	2	3	4	5	6	…	n
1	借款及还本付息									
1.1	年初借款本息累计									
1.1.1	本金									
1.1.2	建设期利息									
1.2	本年借款									
1.3	本年应计利息									
1.4	本年还本									
1.5	本年付息									
2	偿还借款本金的资金来源									
2.1	利润									
2.2	折旧									
2.3	摊销									
2.4	其他资金									
	合计(2.1+2.2+2.3+2.4)									

辅助报表 5　成本费用估算表

单位:万元

序号	项目	投产期		达到设计能力生产期				合计
		3	4	5	6	…	n	
1	外购原材料							

续表

序号	项目	投产期		达到设计能力生产期				合计
		3	4	5	6	…	n	
	⋮							
2	外购燃料及动力							
	⋮							
3	工资及福利费							
4	修理费							
5	折旧费							
6	维简费							
7	摊销费							
8	利息支出							
9	其他费用							
	其中：土地使用税							
10	总成本费用(1+2+3+…+9)							
	其中：固定成本							
	可变成本							
11	经营成本(10−5−6−7−8)							

辅助报表 5.1　主要产出物和投入物使用价格依据表

序号	名称	规格	产地	单位	单价	价格依据
1						
2						

辅助报表 5.2　单位产品生产成本估算表

单位：元

序号	项目	规格	单位	消耗定额	单价	金额
1	原材料					
	⋮					
2	燃料动力					
	⋮					
3	工资及福利					
4	制造费用					
5	副产品回收					
6	生产成本(1+2+3+4−5)					

辅助报表 6　销售收入、销售税金及附加估算表

单价单位:元

销售收入单位:万元(人民币)、万美元(外币)

序号	产品名称	单位	单价		生产负荷(80%)						生产负荷(90%)						生产负荷(100%)					
			外销(外币)	内销(人民币)	销售量			销售收入			销售量			销售收入			销售量			销售收入		
					外销	内销	小计	外销	内销	小计	外销	内销	小计	外销	内销	小计	外销	内销	小计	外销	内销	小计
1	产品销售(营业)收入																					
	⋮																					
2	销售税金及附加																					
2.1	增值税																					
2.1.1	销项增值税																					
	⋮																					
2.1.2	进项增值税																					
	⋮																					
2.2	消费税																					
2.3	营业税																					
2.4	资源税																					
2.5	城市维护建设税																					
2.6	教育费附加																					

附录二

复利系数表

$i=1\%$

n	$(F/P,i,n)$	$(P/F,i,n)$	$(F/A,i,n)$	$(A/F,i,n)$	$(P/A,i,n)$	$(A/P,i,n)$	$(A/G,i,n)$	$(P/G,i,n)$
1	1.010 0	0.990 1	1.000 0	1.000 0	0.990 1	1.010 0	0.000 0	0.000 0
2	1.020 1	0.980 3	2.010 0	0.497 5	1.970 4	0.507 5	0.497 5	0.980 3
3	1.030 3	0.970 6	3.030 1	0.330 0	2.941 0	0.340 0	0.993 4	2.921 5
4	1.040 6	0.961 0	4.060 4	0.246 3	3.902 0	0.256 3	1.487 6	5.804 4
5	1.051 0	0.951 5	5.101 0	0.196 0	4.853 4	0.206 0	1.980 1	9.610 3
6	1.061 5	0.942 0	6.152 0	0.162 5	5.795 5	0.172 5	2.471 0	14.320 5
7	1.072 1	0.932 7	7.213 5	0.138 6	6.728 2	0.148 6	2.960 2	19.916 8
8	1.082 9	0.923 5	8.285 7	0.120 7	7.651 7	0.130 7	3.447 8	26.381 2
9	1.093 7	0.914 3	9.368 5	0.106 7	8.566 0	0.116 7	3.933 7	33.695 9
10	1.104 6	0.905 3	10.462 2	0.095 6	9.471 3	0.105 6	4.417 9	41.843 5
11	1.115 7	0.896 3	11.566 8	0.086 5	10.367 6	0.096 5	4.900 5	50.806 7
12	1.126 8	0.887 4	12.682 5	0.078 8	11.255 1	0.088 8	5.381 5	60.568 7
13	1.138 1	0.878 7	13.809 3	0.072 4	12.133 7	0.082 4	5.860 7	71.112 6
14	1.149 5	0.870 0	14.947 4	0.066 9	13.003 7	0.076 9	6.338 4	82.422 1
15	1.161 0	0.861 3	16.096 9	0.062 1	13.865 1	0.072 1	6.814 3	94.481 0
16	1.172 6	0.852 8	17.257 9	0.057 9	14.717 9	0.067 9	7.288 6	107.273 4
17	1.184 3	0.844 4	18.430 4	0.054 3	15.562 3	0.064 3	7.761 3	120.783 4
18	1.196 1	0.836 0	19.614 7	0.051 0	16.398 3	0.061 0	8.232 3	134.995 7
19	1.208 1	0.827 7	20.810 9	0.048 1	17.226 0	0.058 1	8.701 7	149.895 0
20	1.220 2	0.819 5	22.019 0	0.045 4	18.045 6	0.055 4	9.169 4	165.466 4
21	1.232 4	0.811 4	23.239 2	0.043 0	18.857 0	0.053 0	9.635 4	181.695 0
22	1.244 7	0.803 4	24.471 6	0.040 9	19.660 4	0.050 9	10.099 8	198.566 3

续表

n	$(F/P,i,n)$	$(P/F,i,n)$	$(F/A,i,n)$	$(A/F,i,n)$	$(P/A,i,n)$	$(A/P,i,n)$	$(A/G,i,n)$	$(P/G,i,n)$
23	1.257 2	0.795 4	25.716 3	0.038 9	20.455 8	0.048 9	10.562 6	216.066 0
24	1.269 7	0.787 6	26.973 5	0.037 1	21.243 4	0.047 1	11.023 7	234.180 0
25	1.282 4	0.779 8	28.243 2	0.035 4	22.023 2	0.045 4	11.483 1	252.894 5
26	1.295 3	0.772 0	29.525 6	0.033 9	22.795 2	0.043 9	11.940 9	272.195 7
27	1.308 2	0.764 4	30.820 9	0.032 4	23.559 6	0.042 4	12.397 1	292.070 2
28	1.321 3	0.756 8	32.129 1	0.031 1	24.316 4	0.041 1	12.851 6	312.504 7
29	1.334 5	0.749 3	33.450 4	0.029 9	25.065 8	0.039 9	13.304 4	333.486 3
30	1.347 8	0.741 9	34.784 9	0.028 7	25.807 7	0.038 7	13.755 7	355.002 1
31	1.361 3	0.734 6	36.132 7	0.027 7	26.542 3	0.037 7	14.205 2	377.039 4
32	1.374 9	0.727 3	37.494 1	0.026 7	27.269 6	0.036 7	14.653 2	399.585 8
33	1.388 7	0.720 1	38.869 0	0.025 7	27.989 7	0.035 7	15.099 5	422.629 1
34	1.402 6	0.713 0	40.257 7	0.024 8	28.702 7	0.034 8	15.544 1	446.157 2
35	1.416 6	0.705 9	41.660 3	0.024 0	29.408 6	0.034 0	15.987 1	470.158 3
40	1.488 9	0.671 7	48.886 4	0.020 5	32.834 7	0.030 5	18.177 6	596.856 1
45	1.564 8	0.639 1	56.481 1	0.017 7	36.094 5	0.027 7	20.327 3	733.703 7
50	1.644 6	0.608 0	64.463 2	0.015 5	39.196 1	0.025 5	22.436 3	879.417 6

$i=2\%$

n	$(F/P,i,n)$	$(P/F,i,n)$	$(F/A,i,n)$	$(A/F,i,n)$	$(P/A,i,n)$	$(A/P,i,n)$	$(A/G,i,n)$	$(P/G,i,n)$
1	1.020 0	0.980 4	1.000 0	1.000 0	0.980 4	1.020 0	0.000 0	0.000 0
2	1.040 4	0.961 2	2.020 0	0.495 0	1.941 6	0.515 0	0.495 0	0.961 2
3	1.061 2	0.942 3	3.060 4	0.326 8	2.883 9	0.346 8	0.986 8	2.845 8
4	1.082 4	0.923 8	4.121 6	0.242 6	3.807 7	0.262 6	1.475 2	5.617 3
5	1.104 1	0.905 7	5.204 0	0.192 2	4.713 5	0.212 2	1.960 4	9.240 3
6	1.126 2	0.888 0	6.308 1	0.158 5	5.601 4	0.178 5	2.442 3	13.680 1
7	1.148 7	0.870 6	7.434 3	0.134 5	6.472 0	0.154 5	2.920 8	18.903 5
8	1.171 7	0.853 5	8.583 0	0.116 5	7.325 5	0.136 5	3.396 1	24.877 9
9	1.195 1	0.836 8	9.754 6	0.102 5	8.162 2	0.122 5	3.868 1	31.572 0
10	1.219 0	0.820 3	10.949 7	0.091 3	8.982 6	0.111 3	4.336 7	38.955 1
11	1.243 4	0.804 3	12.168 7	0.082 2	9.786 8	0.102 2	4.802 1	46.997 7
12	1.268 2	0.788 5	13.412 1	0.074 6	10.575 3	0.094 6	5.264 2	55.671 2
13	1.293 6	0.773 0	14.680 3	0.068 1	11.348 4	0.088 1	5.723 1	64.947 5
14	1.319 5	0.757 9	15.973 9	0.062 6	12.106 2	0.082 6	6.178 6	74.799 9
15	1.345 9	0.743 0	17.293 4	0.057 8	12.849 3	0.077 8	6.630 9	85.202 1
16	1.372 8	0.728 4	18.639 3	0.053 7	13.577 7	0.073 7	7.079 9	96.128 8
17	1.400 2	0.714 2	20.012 1	0.050 0	14.291 9	0.070 0	7.525 6	107.555 4
18	1.428 2	0.700 2	21.412 3	0.046 7	14.992 0	0.066 7	7.968 1	119.458 1
19	1.456 8	0.686 4	22.840 6	0.043 8	15.678 5	0.063 8	8.407 3	131.813 9
20	1.485 9	0.673 0	24.297 4	0.041 2	16.351 4	0.061 2	8.843 3	144.600 3
21	1.515 7	0.659 8	25.783 3	0.038 8	17.011 2	0.058 8	9.276 0	157.795 9
22	1.546 0	0.646 8	27.299 0	0.036 6	17.658 0	0.056 6	9.705 5	171.379 5
23	1.576 9	0.634 2	28.845 0	0.034 7	18.292 2	0.054 7	10.131 7	185.330 9
24	1.608 4	0.621 7	30.421 9	0.032 9	18.913 9	0.052 9	10.554 7	199.630 5
25	1.640 6	0.609 5	32.030 3	0.031 2	19.523 5	0.051 2	10.974 5	214.259 2
26	1.673 4	0.597 6	33.670 9	0.029 7	20.121 0	0.049 7	11.391 0	229.198 7
27	1.706 9	0.585 9	35.344 3	0.028 3	20.706 9	0.048 3	11.804 3	244.431 1
28	1.741 0	0.574 4	37.051 2	0.027 0	21.281 3	0.047 0	12.214 5	259.939 2
29	1.775 8	0.563 1	38.792 2	0.025 8	21.844 4	0.045 8	12.621 4	275.706 4
30	1.811 4	0.552 1	40.568 1	0.024 6	22.396 5	0.044 6	13.025 1	291.716 4
31	1.847 6	0.541 2	42.379 4	0.023 6	22.937 7	0.043 6	13.425 7	307.953 8
32	1.884 5	0.530 6	44.227 0	0.022 6	23.468 3	0.042 6	13.823 0	324.403 5
33	1.922 2	0.520 2	46.111 6	0.021 7	23.988 6	0.041 7	14.217 2	341.050 8
34	1.960 7	0.510 0	48.033 8	0.020 8	24.498 6	0.040 8	14.608 3	357.881 7
35	1.999 9	0.500 0	49.994 5	0.020 0	24.998 6	0.040 0	14.996 1	374.882 6
40	2.208 0	0.452 9	60.402 0	0.016 6	27.355 5	0.036 6	16.888 5	461.993 1
45	2.437 9	0.410 2	71.892 7	0.013 9	29.490 2	0.033 9	18.703 4	551.565 2
50	2.691 6	0.371 5	84.579 4	0.011 8	31.423 6	0.031 8	20.442 0	642.360 6

$i=3\%$

n	$(F/P,i,n)$	$(P/F,i,n)$	$(F/A,i,n)$	$(A/F,i,n)$	$(P/A,i,n)$	$(A/P,i,n)$	$(A/G,i,n)$	$(P/G,i,n)$
1	1.030 0	0.970 9	1.000 0	1.000 0	0.970 9	1.030 0	0.000 0	0.000 0
2	1.060 9	0.942 6	2.030 0	0.492 6	1.913 5	0.522 6	0.492 6	0.942 6
3	1.092 7	0.915 1	3.090 9	0.323 5	2.828 6	0.353 5	0.980 3	2.772 9
4	1.125 5	0.888 5	4.183 6	0.239 0	3.717 1	0.269 0	1.463 1	5.438 3
5	1.159 3	0.862 6	5.309 1	0.188 4	4.579 7	0.218 4	1.940 9	8.888 8
6	1.194 1	0.837 5	6.468 4	0.154 6	5.417 2	0.184 6	2.413 8	13.076 2
7	1.229 9	0.813 1	7.662 5	0.130 5	6.230 3	0.160 5	2.881 9	17.954 7
8	1.266 8	0.789 4	8.892 3	0.112 5	7.019 7	0.142 5	3.345 0	23.480 6
9	1.304 8	0.766 4	10.159 1	0.098 4	7.786 1	0.128 4	3.803 2	29.611 9
10	1.343 9	0.744 1	11.463 9	0.087 2	8.530 2	0.117 2	4.256 5	36.308 8
11	1.384 2	0.722 4	12.807 8	0.078 1	9.252 6	0.108 1	4.704 9	43.533 0
12	1.425 8	0.701 4	14.192 0	0.070 5	9.954 0	0.100 5	5.148 5	51.248 2
13	1.468 5	0.681 0	15.617 8	0.064 0	10.635 0	0.094 0	5.587 2	59.419 6
14	1.512 6	0.661 1	17.086 3	0.058 5	11.296 1	0.088 5	6.021 0	68.014 1
15	1.558 0	0.641 9	18.598 9	0.053 8	11.937 9	0.083 8	6.450 0	77.000 2
16	1.604 7	0.623 2	20.156 9	0.049 6	12.561 1	0.079 6	6.874 2	86.347 7
17	1.652 8	0.605 0	21.761 6	0.046 0	13.166 1	0.076 0	7.293 6	96.028 0
18	1.702 4	0.587 4	23.414 4	0.042 7	13.753 5	0.072 7	7.708 1	106.013 7
19	1.753 5	0.570 3	25.116 9	0.039 8	14.323 8	0.069 8	8.117 9	116.278 8
20	1.806 1	0.553 7	26.870 4	0.037 2	14.877 5	0.067 2	8.522 9	126.798 7
21	1.860 3	0.537 5	28.676 5	0.034 9	15.415 0	0.064 9	8.923 1	137.549 6
22	1.916 1	0.521 9	30.536 8	0.032 7	15.936 9	0.062 7	9.318 6	148.509 4
23	1.973 6	0.506 7	32.452 9	0.030 8	16.443 6	0.060 8	9.709 3	159.656 6
24	2.032 8	0.491 9	34.426 5	0.029 0	16.935 5	0.059 0	10.095 4	170.971 1
25	2.093 8	0.477 6	36.459 3	0.027 4	17.413 1	0.057 4	10.476 8	182.433 6
26	2.156 6	0.463 7	38.553 0	0.025 9	17.876 8	0.055 9	10.853 5	194.026 0
27	2.221 3	0.450 2	40.709 6	0.024 6	18.327 0	0.054 6	11.225 5	205.730 9
28	2.287 9	0.437 1	42.930 9	0.023 3	18.764 1	0.053 3	11.593 0	217.532 0
29	2.356 6	0.424 3	45.218 9	0.022 1	19.188 5	0.052 1	11.955 8	229.413 7
30	2.427 3	0.412 0	47.575 4	0.021 0	19.600 4	0.051 0	12.314 1	241.361 3
31	2.500 1	0.400 0	50.002 7	0.020 0	20.000 4	0.050 0	12.667 8	253.360 9
32	2.575 1	0.388 3	52.502 8	0.019 0	20.388 8	0.049 0	13.016 9	265.399 3
33	2.652 3	0.377 0	55.077 8	0.018 2	20.765 8	0.048 2	13.361 6	277.464 2
34	2.731 9	0.366 0	57.730 2	0.017 3	21.131 8	0.047 3	13.701 8	289.543 7
35	2.813 9	0.355 4	60.462 1	0.016 5	21.487 2	0.046 5	14.037 5	301.626 7
40	3.262 0	0.306 6	75.401 3	0.013 3	23.114 8	0.043 3	15.650 2	361.749 9
45	3.781 6	0.264 4	92.719 9	0.010 8	24.518 7	0.040 8	17.155 6	420.632 5
50	4.383 9	0.228 1	112.796 9	0.008 9	25.729 8	0.038 9	18.557 5	477.480 3

$i=4\%$

n	$(F/P,i,n)$	$(P/F,i,n)$	$(F/A,i,n)$	$(A/F,i,n)$	$(P/A,i,n)$	$(A/P,i,n)$	$(A/G,i,n)$	$(P/G,i,n)$
1	1.040 0	0.961 5	1.000 0	1.000 0	0.961 5	1.040 0	0.000 0	0.000 0
2	1.081 6	0.924 6	2.040 0	0.490 2	1.886 1	0.530 2	0.490 2	0.924 6
3	1.124 9	0.889 0	3.121 6	0.320 3	2.775 1	0.360 3	0.973 9	2.702 5
4	1.169 9	0.854 8	4.246 5	0.235 5	3.629 9	0.275 5	1.451 0	5.267 0
5	1.216 7	0.821 9	5.416 3	0.184 6	4.451 8	0.224 6	1.921 6	8.554 7
6	1.265 3	0.790 3	6.633 0	0.150 8	5.242 1	0.190 8	2.385 7	12.506 2
7	1.315 9	0.759 9	7.898 3	0.126 6	6.002 1	0.166 6	2.843 3	17.065 7
8	1.368 6	0.730 7	9.214 2	0.108 5	6.732 7	0.148 5	3.294 4	22.180 6
9	1.423 3	0.702 6	10.582 8	0.094 5	7.435 3	0.134 5	3.739 1	27.801 3
10	1.480 2	0.675 6	12.006 1	0.083 3	8.110 9	0.123 3	4.177 3	33.881 4
11	1.539 5	0.649 6	13.486 4	0.074 1	8.760 5	0.114 1	4.609 0	40.377 2
12	1.601 0	0.624 6	15.025 8	0.066 6	9.385 1	0.106 6	5.034 3	47.247 7
13	1.665 1	0.600 6	16.626 8	0.060 1	9.985 6	0.100 1	5.453 3	54.454 6
14	1.731 7	0.577 5	18.291 9	0.054 7	10.563 1	0.094 7	5.865 9	61.961 8
15	1.800 9	0.555 3	20.023 6	0.049 9	11.118 4	0.089 9	6.272 1	69.735 5
16	1.873 0	0.533 9	21.824 5	0.045 8	11.652 3	0.085 8	6.672 0	77.744 1
17	1.947 9	0.513 4	23.697 5	0.042 2	12.165 7	0.082 2	7.065 6	85.958 1
18	2.025 8	0.493 6	25.645 4	0.039 0	12.659 3	0.079 0	7.453 0	94.349 8
19	2.106 8	0.474 6	27.671 2	0.036 1	13.133 9	0.076 1	7.834 2	102.893 3
20	2.191 1	0.456 4	29.778 1	0.033 6	13.590 3	0.073 6	8.209 1	111.564 7
21	2.278 8	0.438 8	31.969 2	0.031 3	14.029 2	0.071 3	8.577 9	120.341 4
22	2.369 9	0.422 0	34.248 0	0.029 2	14.451 1	0.069 2	8.940 7	129.202 4
23	2.464 7	0.405 7	36.617 9	0.027 3	14.856 8	0.067 3	9.297 3	138.128 4
24	2.563 3	0.390 1	39.082 6	0.025 6	15.247 0	0.065 6	9.647 9	147.101 2
25	2.665 8	0.375 1	41.645 9	0.024 0	15.622 1	0.064 0	9.992 5	156.104 0
26	2.772 5	0.360 7	44.311 7	0.022 6	15.982 8	0.062 6	10.331 2	165.121 2
27	2.883 4	0.346 8	47.084 2	0.021 2	16.329 6	0.061 2	10.664 0	174.138 5
28	2.998 7	0.333 5	49.967 6	0.020 0	16.663 1	0.060 0	10.990 9	183.142 4
29	3.118 7	0.320 7	52.966 3	0.018 9	16.983 7	0.058 9	11.312 0	192.120 6
30	3.243 4	0.308 3	56.084 9	0.017 8	17.292 0	0.057 8	11.627 4	201.061 8
31	3.373 1	0.296 5	59.328 3	0.016 9	17.588 5	0.056 9	11.937 1	209.955 6
32	3.508 1	0.285 1	62.701 5	0.015 9	17.873 6	0.055 9	12.241 1	218.792 4
33	3.648 4	0.274 1	66.209 5	0.015 1	18.147 6	0.055 1	12.539 6	227.563 4
34	3.794 3	0.263 6	69.857 9	0.014 3	18.411 2	0.054 3	12.832 4	236.260 7
35	3.946 1	0.253 4	73.652 2	0.013 6	18.664 6	0.053 6	13.119 8	244.876 8
40	4.801 0	0.208 3	95.025 5	0.010 5	19.792 8	0.050 5	14.476 5	286.530 3
45	5.841 2	0.171 2	121.029 4	0.008 3	20.720 0	0.048 3	15.704 7	325.402 8
50	7.106 7	0.140 7	152.667 1	0.006 6	21.482 2	0.046 6	16.812 2	361.163 8

$i=5\%$

n	$(F/P,i,n)$	$(P/F,i,n)$	$(F/A,i,n)$	$(A/F,i,n)$	$(P/A,i,n)$	$(A/P,i,n)$	$(A/G,i,n)$	$(P/G,i,n)$
1	1.050 0	0.952 4	1.000 0	1.000 0	0.952 4	1.050 0	0.000 0	0.000 0
2	1.102 5	0.907 0	2.050 0	0.487 8	1.859 4	0.537 8	0.487 8	0.907 0
3	1.157 6	0.863 8	3.152 5	0.317 2	2.723 2	0.367 2	0.967 5	2.634 7
4	1.215 5	0.822 7	4.310 1	0.232 0	3.546 0	0.282 0	1.439 1	5.102 8
5	1.276 3	0.783 5	5.525 6	0.181 0	4.329 5	0.231 0	1.902 5	8.236 9
6	1.340 1	0.746 2	6.801 9	0.147 0	5.075 7	0.197 0	2.357 9	11.968 0
7	1.407 1	0.710 7	8.142 0	0.122 8	5.786 4	0.172 8	2.805 2	16.232 1
8	1.477 5	0.676 8	9.549 1	0.104 7	6.463 2	0.154 7	3.244 5	20.970 0
9	1.551 3	0.644 6	11.026 6	0.090 7	7.107 8	0.140 7	3.675 8	26.126 8
10	1.628 9	0.613 9	12.577 9	0.079 5	7.721 7	0.129 5	4.099 1	31.652 0
11	1.710 3	0.584 7	14.206 8	0.070 4	8.306 4	0.120 4	4.514 4	37.498 8
12	1.795 9	0.556 8	15.917 1	0.062 8	8.863 3	0.112 8	4.921 9	43.624 1
13	1.885 6	0.530 3	17.713 0	0.056 5	9.393 6	0.106 5	5.321 5	49.987 9
14	1.979 9	0.505 1	19.598 6	0.051 0	9.898 6	0.101 0	5.713 3	56.553 8
15	2.078 9	0.481 0	21.578 6	0.046 3	10.379 7	0.096 3	6.097 3	63.288 0
16	2.182 9	0.458 1	23.657 5	0.042 3	10.837 8	0.092 3	6.473 6	70.159 7
17	2.292 0	0.436 3	25.840 4	0.038 7	11.274 1	0.088 7	6.842 3	77.140 5
18	2.406 6	0.415 5	28.132 4	0.035 5	11.689 6	0.085 5	7.203 4	84.204 3
19	2.527 0	0.395 7	30.539 0	0.032 7	12.085 3	0.082 7	7.556 9	91.327 5
20	2.653 3	0.376 9	33.066 0	0.030 2	12.462 2	0.080 2	7.903 0	98.488 4
21	2.786 0	0.358 9	35.719 3	0.028 0	12.821 2	0.078 0	8.241 6	105.667 3
22	2.925 3	0.341 8	38.505 2	0.026 0	13.163 0	0.076 0	8.573 0	112.846 1
23	3.071 5	0.325 6	41.430 5	0.024 1	13.488 6	0.074 1	8.897 1	120.008 7
24	3.225 1	0.310 1	44.502 0	0.022 5	13.798 6	0.072 5	9.214 0	127.140 2
25	3.386 4	0.295 3	47.727 1	0.021 0	14.093 9	0.071 0	9.523 8	134.227 5
26	3.555 7	0.281 2	51.113 5	0.019 6	14.375 2	0.069 6	9.826 6	141.258 5
27	3.733 5	0.267 8	54.669 1	0.018 3	14.643 0	0.068 3	10.122 4	148.222 6
28	3.920 1	0.255 1	58.402 6	0.017 1	14.898 1	0.067 1	10.411 4	155.110 1
29	4.116 1	0.242 9	62.322 7	0.016 0	15.141 1	0.066 0	10.693 6	161.912 6
30	4.321 9	0.231 4	66.438 8	0.015 1	15.372 5	0.065 1	10.969 1	168.622 6
31	4.538 0	0.220 4	70.760 8	0.014 1	15.592 8	0.064 1	11.238 1	175.233 3
32	4.764 9	0.209 9	75.298 8	0.013 3	15.802 7	0.063 3	11.500 5	181.739 2
33	5.003 2	0.199 9	80.063 8	0.012 5	16.002 5	0.062 5	11.756 6	188.135 1
34	5.253 3	0.190 4	85.067 0	0.011 8	16.192 9	0.061 8	12.006 3	194.416 8
35	5.516 0	0.181 3	90.320 3	0.011 1	16.374 2	0.061 1	12.249 8	200.580 7
40	7.040 0	0.142 0	120.799 8	0.008 3	17.159 1	0.058 3	13.377 5	229.545 2
45	8.985 0	0.111 3	159.700 2	0.006 3	17.774 1	0.056 3	14.364 4	255.314 5
50	11.467 4	0.087 2	209.348 0	0.004 8	18.255 9	0.054 8	15.223 3	277.914 8

$i=6\%$

n	$(F/P,i,n)$	$(P/F,i,n)$	$(F/A,i,n)$	$(A/F,i,n)$	$(P/A,i,n)$	$(A/P,i,n)$	$(A/G,i,n)$	$(P/G,i,n)$
1	1.060 0	0.943 4	1.000 0	1.000 0	0.943 4	1.060 0	0.000 0	0.000 0
2	1.123 6	0.890 0	2.060 0	0.485 4	1.833 4	0.545 4	0.485 4	0.890 0
3	1.191 0	0.839 6	3.183 6	0.314 1	2.673 0	0.374 1	0.961 2	2.569 2
4	1.262 5	0.792 1	4.374 6	0.228 6	3.465 1	0.288 6	1.427 2	4.945 5
5	1.338 2	0.747 3	5.637 1	0.177 4	4.212 4	0.237 4	1.883 6	7.934 5
6	1.418 5	0.705 0	6.975 3	0.143 4	4.917 3	0.203 4	2.330 4	11.459 4
7	1.503 6	0.665 1	8.393 8	0.119 1	5.582 4	0.179 1	2.767 6	15.449 7
8	1.593 8	0.627 4	9.897 5	0.101 0	6.209 8	0.161 0	3.195 2	19.841 6
9	1.689 5	0.591 9	11.491 3	0.087 0	6.801 7	0.147 0	3.613 3	24.576 8
10	1.790 8	0.558 4	13.180 8	0.075 9	7.360 1	0.135 9	4.022 0	29.602 3
11	1.898 3	0.526 8	14.971 6	0.066 8	7.886 9	0.126 8	4.421 3	34.870 2
12	2.012 2	0.497 0	16.869 9	0.059 3	8.383 8	0.119 3	4.811 3	40.336 9
13	2.132 9	0.468 8	18.882 1	0.053 0	8.852 7	0.113 0	5.192 0	45.962 9
14	2.260 9	0.442 3	21.015 1	0.047 6	9.295 0	0.107 6	5.563 5	51.712 8
15	2.396 6	0.417 3	23.276 0	0.043 0	9.712 2	0.103 0	5.926 0	57.554 6
16	2.540 4	0.393 6	25.672 5	0.039 0	10.105 9	0.099 0	6.279 4	63.459 2
17	2.692 8	0.371 4	28.212 9	0.035 4	10.477 3	0.095 4	6.624 0	69.401 1
18	2.854 3	0.350 3	30.905 7	0.032 4	10.827 6	0.092 4	6.959 7	75.356 9
19	3.025 6	0.330 5	33.760 0	0.029 6	11.158 1	0.089 6	7.286 7	81.306 2
20	3.207 1	0.311 8	36.785 6	0.027 2	11.469 9	0.087 2	7.605 1	87.230 4
21	3.399 6	0.294 2	39.992 7	0.025 0	11.764 1	0.085 0	7.915 1	93.113 6
22	3.603 5	0.277 5	43.392 3	0.023 0	12.041 6	0.083 0	8.216 6	98.941 2
23	3.819 7	0.261 8	46.995 8	0.021 3	12.303 4	0.081 3	8.509 9	104.700 7
24	4.048 9	0.247 0	50.815 6	0.019 7	12.550 4	0.079 7	8.795 1	110.381 2
25	4.291 9	0.233 0	54.864 5	0.018 2	12.783 4	0.078 2	9.072 2	115.973 2
26	4.549 4	0.219 8	59.156 4	0.016 9	13.003 2	0.076 9	9.341 4	121.468 4
27	4.822 3	0.207 4	63.705 8	0.015 7	13.210 5	0.075 7	9.602 9	126.860 0
28	5.111 7	0.195 6	68.528 1	0.014 6	13.406 2	0.074 6	9.856 8	132.142 0
29	5.418 4	0.184 6	73.639 8	0.013 6	13.590 7	0.073 6	10.103 2	137.309 6
30	5.743 5	0.174 1	79.058 2	0.012 6	13.764 8	0.072 6	10.342 2	142.358 8
31	6.088 1	0.164 3	84.801 7	0.011 8	13.929 1	0.071 8	10.574 0	147.286 4
32	6.453 4	0.155 0	90.889 8	0.011 0	14.084 0	0.071 0	10.798 8	152.090 1
33	6.840 6	0.146 2	97.343 2	0.010 3	14.230 2	0.070 3	11.016 6	156.768 1
34	7.251 0	0.137 9	104.183 8	0.009 6	14.368 1	0.069 6	11.227 6	161.319 2
35	7.686 1	0.130 1	111.434 8	0.009 0	14.498 2	0.069 0	11.431 9	165.742 7
40	10.285 7	0.097 2	154.762 0	0.006 5	15.046 3	0.066 5	12.359 0	185.956 8
45	13.764 6	0.072 7	212.743 5	0.004 7	15.455 8	0.064 7	13.141 3	203.109 6
50	18.420 2	0.054 3	290.335 9	0.003 4	15.761 9	0.063 4	13.796 4	217.457 4

$i=7\%$

n	$(F/P,i,n)$	$(P/F,i,n)$	$(F/A,i,n)$	$(A/F,i,n)$	$(P/A,i,n)$	$(A/P,i,n)$	$(A/G,i,n)$	$(P/G,i,n)$
1	1.070 0	0.934 6	1.000 0	1.000 0	0.934 6	1.070 0	0.000 0	0.000 0
2	1.144 9	0.873 4	2.070 0	0.483 1	1.808 0	0.553 1	0.483 1	0.873 4
3	1.225 0	0.816 3	3.214 9	0.311 1	2.624 3	0.381 1	0.954 9	2.506 0
4	1.310 8	0.762 9	4.439 9	0.225 2	3.387 2	0.295 2	1.415 5	4.794 7
5	1.402 6	0.713 0	5.750 7	0.173 9	4.100 2	0.243 9	1.865 0	7.646 7
6	1.500 7	0.666 3	7.153 3	0.139 8	4.766 5	0.209 8	2.303 2	10.978 4
7	1.605 8	0.622 7	8.654 0	0.115 6	5.389 3	0.185 6	2.730 4	14.714 9
8	1.718 2	0.582 0	10.259 8	0.097 5	5.971 3	0.167 5	3.146 5	18.788 9
9	1.838 5	0.543 9	11.978 0	0.083 5	6.515 2	0.153 5	3.551 7	23.140 4
10	1.967 2	0.508 3	13.816 4	0.072 4	7.023 6	0.142 4	3.946 1	27.715 6
11	2.104 9	0.475 1	15.783 6	0.063 4	7.498 7	0.133 4	4.329 6	32.466 5
12	2.252 2	0.444 0	17.888 5	0.055 9	7.942 7	0.125 9	4.702 5	37.350 6
13	2.409 8	0.415 0	20.140 6	0.049 7	8.357 7	0.119 7	5.064 8	42.330 2
14	2.578 5	0.387 8	22.550 5	0.044 3	8.745 5	0.114 3	5.416 7	47.371 8
15	2.759 0	0.362 4	25.129 0	0.039 8	9.107 9	0.109 8	5.758 3	52.446 1
16	2.952 2	0.338 7	27.888 1	0.035 9	9.446 6	0.105 9	6.089 7	57.527 1
17	3.158 8	0.316 6	30.840 2	0.032 4	9.763 2	0.102 4	6.411 0	62.592 3
18	3.379 9	0.295 9	33.999 0	0.029 4	10.059 1	0.099 4	6.722 5	67.621 9
19	3.616 5	0.276 5	37.379 0	0.026 8	10.335 6	0.096 8	7.024 2	72.599 1
20	3.869 7	0.258 4	40.995 5	0.024 4	10.594 0	0.094 4	7.316 3	77.509 1
21	4.140 6	0.241 5	44.865 2	0.022 3	10.835 5	0.092 3	7.599 0	82.339 3
22	4.430 4	0.225 7	49.005 7	0.020 4	11.061 2	0.090 4	7.872 5	87.079 3
23	4.740 5	0.210 9	53.436 1	0.018 7	11.272 2	0.088 7	8.136 9	91.720 1
24	5.072 4	0.197 1	58.176 7	0.017 2	11.469 3	0.087 2	8.392 3	96.254 5
25	5.427 4	0.184 2	63.249 0	0.015 8	11.653 6	0.085 8	8.639 1	100.676 5
26	5.807 4	0.172 2	68.676 5	0.014 6	11.825 8	0.084 6	8.877 3	104.981 4
27	6.213 9	0.160 9	74.483 8	0.013 4	11.986 7	0.083 4	9.107 2	109.165 6
28	6.648 8	0.150 4	80.697 7	0.012 4	12.137 1	0.082 4	9.328 9	113.226 4
29	7.114 3	0.140 6	87.346 5	0.011 4	12.277 7	0.081 4	9.542 7	117.162 2
30	7.612 3	0.131 4	94.460 8	0.010 6	12.409 0	0.080 6	9.748 7	120.971 8
31	8.145 1	0.122 8	102.073 0	0.009 8	12.531 8	0.079 8	9.947 1	124.655 0
32	8.715 3	0.114 7	110.218 2	0.009 1	12.646 6	0.079 1	10.138 1	128.212 0
33	9.325 3	0.107 2	118.933 4	0.008 4	12.753 8	0.078 4	10.321 9	131.643 5
34	9.978 1	0.100 2	128.258 8	0.007 8	12.854 0	0.077 8	10.498 7	134.950 7
35	10.676 6	0.093 7	138.236 9	0.007 2	12.947 7	0.077 2	10.668 7	138.135 3
40	14.974 5	0.066 8	199.635 1	0.005 0	13.331 7	0.075 0	11.423 3	152.292 8
45	21.002 5	0.047 6	285.749 3	0.003 5	13.605 5	0.073 5	12.036 0	163.755 9
50	29.457 0	0.033 9	406.528 9	0.002 5	13.800 7	0.072 5	12.528 7	172.905 1

i=8%

n	$(F/P,i,n)$	$(P/F,i,n)$	$(F/A,i,n)$	$(A/F,i,n)$	$(P/A,i,n)$	$(A/P,i,n)$	$(A/G,i,n)$	$(P/G,i,n)$
1	1.080 0	0.925 9	1.000 0	1.000 0	0.925 9	1.080 0	0.000 0	0.000 0
2	1.166 4	0.857 3	2.080 0	0.480 8	1.783 3	0.560 8	0.480 8	0.857 3
3	1.259 7	0.793 8	3.246 4	0.308 0	2.577 1	0.388 0	0.948 7	2.445 0
4	1.360 5	0.735 0	4.506 1	0.221 9	3.312 1	0.301 9	1.404 0	4.650 1
5	1.469 3	0.680 6	5.866 6	0.170 5	3.992 7	0.250 5	1.846 5	7.372 4
6	1.586 9	0.630 2	7.335 9	0.136 3	4.622 9	0.216 3	2.276 3	10.523 3
7	1.713 8	0.583 5	8.922 8	0.112 1	5.206 4	0.192 1	2.693 7	14.024 2
8	1.850 9	0.540 3	10.636 6	0.094 0	5.746 6	0.174 0	3.098 5	17.806 1
9	1.999 0	0.500 2	12.487 6	0.080 1	6.246 9	0.160 1	3.491 0	21.808 1
10	2.158 9	0.463 2	14.486 6	0.069 0	6.710 1	0.149 0	3.871 3	25.976 8
11	2.331 6	0.428 9	16.645 5	0.060 1	7.139 0	0.140 1	4.239 5	30.265 7
12	2.518 2	0.397 1	18.977 1	0.052 7	7.536 1	0.132 7	4.595 7	34.633 9
13	2.719 6	0.367 7	21.495 3	0.046 5	7.903 8	0.126 5	4.940 2	39.046 3
14	2.937 2	0.340 5	24.214 9	0.041 3	8.244 2	0.121 3	5.273 1	43.472 3
15	3.172 2	0.315 2	27.152 1	0.036 8	8.559 5	0.116 8	5.594 5	47.885 7
16	3.425 9	0.291 9	30.324 3	0.033 0	8.851 4	0.113 0	5.904 6	52.264 0
17	3.700 0	0.270 3	33.750 2	0.029 6	9.121 6	0.109 6	6.203 7	56.588 3
18	3.996 0	0.250 2	37.450 2	0.026 7	9.371 9	0.106 7	6.492 0	60.842 6
19	4.315 7	0.231 7	41.446 3	0.024 1	9.603 6	0.104 1	6.769 7	65.013 4
20	4.661 0	0.214 5	45.762 0	0.021 9	9.818 1	0.101 9	7.036 9	69.089 8
21	5.033 8	0.198 7	50.422 9	0.019 8	10.016 8	0.099 8	7.294 0	73.062 9
22	5.436 5	0.183 9	55.456 8	0.018 0	10.200 7	0.098 0	7.541 2	76.925 7
23	5.871 5	0.170 3	60.893 3	0.016 4	10.371 1	0.096 4	7.778 6	80.672 6
24	6.341 2	0.157 7	66.764 8	0.015 0	10.528 8	0.095 0	8.006 6	84.299 7
25	6.848 5	0.146 0	73.105 9	0.013 7	10.674 8	0.093 7	8.225 4	87.804 1
26	7.396 4	0.135 2	79.954 4	0.012 5	10.810 0	0.092 5	8.435 2	91.184 2
27	7.988 1	0.125 2	87.350 8	0.011 4	10.935 2	0.091 4	8.636 3	94.439 0
28	8.627 1	0.115 9	95.338 8	0.010 5	11.051 1	0.090 5	8.828 9	97.568 7
29	9.317 3	0.107 3	103.965 9	0.009 6	11.158 4	0.089 6	9.013 3	100.573 8
30	10.062 7	0.099 4	113.283 2	0.008 8	11.257 8	0.088 8	9.189 7	103.455 8
31	10.867 7	0.092 0	123.345 9	0.008 1	11.349 8	0.088 1	9.358 4	106.216 3
32	11.737 1	0.085 2	134.213 5	0.007 5	11.435 0	0.087 5	9.519 7	108.857 5
33	12.676 0	0.078 9	145.950 6	0.006 9	11.513 9	0.086 9	9.673 7	111.381 9
34	13.690 1	0.073 0	158.626 7	0.006 3	11.586 9	0.086 3	9.820 8	113.792 4
35	14.785 3	0.067 6	172.316 8	0.005 8	11.654 6	0.085 8	9.961 1	116.092 0
40	21.724 5	0.046 0	259.056 5	0.003 9	11.924 6	0.083 9	10.569 9	126.042 2
45	31.920 4	0.031 3	386.505 6	0.002 6	12.108 4	0.082 6	11.044 7	133.733 1
50	46.901 6	0.021 3	573.770 2	0.001 7	12.233 5	0.081 7	11.410 7	139.592 8

i=9%

n	$(F/P,i,n)$	$(P/F,i,n)$	$(F/A,i,n)$	$(A/F,i,n)$	$(P/A,i,n)$	$(A/P,i,n)$	$(A/G,i,n)$	$(P/G,i,n)$
1	1.090 0	0.917 4	1.000 0	1.000 0	0.917 4	1.090 0	0.000 0	0.000 0
2	1.188 1	0.841 7	2.090 0	0.478 5	1.759 1	0.568 5	0.478 5	0.841 7
3	1.295 0	0.772 2	3.278 1	0.305 1	2.531 3	0.395 1	0.942 6	2.386 0
4	1.411 6	0.708 4	4.573 1	0.218 7	3.239 7	0.308 7	1.392 5	4.511 3
5	1.538 6	0.649 9	5.984 7	0.167 1	3.889 7	0.257 1	1.828 2	7.111 0
6	1.677 1	0.596 3	7.523 3	0.132 9	4.485 9	0.222 9	2.249 8	10.092 4
7	1.828 0	0.547 0	9.200 4	0.108 7	5.033 0	0.198 7	2.657 4	13.374 6
8	1.992 6	0.501 9	11.028 5	0.090 7	5.534 8	0.180 7	3.051 2	16.887 7
9	2.171 9	0.460 4	13.021 0	0.076 8	5.995 2	0.166 8	3.431 2	20.571 1
10	2.367 4	0.422 4	15.192 9	0.065 8	6.417 7	0.155 8	3.797 8	24.372 8
11	2.580 4	0.387 5	17.560 3	0.056 9	6.805 2	0.146 9	4.151 0	28.248 1
12	2.812 7	0.355 5	20.140 7	0.049 7	7.160 7	0.139 7	4.491 0	32.159 0
13	3.065 8	0.326 2	22.953 4	0.043 6	7.486 9	0.133 6	4.818 2	36.073 1
14	3.341 7	0.299 2	26.019 2	0.038 4	7.786 2	0.128 4	5.132 6	39.963 3
15	3.642 5	0.274 5	29.360 9	0.034 1	8.060 7	0.124 1	5.434 6	43.806 9
16	3.970 3	0.251 9	33.003 4	0.030 3	8.312 6	0.120 3	5.724 5	47.584 9
17	4.327 6	0.231 1	36.973 7	0.027 0	8.543 6	0.117 0	6.002 4	51.282 1
18	4.717 1	0.212 0	41.301 3	0.024 2	8.755 6	0.114 2	6.268 7	54.886 0
19	5.141 7	0.194 5	46.018 5	0.021 7	8.950 1	0.111 7	6.523 6	58.386 8
20	5.604 4	0.178 4	51.160 1	0.019 5	9.128 5	0.109 5	6.767 4	61.777 0
21	6.108 8	0.163 7	56.764 5	0.017 6	9.292 2	0.107 6	7.000 6	65.050 9
22	6.658 6	0.150 2	62.873 3	0.015 9	9.442 4	0.105 9	7.223 2	68.204 8
23	7.257 9	0.137 8	69.531 9	0.014 4	9.580 2	0.104 4	7.435 7	71.235 9
24	7.911 1	0.126 4	76.789 8	0.013 0	9.706 6	0.103 0	7.638 4	74.143 3
25	8.623 1	0.116 0	84.700 9	0.011 8	9.822 6	0.101 8	7.831 6	76.926 5
26	9.399 2	0.106 4	93.324 0	0.010 7	9.929 0	0.100 7	8.015 6	79.586 3
27	10.245 1	0.097 6	102.723 1	0.009 7	10.026 6	0.099 7	8.190 6	82.124 1
28	11.167 1	0.089 5	112.968 2	0.008 9	10.116 1	0.098 9	8.357 1	84.541 9
29	12.172 2	0.082 2	124.135 4	0.008 1	10.198 3	0.098 1	8.515 4	86.842 2
30	13.267 7	0.075 4	136.307 5	0.007 3	10.273 7	0.097 3	8.665 7	89.028 0
31	14.461 8	0.069 1	149.575 2	0.006 7	10.342 8	0.096 7	8.808 3	91.102 4
32	15.763 3	0.063 4	164.037 0	0.006 1	10.406 2	0.096 1	8.943 6	93.069 0
33	17.182 0	0.058 2	179.800 3	0.005 6	10.464 4	0.095 6	9.071 8	94.931 4
34	18.728 4	0.053 4	196.982 3	0.005 1	10.517 8	0.095 1	9.193 3	96.693 5
35	20.414 0	0.049 0	215.710 8	0.004 6	10.566 8	0.094 6	9.308 3	98.359 0
40	31.409 4	0.031 8	337.882 4	0.003 0	10.757 4	0.093 0	9.795 7	105.376 2
45	48.327 3	0.020 7	525.858 7	0.001 9	10.881 2	0.091 9	10.160 3	110.556 1
50	74.357 5	0.013 4	815.083 6	0.001 2	10.961 7	0.091 2	10.429 5	114.325 1

i=10%

n	$(F/P,i,n)$	$(P/F,i,n)$	$(F/A,i,n)$	$(A/F,i,n)$	$(P/A,i,n)$	$(A/P,i,n)$	$(A/G,i,n)$	$(P/G,i,n)$
1	1.100 0	0.909 1	1.000 0	1.000 0	0.909 1	1.100 0	0.000 0	0..000 0
2	1.210 0	0.826 4	2.100 0	0.476 2	1.735 5	0.576 2	0.476 2	0.826 4
3	1.331 0	0.751 3	3.310 0	0.302 1	2.486 9	0.402 1	0.936 6	2.329 1
4	1.464 1	0.683 0	4.641 0	0.215 5	3.169 9	0.315 5	1.381 2	4.378 1
5	1.610 5	0.620 9	6.105 1	0.163 8	3.790 8	0.263 8	1.810 1	6.861 8
6	1.771 6	0.564 5	7.715 6	0.129 6	4.355 3	0.229 6	2.223 6	9.684 2
7	1.948 7	0.513 2	9.487 2	0.105 4	4.868 4	0.205 4	2.621 6	12.763 1
8	2.143 6	0.466 5	11.435 9	0.087 4	5.334 9	0.187 4	3.004 5	16.028 7
9	2.357 9	0.424 1	13.579 5	0.073 6	5.759 0	0.173 6	3.372 4	19.421 5
10	2.593 7	0.385 5	15.937 4	0.062 7	6.144 6	0.162 7	3.725 5	22.891 3
11	2.853 1	0.350 5	18.531 2	0.054 0	6.495 1	0.154 0	4.064 1	26.396 3
12	3.138 4	0.318 6	21.384 3	0.046 8	6.813 7	0.146 8	4.388 4	29.901 2
13	3.452 3	0.289 7	24.522 7	0.040 8	7.103 4	0.140 8	4.698 8	33.377 2
14	3.797 5	0.263 3	27.975 0	0.035 7	7.366 7	0.135 7	4.995 5	36.800 5
15	4.177 2	0.239 4	31.772 5	0.031 5	7.606 1	0.131 5	5.278 9	40.152 0
16	4.595 0	0.217 6	35.949 7	0.027 8	7.823 7	0.127 8	5.549 3	43.416 4
17	5.054 5	0.197 8	40.544 7	0.024 7	8.021 6	0.124 7	5.807 1	46.581 9
18	5.559 9	0.179 9	45.599 2	0.021 9	8.201 4	0.121 9	6.052 6	49.639 5
19	6.115 9	0.163 5	51.159 1	0.019 5	8.364 9	0.119 5	6.286 1	52.582 7
20	6.727 5	0.148 6	57.275 0	0.017 5	8.513 6	0.117 5	6.508 1	55.406 9
21	7.400 2	0.135 1	64.002 5	0.015 6	8.648 7	0.115 6	6.718 9	58.109 5
22	8.140 3	0.122 8	71.402 7	0.014 0	8.771 5	0.114 0	6.918 9	60.689 3
23	8.954 3	0.111 7	79.543 0	0.012 6	8.883 2	0.112 6	7.108 5	63.146 2
24	9.849 7	0.101 5	88.497 3	0.011 3	8.984 7	0.111 3	7.288 1	65.481 3
25	10.834 7	0.092 3	98.347 1	0.010 2	9.077 0	0.110 2	7.458 0	67.696 4
26	11.918 2	0.083 9	109.181 8	0.009 2	9.160 9	0.109 2	7.618 6	69.794 0
27	13.110 0	0.076 3	121.099 9	0.008 3	9.237 2	0.108 3	7.770 4	71.777 3
28	14.421 0	0.069 3	134.209 9	0.007 5	9.306 6	0.107 5	7.913 7	73.649 5
29	15.863 1	0.063 0	148.630 9	0.006 7	9.369 6	0.106 7	8.048 9	75.414 6
30	17.449 4	0.057 3	164.494 0	0.006 1	9.426 9	0.106 1	8.176 2	77.076 6
31	19.194 3	0.052 1	181.943 4	0.005 5	9.479 0	0.105 5	8.296 2	78.639 5
32	21.113 8	0.047 4	201.137 8	0.005 0	9.526 4	0.105 0	8.409 1	80.107 8
33	23.225 2	0.043 1	222.251 5	0.004 5	9.569 4	0.104 5	8.515 2	81.485 6
34	25.547 7	0.039 1	245.476 7	0.004 1	9.608 6	0.104 1	8.614 9	82.777 3
35	28.102 4	0.035 6	271.024 4	0.003 7	9.644 2	0.103 7	8.708 6	83.987 2
40	45.259 3	0.022 1	442.592 6	0.002 3	9.779 1	0.102 3	9.096 2	88.952 5
45	72.890 5	0.013 7	718.904 8	0.001 4	9.862 8	0.101 4	9.374 0	92.454 4
50	117.390 9	0.008 5	1 163.908 5	0.000 9	9.914 8	0.100 9	9.570 4	94.888 9

i=12%

n	$(F/P,i,n)$	$(P/F,i,n)$	$(F/A,i,n)$	$(A/F,i,n)$	$(P/A,i,n)$	$(A/P,i,n)$	$(A/G,i,n)$	$(P/G,i,n)$
1	1.120 0	0.892 9	1.000 0	1.000 0	0.892 9	1.120 0	0.000 0	0.000 0
2	1.254 4	0.797 2	2.120 0	0.471 7	1.690 1	0.591 7	0.471 7	0.797 2
3	1.404 9	0.711 8	3.374 4	0.296 3	2.401 8	0.416 3	0.924 6	2.220 8
4	1.573 5	0.635 5	4.779 3	0.209 2	3.037 3	0.329 2	1.358 9	4.127 3
5	1.762 3	0.567 4	6.352 8	0.157 4	3.604 8	0.277 4	1.774 6	6.397 0
6	1.973 8	0.506 6	8.115 2	0.123 2	4.111 4	0.243 2	2.172 0	8.930 2
7	2.210 7	0.452 3	10.089 0	0.099 1	4.563 8	0.219 1	2.551 5	11.644 3
8	2.476 0	0.403 9	12.299 7	0.081 3	4.967 6	0.201 3	2.913 1	14.471 4
9	2.773 1	0.360 6	14.775 7	0.067 7	5.328 2	0.187 7	3.257 4	17.356 3
10	3.105 8	0.322 0	17.548 7	0.057 0	5.650 2	0.177 0	3.584 7	20.254 1
11	3.478 5	0.287 5	20.654 6	0.048 4	5.937 7	0.168 4	3.895 3	23.128 8
12	3.896 0	0.256 7	24.133 1	0.041 4	6.194 4	0.161 4	4.189 7	25.952 3
13	4.363 5	0.229 2	28.029 1	0.035 7	6.423 5	0.155 7	4.468 3	28.702 4
14	4.887 1	0.204 6	32.392 6	0.030 9	6.628 2	0.150 9	4.731 7	31.362 4
15	5.473 6	0.182 7	37.279 7	0.026 8	6.810 9	0.146 8	4.980 3	33.920 2
16	6.130 4	0.163 1	42.753 3	0.023 4	6.974 0	0.143 4	5.214 7	36.367 0
17	6.866 0	0.145 6	48.883 7	0.020 5	7.119 6	0.140 5	5.435 3	38.697 3
18	7.690 0	0.130 0	55.749 7	0.017 9	7.249 7	0.137 9	5.642 7	40.908 0
19	8.612 8	0.116 1	63.439 7	0.015 8	7.365 8	0.135 8	5.837 5	42.997 9
20	9.646 3	0.103 7	72.052 4	0.013 9	7.469 4	0.133 9	6.020 2	44.967 6
21	10.803 8	0.092 6	81.698 7	0.012 2	7.562 0	0.132 2	6.191 3	46.818 8
22	12.100 3	0.082 6	92.502 6	0.010 8	7.644 6	0.130 8	6.351 4	48.554 3
23	13.552 3	0.073 8	104.602 9	0.009 6	7.718 4	0.129 6	6.501 0	50.177 6
24	15.178 6	0.065 9	118.155 2	0.008 5	7.784 3	0.128 5	6.640 6	51.692 9
25	17.000 1	0.058 8	133.333 9	0.007 5	7.843 1	0.127 5	6.770 8	53.104 6
26	19.040 1	0.052 5	150.333 9	0.006 7	7.895 7	0.126 7	6.892 1	54.417 7
27	21.324 9	0.046 9	169.374 0	0.005 9	7.942 6	0.125 9	7.004 9	55.636 9
28	23.883 9	0.041 9	190.698 9	0.005 2	7.984 4	0.125 2	7.109 8	56.767 4
29	26.749 9	0.037 4	214.582 8	0.004 7	8.021 8	0.124 7	7.207 1	57.814 1
30	29.959 9	0.033 4	241.332 7	0.004 1	8.055 2	0.124 1	7.297 4	58.782 1
31	33.555 1	0.029 8	271.292 6	0.003 7	8.085 0	0.123 7	7.381 1	59.676 1
32	37.581 7	0.026 6	304.847 7	0.003 3	8.111 6	0.123 3	7.458 6	60.501 0
33	42.091 5	0.023 8	342.429 4	0.002 9	8.135 4	0.122 9	7.530 2	61.261 2
34	47.142 5	0.021 2	384.521 0	0.002 6	8.156 6	0.122 6	7.596 5	61.961 2
35	52.799 6	0.018 9	431.663 5	0.002 3	8.175 5	0.122 3	7.657 7	62.605 2
40	93.051 0	0.010 7	767.091 4	0.001 3	8.243 8	0.121 3	7.898 8	65.115 9
45	163.987 6	0.006 1	1 358.230 0	0.000 7	8.282 5	0.120 7	8.057 2	66.734 2
50	289.002 2	0.003 5	2 400.018 2	0.000 4	8.304 5	0.120 4	8.159 7	67.762 4

$i=15\%$

n	$(F/P,i,n)$	$(P/F,i,n)$	$(F/A,i,n)$	$(A/F,i,n)$	$(P/A,i,n)$	$(A/P,i,n)$	$(A/G,i,n)$	$(P/G,i,n)$
1	1.150 0	0.869 6	1.000 0	1.000 0	0.869 6	1.150 0	0.000 0	0.000 0
2	1.322 5	0.756 1	2.150 0	0.465 1	1.625 7	0.615 1	0.465 1	0.756 1
3	1.520 9	0.657 5	3.472 5	0.288 0	2.283 2	0.438 0	0.907 1	2.071 2
4	1.749 0	0.571 8	4.993 4	0.200 3	2.855 0	0.350 3	1.326 3	3.786 4
5	2.011 4	0.497 2	6.742 4	0.148 3	3.352 2	0.298 3	1.722 8	5.775 1
6	2.313 1	0.432 3	8.753 7	0.114 2	3.784 5	0.264 2	2.097 2	7.936 8
7	2.660 0	0.375 9	11.066 8	0.090 4	4.160 4	0.240 4	2.449 8	10.192 4
8	3.059 0	0.326 9	13.726 8	0.072 9	4.487 3	0.222 9	2.781 3	12.480 7
9	3.517 9	0.284 3	16.785 8	0.059 6	4.771 6	0.209 6	3.092 2	14.754 8
10	4.045 6	0.247 2	20.303 7	0.049 3	5.018 8	0.199 3	3.383 2	16.979 5
11	4.652 4	0.214 9	24.349 3	0.041 1	5.233 7	0.191 1	3.654 9	19.128 9
12	5.350 3	0.186 9	29.001 7	0.034 5	5.420 6	0.184 5	3.908 2	21.184 9
13	6.152 8	0.162 5	34.351 9	0.029 1	5.583 1	0.179 1	4.143 8	23.135 2
14	7.075 7	0.141 3	40.504 7	0.024 7	5.724 5	0.174 7	4.362 4	24.972 5
15	8.137 1	0.122 9	47.580 4	0.021 0	5.847 4	0.171 0	4.565 0	26.693 0
16	9.357 6	0.106 9	55.717 5	0.017 9	5.954 2	0.167 9	4.752 2	28.296 0
17	10.761 3	0.092 9	65.075 1	0.015 4	6.047 2	0.165 4	4.925 1	29.782 8
18	12.375 5	0.080 8	75.836 4	0.013 2	6.128 0	0.163 2	5.084 3	31.156 5
19	14.231 8	0.070 3	88.211 8	0.011 3	6.198 2	0.161 3	5.230 7	32.421 3
20	16.366 5	0.061 1	102.443 6	0.009 8	6.259 3	0.159 8	5.365 1	33.582 2
21	18.821 5	0.053 1	118.810 1	0.008 4	6.312 5	0.158 4	5.488 3	34.644 8
22	21.644 7	0.046 2	137.631 6	0.007 3	6.358 7	0.157 3	5.601 0	35.615 0
23	24.891 5	0.040 2	159.276 4	0.006 3	6.398 8	0.156 3	5.704 0	36.498 8
24	28.625 2	0.034 9	184.167 8	0.005 4	6.433 8	0.155 4	5.797 9	37.302 3
25	32.919 0	0.030 4	212.793 0	0.004 7	6.464 1	0.154 7	5.883 4	38.031 4
26	37.856 8	0.026 4	245.712 0	0.004 1	6.490 6	0.154 1	5.961 2	38.691 8
27	43.535 3	0.023 0	283.568 8	0.003 5	6.513 5	0.153 5	6.031 9	39.289 0
28	50.065 6	0.020 0	327.104 1	0.003 1	6.533 5	0.153 1	6.096 0	39.828 3
29	57.575 5	0.017 4	377.169 7	0.002 7	6.550 9	0.152 7	6.154 1	40.314 6
30	66.211 8	0.015 1	434.745 1	0.002 3	6.566 0	0.152 3	6.206 6	40.752 6
31	76.143 5	0.013 1	500.956 9	0.002 0	6.579 1	0.152 0	6.254 1	41.146 6
32	87.565 1	0.011 4	577.100 5	0.001 7	6.590 5	0.151 7	6.297 0	41.500 6
33	100.699 8	0.009 9	664.665 5	0.001 5	6.600 5	0.151 5	6.335 7	41.818 4
34	115.804 8	0.008 6	765.365 4	0.001 3	6.609 1	0.151 3	6.370 5	42.103 3
35	133.175 5	0.007 5	881.170 2	0.001 1	6.616 6	0.151 1	6.401 9	42.358 6
40	267.863 5	0.003 7	1 779.090 3	0.000 6	6.641 8	0.150 6	6.516 8	43.283 0
45	538.769 3	0.001 9	3 585.128 5	0.000 3	6.654 3	0.150 3	6.583 0	43.805 1
50	1 083.657 4	0.000 9	7 217.716 3	0.000 1	6.660 5	0.150 1	6.620 5	44.095 8

$i=18\%$

n	$(F/P,i,n)$	$(P/F,i,n)$	$(F/A,i,n)$	$(A/F,i,n)$	$(P/A,i,n)$	$(A/P,i,n)$	$(A/G,i,n)$	$(P/G,i,n)$
1	1.180 0	0.847 5	1.000 0	1.000 0	0.847 5	1.180 0	0.000 0	0.000 0
2	1.392 4	0.718 2	2.180 0	0.458 7	1.565 6	0.638 7	0.458 7	0.718 2
3	1.643 0	0.608 6	3.572 4	0.279 9	2.174 3	0.459 9	0.890 2	1.935 4
4	1.938 8	0.515 8	5.215 4	0.191 7	2.690 1	0.371 7	1.294 7	3.482 8
5	2.287 8	0.437 1	7.154 2	0.139 8	3.127 2	0.319 8	1.672 8	5.231 2
6	2.699 6	0.370 4	9.442 0	0.105 9	3.497 6	0.285 9	2.025 2	7.083 4
7	3.185 5	0.313 9	12.141 5	0.082 4	3.811 5	0.262 4	2.352 6	8.967 0
8	3.758 9	0.266 0	15.327 0	0.065 2	4.077 6	0.245 2	2.655 8	10.829 2
9	4.435 5	0.225 5	19.085 9	0.052 4	4.303 0	0.232 4	2.935 8	12.632 9
10	5.233 8	0.191 1	23.521 3	0.042 5	4.494 1	0.222 5	3.193 6	14.352 5
11	6.175 9	0.161 9	28.755 1	0.034 8	4.656 0	0.214 8	3.430 3	15.971 6
12	7.287 6	0.137 2	34.931 1	0.028 6	4.793 2	0.208 6	3.647 0	17.481 1
13	8.599 4	0.116 3	42.218 7	0.023 7	4.909 5	0.203 7	3.844 9	18.876 5
14	10.147 2	0.098 5	50.818 0	0.019 7	5.008 1	0.199 7	4.025 0	20.157 6
15	11.973 7	0.083 5	60.965 3	0.016 4	5.091 6	0.196 4	4.188 7	21.326 9
16	14.129 0	0.070 8	72.939 0	0.013 7	5.162 4	0.193 7	4.336 9	22.388 5
17	16.672 2	0.060 0	87.068 0	0.011 5	5.222 3	0.191 5	4.470 8	23.348 2
18	19.673 3	0.050 8	103.740 3	0.009 6	5.273 2	0.189 6	4.591 6	24.212 3
19	23.214 4	0.043 1	123.413 5	0.008 1	5.316 2	0.188 1	4.700 3	24.987 7
20	27.393 0	0.036 5	146.628 0	0.006 8	5.352 7	0.186 8	4.797 8	25.681 3
21	32.323 8	0.030 9	174.021 0	0.005 7	5.383 7	0.185 7	4.885 1	26.300 0
22	38.142 1	0.026 2	206.344 8	0.004 8	5.409 9	0.184 8	4.963 2	26.850 6
23	45.007 6	0.022 2	244.486 8	0.004 1	5.432 1	0.184 1	5.032 9	27.339 4
24	53.109 0	0.018 8	289.494 5	0.003 5	5.450 9	0.183 5	5.095 0	27.772 5
25	62.668 6	0.016 0	342.603 5	0.002 9	5.466 9	0.182 9	5.150 2	28.155 5
26	73.949 0	0.013 5	405.272 1	0.002 5	5.480 4	0.182 5	5.199 1	28.493 5
27	87.259 8	0.011 5	479.221 1	0.002 1	5.491 9	0.182 1	5.242 5	28.791 5
28	102.966 6	0.009 7	566.480 9	0.001 8	5.501 6	0.181 8	5.281 0	29.053 7
29	121.500 5	0.008 2	669.447 5	0.001 5	5.509 8	0.181 5	5.314 9	29.284 2
30	143.370 6	0.007 0	790.948 0	0.001 3	5.516 8	0.181 3	5.344 8	29.486 4
31	169.177 4	0.005 9	934.318 6	0.001 1	5.522 7	0.181 1	5.371 2	29.663 8
32	199.629 3	0.005 0	1 103.496 0	0.000 9	5.527 7	0.180 9	5.394 5	29.819 1
33	235.562 5	0.004 2	1 303.125 3	0.000 8	5.532 0	0.180 8	5.414 9	29.954 9
34	277.963 8	0.003 6	1 538.687 8	0.000 6	5.535 6	0.180 6	5.432 8	30.073 6
35	327.997 3	0.003 0	1 816.651 6	0.000 6	5.538 6	0.180 6	5.448 5	30.177 3
40	750.378 3	0.001 3	4 163.213 0	0.000 2	5.548 2	0.180 2	5.502 2	30.526 9
45	1 716.683 9	0.000 6	9 531.577 1	0.000 1	5.552 3	0.180 1	5.529 3	30.700 6
50	3 927.356 9	0.000 3	21 813.093 7	0.000 0	5.554 1	0.180 0	5.542 8	30.785 6

$i=20\%$

n	$(F/P,i,n)$	$(P/F,i,n)$	$(F/A,i,n)$	$(A/F,i,n)$	$(P/A,i,n)$	$(A/P,i,n)$	$(A/G,i,n)$	$(P/G,i,n)$
1	1.200 0	0.833 3	1.000 0	1.000 0	0.833 3	1.200 0	0.000 0	0.000 0
2	1.440 0	0.694 4	2.200 0	0.454 5	1.527 8	0.654 5	0.454 5	0.694 4
3	1.728 0	0.578 7	3.640 0	0.274 7	2.106 5	0.474 7	0.879 1	1.851 9
4	2.073 6	0.482 3	5.368 0	0.186 3	2.588 7	0.386 3	1.274 2	3.298 6
5	2.488 3	0.401 9	7.441 6	0.134 4	2.990 6	0.334 4	1.640 5	4.906 1
6	2.986 0	0.334 9	9.929 9	0.100 7	3.325 5	0.300 7	1.978 8	6.580 6
7	3.583 2	0.279 1	12.915 9	0.077 4	3.604 6	0.277 4	2.290 2	8.255 1
8	4.299 8	0.232 6	16.499 1	0.060 6	3.837 2	0.260 6	2.575 6	9.883 1
9	5.159 8	0.193 8	20.798 9	0.048 1	4.031 0	0.248 1	2.836 4	11.433 5
10	6.191 7	0.161 5	25.958 7	0.038 5	4.192 5	0.238 5	3.073 9	12.887 1
11	7.430 1	0.134 6	32.150 4	0.031 1	4.327 1	0.231 1	3.289 3	14.233 0
12	8.916 1	0.112 2	39.580 5	0.025 3	4.439 2	0.225 3	3.484 1	15.466 7
13	10.699 3	0.093 5	48.496 6	0.020 6	4.532 7	0.220 6	3.659 7	16.588 3
14	12.839 2	0.077 9	59.195 9	0.016 9	4.610 6	0.216 9	3.817 5	17.600 8
15	15.407 0	0.064 9	72.035 1	0.013 9	4.675 5	0.213 9	3.958 8	18.509 5
16	18.488 4	0.054 1	87.442 1	0.011 4	4.729 6	0.211 4	4.085 1	19.320 8
17	22.186 1	0.045 1	105.930 6	0.009 4	4.774 6	0.209 4	4.197 6	20.041 9
18	26.623 3	0.037 6	128.116 7	0.007 8	4.812 2	0.207 8	4.297 5	20.680 5
19	31.948 0	0.031 3	154.740 0	0.006 5	4.843 5	0.206 5	4.386 1	21.243 9
20	38.337 6	0.026 1	186.688 0	0.005 4	4.869 6	0.205 4	4.464 3	21.739 5
21	46.005 1	0.021 7	225.025 6	0.004 4	4.891 3	0.204 4	4.533 4	22.174 2
22	55.206 1	0.018 1	271.030 7	0.003 7	4.909 4	0.203 7	4.594 1	22.554 6
23	66.247 4	0.015 1	326.236 9	0.003 1	4.924 5	0.203 1	4.647 5	22.886 7
24	79.496 8	0.012 6	392.484 2	0.002 5	4.937 1	0.202 5	4.694 3	23.176 0
25	95.396 2	0.010 5	471.981 1	0.002 1	4.947 6	0.202 1	4.735 2	23.427 6
26	114.475 5	0.008 7	567.377 3	0.001 8	4.956 3	0.201 8	4.770 9	23.646 0
27	137.370 6	0.007 3	681.852 8	0.001 5	4.963 6	0.201 5	4.802 0	23.835 3
28	164.844 7	0.006 1	819.223 3	0.001 2	4.969 7	0.201 2	4.829 1	23.999 1
29	197.813 6	0.005 1	984.068 0	0.001 0	4.974 7	0.201 0	4.852 7	24.140 6
30	237.376 3	0.004 2	1 181.881 6	0.000 8	4.978 9	0.200 8	4.873 1	24.262 8
31	284.851 6	0.003 5	1 419.257 9	0.000 7	4.982 4	0.200 7	4.890 8	24.368 1
32	341.821 9	0.002 9	1 704.109 5	0.000 6	4.985 4	0.200 6	4.906 1	24.458 8
33	410.186 3	0.002 4	2 045.931 4	0.000 5	4.987 8	0.200 5	4.919 4	24.536 8
34	492.223 5	0.002 0	2 456.117 6	0.000 4	4.989 8	0.200 4	4.930 8	24.603 8
35	590.668 2	0.001 7	2 948.341 1	0.000 3	4.991 5	0.200 3	4.940 6	24.661 4
40	1 469.771 6	0.000 7	7 343.857 8	0.000 1	4.996 6	0.200 1	4.972 8	24.846 9
45	3 657.262 0	0.000 3	18 281.309 9	0.000 1	4.998 6	0.200 1	4.987 7	24.931 6
50	9 100.438 2	0.000 1	45 497.190 8	0.000 0	4.999 5	0.200 0	4.994 5	24.969 8

$i=25\%$

n	(F/P,i,n)	(P/F,i,n)	(F/A,i,n)	(A/F,i,n)	(P/A,i,n)	(A/P,i,n)	(A/G,i,n)	(P/G,i,n)
1	1.250 0	0.800 0	1.000 0	1.000 0	0.800 0	1.250 0	0.000 0	0.000 0
2	1.562 5	0.640 0	2.250 0	0.444 4	1.440 0	0.694 4	0.444 4	0.640 0
3	1.953 1	0.512 0	3.812 5	0.262 3	1.952 0	0.512 3	0.852 5	1.664 0
4	2.441 4	0.409 6	5.765 6	0.173 4	2.361 6	0.423 4	1.224 9	2.892 8
5	3.051 8	0.327 7	8.207 0	0.121 8	2.689 3	0.371 8	1.563 1	4.203 5
6	3.814 7	0.262 1	11.258 8	0.088 8	2.951 4	0.338 8	1.868 3	5.514 2
7	4.768 4	0.209 7	15.073 5	0.066 3	3.161 1	0.316 3	2.142 4	6.772 5
8	5.960 5	0.167 8	19.841 9	0.050 4	3.328 9	0.300 4	2.387 2	7.946 9
9	7.450 6	0.134 2	25.802 3	0.038 8	3.463 1	0.288 8	2.604 8	9.020 7
10	9.313 2	0.107 4	33.252 9	0.030 1	3.570 5	0.280 1	2.797 1	9.987 0
11	11.641 5	0.085 9	42.566 1	0.023 5	3.656 4	0.273 5	2.966 3	10.846 0
12	14.551 9	0.068 7	54.207 7	0.018 4	3.725 1	0.268 4	3.114 5	11.602 0
13	18.189 9	0.055 0	68.759 6	0.014 5	3.780 1	0.264 5	3.243 7	12.261 7
14	22.737 4	0.044 0	86.949 5	0.011 5	3.824 1	0.261 5	3.355 9	12.833 4
15	28.421 7	0.035 2	109.686 8	0.009 1	3.859 3	0.259 1	3.453 0	13.326 0
16	35.527 1	0.028 1	138.108 5	0.007 2	3.887 4	0.257 2	3.536 6	13.748 2
17	44.408 9	0.022 5	173.635 7	0.005 8	3.909 9	0.255 8	3.608 4	14.108 5
18	55.511 2	0.018 0	218.044 6	0.004 6	3.927 9	0.254 6	3.669 8	14.414 7
19	69.388 9	0.014 4	273.555 8	0.003 7	3.942 4	0.253 7	3.722 2	14.674 1
20	86.736 2	0.011 5	342.944 7	0.002 9	3.953 9	0.252 9	3.766 7	14.893 2
21	108.420 2	0.009 2	429.680 9	0.002 3	3.963 1	0.252 3	3.804 5	15.077 7
22	135.525 3	0.007 4	538.101 1	0.001 9	3.970 5	0.251 9	3.836 5	15.232 6
23	169.406 6	0.005 9	673.626 4	0.001 5	3.976 4	0.251 5	3.863 4	15.362 5
24	211.758 2	0.004 7	843.032 9	0.001 2	3.981 1	0.251 2	3.886 1	15.471 1
25	264.697 8	0.003 8	1 054.791 2	0.000 9	3.984 9	0.250 9	3.905 2	15.561 8
26	330.872 2	0.003 0	1 319.489 0	0.000 8	3.987 9	0.250 8	3.921 2	15.637 3
27	413.590 3	0.002 4	1 650.361 2	0.000 6	3.990 3	0.250 6	3.934 6	15.700 2
28	516.987 9	0.001 9	2 063.951 5	0.000 5	3.992 3	0.250 5	3.945 7	15.752 4
29	646.234 9	0.001 5	2 580.939 4	0.000 4	3.993 8	0.250 4	3.955 1	15.795 7
30	807.793 6	0.001 2	3 227.174 3	0.000 3	3.995 0	0.250 3	3.962 8	15.831 6
31	1 009.742 0	0.001 0	4 034.967 8	0.000 2	3.996 0	0.250 2	3.969 3	15.861 4
32	1 262.177 4	0.000 8	5 044.709 8	0.000 2	3.996 8	0.250 2	3.974 6	15.885 9
33	1 577.721 8	0.000 6	6 306.887 2	0.000 2	3.997 5	0.250 2	3.979 1	15.906 2
34	1 972.152 3	0.000 5	7 884.609 1	0.000 1	3.998 0	0.250 1	3.982 8	15.922 9
35	2 465.190 3	0.000 4	9 856.761 3	0.000 1	3.998 4	0.250 1	3.985 8	15.936 7
40	7 523.163 8	0.000 1	30 088.655 4	0.000 0	3.999 5	0.250 0	3.994 7	15.976 6
45	22 958.874 0	0.000 0	91 831.496 2	0.000 0	3.999 8	0.250 0	3.998 0	15.991 5
50	70 064.923 2	0.000 0	280 255.692 9	0.000 0	3.999 9	0.250 0	3.999 3	15.996 9

$i=30\%$

n	$(F/P,i,n)$	$(P/F,i,n)$	$(F/A,i,n)$	$(A/F,i,n)$	$(P/A,i,n)$	$(A/P,i,n)$	$(A/G,i,n)$	$(P/G,i,n)$
1	1.300 0	0.769 2	1.000 0	1.000 0	0.769 2	1.300 0	0.000 0	0.000 0
2	1.690 0	0.591 7	2.300 0	0.434 8	1.360 9	0.734 8	0.434 8	0.591 7
3	2.197 0	0.455 2	3.990 0	0.250 6	1.816 1	0.550 6	0.827 1	1.502 0
4	2.856 1	0.350 1	6.187 0	0.161 6	2.166 2	0.461 6	1.178 3	2.552 4
5	3.712 9	0.269 3	9.043 1	0.110 6	2.435 6	0.410 6	1.490 3	3.629 7
6	4.826 8	0.207 2	12.756 0	0.078 4	2.642 7	0.378 4	1.765 4	4.665 6
7	6.274 9	0.159 4	17.582 8	0.056 9	2.802 1	0.356 9	2.006 3	5.621 8
8	8.157 3	0.122 6	23.857 7	0.041 9	2.924 7	0.341 9	2.215 6	6.480 0
9	10.604 5	0.094 3	32.015 0	0.031 2	3.019 0	0.331 2	2.396 3	7.234 3
10	13.785 8	0.072 5	42.619 5	0.023 5	3.091 5	0.323 5	2.551 2	7.887 2
11	17.921 6	0.055 8	56.405 3	0.017 7	3.147 3	0.317 7	2.683 3	8.445 2
12	23.298 1	0.042 9	74.327 0	0.013 5	3.190 3	0.313 5	2.795 2	8.917 3
13	30.287 5	0.033 0	97.625 0	0.010 2	3.223 3	0.310 2	2.889 5	9.313 5
14	39.373 8	0.025 4	127.912 5	0.007 8	3.248 7	0.307 8	2.968 5	9.643 7
15	51.185 9	0.019 5	167.286 3	0.006 0	3.268 2	0.306 0	3.034 4	9.917 2
16	66.541 7	0.015 0	218.472 2	0.004 6	3.283 2	0.304 6	3.089 2	10.142 6
17	86.504 2	0.011 6	285.013 9	0.003 5	3.294 8	0.303 5	3.134 5	10.327 6
18	112.455 4	0.008 9	371.518 0	0.002 7	3.303 7	0.302 7	3.171 8	10.478 8
19	146.192 0	0.006 8	483.973 4	0.002 1	3.310 5	0.302 1	3.202 5	10.601 9
20	190.049 6	0.005 3	630.165 5	0.001 6	3.315 8	0.301 6	3.227 5	10.701 9
21	247.064 5	0.004 0	820.215 1	0.001 2	3.319 8	0.301 2	3.248 0	10.782 8
22	321.183 9	0.003 1	1 067.279 6	0.000 9	3.323 0	0.300 9	3.264 6	10.848 2
23	417.539 1	0.002 4	1 388.463 5	0.000 7	3.325 4	0.300 7	3.278 1	10.900 9
24	542.800 8	0.001 8	1 806.002 6	0.000 6	3.327 2	0.300 6	3.289 0	10.943 3
25	705.641 0	0.001 4	2 348.803 3	0.000 4	3.328 6	0.300 4	3.297 9	10.977 3
26	917.333 3	0.001 1	3 054.444 3	0.000 3	3.329 7	0.300 3	3.305 0	11.004 5
27	1 192.533 3	0.000 8	3 971.777 6	0.000 3	3.330 5	0.300 3	3.310 7	11.026 3
28	1 550.293 3	0.000 6	5 164.310 9	0.000 2	3.331 2	0.300 2	3.315 3	11.043 7
29	2 015.381 3	0.000 5	6 714.604 2	0.000 1	3.331 7	0.300 1	3.318 9	11.057 6
30	2 619.995 6	0.000 4	8 729.985 5	0.000 1	3.332 1	0.300 1	3.321 9	11.068 7
31	3 405.994 3	0.000 3	11 349.981 1	0.000 1	3.332 4	0.300 1	3.324 2	11.077 5
32	4 427.792 6	0.000 2	14 755.975 5	0.000 1	3.332 6	0.300 1	3.326 1	11.084 5
33	5 756.130 4	0.000 2	19 183.768 1	0.000 1	3.332 8	0.300 1	3.327 6	11.090 1
34	7 482.969 6	0.000 1	24 939.898 5	0.000 0	3.332 9	0.300 0	3.328 8	11.094 5
35	9 727.860 4	0.000 1	32 422.868 1	0.000 0	3.333 0	0.300 0	3.329 7	11.098 0
40	36 118.864 8	0.000 0	120 392.882 7	0.000 0	3.333 2	0.300 0	3.332 2	11.107 1
45	134 106.816 7	0.000 0	447 019.389 0	0.000 0	3.333 3	0.300 0	3.333 0	11.109 9
50	497 929.223 0	0.000 0	1 659 760.743 3	0.000 0	3.333 3	0.300 0	3.333 2	11.110 8

$i=35\%$

n	$(F/P,i,n)$	$(P/F,i,n)$	$(F/A,i,n)$	$(A/F,i,n)$	$(P/A,i,n)$	$(A/P,i,n)$	$(A/G,i,n)$	$(P/G,i,n)$
1	1.350 0	0.740 7	1.000 0	1.000 0	0.740 7	1.350 0	0.000 0	0.000 0
2	1.822 5	0.548 7	2.350 0	0.425 5	1.289 4	0.775 5	0.425 5	0.548 7
3	2.460 4	0.406 4	4.172 5	0.239 7	1.695 9	0.589 7	0.802 9	1.361 6
4	3.321 5	0.301 1	6.632 9	0.150 8	1.996 9	0.500 8	1.134 1	2.264 8
5	4.484 0	0.223 0	9.954 4	0.100 5	2.220 0	0.450 5	1.422 0	3.156 8
6	6.053 4	0.165 2	14.438 4	0.069 3	2.385 2	0.419 3	1.669 8	3.982 8
7	8.172 2	0.122 4	20.491 9	0.048 8	2.507 5	0.398 8	1.881 1	4.717 0
8	11.032 4	0.090 6	28.664 0	0.034 9	2.598 2	0.384 9	2.059 7	5.351 5
9	14.893 7	0.067 1	39.696 4	0.025 2	2.665 3	0.375 2	2.209 4	5.888 6
10	20.106 6	0.049 7	54.590 2	0.018 3	2.715 0	0.368 3	2.333 8	6.336 3
11	27.143 9	0.036 8	74.696 7	0.013 4	2.751 9	0.363 4	2.436 4	6.704 7
12	36.644 2	0.027 3	101.840 6	0.009 8	2.779 2	0.359 8	2.520 5	7.004 9
13	49.469 7	0.020 2	138.484 8	0.007 2	2.799 4	0.357 2	2.588 9	7.247 4
14	66.784 1	0.015 0	187.954 4	0.005 3	2.814 4	0.355 3	2.644 3	7.442 1
15	90.158 5	0.011 1	254.738 5	0.003 9	2.825 5	0.353 9	2.688 9	7.597 4
16	121.713 9	0.008 2	344.897 0	0.002 9	2.833 7	0.352 9	2.724 6	7.720 6
17	164.313 8	0.006 1	466.610 9	0.002 1	2.839 8	0.352 1	2.753 0	7.818 0
18	221.823 6	0.004 5	630.924 7	0.001 6	2.844 3	0.351 6	2.775 6	7.894 6
19	299.461 9	0.003 3	852.748 3	0.001 2	2.847 6	0.351 2	2.793 5	7.954 7
20	404.273 6	0.002 5	1 152.210 3	0.000 9	2.850 1	0.350 9	2.807 5	8.001 7
21	545.769 3	0.001 8	1 556.483 8	0.000 6	2.851 9	0.350 6	2.818 6	8.038 4
22	736.788 6	0.001 4	2 102.253 2	0.000 5	2.853 3	0.350 5	2.827 2	8.066 9
23	994.664 6	0.001 0	2 839.041 8	0.000 4	2.854 3	0.350 4	2.834 0	8.089 0
24	1 342.797 3	0.000 7	3 833.706 4	0.000 3	2.855 0	0.350 3	2.839 3	8.106 1
25	1 812.776 3	0.000 6	5 176.503 7	0.000 2	2.855 6	0.350 2	2.843 3	8.119 4
26	2 447.248 0	0.000 4	6 989.280 0	0.000 1	2.856 0	0.350 1	2.846 5	8.129 6
27	3 303.784 8	0.000 3	9 436.528 0	0.000 1	2.856 3	0.350 1	2.849 0	8.137 4
28	4 460.109 5	0.000 2	12 740.312 8	0.000 1	2.856 5	0.350 1	2.850 9	8.143 5
29	6 021.147 8	0.000 2	17 200.422 2	0.000 1	2.856 7	0.350 1	2.852 3	8.148 1
30	8 128.549 5	0.000 1	23 221.570 0	0.000 0	2.856 8	0.350 0	2.853 5	8.151 7
31	10 973.541 8	0.000 1	31 350.119 5	0.000 0	2.856 9	0.350 0	2.854 3	8.154 5
32	14 814.281 5	0.000 1	42 323.661 3	0.000 0	2.856 9	0.350 0	2.855 0	8.156 5
33	19 999.280 0	0.000 1	57 137.942 8	0.000 0	2.857 0	0.350 0	2.855 5	8.158 1
34	26 999.028 0	0.000 0	77 137.222 8	0.000 0	2.857 0	0.350 0	2.855 9	8.159 4
35	36 448.687 8	0.000 0	104 136.250 8	0.000 0	2.857 1	0.350 0	2.856 2	8.160 3
40	163 437.134 7	0.000 0	466 960.384 8	0.000 0	2.857 1	0.350 0	2.856 9	8.162 5
45	732 857.576 8	0.000 0	2 093 875.933 8	0.000 0	2.857 1	0.350 0	2.857 1	8.163 1

i=40%

n	$(F/P,i,n)$	$(P/F,i,n)$	$(F/A,i,n)$	$(A/F,i,n)$	$(P/A,i,n)$	$(A/P,i,n)$	$(A/G,i,n)$	$(P/G,i,n)$
1	1.400 0	0.714 3	1.000 0	1.000 0	0.714 3	1.400 0	0.000 0	0.000 0
2	1.960 0	0.510 2	2.400 0	0.416 7	1.224 5	0.816 7	0.416 7	0.510 2
3	2.744 0	0.364 4	4.360 0	0.229 4	1.588 9	0.629 4	0.779 8	1.239 1
4	3.841 6	0.260 3	7.104 0	0.140 8	1.849 2	0.540 8	1.092 3	2.020 0
5	5.378 2	0.185 9	10.945 6	0.091 4	2.035 2	0.491 4	1.358 0	2.763 7
6	7.529 5	0.132 8	16.323 8	0.061 3	2.168 0	0.461 3	1.581 1	3.427 8
7	10.541 4	0.094 9	23.853 4	0.041 9	2.262 8	0.441 9	1.766 4	3.997 0
8	14.757 9	0.067 8	34.394 7	0.029 1	2.330 6	0.429 1	1.918 5	4.471 3
9	20.661 0	0.048 4	49.152 6	0.020 3	2.379 0	0.420 3	2.042 2	4.858 5
10	28.925 5	0.034 6	69.813 7	0.014 3	2.413 6	0.414 3	2.141 9	5.169 6
11	40.495 7	0.024 7	98.739 1	0.010 1	2.438 3	0.410 1	2.221 5	5.416 6
12	56.693 9	0.017 6	139.234 8	0.007 2	2.455 9	0.407 2	2.284 5	5.610 6
13	79.371 5	0.012 6	195.928 7	0.005 1	2.468 5	0.405 1	2.334 1	5.761 8
14	111.120 1	0.009 0	275.300 2	0.003 6	2.477 5	0.403 6	2.372 9	5.878 8
15	155.568 1	0.006 4	386.420 2	0.002 6	2.483 9	0.402 6	2.403 0	5.968 8
16	217.795 3	0.004 6	541.988 3	0.001 8	2.488 5	0.401 8	2.426 2	6.037 6
17	304.913 5	0.003 3	759.783 7	0.001 3	2.491 8	0.401 3	2.444 1	6.090 1
18	426.878 9	0.002 3	1 064.697 1	0.000 9	2.494 1	0.400 9	2.457 7	6.129 9
19	597.630 4	0.001 7	1 491.576 0	0.000 7	2.495 8	0.400 7	2.468 2	6.160 1
20	836.682 6	0.001 2	2 089.206 4	0.000 5	2.497 0	0.400 5	2.476 1	6.182 8
21	1 171.355 6	0.000 9	2 925.888 9	0.000 3	2.497 9	0.400 3	2.482 1	6.199 8
22	1 639.897 8	0.000 6	4 097.244 5	0.000 2	2.498 5	0.400 2	2.486 6	6.212 7
23	2 295.856 9	0.000 4	5 737.142 3	0.000 2	2.498 9	0.400 2	2.490 0	6.222 2
24	3 214.199 7	0.000 3	8 032.999 3	0.000 1	2.499 2	0.400 1	2.492 5	6.229 4
25	4 499.879 6	0.000 2	11 247.199 0	0.000 1	2.499 4	0.400 1	2.494 4	6.234 7
26	6 299.831 4	0.000 2	15 747.078 5	0.000 1	2.499 6	0.400 1	2.495 9	6.238 7
27	8 819.764 0	0.000 1	22 046.909 9	0.000 0	2.499 7	0.400 0	2.496 9	6.241 6
28	12 347.669 6	0.000 1	30 866.673 9	0.000 0	2.499 8	0.400 0	2.497 7	6.243 8
29	17 286.737 4	0.000 1	43 214.343 5	0.000 0	2.499 9	0.400 0	2.498 3	6.245 4
30	24 201.432 4	0.000 0	60 501.080 9	0.000 0	2.499 9	0.400 0	2.498 8	6.246 6
31	33 882.005 3	0.000 0	84 702.513 2	0.000 0	2.499 9	0.400 0	2.499 1	6.247 5
32	47 434.807 4	0.000 0	118 584.518 5	0.000 0	2.499 9	0.400 0	2.499 3	6.248 2
33	66 408.730 4	0.000 0	166 019.326 0	0.000 0	2.500 0	0.400 0	2.499 5	6.248 7
34	92 972.222 5	0.000 0	232 428.056 3	0.000 0	2.500 0	0.400 0	2.499 6	6.249 0
35	130 161.111 6	0.000 0	325 400.278 9	0.000 0	2.500 0	0.400 0	2.499 7	6.249 3
40	700 037.696 6	0.000 0	1 750 091.741 5	0.000 0	2.500 0	0.400 0	2.499 9	6.249 8
45	3 764 970.741 3	0.000 0	9 412 424.353 3	0.000 0	2.500 0	0.400 0	2.500 0	6.250 0
50	20 248 916.239 8	0.000 0	50 622 288.099 4	0.000 0	2.500 0	0.400 0	2.500 0	6.250 0

$i=45\%$

n	$(F/P,i,n)$	$(P/F,i,n)$	$(F/A,i,n)$	$(A/F,i,n)$	$(P/A,i,n)$	$(A/P,i,n)$	$(A/G,i,n)$	$(P/G,i,n)$
1	1.450 0	0.689 7	1.000 0	1.000 0	0.689 7	1.450 0	0.000 0	0.000 0
2	2.102 5	0.475 6	2.450 0	0.408 2	1.165 3	0.858 2	0.408 2	0.475 6
3	3.048 6	0.328 0	4.552 5	0.219 7	1.493 3	0.669 7	0.757 8	1.131 7
4	4.420 5	0.226 2	7.601 1	0.131 6	1.719 5	0.581 6	1.052 8	1.810 3
5	6.409 7	0.156 0	12.021 6	0.083 2	1.875 5	0.533 2	1.298 0	2.434 4
6	9.294 1	0.107 6	18.431 4	0.054 3	1.983 1	0.504 3	1.498 8	2.972 3
7	13.476 5	0.074 2	27.725 5	0.036 1	2.057 3	0.486 1	1.661 2	3.417 6
8	19.540 9	0.051 2	41.201 9	0.024 3	2.108 5	0.474 3	1.790 7	3.775 8
9	28.334 3	0.035 3	60.742 8	0.016 5	2.143 8	0.466 5	1.893 0	4.058 1
10	41.084 7	0.024 3	89.077 1	0.011 2	2.168 1	0.461 2	1.972 8	4.277 2
11	59.572 8	0.016 8	130.161 8	0.007 7	2.184 9	0.457 7	2.034 4	4.445 0
12	86.380 6	0.011 6	189.734 6	0.005 3	2.196 5	0.455 3	2.081 7	4.572 4
13	125.251 8	0.008 0	276.115 1	0.003 6	2.204 5	0.453 6	2.117 6	4.668 2
14	181.615 1	0.005 5	401.367 0	0.002 5	2.210 0	0.452 5	2.144 7	4.739 8
15	263.341 9	0.003 8	582.982 1	0.001 7	2.213 8	0.451 7	2.165 0	4.792 9
16	381.845 8	0.002 6	846.324 0	0.001 2	2.216 4	0.451 2	2.180 2	4.832 2
17	553.676 4	0.001 8	1 228.169 9	0.000 8	2.218 2	0.450 8	2.191 5	4.861 1
18	802.830 8	0.001 2	1 781.846 3	0.000 6	2.219 5	0.450 6	2.199 8	4.882 3
19	1 164.104 7	0.000 9	2 584.677 1	0.000 4	2.220 3	0.450 4	2.205 9	4.897 8
20	1 687.951 8	0.000 6	3 748.781 8	0.000 3	2.220 9	0.450 3	2.210 4	4.909 0
21	2 447.530 1	0.000 4	5 436.733 6	0.000 2	2.221 3	0.450 2	2.213 6	4.917 2
22	3 548.918 7	0.000 3	7 884.263 8	0.000 1	2.221 6	0.450 1	2.216 0	4.923 1
23	5 145.932 1	0.000 2	11 433.182 4	0.000 1	2.221 8	0.450 1	2.217 8	4.927 4
24	7 461.601 5	0.000 1	16 579.114 5	0.000 1	2.221 9	0.450 1	2.219 0	4.930 5
25	10 819.322 2	0.000 1	24 040.716 1	0.000 0	2.222 0	0.450 0	2.219 9	4.932 7
26	15 688.017 2	0.000 1	34 860.038 3	0.000 0	2.222 1	0.450 0	2.220 6	4.934 3
27	22 747.625 0	0.000 0	50 548.055 6	0.000 0	2.222 1	0.450 0	2.221 0	4.935 4
28	32 984.056 3	0.000 0	73 295.680 6	0.000 0	2.222 2	0.450 0	2.221 4	4.936 2
29	47 826.881 6	0.000 0	106 279.736 8	0.000 0	2.222 2	0.450 0	2.221 6	4.936 8
30	69 348.978 3	0.000 0	154 106.618 4	0.000 0	2.222 2	0.450 0	2.221 8	4.937 2
31	100 556.018 5	0.000 0	223 455.596 7	0.000 0	2.222 2	0.450 0	2.221 9	4.937 5
32	145 806.226 9	0.000 0	324 011.615 2	0.000 0	2.222 2	0.450 0	2.222 0	4.937 8
33	211 419.028 9	0.000 0	469 817.842 1	0.000 0	2.222 2	0.450 0	2.222 1	4.937 9
34	306 557.592 0	0.000 0	681 236.871 0	0.000 0	2.222 2	0.450 0	2.222 1	4.938 0
35	444 508.508 3	0.000 0	987 794.463 0	0.000 0	2.222 2	0.450 0	2.222 1	4.938 1
40	2 849 181.327 0	0.000 0	6 331 511.837 8	0.000 0	2.222 2	0.450 0	2.222 2	4.938 2
45	18 262 494.602 0	0.000 0	40 583 319.115 5	0.000 0	2.222 2	0.450 0	2.222 2	4.938 3
50	117 057 733.716 6	0.000 0	260 128 294.925 7	0.000 0	2.222 2	0.450 0	2.222 2	4.938 3

$i=50\%$

n	$(F/P,i,n)$	$(P/F,i,n)$	$(F/A,i,n)$	$(A/F,i,n)$	$(P/A,i,n)$	$(A/P,i,n)$	$(A/G,i,n)$	$(P/G,i,n)$
1	1.500 0	0.666 7	1.000 0	1.000 0	0.666 7	1.500 0	0.000 0	0.000 0
2	2.250 0	0.444 4	2.500 0	0.400 0	1.111 1	0.900 0	0.400 0	0.444 4
3	3.375 0	0.296 3	4.750 0	0.210 5	1.407 4	0.710 5	0.736 8	1.037 0
4	5.062 5	0.197 5	8.125 0	0.123 1	1.604 9	0.623 1	1.015 4	1.629 6
5	7.593 8	0.131 7	13.187 5	0.075 8	1.736 6	0.575 8	1.241 7	2.156 4
6	11.390 6	0.087 8	20.781 3	0.048 1	1.824 4	0.548 1	1.422 6	2.595 3
7	17.085 9	0.058 5	32.171 9	0.031 1	1.882 9	0.531 1	1.564 8	2.946 5
8	25.628 9	0.039 0	49.257 8	0.020 3	1.922 0	0.520 3	1.675 2	3.219 6
9	38.443 4	0.026 0	74.886 7	0.013 4	1.948 0	0.513 4	1.759 6	3.427 7
10	57.665 0	0.017 3	113.330 1	0.008 8	1.965 3	0.508 8	1.823 5	3.583 8
11	86.497 6	0.011 6	170.995 1	0.005 8	1.976 9	0.505 8	1.871 3	3.699 4
12	129.746 3	0.007 7	257.492 7	0.003 9	1.984 6	0.503 9	1.906 8	3.784 2
13	194.619 5	0.005 1	387.239 0	0.002 6	1.989 7	0.502 6	1.932 9	3.845 9
14	291.929 3	0.003 4	581.858 5	0.001 7	1.993 1	0.501 7	1.951 9	3.890 4
15	437.893 9	0.002 3	873.787 8	0.001 1	1.995 4	0.501 1	1.965 7	3.922 4
16	656.840 8	0.001 5	1 311.681 7	0.000 8	1.997 0	0.500 8	1.975 6	3.945 2
17	985.261 3	0.001 0	1 968.522 5	0.000 5	1.998 0	0.500 5	1.982 7	3.961 4
18	1 477.891 9	0.000 7	2 953.783 8	0.000 3	1.998 6	0.500 3	1.987 8	3.972 9
19	2 216.837 8	0.000 5	4 431.675 6	0.000 2	1.999 1	0.500 2	1.991 4	3.981 1
20	3 325.256 7	0.000 3	6 648.513 5	0.000 2	1.999 4	0.500 2	1.994 0	3.986 8
21	4 987.885 1	0.000 2	9 973.770 2	0.000 1	1.999 6	0.500 1	1.995 8	3.990 8
22	7 481.827 6	0.000 1	14 961.655 3	0.000 1	1.999 7	0.500 1	1.997 1	3.993 6
23	11 222.741 5	0.000 1	22 443.482 9	0.000 0	1.999 8	0.500 0	1.998 0	3.995 5
24	16 834.112 2	0.000 1	33 666.224 4	0.000 0	1.999 9	0.500 0	1.998 6	3.996 9
25	25 251.168 3	0.000 0	50 500.336 6	0.000 0	1.999 9	0.500 0	1.999 0	3.997 9
26	37 876.752 4	0.000 0	75 751.504 9	0.000 0	1.999 9	0.500 0	1.999 3	3.998 5
27	56 815.128 7	0.000 0	113 628.257 3	0.000 0	2.000 0	0.500 0	1.999 5	3.999 0
28	85 222.693 0	0.000 0	170 443.386 0	0.000 0	2.000 0	0.500 0	1.999 7	3.999 3
29	127 834.039 5	0.000 0	255 666.079 0	0.000 0	2.000 0	0.500 0	1.999 8	3.999 5
30	191 751.059 2	0.000 0	383 500.118 5	0.000 0	2.000 0	0.500 0	1.999 8	3.999 7
31	287 626.588 8	0.000 0	575 251.177 7	0.000 0	2.000 0	0.500 0	1.999 9	3.999 8
32	431 439.883 3	0.000 0	862 877.766 5	0.000 0	2.000 0	0.500 0	1.999 9	3.999 8
33	647 159.824 9	0.000 0	1 294 317.649 8	0.000 0	2.000 0	0.500 0	1.999 9	3.999 9
34	970 739.737 4	0.000 0	1 941 477.474 7	0.000 0	2.000 0	0.500 0	2.000 0	3.999 9
35	1 456 109.606 0	0.000 0	2 912 217.212 1	0.000 0	2.000 0	0.500 0	2.000 0	3.999 9
40	11 057 332.320 9	0.000 0	22 114 662.641 9	0.000 0	2.000 0	0.500 0	2.000 0	4.000 0
45	83 966 617.312 1	0.000 0	167 933 232.624 3	0.000 0	2.000 0	0.500 0	2.000 0	4.000 0
50	637 621 500.214 1	0.000 0	1 275 242 998.428 1	0.000 0	2.000 0	0.500 0	2.000 0	4.000 0

参考文献

[1] 虞晓芬,龚建立.技术经济学概论[M].北京:高等教育出版社,2015.
[2] 郎宏文,陈晓华,张佳洁.技术经济学[M].北京:人民邮电出版社,2015.
[3] 陈立文,陈敬武.技术经济学概论[M].北京:高等教育出版社,2016.
[4] 林晓言,陈娟,王红梅,等.技术经济学[M].北京:清华大学出版社,2014.
[5] 张铁山,吴永林,李纯波,等.技术经济学:原理·方法·应用[M].北京:清华大学出版社,2009.
[6] 刘晓君,李玲燕.技术经济学[M]. 3版.北京:科学出版社,2017.
[7] 李南.工程经济学[M].北京:科学出版社,2013.
[8] 冯俊华.技术经济学[M]. 2版.北京:化学工业出版社,2015.
[9] 邵颖洪.工程经济学概论[M].北京:电子工业出版社,2015.
[10] 徐寿波.技术经济学[M].北京:经济科学出版社,2012.
[11] 郑宁,郑彩云,韩星.技术经济学 [M]. 2版.北京:清华大学出版社,2016.
[12] 祝爱民.技术经济学 [M]. 2版.北京:机械工业出版社,2017.
[13] 王璞,吴卫红,张爱美,等.技术经济学[M].北京:机械工业出版社,2012.
[14] 吴添祖,虞晓芬,龚建立.技术经济学概论 [M]. 3版.北京:高等教育出版社,2011.
[15] 杨青,胡艳,兰飞.技术经济学[M]. 3版.武汉:武汉理工大学出版社,2016.
[16] 巩艳芬,李丽萍,崔明欣.技术经济学[M].大连:东北财经大学出版社,2017.
[17] 陈伟,韩斌,张凌.技术经济学[M].北京:清华大学出版社,2012.
[18] 赵维双,宋凯.技术经济学[M].北京:机械工业出版社,2015.
[19] 刘秋华.技术经济学[M]. 3版.北京:机械工业出版社.2016.
[20] 郭洁,卢亚丽.技术经济学[M].北京:清华大学出版社,2016.
[21] 齐建国,王宏伟,蔡跃洲,等.技术经济学及其应用[M].北京:社会科学文献出版社,2014.
[22] 刘晓君.技术经济学[M].北京:高等教育出版社,2014.
[23] 陈立新,潘驰,徐丰伟.技术经济学[M].北京:北京交通大学出版社,2014.
[24] 李南.工程经济学学习指导与习题[M].北京:科学出版社,2010.
[25] 毛良虎.技术经济学[M].北京:北京大学出版社,2016.
[26] 王凤科.技术经济学[M].北京:电子工业出版社,2016.
[27] 胡骥,胡万欣.技术经济学[M].成都:西南交通大学出版社,2015.
[28] 夏恩君.技术经济学[M].北京:中国人民大学出版社,2013.
[29] 张大红,米锋,吴卫红.技术经济学[M].北京:中国林业出版社,2012.
[30] 柳卸林.技术创新经济学[M]. 2版.北京:清华大学出版社,2014.